从古典政治经济学到中国特色社会主义政治经济学

基于中国视角的政治经济学演变

（上）

蔡继明 主笔

清华大学"中国特色社会主义政治经济学探索"课题组 著

中信出版集团│北京

图书在版编目（CIP）数据

从古典政治经济学到中国特色社会主义政治经济学：基于中国视角的政治经济学演变 . 上 / 蔡继明主笔；清华大学"中国特色社会主义政治经济学探索"课题组著 . -- 北京：中信出版社，2023.7

ISBN 978-7-5217-5104-8

Ⅰ.①从… Ⅱ.①蔡…②清… Ⅲ.①政治经济学—研究—中国 Ⅳ.① F0

中国国家版本馆 CIP 数据核字（2023）第 005863 号

从古典政治经济学到中国特色社会主义政治经济学
——基于中国视角的政治经济学演变（上）

主笔：　　蔡继明
著者：　　清华大学"中国特色社会主义政治经济学探索"课题组
出版发行：中信出版集团股份有限公司
　　　　　（北京市朝阳区东三环北路 27 号嘉铭中心　邮编　100020）
承印者：　宝蕾元仁浩（天津）印刷有限公司

开本：787mm×1092mm　1/16　　印张：30.5　　字数：459 千字
版次：2023 年 7 月第 1 版　　　　印次：2023 年 7 月第 1 次印刷
书号：ISBN 978-7-5217-5104-8
定价：78.00 元

目录

第十章 价值的形成及其与劳动生产力的关系

第十一章 不同分工体系下的均衡交换比例及价值决定——引入效用函数后的分析框架

第十二章 从两部门模型向多部门模型的扩展

第四篇　从计划经济体制改革到市场经济体制确立

内容提要

本书以马克思主义政治经济学方法论为指导，坚持逻辑一致性原则以及实践是检验真理的唯一标准，在继承古典政治经济学优秀传统、吸收现代经济学的合理成分的基础上，从一般、特殊和个别的角度分别对政治经济学基本范畴做出新的界定；通过对传统劳动价值论、新古典价值论和斯拉法价值论的分析比较和综合，构建了广义价值论模型，依次分析了我国自改革开放以来从高度集中的计划经济向市场经济的转化，从单一按劳分配向各种生产要素按贡献参与分配的转化，从单一公有制向公有制为主体、多种所有制经济共同发展的转化；在完成了对中国特色社会主义基本经济制度的理论概括后，分别构建了基于广义价值论的内生经济增长模型和国际贸易模型，并具体讨论了城乡融合发展和土地制度改革以及中美贸易关系和发展中国家实现赶超战略的贸易政策。

前言

本书是国家社会科学基金重大项目"中国特色社会主义政治经济学探索"（16ZDA241）的结项成果。清华大学团队之所以能在 2016 年该项目的投标中中标，原因之一也许是该项目本身就是我们当年推荐给国家社科规划办的一个选题。推荐这样一个国家社科基金重大项目选题的背景是，2015 年 12 月 21 日结束的中央经济工作会议刚刚提出"要坚持中国特色社会主义政治经济学的重大原则"，一年之内就有四部《中国特色社会主义政治经济学》专著问世。[1]而根据我们的研究，[2]"中国特色社会主义政治经济学"一方面要以马克思主义政

---

[1]　张占斌等：《中国特色社会主义政治经济学》，湖北教育出版社 2016 年 6 月版；于建荣等：《中国特色社会主义政治经济学》，国家行政学院出版社 2016 年 6 月版；陈伯庚等：《中国特色社会主义政治经济学》，高等教育出版社 2016 年 8 月版；张宇：《中国特色社会主义政治经济学》，中国人民大学出版社 2016 年 10 月版。

[2]　蔡继明：《中国特色社会主义政治经济学的辩证法》，《改革》2016 年第 2 期；蔡继明、靳卫萍：《构建中国特色社会主义政治经济学的方法论原则》，《国家行政学院学报》2016 年第 2 期；蔡继明、靳卫萍：《中国特色社会主义政治经济学三问》，《金融评论》2016 年第 1 期。

治经济学为指导，另一方面要以广义政治经济学为基础，但马克思主义政治经济学的代表作《资本论》是以"资本主义生产方式以及和它相适应的生产关系和交换关系"为研究对象的，严格地说，还只是关于资本主义的狭义政治经济学。至于研究人类各种社会进行生产和交换并相应地进行产品分配的条件和形式的"广义政治经济学"，如恩格斯所说，"尚有待于创造"[①]，在这种情况下，即使是举全国之力，也不可能在短期内建立起系统而科学的"中国特色社会主义政治经济学"体系或编写出严谨的教科书。

科学的实事求是的态度，应该是运用一般、特殊和个别的辩证法以及从抽象上升到具体的方法，根据当代资本主义和社会主义的实践，从马克思100多年前在《资本论》中所创立的反映资本主义生产方式特殊属性的资本、剩余价值、工资、利润、利息、地租等范畴中，抽象出适用于任何经济形态的资本一般、剩余一般、工资一般、利润一般、利息一般和地租一般，然后再分析这些一般范畴在社会化大生产和市场经济中所具有的特殊属性，最后再界定这些特殊范畴在不同的市场经济和社会生产方式中所具有的个别属性，由此才能形成反映中国特色社会主义经济关系的一系列范畴，并运用这些范畴阐明我国社会主义所有制关系、分配关系和经济运行体制，研究改革开放和经济发展中的一系列重大现实问题。只有经过艰苦而卓有成效的长期探索，十年磨一剑，才有可能逐步构建起中国特色社会主义政治经济学的科学体系。正是出于这一考虑，我们才通过清华大学向国家社科规划办推荐了"中国特色社会主义政治经济学探索"这一国家社科基金重大

---

① 《马克思恩格斯全集》第20卷，人民出版社1971年版，第163页。

项目选题，并通过投标有幸获得立项。

本项目的研究于 2017 年 1 月正式启动。如前所述，由于"中国特色社会主义政治经济学"既没有成熟的经济范畴，也没有严密的逻辑体系，课题组在历时 5 年的研究中，既要以马克思经济学的方法论为指导，也要继承古典政治经济学的优秀传统，还要借鉴现代经济学中的科学成分，所以，受陈岱孙教授所著的《从古典经济学派到马克思：若干主要学说发展论略》①的书名的启发，我们就选择了"从古典政治经济学到中国特色社会主义政治经济学"作为本书的书名。

本书在如下几个方面做了创新性探索：

其一是对政治经济学基本概念做了一般、特殊和个别的界定。遵循马克思关于最一般的抽象产生于最具体的充分发展的逻辑思维路径②和逻辑一致性原则，对狭义政治经济学诸如资源配置方式、生产方式、生产劳动、经济剩余和资本等基本范畴，分别从一般、特殊和个别的逻辑层次上做了界定，以期为构建中国特色社会主义政治经济学的范畴体系提供可资利用的元素。

其二是对古典学派价值理论做了重新评价。在经济思想史上，一般学者都认为古典经济学派的基本倾向是劳动价值论。而我们的研究表明，虽然古典学派价值理论从最初产生起带有一定的劳动价值论的色彩，并始终围绕劳动在价值决定中的作用展开了探讨和争论，但无论是从威廉·配第的"劳动是财富之父，土地是财富之母"的名言，

---

① 陈岱孙：《从古典经济学派到马克思：若干主要学说发展论略》，上海人民出版社 1981 年初版，1996 年由北京大学出版社收入北大名家名著文丛，商务印书馆 2014 年再版。

② 《马克思恩格斯全集》第 46 卷上册，人民出版社 1979 版，第 42 页。

还是从重农学派作为自然恩赐的"纯产品"理论，抑或是从斯密的多要素生产费用说，也无论是从马尔萨斯购买的劳动决定价值，还是萨伊的三位一体公式，总体来看，古典学派的基本倾向是多要素生产费用价值论，这种多要素生产费用价值论成为尔后新古典经济学和现代西方经济学的主流。

其三是构建了不同形态劳动生产力的范畴体系。传统政治经济学的劳动生产力（率）范畴是指单位劳动时间所生产的使用价值量，或者是指单位使用价值与生产中耗费的劳动时间之比，本书将其定义为绝对生产力。本书以绝对生产力作为基本构件，定义了相对生产力和相对生产力系数、社会平均生产力和社会平均生产力系数、综合生产力和综合生产力系数、比较生产力和社会总和生产力，并借助于这些不同的生产力范畴，依次揭示了分工交换产生的原因、确定专业化分工方向的依据，以及均衡比较利益率与相对生产力系数正相关、均衡交换比例与社会平均生产力系数正相关、比较生产力与单位商品价值量、单位劳动价值量正相关的原理。

其四是建立了不同分工体系下的价值决定模型。早期的广义价值论只分析了可变分工体系下的价值决定，本书把广义价值决定原理扩展到了不变分工和混合分工体系，并进而对可变分工、不变分工和混合分工三种分工体系做出了各自严格的界定，在引入效用函数的框架下，构建了不同分工体系中广义价值决定的模型，从而使广义价值论更名副其实，其基本原理更具有一般性和普遍适用性。

其五是将两部门广义价值论模型扩展为多部门模型。早期的广义价值论是以两部门为基础的。本书首先使用几何平均的方式引入合成机会成本、社会平均比较利益率概念，推导出多部门模型的相对生产力、均衡交换比率、产品价值等概念的表达式；在此基础上，运用消费-生产者两阶段决策分析框架，佩龙-弗罗宾尼斯定理等数学定理，证明了基于广义价值论的竞争性均衡的存在性、唯一性和稳定性。

其六是完善了基于广义价值论的按生产要素贡献分配理论。20世纪 80 年代谷书堂、蔡继明提出的按生产要素贡献分配理论，最初是以马克思劳动生产力与价值量正相关原理为基础的[①]，但这里的劳动生产力还是仅指单个生产者的个别劳动生产力，这里的价值量也是指其个别劳动创造的价值量。本书运用综合生产力（系数）和比较生产力概念将劳动生产力与价值量正相关原理的适用范围扩展到部门之间，从而使按生产要素贡献分配理论有了更坚实的价值基础。

其七是构建了基于广义价值论的内生增长模型。从根本上说，人类社会真正的经济增长，无一不是起始于自给自足的自然经济向分工交换经济的转变。分工交换是经济增长的原始动力，即使在劳动生产力保持不变（即没有任何技术进步）的条件下，与自给自足相比，单纯的分工交换就能产生一个净收益，即比较利益，从而初始的分工交换就促进了经济增长。此外，比较利益是经济增长的内在源泉：只要比较利益的分配合理（即比较利益率均等），初始的分工交换就能循环往复，各部门把获得的部分比较利益再用于积累（即扩大再生产），分工交换的规模就会不断扩大。正是遵循着这一逻辑，本书将广义价值论基本原理的研究扩展至经济增长领域，建立了一个基于广义价值论的内生经济增长模型。

---

① 谷书堂、蔡继明：《论社会主义初级阶段的分配原则》，《理论纵横》上篇，河北人民出版社 1988 年版；谷书堂、蔡继明：《按贡献分配是社会主义初级阶段的分配原则》，《经济学家》1989 年第 2 期。

其八是构建了基于广义价值论的国际贸易模型。传统的以比较优势原理为基础的国际贸易理论与国内贸易理论是分离的。本书使基于比较优势的分工交换的产生和发展的探索回到历史和逻辑的起点，在基本完成了广义价值论一般模型的构建后，将国内分工交换的研究扩展到国际，初步建立了一个基于广义价值论的国际贸易模型，论证了基于比较利益率均等原则的国际均衡交换比例的决定，不仅为国际贸易价格的形成奠定了价值基础，而且为国际贸易利益即比较利益的分配提供了公平的标准。

本书的特点是体现了理论经济学"两论"和"两史"的融合。

我国理论经济学包括政治经济学、西方经济学、经济思想史、经济史、世界经济以及人口资源与环境经济学六个二级学科。这里所说的"两论"和"两史"分别是指政治经济学与西方经济学，以及经济思想史与经济史。一方面，这四个二级学科之间本身就存在着内在联系；另一方面，本书的题目也要求体现如下融合。

其一是政治经济学与西方经济学的融合。贯穿全书的一条主线是价值理论，这既是政治经济学的基础，也是西方经济学的基础：以马克思主义经济学为代表的政治经济学通常以劳动价值论为基础，以新古典经济学为代表的西方经济学通常以生产要素价值论为基础。由于本书立项的一个初衷就是要为理论经济学构建一个统一的价值理论基础，因此我们在研究过程中就需要在政治经济学与西方经济学两大学科之间架起一座相互沟通、相互比较、相互借鉴、相互融合的桥梁，本书所阐述的广义价值论就是这两大学科相互融合的具体体现。

其二是经济学理论与经济思想史的融合。本书的书名《从古典政治经济学到中国特色社会主义政治经济学》就体现了经济学理论研究与经济思想史研究的融合。本书的研究沿着价值理论这一主线，从斯密单要素价值论向多要素价值论的转化，到李嘉图与马尔萨斯和萨伊的价值理论的分道扬镳，从马克思对李嘉图劳动价值论的继承和发展，到约翰·穆勒、边际革命三杰和马歇尔对斯密多要素价值论的传承，从两个剑桥的"资本论战"到斯拉法对传统价值理论的挑战，既实现了对三大价值理论的综合与创新，又梳理了长达180多年经济理论发展的历史，充分体现了经济学理论研究与经济思想史探索的融合。

其三是经济理论演进与历史发展的融合。本书对斯密的价值理论的考察表明，斯密的单要素价值决定模型转变为多要素价值决定模型，不仅符合从简单到复杂的逻辑分析方法，而且与从原始蒙昧的生产方式转变为以私有制为基础的现代生产方式的历史相一致；对国际贸易理论进行的研究表明，从斯密的绝对优势原理到李嘉图的比较优势原理，既反映了从特殊到一般的理论发展过程，也折射出英国"世界工厂"地位从确立到巩固的历史进程和自由贸易政策的演变过程。同样地，本书所阐述的按生产要素贡献分配理论的创立、发展和完善的过程，也是我国分配制度从单一的按劳分配向按劳分配为主、多种分配方式并存演变的过程。所有这些都体现了本书所阐释的经济理论演进与历史发展的融合，同时也验证了如恩格斯所言：政治经济学本质上是一门历史的科学。[①]

其四是经济理论研究与经济政策建议的融合。如果说政治经济学

---

① "政治经济学本质上是一门历史的科学。它所涉及的是历史性的即经常变化的材料；它首先研究生产和交换的每一个发展阶段的特殊规律，而且只有在完成这种研究以后，它才能确立为数不多的、适合于一切生产和交换的、最普遍的规律。"（《马克思恩格斯全集》第20卷，人民出版社1971年版，第160—161页）

的目的，如斯密所言在于富国裕民①，那么，中国特色社会主义政治经济学研究的价值也应体现在为国家的改革开放和经济发展提供切实可行的政策建议上。本书创立的广义价值论不仅为按生产要素贡献分配提供了理论基础，也为保护私有财产和发展非公经济提供了政策依据；本书基于公私产权相互融合、优势互补的理论，提出了鼓励扶持民营上市公司发展，遏制国企盲目收购民企、低效扩张的政策建议；本书基于广义价值论的内生经济增长模型，提出了同步推进城乡土地产权同权化和资源配置市场化改革、降低农民工进城落户的高房价门槛、扩大农户土地经营规模、促进城乡融合发展的建议；本书还基于广义价值论的国际贸易模型，提出了发展中国家既要通过强化比较优势获取短期比较利益，又要致力于弱化比较劣势，培育新的比较优势产业，以谋求长期贸易利益的建议。总之，本书所有的经济政策建议都是在相关的经济理论研究的基础上提出的。

本书的上述特点也可以通过如下逻辑结构展现出来。

全书共分八篇（三十二章）：

第一篇　从狭义政治经济学到广义政治经济学

第二篇　古典政治经济学价值理论的分野

第三篇　从狭义价值论到广义价值论

第四篇　从计划经济体制改革到市场经济体制确立

第五篇　从按劳分配到按生产要素贡献分配

第六篇　从单一公有制到多种所有制经济共同发展

---

① 斯密：《国民财富的性质和原因的研究》（下卷），商务印书馆1974年版，第1页。

第七篇　经济增长与经济发展

第八篇　国际分工交换与贸易政策选择

本书有待进一步研究的问题如下：

其一是如何在古典的剩余分析与新古典的边际分析之间建立起桥梁。在经济思想史上，剩余分析是古典学派秉持的一个传统，而新古典学派奉边际分析为圭臬。广义价值论的核心范畴是比较利益，而比较利益是分工交换体系的总收益减去总机会成本后的余额，或者说是分工交换经济与自给自足经济之间的收益差额，从这个角度看，广义价值论采用的也是古典学派的剩余分析法。不仅如此，广义价值论在分析产品交换比例和产品价值时，采用的也是古典学派相同的平均数分析法。但是，在分析要素价值决定时，它引入了边际分析方法。它在通过剩余分析确定了比较利益总量的基础上，借助于边际分析解决功能性分配问题。如何更好地体现逻辑一致性原则，有待进一步论证。

其二是如何在广义价值论体系中引入货币。在由两部门模型扩展到多部门模型后，直接的物物交换出现了困难，商品生产者一般要通过至少两次的交换才能得到自己所需要的商品，只有当货币产生之后，直接的物物交换发展成以货币为媒介的商品流通，交换的次数才从多次缩减到两次。如何将货币引入广义价值论框架，如何用广义价值论基本原理分析货币的产生、货币的本质、货币的功能、货币形态的演变以及货币流通规律，是广义价值论今后面临的重要课题。

其三是如何将要素价值决定与产品价值决定内在地统一起来。也就是说，在要素所有权与使用权发生分离的情况下，各种要素所有者之间的分工交换是否遵循比较优势原理，要素的价格即要素所有者的收入是否遵循比较利益率均等原则，这些无疑是广义价值论研究所面临的严峻挑战。

其四是如何运用广义价值论揭示企业的产生机制。关于企业的产生，目前流行的是科斯的交易费用说，既然我们自认为广义价值论是关于分工交换一般规律的理论，为企业的产生提供另一种可供选择的解释就是广义价值论责无旁贷的。

其五是如何将两部门广义价值论内生增长模型扩展到多部门。我们已经建立了多部门广义价值论模型，如何在此基础上将现有的基于广义价值论的内生增长模型由两部门扩展到多部门，是广义价值论团队面临的一个重要课题。

其六是如何将基于广义价值论的两国贸易模型扩展为多国贸易模型。如何在多部门广义价值论模型的基础上将现有的两国贸易模型扩展到多国，这同样是广义价值论团队面临的一个重要课题。鉴于国际贸易领域已经有若干基于比较优势原理的多国模型，广义价值论更加具备完成这一课题的比较优势，因为现已形成的广义价值论基本原理为解决国际贸易中的均衡交换比例（即广义国际价值和国际比较利益的分配）提供了可能。

清华大学"中特"课题组

2021 年 12 月 28 日

第一篇

从狭义政治经济学到广义政治经济学

导论

本篇作为全书首篇，旨在为构建中国特色社会主义政治经济学体系提供方法论原则。这些方法论原则一方面来自对政治经济学古典传统的继承和现代范式的借鉴，另一方面来自对传统政治经济学的逻辑批判和对狭义政治经济学范畴的理论抽象。全篇分为四章。

第一章试图总结和概括古典政治经济学家共同秉持的理念和传统，分析这些理念和传统在尔后 200 多年经济思想史上经历了哪些变化，阐明中国特色社会主义政治经济学研究应该如何批判地继承以往政治经济学研究的优良传统。

第二章秉持逻辑批判的精神，揭示传统政治经济学理论中存在的诸多逻辑悖论，强调要贯彻逻辑一致性原则，必须坚持马克思主义政治经济学方法论与基本理论的统一、作为科学的马克思主义经济学与作为意识形态的马克思主义的统一、科学理论的逻辑检验与经验验证的统一、人类社会发展的终极目标与实现途径多样化的统一。

第三章遵循马克思关于最一般的抽象产生于最具体的充分发展的逻辑思维路径，对狭义政治经济学诸如资源配置方式、生产方式、生产劳动、经济剩余和资本等基本范畴，分别从一般、特殊和个别的逻辑层次上做了界定，以期为构建中国特色社会主义政治经济学的范畴体系提供可资利用的元素。

第四章在总结前三章研究成果的基础上，概括了构建中国特色社会主义政治经济学体系的 6 个方法论原则，特别强调要用科学的态度研究马克思主义政治经济学，不要把一般的经济关系和特定的所有制捆绑在一起，不要把一般商品经济范畴当作资本主义特殊范畴而加以摒弃，不要把社会化大生产共有的特征限定为资本主义生产方式特有的现象而加以否认，不要把实现目标的手段当作目标本身而盲目坚持。

第一章
政治经济学的古典传统与现代形态

　　"政治经济学"一词最早出现在 18 世纪的法国，被广泛使用至 19 世纪末，后逐渐被"经济学"一词代替。[①] 直到 20 世纪 60 年代，"政治经济学"一词在西方重现，但其含义已不同于传统意义。本章将系统性地介绍古典政治经济学的时代划分、代表人物以及研究传统，并梳理政治经济学后期不同学派的演变及其理论和研究的现代形态，以期为后续各章如何构建中国特色社会主义政治经济学体系提供经济思想史上可以借鉴的科学理论和方法。

政治经济学的古典时期及其代表

马克思所认定的古典政治经济学家

　　"古典政治经济学"一词一般认为由马克思首创。[②] 马克思所谓

---

① 当然，政治经济学作为马克思主义经济学的代名词，在中国官方和学界一直占据着主导地位。在官方确定的学科分类中，政治经济学与西方经济学并列为理论经济学的两个基础学科，而大学的政治经济学课程主要讲授的就是马克思主义经济学。

② "古典经济学者"也是马克思首创的名词，用以泛指李嘉图和詹姆斯·穆勒以及他们的前辈，也就是说，泛指集大成于李嘉图经济学的古典理论的那些创始人。（约翰·梅纳德·凯恩斯，1999，第 7 页）

的古典政治经济学是指从 17 世纪中期到 19 世纪初期英法两国的资产阶级政治经济学。（马克思、恩格斯，1962，第 41 页）① 马克思心目中的古典政治经济学与庸俗经济学形成鲜明的对照，前者"研究了资产阶级生产关系的内部联系，而庸俗经济学却只是在表面的联系内兜圈子"。（马克思、恩格斯，1972a，第 98 页）

马克思将古典政治经济学分为英国和法国两个学派，他在《政治经济学批判》第一章《商品》中的《关于商品分析的历史》一节中指出"古典政治经济学在英国从威廉·配第开始，到李嘉图结束，在法国从布阿吉尔贝尔开始，到西斯蒙第结束"。（马克思、恩格斯，1962a，第 41 页）马克思在《政治经济学批判》中提到的古典政治经济学的英国代表人物还有詹姆斯·斯图亚特（James Steuart，1712—1780）、约翰·巴顿（John Barton，18 世纪末至 19 世纪初）和乔治·拉姆赛（George Ramsay，1800—1871）。

除了上述古典政治经济学的英法代表人物，马克思还指出，英国资产阶级经济学家、实证主义哲学家约翰·斯图亚特·穆勒（John Stuart Mill，1806—1873）和俄国资产阶级经济学家、统计学家及历史学家施托尔希·安得列依·卡尔洛维奇（1766—1835），都是古典政治经济学派的模仿者。

提到詹姆斯·穆勒（James Mill，1773—1836），马克思认为他"是李嘉图同时代人中创立学派来崇奉他的政治经济原理的最重要的人物"，但并未把他归为古典政治经济学家，而认为他是李嘉图理论

---

① 因本书所引用的马克思和恩格斯的论著绝大部分都出自人民出版社出版的《马克思恩格斯全集》和《马克思恩格斯选集》以及《马克思恩格斯〈资本论〉书信集》，故无论是直接引证马克思还是恩格斯，文中一律采用括号内马克思、恩格斯＋各卷出版年代（同一年代用 a、b、c……区分）＋页码的方式著录。

的庸俗化者。（马克思、恩格斯，1962b，第 169 页）同样，马克思认为让-巴蒂斯特·萨伊（Jean-Baptiste Say，1767—1832）也是斯密理论的庸俗化者。

而托马斯·图克（Thomas Tooke，1774—1858）因为批评了李嘉图的货币论，则被马克思称为"接近古典政治经济学派"的英国资产阶级经济学家。

熊彼特确认的政治经济学古典时期

熊彼特把 1790—1870 年这个时期称为经济学的"古典"时期。（熊彼特，1992，第 2 页）之所以这样划分，一方面是因为在这一时期之后，凯恩斯用"古典"来概括他以前的经济学，"古典"开始意味着"陈旧"；另一方面是因为在这个时期内，经济学"有了同腐朽事物做有希望的斗争的崭新活动"，出现了以约翰·穆勒为代表的"标准的古典形式"，古典政治经济学在这一时期成熟了。（熊彼特，1992，第 2 页，3 页）按照熊彼特对古典政治经济学的划分，斯密被排除在了"古典"时期之外，而卡尔·马克思（1818—1883）、威廉姆·斯坦利·杰文斯（1835—1882）和卡尔·门格尔（1840—1921）则被包括在这一时期。

丹尼斯·奥布赖恩（Denis O'Brien）沿用了熊彼特的观点，认为李嘉图体系代表了从亚当·斯密到约翰·斯图亚特·穆勒这条发展主线上的迂回分析，但这种迂回并不是决定性的，因为完整的李嘉图分析法并没有吸引到多少信徒，而且在 19 世纪 30 年代以前已在不同程度上被抛弃。（杜尔劳夫等，2016a，第 507 页）

凯恩斯的以我划线

凯恩斯指出："经典学派支配着统治阶级和学术界之经济思想，已经有一百余年，我自己亦是在这种传统中熏陶出来的。"（约翰·梅纳德·凯恩斯，1999，第7页）这意味着他实际上是把他以前的经济学一概称为古典经济学，以便与他自称为"通论"的新经济学相区别。基于这样的时间跨度，凯恩斯在马克思所认可的古典学派的名单上，又追加了李嘉图的继承者，如约翰·斯图亚特·穆勒、马歇尔、埃奇沃思以及庇古教授。（约翰·梅纳德·凯恩斯，1999，第7页，脚注①）

萨缪尔森的"穿越"

萨缪尔森认为斯密是古典经济学"自由放任的先知"，斯密的《国富论》被视为政治经济学诞生的标志。同时期的大卫·李嘉图被认为是古典政治经济学的关键人物，与李嘉图同时代的还有马尔萨斯（Thomas Robert Malthus，1766—1834）和约翰·穆勒。此外，杰文斯、门格尔和瓦尔拉斯（Léon Walras，1834—1910）也被认为是古典政治经济学的代表人物。（萨缪尔森，1988，第290—294页）

此外，萨缪尔森认为马克思是一个不重要的后李嘉图主义者，斯拉法则是"一个有返祖现象的古典经济学家"。（萨缪尔森，1992，第493页）在萨缪尔森看来，古典政治经济学从约翰·穆勒的《政治经济原理》（1848）发表，便开始衰弱。（萨缪尔森，1988，第294页）

马克·布劳格的划分

马克·布劳格认为,古典经济学有时用来特指经济思想史上 1750—1870 年这个阶段。在这期间,主要来自英国的经济学家,以亚当·斯密的《国富论》为出发点,分析了资本主义国家中的生产、分配以及商品和服务的交换,而广义的古典经济学定义还须包括古诺、皮特、屠能(Johann Heinrich von Thünen,1783—1850)、戈森这些当时的欧洲经济学家,当然还有贝利、劳埃德和朗菲尔德这些起先看似背离亚当·斯密创立的传统理论的英国学者。(杜尔劳夫等,2016a,第 506—507 页)

胡寄窗的宽口径

我国的经济学家胡寄窗教授划定的政治经济学古典时代是从 18 世纪中期到 19 世纪 60 年代末。在他看来,古典经济学起于重商主义(配第和布阿吉尔贝尔为英法各自的创始人),初建于重农学派〔其中主要讨论了魁奈和杜阁① (Anne Robert Jacques Turgot,1727—1781)的经济学说〕,到斯密时形成体系,经李嘉图深化发展。(胡寄窗,1991,第 52 页)18 世纪末、19 世纪上半叶的英国经济理论的发展史是由马尔萨斯和李嘉图两人的理论和相互间的争论构成的,而后斯密体系分别在英国被西尼尔(Nassau William Senior,1790—1864)和约翰·穆勒,在法国被萨伊和巴师夏,在德国被屠能继承和发展,他

---

① 也被翻译为杜尔阁、杜尔哥。

们重新整理出了政治经济学体系。（胡寄窗，1991，第117页）

胡寄窗教授认为，同时期内对资本主义生产方式的批判也形成了同样有影响力的"非正统、非主流经济学"。其由以西斯蒙第（Leonard Simonde de Sismondi，1773—1842）和蒲鲁东（Pierre Joseph Proudhon，1809—1865）为代表的小资产阶级社会主义思潮，以圣西门、傅立叶和欧文为代表的空想社会主义，以及批判性地继承了古典经济学、空想社会主义和德国哲学的马克思的科学社会主义经济学说共同构成。（胡寄窗，1991，第137页）

本书的时期划分和代表人物的认定

本书参考以上经济思想史学家的划分，并主要围绕价值和分配理论，重点选择亚当·斯密、大卫·李嘉图、麦克库洛赫、詹姆斯·穆勒、马尔萨斯、萨伊、约翰·斯图亚特·穆勒、马克思、斯拉法作为古典政治经济学的代表，依次展开分析。

政治经济学的古典传统

对经济的理解

根据色诺芬、亚里士多德，最初的经济学被定义为家政管理的艺术，而政治经济学则把研究范围扩展到国家层面。最初的政治经济（économie politique）包括农业和公共管理，研究的对象是国民财富的生产和分配。随着后期的演化，政治经济逐渐被认同为科学。18世纪 70 年代之后，政治经济学特指对国民财富的生产、分配、消费和商品交换规律的系统性研究。亚当·斯密认为政治经济学是关于如何管理国家资源以便创造财富的科学，詹姆斯·穆勒认为正确完整的政治经济学的定义是在人类本性法则（或道德和心理学）的基础上关于财富生产和分配的科学，马克思把他的政治经济学巨著《资本论》的研究对象确定为"资本主义生产方式以及和它相适应的生产关系和交换关系"（马克思、恩格斯，1972a，第 8 页），恩格斯则认为，"政治经济学，从最广的意义上说，是研究人类社会中支配物质生活资料的生产和交换的规律的科学"。（马克思、恩格斯，1971，第 160 页）

古典经济学家认为经济是一个循环流，他们的任务是找到合理的价值理论和分配理论来理解当时的经济、政治和社会的变化以及长期趋势。马克·布劳格指出，"古典经济学是剩余产品产生和分配的经济学——一个酝酿中的经济体系再生产的理论"。（杜尔劳夫等，2016a，第 512 页）罗伯特·伊格利（1974，第 142 页）指出，古典经济学这一框架的本质是围绕着资本作为投入各生产周期的中间产品的存量，而最终产品的定价问题总可以推到已由之前的劳动力规模和技术决定产量的下期。

古典政治经济学家对经济增长的态度相对悲观，认为长期而言经济会达到一个稳定停滞的状态，其中人口增长和资本积累是相关的重要主题。自亚当·斯密起，大部分古典政治经济学家认同资本只能通过利润积累，而竞争[①]会使利润率下降，且劳动和资本之间没有替

[①] 需要注意区分的是，那时所谓的竞争不同于现在主流经济学对企业作为价格接受者和完全弹性的需求曲线的理解，而是面对统一利润率和商品价格时，厂商间对于有限的利润所可能产生的竞争。

代作用，土地作为重要的生产资源是有限的。在缺乏长期增长机制的情况下，剩余的利润如何在不同的阶级中分配成为重要的议题。考虑到人口增长带来的一系列问题，马尔萨斯和李嘉图更为悲观。他们认为人口的增长会使工资只保持在生存水平，但基数的上涨对剩余价值分配而言意味着更高的工资份额，更多的耕作需求（使地主阶级持续增加地租），剩余的资本收入（利润会持续下降），从而难以扩大生产，经济会很快进入停滞的稳态。虽然詹姆斯·穆勒的认知在此基础上有所突破，并提出了四个可能打破稳态的机制，但他依然认为当利润率低于一定数值时，资本会停止积累，即经济仍会停止增长。受到当时社会发展的限制，技术进步只是零散地在各处发生，因此他们未能预测到技术和人力资本推动经济持续增长的可能。

但即便如此，古典政治经济学家对自由市场的态度仍然十分乐观。15 世纪末到 17 世纪下半叶的重商主义是关于资本主义生产方式最早的理论研究，而重商主义对财富来源于金银的理解引致了贸易保护主义的对外政策。受到启蒙运动的影响，古典政治经济学家认为从宗教和政治的束缚中解放出来的市场力量可以带来经济发展和社会稳定。古典政治经济学家对重商主义的国家干预主义进行了批判，并提出了自由竞争的市场经济制度。他们坚持自由放任主义，认为政府干预并不能把经济带出停滞状态，因为停滞的根源——土地的稀缺性和人口增长的自然趋势是不可解决的。（克拉克，2001，第 30 页）古典经济学的经济自由主义也延伸到国际贸易方面，无论是斯密从绝对优势角度出发的分析，还是李嘉图从比较优势角度出发的分析，都坚持自由贸易原则。

研究的内容

古典政治经济学的研究以分工为起源，以价值理论为基础，逐渐将关注重点从交换关系转到更深层的生产关系，关注工资、利润和地租的分配及它们之间的关系。陈岱孙指出"古典学派以研究资本主义生产方式的生产和交换的规律为任务"。（陈岱孙，2014，第 2 页）马克思认为研究对象从流通领域到生产领域的转换是现代经济科学的开端。（马克思、恩格斯，1962a，第 750 页）

劳动分工是古典经济学研究的逻辑起点。在研究物质财富的源泉时，配第的《政治算术》是政治经济学作为一门独立科学分离出来的最初形式，"关于实在劳动，他一开始就是从它的社会的总体形式上当作分工来理解的"。（马克思、恩格斯，1962b，第 42 页）斯密在《国富论》的开篇便指出，"劳动生产力上最大的增进，以及运用劳动时所表现的更大的熟练、技巧和判断力，似乎都是分工的结果"（斯密，1972，第 5 页），并且用了前两章的内容讨论分工与分工的起源。也正是因为斯密对分工的特别强调，人们把他看作工厂手工业时期集大成的政治经济学家。

自然价格和市场价格的区分是古典经济学的传统之一。市场价格代表的是交换关系，自然价格代表的是生产关系。斯密、李嘉图和马克思关注的都是长期的自然价格的决定和变化规律。他们认同生产成本理论，认为静态一般均衡最终会达到自然价格，而且自然价格不受需求的影响。早期古典政治经济学家关注的是价格的变化，但由于缺乏相应的定量分析方法，供给和需求的概念并没被重视，甚至包括李嘉图都认为那只是买卖的数量，其对商品价格的影响只是暂时的。

（李嘉图，1962，第 327 页）后期的古典经济学家马尔萨斯、萨伊以及詹姆斯·穆勒逐步引入和完善了供求定律的研究。

关于价值理论，经济思想史上一般都认为古典经济学派的基本倾向是劳动价值论。马克思认为，"把交换价值归结为劳动时间或相同的社会劳动，是古典政治经济学一个半世纪以上的研究得出的批判性的最后成果"。（马克思、恩格斯，1962b，第 41 页）斯皮格尔（1991，第 10 页）指出："古典学派提出了劳动价值论或生产成本价值论。"事实上，古典经济学经过一个半世纪的探讨所得出的结论，并非劳动价值论，而是多要素求价值论。早期的古典经济学家，无论是被马克思誉为"政治经济学之父"的威廉·配第提出的"劳动是财富之父，土地是财富之母"（配第，1981，第 66 页），还是被马克思誉为"现代政治经济学真正的鼻祖"、重农学派的代表魁奈（1979，第 340 页）以及杜阁（1961，第 21 页）提出的作为自然恩赐的"纯产品"理论，都是劳动和土地共创论（a land-and-labour theory of value）。后期的马尔萨斯购买的劳动决定价值和萨伊的三位一体公式更加表明古典学派的基本倾向是多要素生产费用价值论[①]。

古典工资理论认为工资决定于生产维持工人所需的生活资料的劳动时间，而从生产到最终销售这一过程中便需要向劳动者支付报酬，因此引入了工资基金的概念。主流观点认为古典经济学家把实际工资视为固定的，而马克·布劳格（杜尔劳夫等，2016a，第 514 页）指出这只是受当时作为主流的马尔萨斯人口理论的影响，他们认为长期的生存工资对于一代人（15 年）是固定不变的，而这一时间范畴内的生存工资等于长期实际工资，这一生存水平是由历史条件决定的。

---

① 关于古典价值理论，本书将在第二篇展开讨论。

这一观点也得到了李嘉图以及马克思的认同，但这并不意味着古典经济学家把实际工资的分析留给了经济分析范畴之外的因素。关于短期的工资，从斯密到李嘉图认同的都是以供求分析为基础的工资基金学说（wage fund doctrine），即通过短期的固定的工资基金与劳动数量之比求得平均工资率。这一工资理论直到约翰·穆勒1848年发表《政治经济学原理》才被放弃。

由于土地在古典时期是重要的生产要素，地租理论一直是古典经济学家的研究重点。坎蒂隆在配第地租理论的基础上进行补充，认为地租＝市场价格-生产成本-利润。斯密承认了绝对地租，认为地租是为使用土地而付出的代价，是"一种垄断价格"（斯密，1972，第138页）；而李嘉图否认其理论，试图在劳动价值理论的基础上构建级差地租理论。（李嘉图，1962，第57页）但他们的理论都存在各自的内在矛盾，古典学派从未形成统一的地租理论。[①]

而对于国民收入分配中的另一项——资本利润，古典政治经济学坚持利润率同一的假设，认为产业间的资本自由流通可以达到一般利润率，但其并未深究利润的性质与来源。

研究范式

受到研究自然以及自然固有规律的唯物主义思想的影响，配第开创性地赋予了经济学以科学的性质，从他开始，经济研究大都以事实、感觉和经验为依据，尽可能地用数字来说明问题。古典经济学家

---

① 关于古典地租理论的矛盾，本书将在第六章具体分析。

注重寻找具有普遍适用性的规律和经济原则，从而可以研究各个国家在不同时期的经济问题，他们将资本主义这一特有的制度看作一种自然、永恒的制度。（胡寄窗，1991，第179页）

莱昂内尔·罗宾斯（Lionel Charles Robbins，1898—1984）（Robbins，1935，第16页）指出，古典政治经济学的研究结合了实证分析与规范分析。在《经济科学的性质和意义》中，他提出古典经济学是带有价值判断和主观好恶的政治学意味的，一直难以摆脱政治学的束缚而成为多学科杂糅的学科体系。巴里·克拉克的评论反映了古典政治经济学时代研究方法的多样性，他提出"政治经济学是原初的社会科学。亚当·斯密、约翰·斯图亚特·穆勒、卡尔·马克思等人均是以广阔的视野研究社会体系的。直到19世纪下半叶，政治经济学才开始裂变为经济学、政治学、社会学、社会史、社会心理学以及社会哲学等学科"。（克拉克，2001，第1页）凯恩斯也曾指出，19世纪末的欧洲经济学界存在着两种政治经济学理论，一种是"实证的、抽象的和演绎的"政治经济学，一种是"伦理的、现实的和归纳的"政治经济学。这种"二分法"实际上是对当时"英国学派"与"历史学派"相互对立情况的客观反映。（约翰·内维尔·凯恩斯，1891）

正统经济学的标志——斯密的《国富论》就采用了抽象演绎法和经验归纳法相结合的分析方法。《国富论》前两篇是关于价值理论、生产与分配理论的比较静态分析，利用"归纳"或"历史"的方法分析价格结构的变化。此外，斯密在国际贸易理论和货币理论中也应用了动态分析，比如，他认为专业化分工带来的生产力的提高可以使国家随着时间的变化发展出新的比较优势。

但李嘉图学派只强调稳态均衡，比如在贸易理论中将社会历史发展到一定阶段时所形成的国际分工模式归因为自然禀赋的差别，因此得出国际分工方向不可变的结论。斯密的动态分析后期直到约翰·穆勒才被带回到古典经济学中。而且，李嘉图抛弃了关联性的归纳分析方法，强调逻辑一致性，通过抽象分析建立的经济模型简化了事实的复杂性，将所要研究的内容单独剥离出来，将抽象的研究方法发挥到了极致。不过，李嘉图这种高度抽象的经济模型很难直接应用于错综复杂的现实世界中，熊彼特把这种研究倾向称为"李嘉图的恶习"[①]（Ricardo vice）。

以劳动价值论为基础、以经济剩余为分配对象的剩余分析法被很多学者认为是古典经济学的主要研究方法。约翰·穆勒（1991）曾指出，古典经济学考察的是剩余价值在不同阶级之间按利润、利息、地租进行的分配。但布劳格则认为剩余理论并未在国际贸易理论中体现，不能解释短期价格的调整，也无法和斯密的机会成本理论以及其具有竞争性的地租理论相兼容，因此完全用其理解古典经济学是有局限的。（杜尔劳夫等，2016a，第 512 页）

剩余分析方法的采用自然地形成了结构分析或阶级分析的传统。自斯密起，地主、工人和资本家便被视为构成文明社会的三大主要阶级，工资、利润和地租是三大基本收入，并构成了商品价值。李嘉图在探讨工资、利润和地租的分配形式时，也揭示了三大阶级之间的利益冲突或对立。

[①] 熊彼特指出："一种绝不可能被驳倒的、除了没有意思之外什么都不缺少的理论，诚然是妙不可言的理论。应用这种性质的结果去解决实际问题的习惯，我们称之为'李嘉图的恶习'。"（熊彼特，1992，第 146—147 页）

马克思对古典政治经济学的批判继承和发展

马克思本人直接继承了斯密关于使用价值和交换价值、生产劳动和非生产劳动等概念，并且也采用了剩余分析法将国民收入作为不同社会阶级的收入，三分为工资、利润和地租。

马克思对古典政治经济学的继承更多地来自李嘉图。李嘉图以具有平均资本构成的产业所生产的商品的价格来衡量所有价格的观点，成为马克思解决"转形问题"的基础。马克思接受了李嘉图的生存工资理论，并据此引申出无产阶级贫困化理论。

同大部分古典政治经济学家一致，马克思也坚信经济最终会发展到一个稳定状态而停滞，他认为这是由不可避免的利润率下降趋势所造成的，而且这一趋势是构成资本主义危机的主要因素。

马克思的经济理论与古典学派也有众多不同，在经济周期、技术变化和再生产模式等方面，他都有更进一步的分析。具体而言，马克思区分了劳动与劳动力的区别，用资本与劳动力的交换取代了资本与劳动的交换，试图以此消除李嘉图体系的第一个矛盾。古典学派只把资本分为固定资本和流动资本，而马克思则把资本划分为不变资本和可变资本，从而揭示了资本家剥削雇佣劳动的真实程度（剩余价值率即剥削率）以及资本有机构成与资本积累的关系。

马克思认为古典政治经济学家都犯了一个错误："他们不是就剩余价值的纯粹形式，不是就剩余价值本身，而是就利润和地租这些特殊形式来考察剩余价值。"（马克思、恩格斯，1972b，第533页）马克思把剩余分析更进一步，将剩余价值视为一个独立的研究范畴，并指出了剩余价值转化为利润、利息、地租等各种特殊形式的中介。

（周守正、蔡继明，2004）

　　马克思赞同重农学派、斯密、李嘉图等政治经济学家对理解经济现象的内部联系的追求，批判詹姆斯·穆勒和萨伊等人的经济研究囿于资本主义生产当事人的观念，称他们为庸俗经济学家。马克思指出，在分析利息和地租是商品市场价格的构成要素时，古典政治经济学和庸俗政治经济学的本质区别在于，前者采取的是斯密等人用来说明价格要素的公式里出现的"资本-利润"的关系，而后者却企图赋予利息和地租的不合理形式以合理的外观，宁愿采取"土地-地租、资本-利息、劳动-工资"公式，从而掩盖收入的真正来源。（马克思、恩格斯，1972b，第555页）

政治经济学的现代形态

新古典经济学

边际革命为新古典经济学奠定了方法论基础

　　边际革命是指"1870—1871年，威廉·斯坦利·杰文斯（William Stanley Jevons）、莱昂·瓦尔拉斯（Leon Walras）及卡尔·门格尔（Carl Menger）把边际效用的概念引入经济学中的过程"。（杜尔劳夫等，2016c，第257页）边际革命三杰开创了新古典经济学，但由于杰文斯、门格尔和瓦尔拉斯分别提倡经验研究、抽象演绎逻辑以及数学方法（兰德雷斯，2014，第233页），各自的追随者分别将分析发展到了不同的方向，这种多样性使边际革命变成了一个缓慢的过程，"即使是在19世纪80年代和90年代，一些经济学家仍根据古典思路组织教材的编写，其中边际主义的思维方式与其他研究思路共存"。（杜尔劳夫等，2016c，第258页）杰文斯的《政治经济学理论》首版全文采用的还是"政治经济学"一词，而当再版时，杰文斯特别在序言中指出，政治经济学（Political Economy）应尽早被经济学（Economics）替换；虽然此书的书名不改，但文中将使用新的名称。（杰文斯，1984，第6页）

边际革命时期经济学研究的主要元素除了新加入的效用外，仍然保持了古典政治经济学的传统，是关于财富、价值、商品、劳动、土地和资本的学问。（杰文斯，1984，第29页）边际革命时的经济研究沿用了古典的静态分析传统，杰文斯就曾将财富与价值的性质与静力学的理论做比较。（杰文斯，1984，第2页）他们继承了斯密关于价值的另外两个定义：一个是价值有时表示特定物品的效用；另一个是价值表示对他种货物的购买力。他们也继承了斯密的人类本性理论，即理性经济人假说，以及交换价值由购买劳动决定的观点。

但他们抛弃了李嘉图的劳动价值论，否定了工资基金说，不再支持生产成本论。他们认为决定物品价值的不是总效用或平均效用，而是边际效用，这被恩格斯称为边际效用论和使用价值论，从而将价值理论转换为需求导向。在研究生产要素的价值时，他们提出价值的因果关系不是从生产成本到最终价格，相反地，生产要素不是决定价格的因素，而是被价格决定的因素。

但杰文斯和门格尔只关注到了需求侧的效用，忽视了供给侧对价格的影响，而且也并未看到要素价值和商品价值相互依赖的关系，所以其理论同古典学派一样都是不完善的。只有瓦尔拉斯完整地考虑了供需平衡，得出了一般均衡理论。此外，杰文斯和瓦尔拉斯及其追随者对微积分等数学及统计学概念的应用使数理定量的分析方法进入了经济学研究，为新古典微观经济理论奠定了基石。

新古典经济学体系的建立——马歇尔的理论体系

新古典主义是凡勃伦（Veblen）首次提出的，用以形容马歇尔和马歇尔主义经济学。凡勃伦认为"马歇尔的剑桥学派是古典主义经济学的延续，都采用共同的效用分析法，有共同的享乐主义心理假设"（杜尔劳夫等，2016c，第777页），但马歇尔也创新性地提出了局部均衡，并能根据不同的市场周期（长期、短期）分析其对供给的影响，放弃了古典的历史演绎法，转而采用了假设-演绎法。多布（1924，第68页）认为，"剑桥学派所做的事情就是去除古典主义政治经济学中明显的不成熟之处，切断其与自然法哲学的联系，并运用微积分对其经济进行重新阐述。其前后继承路线基本上是从斯密、马尔萨斯到李嘉图"。事实上，马歇尔（1890，第1页）在其《经济学原理》开篇讨论学科定义时，依然将政治经济学和经济学视为同义词，只不过关注点在国家层面的基础上加入了个体行为的微观部分，直到20世纪20年代，马歇尔后期的版本才统一采用了经济学这一概念。

凯文·胡佛总结了新古典经济学理论的三个基本原理：其一，实际而非名义货币因素影响经济主体的实际经济决策（储蓄、消费和投资）；其二，经济主体在有限的信息约束下一直是利益最优化者，即处于均衡状态；其三，经济主体的预期是理性的，在评估经济环境上不会犯系统性错误。（胡佛，2020，第27页）

一方面，新古典经济学继承了古典主义对竞争的信念，其分配理论继承了古典学派的收入结构分析方法，即把国民收入看作四种生产要素（劳动、资本、土地和组织）共同合作的结果，并认为其是工资、利息、地租和利润的来源。另一方面，在边际主义理论的框架下以及主观价值论的基础上，新古典经济学家们发展出了功能性收入分配的边际生产率理论，并且他们突破了古典主义对需求的忽视，均衡价格论即供求均衡论成了新古典经济学理论的核心与基础。

罗宾斯的经济学定义：新古典经济学的完成

莱昂内尔·罗宾斯（2000，第 26 页）为经济学下了一个非常纯粹的定义："经济学研究的是用稀缺手段达到既定目的所引发的行为。因此，经济学对各种目的而言完全是中立的；只要达到某一目的的需要借助于稀缺手段，这种行为便是经济学家关注的对象。"罗宾斯定义的目的，是使经济学成为一门兼具理论和实证的知识体系。在罗宾斯的分析中，经济学研究具有明确的科学属性，其所关心的是价值中立（即事实判断）的人类选择行为，而不是带有价值判断和主观好恶的政治学意味的古典经济学。

但是，为了把一些应用性课题注入垄断保护政策，以及把计划和政府财政政策纳入他的政治经济学论文，他又倾向于保留"政治经济学"这一名称，如他 1939 年发表的《阶级冲突的经济根源和其他政治经济学论文》。（Robbins，1939）

罗宾斯认为："我们拒绝接受的那一定义认为经济学研究的是物质福利的原因，可称之为分类性定义。它把某些种类的人类行为，即旨在获取物质福利的行为划分出来，称其为经济学研究的内容。其他各种行为便都处于经济研究的范围之外。我们所采用的定义则可称为分析性定义。它并不试图挑选出某些种类的行为，而把注意力集中于人类行为的特定方面，即稀缺性迫使人类采取的行为方式。所以，无论何种人类行为，只要涉及这个方面，就属于经济学的研究范围。"（罗宾斯，2000，第26页）

在罗宾斯的分析中，我们需要注意以下几点。

其一，经济学的研究主题是稀缺条件下的人类选择行为；人类选择首先是个人选择，而非社会选择，故新古典经济学的关注点首先是个体，而非群体。由此我们可以说，新古典经济学所侧重的是亚里士多德经济学概念的本义，而非引申义。

其二，从古典经济学的宏观视角转向了新古典经济学的微观视角。

其三，从古典经济学的实证、规范相统一的研究特点走向了新古典经济学的价值中立，即强调实证研究，以凸显经济学的科学属性。

其四，从生产、分配、交换、消费的生产过程分析，转向了供给与需求的均衡分析，从而在分析方法和分析工具上有了革命性的变化。

其五，政治经济学成为"政策经济学"。罗宾斯认为："在诸如詹姆斯·斯图亚特爵士的《政治经济学原理研究》以及亚当·斯密的《国富论》这些早期著作中，政治经济学泛指所有的有关经济科学以及经济政策理论的全部论述。……然而，近年来人们习惯于把'政治'一词去掉，用'经济学'这个词单指对经济现象的分析和描述，而把有关什么政策才符合需要的讨论，归于另外的、尽管与前者有关但又与其明确区分开来的特殊的研究范畴。"（罗宾斯，1997，第5—6页）

总之，从罗宾斯有关经济学的新定义中，我们明显看出了新古典经济学与古典经济学的差异：古典经济学强调群体和国家，而新古典经济学强调个体；古典经济学是实证分析与规范分析的杂糅，而新古典经济学则以实证分析为圭臬。可以说，罗宾斯的著作标志着新古典经济学的完成。

凯恩斯主义

凯恩斯主义与古典政治经济学

凯恩斯主义一般指代凯恩斯的经济理论和政治哲学。英国古典政治经济学最大的批判来自历史学派，巴克豪斯（2019，第306页）指出，内维尔·凯恩斯在《政治经济学的范围和方法》（1891）一书中试图处理抽象的英国学派和德国历史学派之间的分歧，他要求明确实证的和规范的经济学，在分析方法上他赞成古典一派，宣扬归纳和演绎相结合的方法论。他的儿子，凯恩斯主义的开创者——约翰·梅纳德·凯恩斯（1999），在方法论上也继承了古典传统，将历史演绎法和归纳法相结合，实现了经济学研究的逻辑一致性，从而改变了经济思想史和经济政策的方向，并且创立了现代归纳逻辑理论。（Bresser-Pereira，2009）

菲茨吉本斯（1990）认为凯恩斯创新性地将经济学与古典的道德和政治哲学相结合，在马克思主义和自由放任主义激烈辩论的时期提出了第三种可能。凯恩斯主义提倡大政府，指出有为的政府可以通过投资和税收等财政和货币政策解决失业和经济危机问题，他也被有些学者认为是混合经济的倡导者。

凯恩斯的名著《就业、利息和货币通论》（1999）以"古典学派的假设前提"开篇，其理论基于对古典学派的价值、生产及就业理论的批判而展开。不同于古典政治经济学，凯恩斯将研究重点转移到宏观、短期的货币分析上，引入了不确定性，并从古典时期对价格变化的关注改为对数量变化的强调。但在分析失衡的货币经济体时，凯恩斯又回归到了古典的静态均衡分析模式。（布劳格，2009，第518页）凯恩斯革命性地推翻了众多古典政治经济学的理论，比如，他提出了非自愿失业的存在，认为人们在乎的是名义工资，批判了古典的工资协议决定实际工资（即名义工资的改变会使价格与之同比例调整）的假设；他还指出了价格黏性的存在，因此批判了完全竞争假设的合理性。但是，凯恩斯的研究范畴与古典政治经济学的研究范畴一致，而且同样具有十分重要的政治影响力。

凯恩斯主义的发展

一方面，在第二次世界大战结束后的美国，凯恩斯主义者力图把凯恩斯理论与新古典经济理论联系在一起，形成了所谓新古典综合主义，其在20世纪70年代改名为后凯恩斯主流派，也被认为是现代主流西方经济学的基础，这一后凯恩斯主流派即美国的凯恩斯学派，以约翰·希克斯（John Hicks）、弗兰科·莫迪利亚尼（Franco Modigliani）和保罗·萨缪尔森（Paul Samuelson）为代表。他们把凯恩斯主义中国家干预的思想与新古典主义市场自动调节的思想相结合，强调数学方法的运用，同时也融合了宏观和微观理论。宏观以及短期层面，在未达到充分就业的经济低迷时期，采用静态分析，主张凯恩斯主义，认可财政政策的作用；微观以及长期层面，在接近充分就业时，采用考虑到冲击影响的动态分析，认同新古典主义，主张古典的经济自由主义。

另一方面，在第二次世界大战结束后的英国，凯恩斯主义者致力于对古典政治经济学的复兴。他们彻底否定了新古典主义，强调收入分配问题，力图在李嘉图主义和斯拉法价值理论的基础上重塑经济学理论体系，甚至接受了马克思主义的一些经济思想，由此形成了"新剑桥学派"，即英国的凯恩斯学派。

反凯恩斯学派的出现

其一是弗里德曼的货币主义。20世纪70年代，美国出现严重的失业和通货膨胀，众多学者批评凯恩斯主义，称其导致了此次危机的发生。在用来替代凯恩斯主义的需求管理和微调的各种经济政策主张中，最一致、最系统且最重要的是米尔顿·弗里德曼的货币主义。货币主义认为，从短期看，货币才是影响经济产量、就业和物价的唯一因素；否定财政政策的调节作用，主张在自由竞争的市场机制中加入适当的货币政策，从而提高就业、稳定经济。

其二是理性预期学派。从货币学派中分化出来的理性预期学派，也被称为新古典经济学的第二代，其特点是理性预期假说与动态分析方法。罗伯特·卢卡斯（Lucas，1972）在《预期与货币中性》一文中，首先将穆斯（Muth，1961）的理性预期假说同货币主义模型结合起来分析。之后，卢卡斯又和明尼苏达大学经济学家萨金特（Thomas Sargent）、华莱士（Neil Wallace）等人发表了一系列论文，对理性预期假说做了进一步阐发，同时把理性预期引入宏观经济、模型，并且用于理性预期整个理论体系的分析，以卢卡斯为首的理性预期学派最终形成。

现代货币主义和理性预期学派后形成了强调宏观经济学的微观基

础的新古典宏观经济学派，这是对新古典经济学的一种复兴。

其三是供给学派。供给学派更进一步，是对古典经济学的回归，主张减少国家干预，强调自由竞争，主要代表有拉弗、万尼斯基和费尔德斯坦。他们批判了凯恩斯主义通过扩张总需求解决经济滞胀的观点，认为在市场机制下只需减税便可以提高供给，进而控制通货膨胀、增加就业，以提高经济正增长。

新剑桥经济学

新剑桥学派的基本观点

新剑桥学派是指凯恩斯在英国剑桥的继承者在 20 世纪 60 年代同美国新古典综合派的持续争论中形成的学派，以琼·罗宾逊（Joan Robinson）为主要代表，卡尔多（Nicholas Kaldor）、斯拉法、帕西内蒂（Luigi Lodovico Pasinetti）和哈罗德（Roy Forbes Harrod）为主要成员。他们也主张复兴古典学派和马克思经济学，并吸取波兰经济学家卡莱茨基的理论，拟开辟一个新的经济学体系。

新剑桥学派主张长期动态分析法，批判新古典综合派沿用的马歇尔微观分析，批评把凯恩斯经济学中的国民收入核算等宏观变量用生产函数来解释，提倡用价值理论和分配理论为凯恩斯的宏观分析提供微观基础，试图把财产所有权和收入分配纳入宏观变量。

新剑桥学派强调社会关系分析，关注国民收入在社会各阶级间的分配和收入不平等问题。他们批判边际生产力分配理论，指出其要素价格和产品价格之间存在的循环论证问题。新剑桥学派认同凯恩斯的"投资支配储蓄"，而不是古典经济学家认为的储蓄支配投资，并认为投资不仅决定生产、就业水平，也决定国民收入分配中的工资和利润。（胡寄窗，1991，第 398 页）此外，他们认为货币是资本主义经济不稳定的重要因素，货币工资是影响物价的主要因素。

主要代表人物

新剑桥学派最主要的代表人物是琼·罗宾逊，她的研究"从自由竞争均衡发展到不完全竞争，再到凯恩斯的宏观分析，又到对凯恩斯体系缺陷的弥补，并部分地接受马克思经济理论"。（胡寄窗，1991，第 400 页）她把凯恩斯的有效需求应用到长期经济增长理论，将经济发展和收入分配相结合，提出了"收入-分配"理论。她认为分配问题主要涉及工人和资产阶级，工人工资用于消费，而利润作为经济剩余用于投资。由于投资带来的经济增长只会提高资产阶级收入，增加不平等，因此需要国家干预才能实现公平分配。这一观点也使琼·罗宾逊被视为"凯恩斯左派"。在价值理论方面，她虽然反对古典的劳动价值论，但未能提出自己独立的价值论。

另一重要代表人物斯拉法于 1960 年出版了《用商品生产商品》一书，此书奠定了新李嘉图学派的理论基础。他复兴了古典的剩余分析法，坚持了利润率均等和外生工资以及价格（价值或生产价格）决定与剩余的分配（即利润率的形成）必须同时实现的观点，发展出了"标准商品"，以解决李嘉图对不变价值尺度的困扰。但正如布劳格指出的，斯拉法的分析没有斯密、李嘉图、约翰·穆勒以及马克思的丰富，他没有完全抓住古典政治经济学的精髓。（杜尔劳夫等，2016a，第 514 页）斯拉法体系将在本书第二篇第八章中详细介绍。

剑桥资本争论

剑桥资本争论是新剑桥学派对新古典综合派理论发起的重要挑战。争论从对新古典学派将生产函数应用到国民收入核算等宏观变量上的质疑开始，焦点主要在新古典理论的逻辑一致性问题上。新剑桥学派通过把新古典理论推广到异质商品模型下产生的维克斯效应而带来的不可避免的"技术再转辙"和"资本倒转"，揭示了新古典学派理论存在的循环论证。（柳欣，2012）新古典综合派未能在理论上做出合理反驳，而经验研究则证明了其对于宏观变量测算的准确性。由于新剑桥学派无传承之人来构建出足以取而代之的理论体系，而新古典主义模型又有数据上的经验支持，经济学理论范式并未由此改变。就像吉芬物品（Giffen goods）这一概念的提出并未改变需求函数的方向一样，剑桥资本争论并没有动摇新古典经济学理论依然保持的主流地位。

新政治经济学[①]

新政治经济学的界定与引申

自 20 世纪 50 年代开始，从加尔布雷思（John Kenneth Galbraith）到激进经济学，从阿罗（Kenneth J. Arrow）到布坎南（James M. Buchanan），西方经济学界出现了所谓"新政治经济学"（New Political Economics）研究热潮。现代经济学研究中所标榜的"新政治经济学"存在两种研究趋势：其一是上溯古典政治经济学研究传统，继续将多学科分析方法应用于政治经济问题的探求之中；其二是以新

---

① 主要内容引自蔡继明、王成伟（2012）。

古典经济学方法论和分析工具为基础，不断拓展新古典经济学的研究视域。第二种趋势已逐渐占据主流地位，与古典经济学时代的经济学依附于政治学的情况形成鲜明对比。在新政治经济学时代，政治学正日益依赖新古典经济学的分析方法。

美国的两本重要的新政治经济学教科书——阿伦·德雷泽的《宏观经济学中的政治经济学》（2000）以及佩尔森、塔贝里尼合著的《政治经济学：对经济政策的解释》（*Political Economics*，2002），其在内容编写上，都将经济政策作为核心研究内容。罗宾斯在其晚年所著的《过去和现在的政治经济学》（1997）中，更明确地指出"Political Economy"就是指"经济政策的经济学"。

从方法论的角度看，"新政治经济学"更应该被称为"新古典政治经济学"（Neoclassical Political Economics），如德雷泽所说："新政治经济学主要是以运用现代经济学分析的正规技术工具来考察政治对经济的重要性……真正的特色与其说是它的研究内容，不如说是它的研究类型。"（Drazen，2000）

公共选择理论——主流"新政治经济学"的代表

如果从方法论的角度去研究，那么公共选择理论无疑是西方新政治经济学众多流派中最具开创性的一支，并且代表着主流新政治经济学的发展方向。在传统新古典经济学的理论体系中，对社会选择和公共选择问题往往避而不谈，这主要是受约翰·穆勒"二分法"的影响，即公共领域的问题只要交给政府去办就可以了，制度是经济体系（私人领域）的外生变量。但随着二战后"凯恩斯主义"的盛行，国家政治经济政策对私人领域的影响日益扩大，于是，围绕公权与私权关系而展开的政治问题的讨论也日益引起经济学家的关注。

塔洛克认为，公共选择理论就是"经济学对政治科学的渗透"。（Tullock，1988，第1页）

阿罗（2000）指出，资本主义民主制度下的社会选择有投票和市场机制两种方法，分别作用于"政治"决策和"经济"决策。在新古典经济体系下，经济学家一般只研究市场上的个人选择问题，但自从阿罗提出"不可能性定理"后，经济学家开始关注这样一个问题：如何将个人偏好进行加总来实现社会福利函数的最大化，或者说，在单个投票者偏好既定的情况下，应当怎样选择一种理想的社会形态。在经济市场上，社会选择研究的是人们如何通过货币选票来选择能为其带来效用最大化的商品，而在政治市场上，社会选择关注的是人们通过民主投票来选择能为其带来最大收益的政治家以及政策法律制度。

公共选择理论贯彻了新古典经济学研究方法中的个人主义和自由主义倾向。虽然公共选择理论常常被认为是经济学与政治学之间的交叉学科，但由于其在研究方法论上对新古典经济学的直接继承，因此我们可以毫不怀疑地说，公共选择理论乃是新古典政治经济学的代表流派。

"经济学帝国主义"——"新政治经济学"的领地拓展

我们引申公共选择理论后可以发现，兴起于20世纪60—70年代的众多经济学流派，都带有浓厚的新古典政治经济学的味道，即都是试图借助于新古典的分析框架去解释曾经被新古典经济学忽视的公共领域内的问题。

施蒂格勒的规制经济学、科斯的产权经济理论、诺斯的新经济史，再加上阿罗和布坎南的公共选择理论，这几位诺贝尔经济学奖得主的共同之处就在于他们都拓展了新古典经济学的研究领域，使制度和制度变迁，社会成本，政府和议会，公共选择，民主选举，反垄断等问题再次成为经济学关注的焦点。更进一步的是，加里·贝克尔关于家庭经济学和人力资本的研究则使新古典政治经济学的研究触角逐步伸向全部社会科学领域，使其演变为"经济学帝国主义"。法和经济学、国际政治经济学、种族经济学、宗教经济学、性别经济学、环境经济学等交叉学科和边缘学科的出现，显示出新古典政治经济学生生不息的活力；政治的经济学、社会的经济学、伦理的经济学、认知的经济学也都踊跃于学术舞台之上，经济学得以再次与其他社会科学相交融。这不是古典政治经济学时代原初社会科学的简单延续，而是对古典时代多学科融合的一种"扬弃"，是在承认新古典经济学研究方法基础上的一次"超越"。（蔡继明等，2012）

新兴古典经济学

新兴古典经济学诞生于20世纪80年代，代表人物有罗森（Rosen）、贝克尔（Becker）、杨小凯、博兰（Borland）和黄有光（Ng），他们试图用现代分析工具复活古典经济学，以杨小凯（2003）的《经济学：新兴古典与新古典框架》为代表著作。

杨小凯认为经济学旨在研究经济活动中的各种"两难冲突"，而古典经济学与新古典经济学关注的矛盾点是不同的。古典经济学关注分工经济，意在解决如何突破资源稀缺的限制；而新古典经济学则使用规模经济的概念，视资源稀缺程度或生产力为给定条件，旨在求解各产品生产和消费间的冲突。新兴古典经济学认同古典经济学的思想，采用非线性的超边际分析方法，恢复了古典政治经济学关注分工和专业化生产的传统，为解决马歇尔新古典经济学所不能解释的发展，企业的出现，交易费用和制度、货币的出现以及景气循环等诸多经济学问题提供了系统性的分析框架。

杨小凯指出，新兴古典和新古典分析框架存在四个根本差别：第一，新兴古典框架用专业化经济，新古典框架则用规模经济的概念表征生产条件；第二，新兴古典框架中没有纯消费者与企业的绝对分离，而新古典框架却以纯消费者和纯生产者分离为基础；第三，新兴古典框架中的交易费用对组织的拓扑性质有极其重要的意义，而新古典框架中的交易费用没有这种意义；第四，新兴古典经济学中的个人最优决策永远是角点解，而内点解绝不可能是最优解，相反，在新古典经济学中，最优解可能是内点解，而角点解只不过是一种例外。（杨小凯，2019，第16页）

但杨小凯的研究也有其局限性，他仍然拘囿于新古典劳动同质性的假定，因此研究重点只是在资源如何通过分工水平与分工结构等组织形式和价格机制来促成实现最优配置等问题上，新兴古典经济学派忽视了异质性经济主体之间存在的分工和交换等交互作用关系。

西方新马克思主义经济学

在越南战争的背景下，1968 年，美国一群年轻的经济学家组成了激进政治经济学联合会，20 世纪 60—70 年代直接形成了思想学派——新左派政治经济学或激进主义经济学。艾琳·艾泼鲍姆（Eileen Applebaum）1977 年指出，激进主义经济学家的主要观点可概括为：（1）贫困、种族歧视等主要社会经济问题的根源是资本主义的运转方式，只有通过对社会的激进式调整才能解决；（2）新古典理论与现实世界存在矛盾；（3）不能将市场等现存体制视为既定的，提倡用古典经济学历史性和阶级性传统去研究资本主义存在的原因。（兰德雷斯等，2014，第 490 页）

霍华德·谢尔曼（Howard J. Sherman）作为该学派代表人物之一，认为现代激进政治经济学分别继承了 4 个经济学派的传统：一是沿用了李嘉图和新李嘉图学派，特别是斯拉法的传统；二是把马克思主义作为一种有力的前提，而不是一种永恒不变的真理；三是吸取了左派凯恩斯主义和后凯恩斯主义如琼·罗宾逊的传统；四是受到了凡勃伦制度主义经济学的深远影响。（谢尔曼，1993，第 6 页）谢尔曼也围绕劳动价值论、国家理论、当代社会的分类、民主的政治体制等，提出了 10 个与苏联官方马克思主义经济学的不同之处。（谢尔曼，1993，第 9 页）

美国新马克思主义经济学中重要的分支之一是垄断资本学派，代表作有保罗·巴兰（Paul A. Baran）的《增长的政治经济学》（1957）以及他和保罗·斯威齐（Paul M. Sweezy）合著的《垄断资本》（1966）。不同于同时期主流的完全竞争市场下的经济分析，他们认为垄断资本占领了市场；不同于马克思主义经济学中剩余的概念，与实际经济剩余相区分，他们引入了潜在经济剩余和计划剩余的概念，试图从理论上解决垄断带来的资本利用率低等问题。

社会主义政治经济学

苏联社会主义政治经济学

在苏维埃政权初期，列宁鉴于国内外战乱的情况，实行了"战时共产主义"，其中包括平均主义分配制度、粮食垄断、银行和工业企业全面国有化、劳动义务制、取消货币、停止贸易等。这些经济政策使苏俄[①]的经济严重萎缩。

1921 年，列宁发表了《论粮食税》，开始实行新经济政策。他主张发展国家资本主义，认为对产品的生产和分配实行全民的计算和监督是国家资本主义和社会主义所共有的东西。他指出："不经过国家资本主义和社会主义所共有的东西（全民的计算和监督），就不能从苏俄现时的经济情况前进……国家资本主义将会是我们的救星。"（列宁，1985，第 236 页，280—281 页）他指出商品、货币、市场、价值规律等被传统社会主义政治经济学视为资本主义特有的概念，可以作为过渡阶段的中间手段，应用于经济欠发达的社会主义国家。列宁提出要首先改善农民的生活状况、提高农业生产力，因此取消了余粮征集制、推动粮食税。他还进一步论证了无产阶级专政是可以和国家资本主义相结合的，加强大生产可以反对小生产，"由国家调整的经济关系来对抗小资产阶级无政府状态的经济关系"。（列宁，1986，第212 页）在政策上，列宁恢复了货币系统和商品交换及贸易自由，允许小商品生产者合作社的存在，并让一部分中小工厂私有化，推行租让制，向外国资本开放自然资源租用。

---

① 1917—1922 年，国名为俄罗斯苏维埃联邦社会主义共和国，即苏俄。——编者注

然而，列宁的继承者斯大林则认为新经济政策只是暂时的妥协。1928 年，斯大林结束了实行 9 年的新经济政策，开始了中央集权的计划经济体制。同年，斯大林制订了第一个五年计划，加快大规模工业化进程，并在"社会主义全线进攻"的口号下，推动农业集体化。1936 年，斯大林宣布苏联建成了社会主义，"斯大林模式"就此形成。

1951 年，斯大林发表的《苏联社会主义经济问题》总结了苏联社会主义经济建设的经验教训，也论述了社会主义制度下的经济规律。（斯大林，1971）两年后，苏联《政治经济学教科书》出版，系统地提出了当时传统社会主义政治经济学的主要观点：一是认为在社会主义制度下，剩余价值规律、资本积累等规律不再发生作用，竞争和生产无政府状态的规律退出了舞台，资本、剩余价值等表现资本主义关系的范畴已经消失（苏联科学院经济研究所，1959，第 445 页）；二是提出"国民经济有计划按比例发展的规律"，认为"社会主义经济有计划发展的必然性和可能性根源于生产资料公有制"（苏联科学院经济研究所，1959，第 465 页）；三是提出按劳分配的经济规律，认为"社会主义国家根据社会主义的基本经济规律和按劳分配的规律，在每个时期有计划地规定工资基金和各类工作者的工资水平"。（苏联科学院经济研究所，1959，第 527 页）我们从中可以看出，这种传统的社会主义经济理论是对马克思主义政治经济学的教条化的运用。

东欧社会主义国家政治经济学

20 世纪初期关于社会主义经济可行性的大争论是由奥地利经济学家路·冯·米塞斯发表的《社会主义制度下的经济计算》（Mises,

1920）引起的，它促使很多东欧社会主义国家的经济学家对社会主义政治经济学重新进行了思考，他们最初都是马克思《资本论》的信仰者。但随着战后东欧现实经济问题的出现，他们大多开始支持市场社会主义，并提出了各自不同的改革模式。

首先是波兰经济学家奥斯卡·兰格（Oskar Lange，1904—1965），他于1936年创建的兰格模型突破了苏联传统社会主义的高度集中的计划经济模式，首次提出了市场社会主义这一概念，中央计划机构将商品价格设为边际成本，并通过试错调整的方式决定生产计划，利用新古典经济学的理论证明了经济体最终会达到帕累托最优的均衡状态。兰格认为马克思主义经济学和现代经济理论是互补的，边际主义经济学有助于阐释阶级结构问题。（杜尔劳夫等，2016b，第780页）但他的理论是建立在完全竞争市场的假定下，缺乏微观基础，因此从未被社会主义政府真正实施。

波兰的另一位经济学家弗·布鲁斯（Virlyn W. Bruse，1921—2007）则主张取消国有经济，在其《社会主义经济的运行问题》（1984）一书中提出了布鲁斯模式。他以生产资料社会化理论为基础，分别用生产关系和经济运行机制的概念区分了社会主义经济制度和经济模式，并提出社会主义经济模式分为军事共产主义、集权模式、分权模式以及市场社会主义。他强调政治决策的重要性，提倡导入市场机制的计划经济是在集权型和分权型之间的折中模式。

另一种是主张计划与市场相结合、进行计划体制改革和所有制改革的锡克模式，由捷克经济学家奥塔·锡克（Ota Šik，1919—2004）提出。锡克主张改革以往的国有制，建立社会主义的股份所有制，使每个职工既是工人又是股东，既从事生产活动又参与企业的管理，既参与生产决策又参与收入分配的决策。职工要有任免企业经理的权力。（蒋自强等，2003，第417页）锡克的理论虽然同样有理想主义的色彩，但1963—1968年，他曾担任捷克斯洛伐克经济改革委员会主席和政府副总理兼经济部部长，对捷克斯洛伐克的经济改革产生过实质性的影响。

波兰经济学家卡莱茨基（Michal Kalecki，1899—1970）虽然也支持在计划经济中引入市场机制，但他是市场社会主义的反对者。在苏联和东欧社会主义国家大力推动以投资为导向的工业化进程的背景下，他更关注国民收入的再分配，并与凯恩斯同时提出了有效需求概念。他认为社会主义国家可以通过财政借贷和调节价格与工资的关系为工人阶级提供收入再分配，从而提高就业、刺激消费，推动经济增长。他也提出了政治商业周期的概念，认为政府换届前期会带来短暂的就业和经济发展机会，但影响投资的因素才是解决经济周期问题的根源。（杜尔劳夫等，2016b，第606页）

雅诺什·科尔奈（János Kornai，1928—2021）是另一位著名的批判传统社会主义经济学的匈牙利经济学家。在20世纪70年代整个东欧都面临经济短缺的状况下，他在《短缺经济学》（1986）中指出短缺并不是中央计划的问题，而是由系统性的缺陷造成的，他提出不同于资本主义经济体中的硬性预算约束，社会主义经济中的是预算软约束这一新的概念。他认为政府命令下的低价导致了需求过剩，因此主张减少供给以解决当时的短缺问题。同时，他也批评新古典经济学的理论，特别是一般均衡理论。（科尔奈，1988）

中国特色社会主义政治经济学探索

中华人民共和国成立初期，经济理论研究主要受苏联传统的政治经济学特别是斯大林的《苏联社会主义经济问题》和苏联版《政治经济学教科书》的影响，大学讲授的政治经济学通常分为资本主义部分、帝国主义部分和社会主义部分，分别以马克思的《资本论》、列宁的《帝国主义论》和斯大林的《苏联社会主义经济问题》为蓝本，以党和国家有关经济建设的方针政策为研究对象，西方经济学一般被当作资产阶级经济思潮而仅供学习参考。

中国的改革开放，赋予了中国政治经济学一个特殊的名称——中国特色社会主义政治经济学。1982年9月1日，邓小平在中国共产党第十二次全国代表大会开幕词中提出"把马克思主义的普遍真理同我国的具体实际结合起来，走自己的道路，建设有中国特色的社会主义，这就是我们总结长期历史经验得出的基本结论"。两年后，也就是在1984年10月，中共十二届三中全会通过了《中共中央关于经济体制改革的决定》，邓小平同志盛赞"写出了一个政治经济学的初稿，是马克思主义基本原理和中国社会主义实践相结合的政治经济学"。此后，从中共十三大到中共十九大，中共历次全国代表大会的报告标题中都会出现"中国特色社会主义"八个大字，邓小平理论、"三个代表"重要思想、科学发展观和习近平新时代中国特色社会主义思想不仅被相继写进《中国共产党章程》和《中华人民共和国宪法》，而且被写进了大学政治经济学教科书。

而2014—2016年，习近平总书记从要求各级党委和政府要学好用好"政治经济学"，到号召不断开拓"当代中国马克思主义政治经济学"新境界，再到强调"要坚持中国特色社会主义政治经济学"的重大原则，全国高校、党校和科研院所立即行动起来，一部部中国特色社会主义政治经济学的专著相继问世，^①一个个中国特色社会主义政治经济学研究中心、研究院相继成立，^②每年的国家社科基金重大招标项目中都设立了相关课题^③，中国特色社会主义政治经济学研究进入了一个前所未有的繁荣时期。

当代西方国家政治经济学的教学

当代西方国家大学的政治经济学专业已经脱离了古典政治经济学

---

① 张占斌等：《中国特色社会主义政治经济学》，湖北教育出版社 2016 年版；于建荣等：《中国特色社会主义政治经济学》，国家行政学院出版社 2016 年版；陈伯庚等：《中国特色社会主义政治经济学》，高等教育出版社 2016 年版；张宇：《中国特色社会主义政治经济学》，中国人民大学出版社 2016 年版；张宇等：《中国特色社会主义政治经济学》，高等教育出版社 2017 年版；石建勋等：《新时代中国特色社会主义政治经济学》，清华大学出版社 2018 年版；余斌：《中国特色社会主义政治经济学》，人民日报出版社 2018 年版；逢锦聚等：《中国特色社会主义政治经济学通论》，经济科学出版社 2017 年版；逢锦聚等：《中国特色社会主义政治经济学概论》，经济科学出版社 2019 年版；逢锦聚等：《中国特色社会主义政治经济学》，经济科学出版社 2021 年版；顾海良：《中国特色社会主义政治经济学史纲》，高等教育出版社 2018 年版；李家祥：《中国特色社会主义政治经济学史论》，中国社会科学出版社 2019 年版。

② 中宣部批准 7 所大学建立全国中国特色社会主义政治经济学研究中心。2017 年 12 月，经党中央批准，10 家习近平新时代中国特色社会主义思想研究中心（院），在中央党校、教育部、中国社会科学院、国防大学、北京市、上海市、广东省、北京大学、清华大学和中国人民大学成立。2021 年 6 月 26 日，经党中央批准，在国家发展改革委、生态环境部、中国法学会和江苏省、浙江省、福建省、山东省成立习近平新时代中国特色社会主义思想研究中心。2021 年 7 月 6 日，经党中央批准，在国家发展改革委成立习近平经济思想研究中心。

③ 本书就是来自 2016 年国家社科基金重大项目"中国特色社会主义政治经济学探索"。

的传统，是"新政治经济学"（也可称为"新古典政治经济学"）或现代经济学和政治学的跨学科结合。斯坦福大学政治经济学博士项目的学科介绍指出，政治经济学是一个关注个人和组织的集体性和政治性活动的跨学科领域，主要讲授实证的政治经济学，包括理性选择模型、集体行动、政治制度、政治竞争和行为政治经济学。普林斯顿大学的政治经济学项目实际上是经济学院和政治学院的合作项目，为学生分别讲授经济学和政治学的理论和实证的分析。

从具体的政治经济学课程来看，麻省理工学院同时讲授西方现代形式的政治经济学以及古典传统及政治经济学的发展。它们的"政治经济学导论"主要包括集体选择和选举、民主和非民主制度下的经济政策、官僚主义和腐败；而"政治经济学 I"则讲述作为分析国家、经济和社会之间关系的主要社会科学范式的政治经济学，课程通过对政治自由主义和个人主义、新古典经济学、马克思主义、社会学和文化理论以及新制度主义原著的学习，检验研究所依据的基本假设和对社会的理解。

可见，西方的政治经济学已经有了新的含义，其关注点已转换为对发展经济学、福利经济学、公共政策学等子学科的单独研究，而古典政治经济学的传统大多被划分在经济思想史范畴。

政治经济学古典传统的继承和现代范式的借鉴

本书将政治经济学的古典时期划定为 1750—1870 年这段时期，以魁奈为起点，主要的代表人物有亚当·斯密、大卫·李嘉图、詹姆斯·穆勒、约翰·斯图亚特·穆勒、马尔萨斯、萨伊等。古典政治经济学的研究主要以国民财富的生产、交换和分配为对象，以分工交换为起点，以价值理论为基础，以经济剩余作为分配的来源。古典政治经济学家主张市场竞争和自由贸易，主要关注的问题是如何突破资源稀缺的限制。古典政治经济学的研究范式是演绎法和归纳法相结合，实证分析与规范分析的统一。

新古典经济学对古典传统的继承与摒弃

新古典经济学继承了古典的自由放任主义，而且在斯密关于人类自私本性的假定的基础上形成了理性人假说，由此从方法论的集体主义转向个人主义，将研究重点从群体和国家的宏观视角转换到了微观个体层面，从古典经济学的实证、规范相统一的研究特点走向了新古典经济学的研究范式，即强调实证研究，以凸显经济学的科学属性，从生产、分配、交换、消费的生产过程分析，转向了供给与需求的均衡分析，从而在分析方法和分析工具上有了革命性的变化。

古典政治经济学研究传统从边际革命起逐渐被打破，以马歇尔理论为基础的新古典经济学体系实际上标志着古典政治经济学的离场。新古典经济学摒弃了古典主义自然哲学的分析方法和工资基金学说、地租学说等剩余分配的理论，使用假设-演绎法并引入了数学分析手段，通过边际分析法确立了新的功能性收入分配理论。而且，新古典经济学摒弃了阶层分析法，把经济体中的参与者分为消费者和生产者两个角色，但都视其为平等的个人。

凯恩斯主义和后凯恩斯主义对古典传统的继承与摒弃

凯恩斯延续了古典的研究范畴，研究重点回归到了宏观层面的经济议题，并恢复了归纳逻辑和历史演绎相结合的方法论，主要采用了古典的静态均衡分析。不过，不同于古典政治经济学放任自由的观点，凯恩斯强调了政府在解决经济问题中的地位。

后凯恩斯主义的主流——新古典综合学派，在宏观上采用了凯恩斯主义，而在微观上复兴了新古典主义。后凯恩斯主义在英国的分支——新剑桥学派，则批判了新古典分析方法并指出其违背了逻辑一致性原则，他们主张动态宏观的分析方法，并继承了古典主义以价值理论和分配理论为基础的传统和关注社会关系的阶级分析法和剩余分析法。

新政治经济学对古典传统的继承与摒弃

古典政治经济学中"政治"的含义较为广泛，容纳了一切社会经济问题，而西方的新政治经济学则沿袭了凯恩斯主义的传统，把研究集中于对国家经济政策和政府经济职能的分析，主要考察政治对经济的重要性。

从方法论的角度看，新政治经济学摒弃了古典研究范式，主要是运用以新古典主义为基础的现代经济学分析的技术工具，不断地将研究领域拓展到其他社会科学领域。新古典政治经济学的代表流派——公共选择理论便充分体现了新古典经济学的研究方法，以个人主义和自由主义为出发点，主要解决社会福利最优化的问题。

新兴古典经济学对古典传统的继承与摒弃

新兴古典经济学继承了古典政治经济学以分工为起源、以专业化经济为生产模式的传统，以及静态均衡分析的方法，重点关注的也是在宏观层面分析上如何突破资源稀缺。但他们对新古典经济学研究框架的应用也为其研究带来了古典传统所欠缺的微观基础，旨在创立一个宏观经济增长的微观模型，试图解决经济学中宏观和微观割裂的问题。

新兴古典经济学指出了新古典经济学边际分析的局限性，并发展出了超边际分析法，而且引入了交易费用的概念，加入了对经济、社会组织关系的动态研究。

对中国特色社会主义政治经济学研究的启示

以上我们回顾和总结了政治经济学的古典传统及其近 200 年来的传承和发展，这就为本书的中国特色社会主义政治经济学探索提供了经济思想史上可供借鉴的优秀成果。

本篇后续各章将秉持古典经济学逻辑批判的精神，运用逻辑一致性原则，揭示传统政治经济学理论中存在的逻辑悖论，并对古典政治经济学及其现代形态的范畴体系按照一般、特殊和个别的辩证法进行分层界定，由此提炼出中国特色社会主义政治经济学探索所应遵循的方法论原则。

本书后续各篇将在对古典政治经济学及其现代形态的批判、继承的基础上，借鉴李嘉图的比较优势原理和机会成本概念、斯拉法的价值与分配同时决定原理与合成商品概念、马克思的逻辑与历史相统一的方法和劳动生产力与价值量正相关原理、新古典经济学的边际分析以及局部均衡和一般均衡分析、新兴古典经济学生产-消费者两阶段决策分析等一系列经济思想史上的优秀成果，构建一个反映分工交换一般规律的广义价值论以及以此为基础的按生产要素贡献分配理论，将价值创造与价值分配融为一体。

接下来本书将运用广义价值论基本原理和按生产要素贡献分配理论依次分析我国社会主义计划经济向市场经济的转变、单一的按劳分配向按各种生产要素贡献分配的转变以及单一公有制向公有制为主体的混合所有制结构的转变，由此完成对中国特色社会主义基本经济制度的再认识。

在上述制度分析的基础上，本书进一步将广义价值论基本原理扩展到经济增长理论和国际贸易理论的研究中，构建了一个以分工交换为基础的内生经济增长模型和融效率与平等为一体的国际贸易模型，并运用这两个模型分别分析了我国乡村振兴、新型城镇化与城乡融合发展、中国土地制度改革以及中美技术进步对贸易模式和贸易利益分配的影响。

总之，本书并不奢望构建一个完整的中国特色社会主义政治经济学体系，那远远超出了本研究团队目前的研究能力，但我们期望本书的研究能够为中国特色社会主义政治经济学的探索提供一个价值理论、分配理论、所有制理论、经济增长理论和国际贸易理论前后一致的逻辑分析框架，至少作为一家之言有助于推进中国特色社会主义政治经济学的研究。

第二章
传统政治经济学研究中的逻辑一致性问题

　　面对西方经济学大举进入我国高校课堂，一些马克思主义经济学家一方面抱怨在理论经济学教学与研究中，西方经济学的影响上升，马克思主义经济学的指导地位被削弱和边缘化；另一方面又认为中国的改革开放是在马克思主义的指导下，目标一步一步明确起来的，在这一过程中，看不出西方经济理论有什么指导作用。（刘国光，2005；卫兴华，2014）人们不禁会对此产生疑惑，马克思主义一直是指导我们思想的理论基础，马克思主义经济学也一直被官方认定为正统的科学的政治经济学，怎么会被削弱和边缘化呢？如果已经被削弱和边缘化了，那么又如何能指导中国的改革开放和经济发展？

　　这里，我们不妨引述马克思的一段话来解释上述貌似矛盾的判断产生的原因。马克思说："批判的武器当然不能代替武器的批判，物质力量只能用物质力量来摧毁；但是理论一经掌握群众，也会变成物质力量。理论只要说服人，就能掌握群众；而理论只要彻底，就能说服人。"（马克思、恩格斯，1972b，第9页）

　　那么，理论如何才能彻底呢？理论要彻底，必须遵循"逻辑一致性原则"。所谓逻辑一致性原则是指同一思维过程中不能出现逻辑矛盾，一致性即无矛盾性、协调性。在人类思维活动可能出现的各种问题中，最忌讳的是思维出现逻辑矛盾。逻辑上不一致是一切正确思维所不允许的。我国古代的韩非子"鬻矛誉盾"的寓言形象地说明了这一点。

以下试从八个方面揭示传统政治经济学研究中的逻辑一致性问题。

关于私有制与公有制的关系

历史唯物主义认为，"社会经济形态的发展是一种自然历史过程"。（马克思、恩格斯，1972a，第12页）如果原始社会的生产方式中可以产生奴隶社会的私有制，奴隶制社会可以产生封建私有制，封建社会可以产生资本主义，那么为什么资本主义社会一定要通过暴力革命推翻资本主义国家机器，利用无产阶级专政剥夺私有财产，靠超经济强制建立社会主义公有制生产方式呢？[①]

马克思主义的中介思想认为，中介是标志不同事物之间联系、亦此亦彼的哲学范畴。恩格斯认为，一切差异都在中间阶段融合，一切对立都经过中间环节而相互过渡，辩证法不知道什么是绝对分明和固定不变的界限，也不知道什么是无条件的普遍有效的"非此即彼"，它使固定的形而上学的差异互相过渡，除了"非此即彼"，又在适当

---

① 1895年，恩格斯为马克思所著的《1848年至1850年的法兰西阶级斗争》一书写导言，其中的一段话值得回味："世界历史的讽刺把一切都颠倒了过来。我们是'革命者'、'颠覆者'，但是我们用合法手段却比用不合法手段和用颠覆的办法获得的成就要多得多。"（马克思、恩格斯，1968，第609—610页）

的地方承认了"亦此亦彼",并且使对立互为中介。(马克思、恩格斯,1960,第535页)要真正认识事物,就必须把握研究它的一切方面、一切联系和中介。(列宁,1976,第453页)

恩格斯曾经在致康拉德·施米特的信中写道:"如果不让爬行动物和哺乳动物这两个概念中的一个或两个都和现实发生冲突,您想怎么能从卵生的爬行动物转到能生育活生生的幼儿的哺乳动物呢? ……1843年我在曼彻斯特看见过鸭嘴兽的蛋,并且傲慢无知地嘲笑过哺乳动物会下蛋这种愚蠢之见,而现在这却被证实了!因此,但愿您对价值概念不要做我事后不得不请求鸭嘴兽原谅的那种事情吧!"(马克思、恩格斯,1975,第580页)

当代资本主义国家的所有制结构已不再是单一的私有制,而是以私有制为主体的混合所有制;当代社会主义中国的所有制结构也已不再是单一的公有制,而是公有制为主体、多种所有制经济共同发展。

马克思提出,在资本主义时代的成就的基础上、在协作和对土地及靠劳动本身生产的生产资料的共同占有的基础上重新建立的个人所有制(马克思、恩格斯,1972a,第832页),就是既有公有制特征又有私有制属性的混合所有制。目前,在中国已有的企业财产所有制中,股份制以及国企、民企经过"混改"形成的企业产权组织形式,既不是公有制也不是私有制,而是公私混合所有制,这是否可以视为马克思所设想的重建个人所有制的一种有益的尝试呢? (蔡继明、张克听,2005)

如果说彼此对立的经济范畴可以通过亦此亦彼的中介环节而统一起来,那么公有制和私有制通过互相融合、取长补短、优势互补,就可能形成一种新的生产关系和生产方式。(周守正、蔡继明,2004;蔡继明、靳卫萍,2016b)

关于生产力发展水平与商品经济及私有制的关系

传统政治经济学研究认为，社会主义初级阶段之所以还要保留商品经济，允许多种所有制并存和各种生产要素参与分配，是因为生产力水平还比较落后，经济发展不平衡，还不具备实行计划经济与全社会共同占有生产资料的条件。

如果说我国现阶段还不能消灭私有制和商品货币关系是因为生产力水平还不够高，没有达到马克思当年所设想的水平，那么为什么在40年前生产力水平更低的情况下却实行了计划经济，而早在1956年生产力水平更低的情况下完成了"三大改造"呢？进一步说，欧美日等发达资本主义国家，其生产力水平远高于我国，为什么仍然广泛存在着商品货币关系？按照新时期的国家发展战略，当21世纪中期我国建成社会主义现代化强国时，是否就要用计划经济取代市场经济并把消灭私有制再次提到议事日程上？（白丽健、蔡继明，1997）

马克思认为："无论哪一个社会形态，在它所能容纳的全部生产力发挥出来以前，是决不会灭亡的；而新的更高的生产关系，在它的物质存在条件在旧社会的胎胞里成熟以前，是决不会出现的。所以人类始终只提出自己能够解决的任务，因为只要仔细考察就可以发现，任务本身，只有在解决它的物质条件已经存在或者至少是在生成过程中的时候，才会产生。"（马克思、恩格斯，1984，第33页）

基于唯物史观，先进的生产关系只能在生产力达到所需水平时才会出现，反之亦然，与落后的生产力相适应的不可能是先进的生产关系。社会主义初级阶段存在商品经济与私有制，是生产关系不断调整适应经济基础的结果，而不是生产力落后的结果。

传统劳动价值论中的逻辑矛盾

第一，具体劳动的可抽象和可通约与使用价值的不可抽象和不可通约相矛盾：如果说相互交换的商品的使用价值是异质的，不能相互比较和通约，因而不能作为决定价值的因素，那么，创造不同使用价值的具体劳动也是异质的，同样不能相互比较和通约，怎么能成为决定价值的因素呢？反过来说，如果不同的具体劳动能够容易地抽象为无差别的一般人类劳动，那么是否不同的使用价值也能够容易地抽象为无差别的一般使用价值或效用进行比较与通约呢？[①]

第二，劳动熟练度及强度与劳动复杂程度的折算不一致。在决定价值的标准劳动单位中，劳动熟练程度是以平均劳动熟练程度为折算标准的，劳动强度是以平均劳动强度为折算标准的，但劳动复杂程度则是以简单劳动为折算标准的。折算标准前后不统一，结果就会导致社会总劳动量大于实际总人口全年劳动量。

第三，一般商品价值决定与农产品价值决定的原理不一致。一般商品价值是由社会必要劳动时间（生产同类产品的个别劳动时间的加权平均＝同一部门劳动总量／部门总产量）决定的，而农产品价值则是由最劣等土地的单位产品劳动耗费决定的，这种二元价值决定原理必然导致等量劳动投入农业部门创造的价值大于工业部门。

第四，认为价值不包括使用价值原子与价值作为不同使用价值量相交换的折算尺度相矛盾。长期以来，流行的政治经济学教科书一方

[①] 樊纲认为，与马克思从具体劳动中抽象出人的体力、脑力等耗费作为抽象劳动一样，我们也可以将不同使用价值为人们所带来的生理和心理等满足，抽象出效用作为使用价值的尺度，即抽象使用价值。（樊纲，2006，第135—139页）

面认为，交换价值是一种使用价值与另一种使用价值相交换的量的比例；一方面又认为，价值是一种社会关系，其中不包含任何使用价值原子。既然价值是调节交换价值的规律，而交换价值不过是一种使用价值与另一种使用价值相交换的比例，作为调节交换价值运动规律的价值怎么能和使用价值无关呢？不仅如此，没有使用价值的劳动产品就不会有价值，价值的存在离不开使用价值的存在，二者是对立统一的一体两面。

第五，价值的实现与价值转形理论不一致。价值体现的是商品生产者分工生产、彼此交换各自劳动的一种社会关系，它只有在商品进入交换过程并被证明其使用价值为他人（社会）所需要时才能实现。但价值转形理论则认为：在周转速度与剥削率不变的情况下，资本有机构成低的部门等量资本创造的价值高于资本有机构成高的部门，前者的部分剩余价值要按照等量资本获得等量利润的平均利润率规律转移给后者，从而使价值转化为生产价格。价值转形理论假定价值已经在生产过程中产生，商品进入交换过程后，交换比例并不是按照等量劳动创造等量价值的原则确定的，而是按照等量资本获得等量利润的原则确定的，这种观点本身就违背了价值的初始定义和本质属性。

剩余价值和平均利润理论中的逻辑矛盾

要在劳动价值论的基础上阐明剩余价值的来源，关键是要说明雇佣工人出卖给资本家的不是劳动，而是劳动力，因为劳动不能独立存在，不能成为商品。这一观点存在以下四个疑问。

第一，如果说劳动不能独立存在，那么劳动力又何尝能够独立存在？劳动力只是劳动者的一种潜在的能力，它蕴藏在活的劳动者体内，人们只能看到具体的活生生的劳动者，不可能看到独立存在的劳动力！

第二，劳务（labour service）也是不能独立存在的，工人可以出卖劳务，为什么就不能出卖劳动？并非所有进入市场买卖的商品都必须是事先独立存在的。其中最典型的就是劳务，劳务这种商品的特点是生产过程与消费过程是同一的，它不可能在买卖之前就已经独立存在。而工人出卖劳务与出卖劳动至少在形式上没有任何差别。除了劳务以外，期货也不是在成交前就已经独立存在的，还有定制和定购等。

第三，如果说200年前的资本主义时期的工人一无所有，不得不靠出卖劳动力为生，那么当代资本主义工人已经有了财产，完全可以自行购买与占有生产资料，为什么还要出卖劳动力？工人出卖劳动力到底是被迫的，还是自愿的？劳动力成为商品到底是社会生产方式的进步，还是倒退？

除了在区分劳动与劳动力中出现的逻辑不一致，剩余价值理论还有以下三个问题。

第一，尽管工作日的长度是可以确定的，但工作日本身是一个不定量，劳动力价值以及剩余价值又如何确定？

第二，既然资本家可以凭借对生产资料的所有权把工人的工资压低到等于劳动力再生产所需要的消费资料的价值，工人为什么不能凭借对劳动力的所有权把工资提高到必要消费资料的价值之上呢？

第三，既然工人的工资只相当于维持生存的水平，其消费能力固定为全部工资，为什么说剩余价值的实现受到工人消费能力的限制？

平均利润率理论中也存在逻辑不一致：既然资本有机构成提高和

剩余价值率提高等因素是导致平均利润率下降和上升的两种相反的力量，为什么说平均利润率一定趋向下降呢？ ①

古典地租理论中的逻辑矛盾

级差地租理论存在以下两个逻辑矛盾。

第一，当坚持等量劳动创造等量价值的原则与等量资本获得等量利润的原则时，如表2-1所示，市场价值会超过产品总量的生产价格，产生虚假社会价值，那么虚假的社会价值又是谁创造的？（蔡继明，1993）

表2-1　虚假社会价值的产生

土地等级	预付资本	产量（夸特）	个别生产价格（先令）	实际生产价格（先令）	市场生产价格（先令）	利润（先令）	级差地租（先令）
A	50	1	60	24	60	10	
B	50	2	60	48	120	70	60
C	50	3	60	72	180	130	120
D	50	4	60	96	240	190	180
合计	200	10	240	240	600	400	360

资料来源：据马克思的级差地租表Ⅰ制成（马克思、恩格斯，1974a，第735页，744—745页），其中资本有机构成为4∶1，剥削率为100%，平均利润率为20%。

---

① 平均利润率理论也困扰过李大钊先生，他在《我的马克思主义观》里曾说道："由马氏的平均利润率论看起来，他所说的生产价格——实际卖价——和他所说的价值全非同物。但于价值以外，又有一种实际卖价，为供求竞争的关系所支配，与生产物品所使用的工量全不相干。结果又与一般经济学者所主张的竞争价格论有什么区别？物品的实际价格既为竞争所支配，那劳工价值论就有根本动摇的危险。劳工价值论是马克思主义的基础，基础一有动摇，学说全体为之震撼。这究不能不算是马克思主义的一大遗憾。"（李大钊，2005，第45页）

第二，当我们坚持等量劳动创造等量价值的原则时，如表 2-2 所示，工业部门产出的利润率会高于投入等量资本的农业部门，这就违背了等量资本获得等量利润的原则；而当我们坚持等量资本获得等量利润的原则时，如表 2-3 所示，农业部门创造的价值会高于投入等量劳动的工业部门，这又违背了等量劳动创造等量价值的原则。

表 2-2　工农业部门的等量资本不获得等量利润

部门	条件	投资	产量	个别价值		价值		利润	级差地租	利润率
				单个	总量	单个	总量			
农业	劣	50	1	60	60	60	60	10	0	20%
	中	50	2	30	60	60	120	10	60	
	优	50	3	20	60	60	180	10	120	
工业	劣	50	1	60	60	60	60	10		140%
	中	50	2	30	60	60	120	70		
	优	50	3	20	60	60	180	130		
总计		300			360		720	240	180	

表 2-3　工农业部门的等量劳动不创造等量价值

部门	生产条件	投资	产量	个别价值		价值		利润	级差地租	利润率
				单个	总量	单个	总量			
农业	劣	50	1	60	60	60	60	10		20%
	中	50	2	30	60	60	120	10	60	
	优	50	3	20	60	60	180	10	120	
	计	150	6		180		360	30	180	
工业	劣	50	1	60	60	30	30	−20		20%
	中	50	2	30	60	30	60	10		
	优	50	3	20	60	30	90	40		
	计	150	6		180		180	30	0	

绝对地租理论存在以下三个逻辑一致性问题。

第一，既然认为绝对地租产生于土地所有权的垄断，为什么又说绝对地租来源于农产品价值与生产价格的差额呢？（蔡继明，1988）

第二，在农业资本有机构成低于工业资本有机构成时，工业绝对地租来自何处？

第三，当农业资本有机构成等于甚至高于工业资本有机构成时，工农业绝对地租又来自何处？ [①]

资本积累理论中的逻辑矛盾

技术进步和劳动生产力提高无论在资本主义社会还是在社会主义社会，都在一定程度上表现为资本有机构成提高；如果在资本主义条件下会导致失业和产业后备军、相对过剩人口、无产阶级贫困化以及经济危机，社会主义条件下为什么就不会出现这些现象？

如果说生产的社会化与私人占有之间的矛盾作为资本主义基本矛盾，在社会主义条件下，同样存在着生产社会化和数量与规模均超过公有制的非公经济成分，那么是否存在与资本主义社会相同的基本矛盾？

关于社会主义主要矛盾的表述

中共八大《关于政治报告的决议》提出，生产资料私有制的社会

[①] 关于如何在坚持等量劳动创造等量价值、等量资本获得等量利润的前提下揭示级差地租和绝对地租的来源及其量的规定，以及如何阐明商业地租、采掘业地租、银行业地租和建筑业地租，参见蔡继明（1992）。

主义改造基本完成以后，国内的主要矛盾不再是"无产阶级同资产阶级之间的矛盾……已经是人民对于建立先进的工业国的要求同落后的农业国的现实之间的矛盾，已经是人民对于经济文化迅速发展的需要同当前经济文化不能满足人民需要的状况之间的矛盾。这一矛盾的实质，在我国社会主义制度已经建立的情况下，也就是先进的社会主义制度同落后的社会生产力之间的矛盾"。① 首先，人民对经济文化迅速发展的需要同当前经济文化不能满足人民需要的状况之间的矛盾是任何社会制度下都存在的矛盾，从根本上说就是欲望的无限性与资源的稀缺性之间的矛盾。

接着，先进的社会主义制度同落后的社会生产之间的矛盾的提法也存在逻辑矛盾。生产力决定生产关系，生产关系反作用于生产力，先进的生产关系一定是能适应和促进生产力发展的生产关系。如果一个生产关系不适应经济基础状况，不能促进生产力的发展，那就不能被称为先进的生产关系。事实上，改革开放就是将原本不合适的生产关系调整为合适的、促进生产力发展的生产关系，推动中国特色社会主义制度实现自我完善与发展，成为中国历史上的伟大转折。（蔡继明，2008）

直到中共十九大召开之前，中央的文件和总书记的讲话都一直强调社会主义初级阶段是一个相当长的历史阶段，而人们日益增长的物质和文化需要与落后的生产力的矛盾贯穿于整个社会主义初级

---

① 中国共产党第八次全国代表大会关于政治报告的决议，http://cpc.people.com.cn/
  GB/64162/64168/64560/65452/4442002.html。

阶段。[①] 中共十九大提出，中国特色社会主义进入新时代，主要矛盾转化为人民日益增长的美好生活需要和不平衡不充分的发展之间的矛盾。[②]

生产力包括生产力水平与生产力结构，十九大以前强调的"落后的生产力"不仅包括生产力水平落后，也包括生产力结构落后，即十九大提出的"不平衡不充分的发展"。如果说十九大只是细化了原有的主要矛盾，原有的主要矛盾依然存在，因此我国依然处在社会主义初级阶段，那么这种提法是符合逻辑一致性原则的。但是如果认为十九大提出了全新的主要矛盾，而原有的主要矛盾已经解决了，那么这种提法就存在对生产力判断标准的前后不一致的问题，即存在思维矛盾。

关于马克思主义政治经济学指导地位和边缘化

基于此，我们回头来讨论"马克思主义政治经济学被边缘化了"的原因。

首先，"马克思主义政治经济学被边缘化了"这一判断本就自相

---

① 1981年，中共十一届六中全会通过的《历史决议》对我国社会主要矛盾做了规范的表述："在社会主义改造基本完成以后，我国所要解决的主要矛盾，是人民日益增长的物质文化需要同落后的社会生产之间的矛盾。"此后，1987年中共十三大报告、1997年中共十五大报告、2002年中共十六大报告、2007年中共十七大报告、2010年中共中央关于"十二五"规划的建议都强调社会主义初级阶段是一个相当长的历史发展阶段，而人民日益增长的物质文化需要同落后的社会生产之间的矛盾贯穿于整个社会主义初级阶段。

② 决胜全面建成小康社会夺取新时代中国特色社会主义伟大胜利——在中国共产党第十九次全国代表大会上的报告，www.gov.cn/zhuanti/2017-10/27/content_5234876.htm。

矛盾，我们不能一方面大声疾呼改革开放以来马克思主义经济学被边缘化了，另一方面又宣称中国的改革开放的伟大成就是在马克思主义经济学的指导下取得的。

合理的解释只能是，被边缘化的是逻辑自相矛盾、从书本到书本而不联系实际的政治经济学教条；指导中国改革开放和经济发展的是坚持逻辑一致性原则、理论联系实际、不断创新发展的马克思主义政治经济学。而这种彻底的、与时俱进的马克思主义政治经济学，不但不可能被边缘化，而且会与大量引进的西方主流经济学形成强有力的竞争。（蔡继明、靳卫萍，2016b）

我国是一个以马克思主义为指导思想的社会主义国家，政治经济学作为马克思主义的重要组成部分，不仅是主流意识形态的重要载体，而且是理论经济学的基础学科。传统政治经济学研究的逻辑不一致长期存在的原因在于固守只唯书的教条主义，而教条是呆板的，经不起检验的，所以其难以真正地深入群众、联系群众与发挥群众主体作用。用逻辑一致性原则检验马克思主义政治经济学研究的科学性，推动中国特色社会主义政治经济学理论体系的创新发展，不但能更好地坚持马克思主义群众观点，提高马克思主义理论的生命力，也能更好地为国家的大政方针和政府的决策提供科学的依据。

如何坚持逻辑一致性原则

现代政治经济学的研究应百家争鸣，海纳百川，兼收并蓄

一方面，现代政治经济学研究不能排斥西方主流经济学。马克思

主义政治经济学与西方主流经济学本是同宗同源——都奉斯密为经济学之父，但不同的阶级立场、不同的世界观和方法论、对资本主义运行（生理学）与发展规律（病理学）研究的不同侧重点（偏好），以及由此形成的不同价值理论，导致两大经济学体系的分野。（蔡继明、靳卫萍，2016a）现代政治经济学的研究不能因为意识形态的对抗而完全排斥西方主流经济学等国外理论中的合理成分，而更应该与国外理论相互批评、相互借鉴，并在兼收并蓄的过程中取长补短、自我完善。

另一方面，只有自由的学术讨论才能创新和发展马克思主义政治经济学。现代政治经济学的研究要不唯上、不唯书，对于自我矛盾的、过时的、不能解释现实的教条，我们应该允许批评，鼓励批评。政治经济学理论的发展本就是一个批判继承的过程，只有经得起批评、经受逻辑一致性和实践检验的理论才有免疫力与生命力。

要坚持用科学方法论修正和完善个别结论

真正的马克思主义是授人以渔而非授人以鱼。恩格斯说过："马克思的整个世界观不是教义，而是方法。它提供的不是现成的教条，而是进一步研究的出发点和供这种研究使用的方法。"（马克思、恩格斯，1974b，第406页）卢卡奇也曾提出："正统马克思主义并不意味着无批判地接受马克思研究的结果。它不是对这个或那个论点的'信仰'，也不是对某本圣书的注解。恰恰相反，马克思主义中的正统仅仅是指方法。它是这样一种科学的信念，即辩证的马克思主义是正确的研究方法，这种方法只能按照其创始人奠定的方向发展、扩大和深

化。"（卢卡奇，1923，第47—48页）

以科学的态度研究马克思主义经济学，首先是坚持其基本原理与方法论，抛开这些基础谈个别结论都是教条主义，比如暴力革命、无产阶级贫困化、农业绝对地租等。（蔡继明，1999）

进一步地，如果基本原理与方法论发生矛盾，那么我们要坚持以马克思主义方法论为指导，对基本原理提出质疑并修改完善。

以上所论及的劳动价值论、剩余价值论、资本积累理论、平均利润和生产价格理论、地租理论等，都属于马克思主义基本原理范畴。而本章所遵循的唯物辩证法和历史唯物主义，具体运用了科学抽象法，矛盾分析法，中介分析法，一般、特殊和个别的辩证法等，其都属于马克思主义方法论范畴。（蔡继明、靳卫萍，2016a）

要根据新的实践对原有的理论进行修正、创新和发展

习近平总书记在十八届中央政治局第二十八次集体学习时的讲话中提道："实践是理论的源泉。"[①]

任何理论都是以现实为基础，来源于实践并通过实践不断完善和发展的。科学理论的首要功能是建立理论模型或科学假说，从实证的角度说明现实是什么，并通过实践的检验不断修正、补充和完善理论假说，使之对现实的解释力不断增强。（蔡继明，2017）

例如，改革开放后，在社会主义市场经济中，按劳分配是否作为唯一的分配原则受到质疑，此时就出现了认为按贡献分配是社会主

---

① 习近平：不断开拓当代中国马克思主义政治经济学新境界，https://www.gov.cn/xinwen/2020-08/15/content_5535019.htm。

义初级阶段的分配原则的观点。(谷书堂、蔡继明，1989) 随后，伴随着以公有制为主体、多种所有制经济共同发展的所有制结构的形成，我国的分配制度亦从单一的按劳分配逐步转变为按各种生产要素贡献分配。

要区分作为意识形态的马克思主义和作为科学的马克思主义经济学

当作为科学的马克思主义经济学和作为意识形态的马克思主义发生矛盾时，我们应该坚持科学的马克思主义经济学。(蔡继明，2007)

这是因为马克思主义作为意识形态也是马克思在对现实的实证分析的基础上做出的规范分析。今天，如果我们发现马克思的一些实证分析的结论出现了问题，我们就应该将其修正，由此得出的结论肯定也会产生相应的变化。例如，如果我们能够证明劳动并非价值的唯一源泉，那么非劳动收入就不一定是剥削收入，剥削与私有制之间就没有必然的联系，而消灭剥削与保护私有财产和发展非公有制经济就可以并行不悖了。(蔡继明，2001a，2001b，2003，2013)

要区分人类社会的最终目标和实现最终目标的手段

我们要区分目标和手段的关系，不要把最终目标与实现目标的手段混淆起来，特别是在实现目标的手段不唯一的情况下。马克思主义认为，人类社会的最终目标是要实现人类解放和人的自由全面发展，这一目标也许可以通过多种途径和多种手段来实现。中国的理论经济学研究在经历了很长时间的徘徊后，很多原来被当作目标的东西，如计划经济，已经变成了手段，非公有制经济已经被当作社会主义市场经济的重要组成部分，取得了"毫不动摇"的地位，而按生产要素贡献分配也取代了单一的按劳分配。但这仅仅是新的思想解放的开始，而不是思想解放的终结。只有把人类解放和人的自由全面发展看作人类社会发展的最终目标，把公有制或私有制、计划经济或市场经济、按劳分配或按生产要素贡献分配等都看作手段，才能彻底摆脱传统的思维方式的束缚，真正实现思想解放。（蔡继明，1999，2013；蔡继明、靳卫萍，2016a）

第三章
政治经济学范畴的一般、特殊和个别

　　中共中央总书记习近平在 2014 年 7 月 8 日主持召开的经济形势专家座谈会上指出，各级党委和政府要学好用好政治经济学；在 2015 年 11 月 23 日主持中共中央政治局第二十八次集体学习马克思主义政治经济学基本原理和方法论时又强调，要立足我国国情和我国发展实践，不断开拓当代中国马克思主义政治经济学新境界；而在 2015 年 12 月 21 日结束的中央经济工作会议上则进一步提出，要坚持中国特色社会主义政治经济学的重大原则。

　　按照一般、特殊和个别的唯物辩证法，如果说习近平总书记首次提到的政治经济学为政治经济学一般，二次提到的马克思主义政治经济学则为政治经济学特殊，三次提到的中国特色社会主义政治经济学则为政治经济学个别。本章试遵循一般、特殊和个别的辩证法并根据最一般的抽象产生的路径，阐明政治经济学基本概念的一般、特殊和个别形式，以便为构建中国特色社会主义政治经济学范畴体系提供基本元件。

一般、特殊和个别的辩证法与最一般的抽象产生的路径

一般、特殊和个别的辩证关系

一般和个别、普遍和特殊、共性和个性，这是辩证法表示同一系统中同等关系的重要范畴。毛泽东在《矛盾论》中曾指出：关于共性和个性、绝对和相对的辩证关系的道理，是关于事物矛盾问题的精髓，不懂得它，就等于抛弃了辩证法。（毛泽东，1991，第320页）

共性是指不同事物的普遍性质；个性是指一事物区别于他事物的特殊性质。共性和个性是一切事物固有的本性，每一事物既有共性又有个性。共性决定事物的基本性质，个性揭示事物之间的差异性。个性体现并丰富着共性，共性只能在个性中存在。任何共性只能大致包括个性，任何个性不能完全被包括在共性之中。共性是一类事物与另一类的区别，而个性是同一类事物中不同个体的区别。

广义政治经济学与狭义政治经济学的关系

马克思主义政治经济学来源于古典政治经济学，而中国特色社会主义政治经济学的建设又要以马克思主义政治经济学基本原理和方法论为基础。无论是古典政治经济学还是马克思主义政治经济学，抑或是激进政治经济学，都属于研究和分析资本主义的政治经济学的个别形式（简称资本主义政治经济学①）；无论是中国特色社会主义政治经济学，

---

① 马克思说："我要在本书研究的，是资本主义生产方式以及和它相适应的生产关系和交换关系。"（马克思、恩格斯，1972a，第8页）由此可见，《资本论》是资本主义政治经济学，属于狭义政治经济学。

还是苏联、南斯拉夫、波兰、捷克斯洛伐克等国的社会主义政治经济学，都属于研究和分析社会主义的政治经济学的个别形式（简称社会主义政治经济学）；而资本主义政治经济学和社会主义政治经济学则属于一般政治经济学的特殊形式，政治经济学一般与特殊和个别的关系，也就是广义政治经济学与狭义政治经济学的关系，如表 3-1 所示。

表 3-1　一般、特殊和个别与广义和狭义政治经济学

一般	特殊	个别
政治经济学	资本主义政治经济学	古典政治经济学；马克思主义政治经济学；激进政治经济学、新政治经济学
	社会主义政治经济学	中国特色社会主义政治经济学；苏联、南斯拉夫、波兰、捷克斯洛伐克社会主义政治经济学
广义政治经济学	狭义政治经济学	

然而，正如恩格斯指出的："政治经济学作为一门研究人类各种社会进行生产和交换并相应地进行产品分配的条件和形式的科学，——这样广义的政治经济学尚有待于创造。"（马克思、恩格斯，1971，第 163 页）显然，在对各种特殊生产方式进行全面系统而又具体深入研究的狭义政治经济学产生之前，人们不可能抽象出科学的广义政治经济学。这个看似鸡生蛋还是蛋生鸡的悖论只有在从具体到抽象再从抽象上升到具体的循环往复的辩证运动中才能解决。

最一般的抽象产生的路径

然而，上述逻辑演变和历史发展并不是在无摩擦力的平面或无阻力的真空中自然而然地形成的，而是遵循着辩证法否定之否定规律，

在对前人研究成果进行批判、继承和创新的基础上实现的。

马克思指出："最一般的抽象总只是产生在最丰富的具体发展的地方，在那里，一种东西为许多种东西所共有，为一切所共有。这样一来，它就不再只是在特殊形式上才能加以思考了。"（马克思、恩格斯，1979，第42页）这揭示了人类认识客观事物一般属性所遵循的一个普遍规律和思维方式，是我们重新评价古典政治经济学的合理成分，以科学的态度研究马克思主义政治经济学，构建中国特色社会主义政治经济学体系必须遵循的一个重要的方法论原则。

由于受社会历史、科学技术和人的主观认识水平的局限，古典政治经济学家往往把他们实际研究的资本主义生产方式看作人类社会永恒的一般的生产方式，而马克思主义政治经济学在批判古典政治经济学家这种非历史主义的观点时，往往又把其实际研究的具有社会化大生产一般属性的范畴与特定的所有制关系绑定在一起，把一般商品经济共有的属性界定为资本主义生产方式特有的属性。比如，在我国目前流行的马克思主义政治经济学教科书中，商品经济、剩余价值、资本、工资、利润、利息、地租等，几乎都被界定为私有制社会和资本主义生产方式所特有的范畴。[①]

显然，我们不能把马克思《资本论》中的范畴简单地搬用或移植到中国特色社会主义政治经济学体系中。按照一般、特殊和个别的辩证法和马克思所揭示的最一般的抽象产生的路径，我们只有根据当代资本主义和中国特色社会主义的实践，对商品生产、生产劳动、资本和剩余价值以及工资、利润、利息、地租等范畴的一般属性、特殊属

---

① 关于商品经济和资本、剩余价值等范畴在社会主义条件下的适用性问题以及中介分析对认识社会主义初级阶段本质特征的意义，参见蔡继明（1999）。

性和个别属性进行重新界定，才能在借鉴马克思主义政治经济学范畴体系的基础上，构建合乎逻辑的中国特色社会主义政治经济学范畴体系。（蔡继明，1999）

资源配置规律的一般、特殊和个别

我们首先从资源配置规律的一般、特殊和个别谈起。

时间节约和社会总劳动按比例分配为资源配置的一般规律

马克思指出："社会为生产小麦、牲畜等等所需要的时间越少，它所赢得的从事其他生产，物质的或精神的生产的时间就越多。正象单个人的情况一样，社会发展、社会享用和社会活动的全面性，都取决于时间的节省。一切节约归根到底都是时间的节约。正象单个人必须正确地分配自己的时间，才能以适当的比例获得知识或满足对他的活动所提出的各种要求，社会必须合理地分配自己的时间，才能实现符合社会全部需要的生产。"（马克思、恩格斯，1979，第120页）在这里，马克思揭示了适应于任何社会经济形态的资源配置的一般规律，即时间节约和社会总劳动按比例分配规律。这个规律在不同的社会形态下所借以实现的形式是不同的。

一般资源配置规律借以实现的特殊形式

在以单个人的独立生产为出发点的社会，"生产的社会性，只是由于产品变成交换价值和这些交换价值的交换，才事后确立下来"。（马克思、恩格斯，1979，第119页）在这种社会生产形式下，由于商品的价值决定于生产商品的社会必要劳动时间，单个生产者单位劳动时间创造的价值与其个别劳动生产力正相关，这会促使商品生产者竞相提高劳动生产力，从而使单位商品的社会必要劳动时间不断下降，时间节约规律得以实现。

在以私有制为基础的商品生产条件下，由于整个社会的生产是无政府状态的，社会总劳动按比例分配的客观要求不可能通过社会有计划地实现，只得通过供求关系所制约的价值实现而得到贯彻。"一方面，耗费在一种社会物品上的社会劳动的总量，即总劳动力中社会用来生产这种物品的部分，也就是这种物品的生产在总生产中所占的数量，和另一方面，社会要求用这种物品来满足的需要的规模之间，没有任何必然的联系，而只有偶然的联系"。（马克思、恩格斯，1974，第209页）这样就必然会出现一定部门生产中所耗费的劳动总量与社会为满足一定量商品的需要应投入该部门的劳动量之间经常的不一致。当某种产品供不应求或供过于求时，价格就会与价值背离，从而引起社会劳动在不同生产部门之间的转投。正是在上述矛盾运动中，社会总劳动才大体上得到合乎比例的分配。

在马克思所设想的以生产资料公有制为基础的共产主义社会中，生产的社会性是前提，社会可以根据现有的生产力发展水平和整个社会所能支配的劳动总量，确定为满足一定的社会需要，应把多少劳动量投入一定的生产部门，即有计划地确定社会总劳动在各部门的分配比例，然后相应地计算出单个产品的生产上所应耗费的平均劳动时间。在这里，时间节约和社会总劳动按比例分配是借助于计划调节而实现的。

而在计划经济向市场经济转型以及市场经济引入政府宏观调节的混合经济体制中，资源配置的一般规律则是借助于价值规律和计划调节交互作用实现的。

特殊资源配置规律发挥作用的个别形式

价值规律（或市场调节）作为资源配置的一般经济规律借以实现的特殊形式，在完全竞争市场、完全垄断市场、垄断竞争市场和寡头垄断市场，分别以个别形式具体发挥作用；计划调节则分别以指令性计划、指导性计划和混合型计划的个别形式发挥作用；而在混合经济体制中，两种资源配置的特殊规律的结合，则分别以计划调节为主、市场调节为辅以及计划与市场双轨并行的个别形式发挥作用。

以上经济规律的一般、特殊和个别形式之间的关系，如图3-1所示。

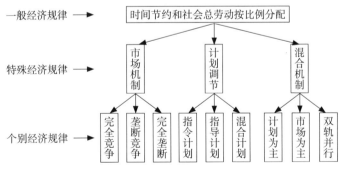

图3-1　经济规律的一般、特殊和个别

生产方式的一般、特殊和个别

关于《资本论》以及马克思主义政治经济学的研究对象，历来存在争论。持"生产关系"论者有之，持作为生产力与生产关系相统一的"生产方式"论者也有之。争论的缘起，恐怕与"生产关系"和"生产方式"这两个概念同时出现在马克思关于《资本论》研究对象的论述中有关。

马克思在《资本论》第一卷第一版序言中指出："我要在本书研究的，是资本主义生产方式以及和它相适应的生产关系和交换关系。"（马克思、恩格斯，1972a，第8页）那么，这里的生产方式到底是指什么？如果按照传统的历史唯物主义教科书，把它理解为"生产力与生产关系的统一"，那么，马克思这段话中的"生产方式"已经包含了生产关系，为什么还要在生产方式之后加上与之相适应的生产关系呢？显然，马克思所说的生产方式的含义是有别于历史唯物主义教科书所界定的内涵的。

概括起来，《资本论》提到的生产方式有三层含义，分别表现为生产方式一般、生产方式特殊和生产方式个别。

生产方式一般

考虑到人类的任何生产都是物质内容与社会形式的统一，生产方式的第一层含义是指生产的物质内容即体现人与自然关系的生产力，主要包括生产要素的技术性质及相互结合的技术比例。当马克思讲简单协作、工场手工业以及机器大工业的生产方式时，就是在生产力意义上使用生产方式概念的，这种只反映人与自然关系的生产方式，是存在于任何社会形态中的，作为生产方式一般，其典型特征就是劳动过程。

劳动首先是人以自身的活动来引起、调整和控制人与自然之间的物质变换的过程。劳动过程的简单要素是，有目的的活动或劳动本身（work）、劳动对象和劳动资料。

劳动对象（subject of work）是人类劳动加于其上的任何东西，其中一类是没有经过人类加工的东西，如未开垦的土地、地下矿藏、天然水域中的鱼虾、原始森林等，统称自然资源；另一类是经过人类劳动加工或改造的东西，如钢铁、煤炭、棉花、木材等，统称原料。

劳动资料（instruments of work）也称劳动手段，是劳动者置于自己和劳动对象之间、用来把自己的活动传导到劳动对象上的物或物的综合体，是人们在劳动过程中用以改变或影响劳动对象的一切物质资料和物质条件，其中最重要的是生产工具，建筑物、道路、桥梁、运河等也是重要的劳动资料。

在劳动过程中，人的活动借助劳动资料使劳动对象发生了预定的变化，其结果或产出品就是使用价值。如果整个过程从结果、产品的角度加以考察，那么劳动资料和劳动对象表现为生产资料（means of production），劳动本身则表现为生产劳动（productive labour）。

生产资料是生产过程中所需要的一切客观条件，包括土地、森林、河流、矿藏、机器、厂房、运输工具、原材料、辅助材料等。其中有些生产资料既可以作为劳动对象，也可以作为劳动资料。比如，作为耕地的土地就是劳动资料，作为矿产资源的土地就是劳动对象；当作畜力的牲畜就是劳动资料，当作饲养物的牲畜就是劳动对象。

以上所描述的一般劳动过程，就是制造使用价值的有目的的活动，是人与自然之间的物质变换，是人类生活的永恒的自然条件，是人类生活的一切社会形式所共有的。即使是马克思在研究相对剩余价值生产时所论及的简单协作、工场手工业以及机器大工业，也分别不同程度地存在于资本主义社会和社会主义社会。

生产方式特殊

第二层含义是指生产方式的一般社会形式，其中包括：不同生产要素所有者之间的分工交换关系，这种关系可能存在于不同的社会制度中，并不局限于特殊的社会形态，如自给自足的自然经济，以满足个人需要为目的的简单商品经济，以计划配置资源的计划经济，以及前述计划经济与市场调节相结合的混合经济，等等。这些构成生产方式的特殊形式。

生产方式个别

第三层含义是指生产方式的特殊社会形式，即不同生产要素所有者之间的结合方式。马克思说："不论生产的社会形式如何，劳动者和生产资料始终是生产的因素。但是，二者在彼此分离的情况下只在可能性上是生产因素。凡要进行生产，就必须使它们结合起来。实行这种结合的特殊方式和方法，使社会结构区分为各个不同的经济时期。"（马克思、恩格斯，1972b，第 44 页）这里所谓生产要素结合的"特殊方式和方法"，就是指生产要素的所有制或占有方式。比如，奴隶主占有一切生产要素（包括奴隶本身）的奴隶制生产方式、地主与佃农相结合的封建主义生产方式 [1]、雇佣劳动与资本相结合的资本主义生产方式，这些都构成生产方式的个别形式。

鉴于资本和雇佣劳动的关系是马克思所考察的资本主义社会体系围绕旋转的轴心 [2]，马克思在《资本论》中所要研究的资本主义生产方式，就是雇佣劳动与资本相结合的方式，而和这种生产方式相适应的生产关系和交换关系就是资本家利用作为资本的生产资料无偿占有雇佣劳动剩余价值的关系以及产业资本家、商业资本家、借贷资本家及地主通过市场交换瓜分剩余价值的关系。或者用马克思的另一句更简明的话，"本书的最终目的就是揭示现代社会的经济运动规律"（马克思、恩格斯，1972a，第 11 页），也就是资本主义社会的经济规律。[3]

---

[1] 在封建制生产方式中："直接生产者还占有自己的生产资料，即他实现自己的劳动和生产自己的生活资料所必需的物质的劳动条件；他独立地经营他的农业和与农业结合在一起的农村家庭工业。"而在奴隶制生产方式中："奴隶要用别人的生产条件来劳动，并且不是独立的。"（马克思、恩格斯，1974，第 890—891 页）

[2] 恩格斯指出："资本和劳动的关系，是我们全部现代社会体系所围绕旋转的轴心。"（马克思、恩格斯，1995，第 589 页）

[3] 恩格斯也曾指出："经济科学的任务在于：证明现在开始显露出来的社会弊病是现存生产方式的必然结果，同时也是这一生产方式快要瓦解的标志，并且在正在瓦解的经济运动形式内部发现未来的、能够消除这些弊病的、新的生产组织和交换组织的因素。"（马克思、恩格斯，1971，第 163 页）这里显然也是就马克思政治经济学即狭义政治经济学的研究对象而言的。

生产劳动的一般、特殊和个别

马克思的生产劳动范畴，具有以下三重规定。

生产劳动一般

生产劳动一般是指能够生产满足人们某种需要的使用价值的劳动。由于人的需要既包括物质的（或自然的、生理的）需要，又包括精神的（或社会的）需要，因此这里所说的使用价值既包括满足人们物质需要的物质产品，又包括满足人们精神需要的精神产品。所以，作为生产劳动一般，它既包括物质生产领域的劳动，又包括精神生产领域的劳动，只要这些劳动生产使用价值。

马克思在分析了人的活动借助劳动资料使劳动对象发生预定的变化，从而生产出一定的产品后指出："如果整个过程从其结果的角度，从产品的角度加以考察，那末劳动资料和劳动对象表现为生产资料，劳动本身则表现为生产劳动。"（马克思、恩格斯，1972a，第 205 页）这里的生产劳动是从使用价值的角度来界定的，它反映的是生产劳动的一般自然属性，所强调的是劳动效用或劳动借以表现的使用价值对确定生产劳动一般的重要性。因为"劳动作为使用价值的创造者，作为有用劳动，是不以一切社会形式为转移的人类生存条件，是人和自然之间的物质变换即人类生活得以实现的永恒的自然必然性"。（马克思、恩格斯，1972a，第 56 页）

但上述有关生产劳动的一般定义应从两个方面加以扩展：一方面"随着劳动过程本身的协作性质的发展，生产劳动和它的承担者即生产工人的概念也就必然扩大。为了从事生产劳动，现在不一定要亲自动手；只要成为总体工人的一个器官，完成他所属的某一种职能就够了"（马克思、恩格斯，1972a，第 556 页）；另一方面，物质生产领域之外还有精神生产领域，从劳动过程的结果看，物质产品之外还有精神产品，有形产品即财货之外还有无形产品即服务。后面这种情况，马克思并非没有考虑到，只是由于在那个时代，非物质产品和服务在整个使用价值的构成中所占的比重甚小，因此，马克思才把注意力集中在占统治地位的物质财货的生产上。但这并不能排除生产各种服务和非物质财货的劳动作为生产劳动一般而存在。因为从本质上看，马克思生产劳动一般这一范畴所反映的不过是简单的劳动过程与有效结果之间的关系。

生产劳动特殊

作为生产劳动特殊，它是指生产商品或生产价值的劳动。在商品经济条件下，由于处在分工和交换关系中的生产者不仅要生产使用价值，还必须生产价值，而且只有当使用价值转化为价值即一定量的货币时，其私人劳动才转化为社会劳动，因此，从商品经济的角度看，对原来的生产劳动的一般定义还要加上更切近的规定，即"实现在商品中的劳动，对我们表现为生产劳动"。（马克思、恩格斯，1982，第99 页）这就是所谓的生产劳动特殊。

与生产劳动一般相比，生产劳动特殊是比较具体的范畴，它在前一个范畴的基础上，又加上了价值关系这一规定性，所以，它并没有否认生产劳动一般所具有的任何规定性，而是把它包含在自己的规定性之中。也就是说，从商品生产过程的角度或结果来看，只有生产商品的劳动才是生产劳动，而这里所说的商品，是指前述作为物质财货及服务和精神财货及服务的使用价值与价值的统一。以上的分析表明，就商品生产而言，一种劳动并不是因为它是生产劳动才创造价值，相反，正因为它创造价值，才是生产劳动。

生产劳动个别

作为生产劳动个别，只有生产剩余价值的劳动才是生产劳动。马克思指出，资本主义生产不仅是劳动过程和价值形成过程的统一，而且是劳动过程和价值增殖过程的统一。所以，从资本主义生产过程的角度或结果来看，对前述从简单商品生产的观点得出的生产劳动的特殊定义，还要加上更切近的规定，即"只有直接生产剩余价值的劳动……是生产劳动"（马克思、恩格斯，1982，第99页），"只有为资本家生产剩余价值或者为资本的自行增值服务的工人，才是生产工人"。（马克思、恩格斯，1972a，第556页）

因为资本主义生产只是商品生产的一种个别形式，所以，上述从资本的角度来看的生产劳动，也只是生产劳动的一种个别形式。与生产劳动特殊相比，生产劳动个别是更具体的范畴，它是在前一范畴的基础上，又加上了资本关系这一更切近的规定，因此，它没有否定生产劳动特殊的规定性，而是把它包含在自己的规定之中。

马克思曾精辟地阐明了上述生产劳动一般、特殊和个别规定之间的关系："资本主义劳动过程并不消除劳动过程的一般规定。劳动过程生产产品与商品。只要劳动物化在商品即使用价值与交换价值的统一中，这种劳动就始终是生产劳动。可是，劳动过程只是资本的价值增殖过程的手段。因此，表现在商品中的劳动是生产劳动，而当我们考察单个商品时，在单个商品的可除部分中表现为无酬劳动的，是生产劳动。"（马克思、恩格斯，1982，第100页）

三点启示

从以上的分析和引证中，我们至少可以获得三点启示。

首先，从方法论上看，马克思的生产劳动一般、特殊和个别规定之间的关系，是简单和复杂、抽象和具体的关系。无论是从逻辑上还是从历史上说，简单的和抽象的范畴可以在复杂的具体的范畴出现之前独立存在，而复杂的具体的范畴则必须以简单、抽象的范畴为必要前提，并把它们包含在自己的规定性之中。这就是说，在资本主义生产劳动产生之前，生产商品的劳动作为生产劳动特殊就已经存在了；而在商品生产劳动产生之前，生产使用价值的劳动作为生产劳动一般也已经存在了。但生产商品的劳动首先是生产使用价值的劳动，而生产剩余价值的劳动又首先是生产价值的劳动。生产劳动一般、特殊和个别之间的逻辑关系是，有前件不一定有后件，有后件必定有前件。

其次，生产劳动范畴是马克思根据一定的生产目的而对劳动所做出的规定。就不同的目的而言，同一内容的劳动可以是生产劳动，也可以是非生产劳动。例如，如果弥尔顿创作《失乐园》仅仅是为了自我欣赏，那么从商品经济的角度看，他是一个非生产劳动者，尽管从自给自足的角度看，他的劳动是生产性的；如果他把这个产品卖了5英镑，他就成为商品生产劳动者；但是，从资本的角度看，只有当他受雇于书商并在其指示下生产书籍时，他的劳动才成为生产劳动。正因如此，马克思才指出："生产劳动是劳动的这样一种规定，这种规定本身同劳动的一定内容，同劳动的特殊有用性或劳动所借以表现的特殊使用价值绝对没有关系。"（马克思、恩格斯，1982，第105页）

最后，马克思在分析生产劳动个别时，曾举了大量非物质产品生产的例子，如作家、教师、歌女、裁缝、园艺师、厨师的劳动等，认为只要这些劳动为资本家创造剩余价值，就是生产劳动。这也表明马克思的生产劳动范畴并不仅限于物质财货的生产领域。只是由于在那个时代，这些非物质生产劳动同资本主义生产的数量相比是微乎其微的量，或者说，在这些非物质生产领域，资本主义生产方式只能有限制地发生，因此，在《资本论》的逻辑体系中，马克思主要考察的是物质财富生产领域的资本主义生产方式以及与之相关的生产劳动范畴。这并不意味着生产劳动仅限于物质生产领域。生产使用价值（包括物质产品和精神产品，有形产品和无形产品即劳务）的劳动是一般，创造价值的劳动是特殊（与自给自足经济中的劳动和计划经济中的劳动相对应），创造剩余价值的劳动是个别（可以划分为资本主义剩余价值、社会主义剩余价值）。

经济剩余的一般、特殊和个别

对剩余劳动、剩余产品、剩余价值以及一般经济剩余的分析，是古典经济学家普遍遵循的一个传统。由于不同学派经济学家围绕剩余概念的争论也往往是在不同层次上展开的，因此常常出现关公战秦琼的历史穿越。在此，我们同样从一般、特殊和个别的角度，对剩余这个概念做出三个层次的界定。

剩余一般

重农学派虽然仅仅是基于对农业生产的考察，将农业产出品大于投入品的余额定义为纯产品，但纯产品即一般意义的剩余产品，作为一般剩余的概念，适用于所有部门以及整个社会。剩余产品以及与之相关的剩余劳动是任何社会都存在的一般概念，是人类社会赖以存在和发展的基础，是永恒的自然概念。正如马克思所指出的："一般剩余劳动，作为超过一定的需要量的劳动，必须始终存在。"（马克思、恩格斯，1974，第925页）"劳动产品超出维持劳动的费用而形成的剩余，以及社会生产基金和后备基金从这种剩余中的形成和积累，过去和现在都是一切社会的、政治的和智力的继续发展的基础。"（马克思、恩格斯，1971，第211页）

剩余特殊

在以分工交换为基础的商品经济中，所有剩余产品则表现为产出品价值大于投入品价值的余额，即剩余价值。这是剩余一般在商品经济中的特殊表现，是商品经济共有的概念，它不仅存在于资本主义和社会主义商品经济中，也不同程度地存在于前资本主义的简单商品经济和原始社会后期部落之间偶有剩余的物物交换中。

根据剩余价值的归属划分为：共享剩余价值（全社会分享）、自享剩余价值（由创造者独享）、他享剩余价值（被他人无偿占有）、分享剩余价值（若干主体分享）[①]。这是剩余价值在特殊的社会生产方式中的具体表现形式。根据剩余价值的分配方式，社会可以划分为不同的形态。

资本的一般、特殊和个别

马克思的资本概念：资本是一种特定的生产关系

马克思曾从价值形态和实物形态两方面对资本进行界定。从价值形态上看，马克思把资本界定为资本家为购买机器、厂房、原材料和劳动力所支付的货币，因为这些货币在运动（即循环周转）中能够实

---

① 斯拉法（1963）在讨论具有剩余的生产体系时就认为，在有劳动要素参加的经济体系中，工人不仅能够用工资维持自己的生存，还可能分享一部分剩余产品。也就是说，工人的工资由两部分构成，一部分是维持工人生活的生存工资，斯拉法认为这一部分工资的地位是和生产中使用的"发动机燃料或牲畜饲料一样"，因而将其计算在生产资料中；另一部分是工人分享的剩余产品，这一部分是可变的，它的大小取决于劳动量和工资率。现在，全部工资可以分为两部分，即生存工资和剩余工资。由于按照习惯和通常的分析，工资是当作一个整体来看的，剩余工资可变就导致了全部工资可变。如果 R 是最高利润率，w 是纯产品中支付工资的份额，则利润率 $r=R(1-w)$，这意味着剩余价值是在工人与资本家之间分享的。韦茨曼（1984）也曾把资本家和工人的工资谈判不再确定具体的工资额，而是确定在企业未来的收益中资本家与工人分享比例的经济叫分享经济。

现增值，所以，资本也就是能够带来剩余价值的价值。

从实物形态上看，马克思认为，机器、厂房、原材料这些生产资料本身并不是资本。只有当生产资料用于资本主义商品生产时，其才是资本。

显然，无论是从价值形态上看还是从实物形态上看，马克思都把资本界定为资本主义生产方式的特有范畴。马克思资本理论的最大特点也就在于它强调了"资本的社会性和历史性。关于资本的社会性，马克思批判了资产阶级经济学家把资本理解为物而不是关系的观点"（马克思、恩格斯，1979，第 212 页），强调"资本显然是关系，而且只能是生产关系"。（马克思、恩格斯，1979，第 518 页）关于资本的历史性，马克思指出："黑人就是黑人。只有在一定的关系下，他才成为奴隶。纺纱机就是纺棉花的机器，只有在一定的关系下，它才成为资本。脱离了这种关系，它也就不是资本了。"（马克思、恩格斯，1972a，第 834—835 页）

庞巴维克的资本概念：资本是一种技术关系

从技术关系方面来解释资本是新古典经济学家们的基本观点，其中又以庞巴维克为主要代表人物。庞巴维克的资本理论和马克思的资本理论形成了鲜明的对照。庞巴维克首先区分了资本这一概念的两种用法：其一，在生产领域，资本被当作生产要素或工具；其二，在分配领域，资本被看作利息的来源。庞巴维克批评了自萨伊以来随意将两者联系在一起的传统理论，认为这两个领域内的资本问题是两个不同的课题，"我们必须通过两条不同的各自独立的道路来寻找这些问题的答案"。（庞巴维克，1889，第 42 页）事实上，庞巴维克用"迁回生产说"来解释前者，而用"时差利息论"来解释后者。

庞巴维克从生产的角度给资本下了这样一个定义："一般说来，我们把那些用来作为获得财货手段的产品叫作资本。"（庞巴维克，1889，中译本第 72 页），这种与生产有关的资本也被庞巴维克叫作社会资本或生产资本。至于与分配有关的资本概念，庞巴维克主张用获利资本或私人资本这类名称。

庞巴维克是用社会资本或生产资本来解释资本主义生产的，他把这一意义上的资本具体解释为：资本不过是在迂回生产过程中的各个阶段里出现的中间产品的集合体而已。庞巴维克还认为，资本并不是迂回生产的原因，相反，资本是迂回生产方式的产物。资本是通过人力和自然力结合生产出来的物品积蓄起来的结果，所以它不是独立的生产要素，但是资本能通过迂回生产的方式提高生产力，能比直接的生产方式制造出更多更好的物品。所以，庞巴维克说："迂回的方式比直接的方式能得到更大的成果，这是整个生产理论中最重要和最基本的命题之一。"（庞巴维克，1889，中译本第 55 页）

资本既是生产关系又是技术关系

通过以上的分析，我们可以对这两种资本理论做些比较了。从范围上来看，庞巴维克的社会资本或生产资本概念，对应于马克思的不变资本的范围，而庞巴维克的获利资本或私人资本概念，则似乎和马克思的可变资本概念相对应。然而，重要的还是两种资本理论的本质差别。马克思把资本看作一种关系，或者说"资本不是物，而是体现在物上的生产关系"；庞巴维克则主要把资本看作资本主义迂回生产中的中间产品，他强调的是中间产品作为物本身就是资本，它体现了生产中的技术关系。马克思的资本理论建立在劳动价值论的基础上，它用剩余价值理论来说明分配关系；庞巴维克的资本理论则建立在边际效用价值论的基础上，它用时差利息理论来说明分配关系。

两种资本理论在各自所强调的方面都异常深刻，但对问题另一方面的忽视也都很明显。马克思只强调资本是生产关系，庞巴维克探究的仅是资本体现的技术关系。然而，实际上资本主义生产中两方面的关系都至关重要，因此，将"资本不是物，而是体现在物上的生产关系"这句话改为"资本首先是物，但在物上面还体现一定的生产关系"，这样似乎更为合适。因此，资本这一概念本身包含着多重规定，我们认为至少可以从以下三个层次去理解。

资本一般

第一个层次是资本一般。"资本一般"是任何社会中都存在的。我们把它叫作物质资本，给它下一个定义，即人类把劳动和土地（统称自然资源）结合起来生产的一种产出品。但这种产出品不是为了消费，而是为了再生产更多的产出品，它们还要再投入生产过程中，因此又是一种投入品，我们把这些东西叫作资本。这实际上就是我们通常所说的生产资料（不包括土地），具体说就是机器、厂房、道路、仓库等。人们为什么要生产机器、厂房？西方经济学把这叫作迂回生产。人们之所以要进行迂回生产，而不是直接从土地中获取最终消费品，是因为迂回生产可以提高劳动生产力，可以增加效益。

从这个意义上说，"资本一般"从人类社会一产生就有了，所以西方学者甚至把刀枪棍棒当作资本，这也没有什么错。马克思经济学一直批判资产阶级经济学家抹杀了资本主义生产关系的特殊性，把资本的起源一直追溯到原始社会，是为了以此来论证资本主义制度是永恒的。所以，马克思对资本的一般性做了非常尖锐的批判。但在我们看来，对资本可以首先从一般的角度来理解，因为任何经济范畴都既有其社会形式，又有其物质内容，这也是马克思的一个方法论原则。

资本特殊

第二个层次是资本特殊。资本一般在商品经济条件下表现为资本特殊。这时资本就不再单纯表现为物质资本，它实际上是一种价值资本，是可以买卖的。采取货币形式的资本可以说是商品经济的范畴，相对于以前所说的资本一般，它是一种特殊形式。

资本个别

第三个层次是资本个别。商品经济有多种形态。资本主义商品经济中的资本可以叫作资本个别。马克思把它叫作带来剩余价值的价值，但是众多西方学者不这样看，后马克思主义或新马克思主义也有不同的看法。那么社会主义商品经济中的资本是什么？当然，它也可以叫作资本个别。特殊形式可以有许多个别形式，如个别形式 I、个别形式 II……

这种一般、特殊和个别的关系是普遍的。例如，如果说粮食是一般，那大米就是特殊，小站稻、泰国米就是个别。资本概念也完全可以这样理解。首先，就资本一般而言，社会主义仍然要进行迂回生产，所以肯定存在着资本一般。社会主义有没有资本特殊呢？当然有。其次，社会主义也是商品经济，是市场经济，也有资本特殊。那么社会主义又有它特定的生产关系，反映这个特定生产关系的资本又叫什么？这是可以研究的，但总不能乱起名称，如"公本"、"社本"、"资本金"等。（卓炯，1981；马仁典，1993；韩保江，1998）既是投入品又是产出品的物质资本为一般，采取货币或价值形式的资本为特殊，不同产权的资本如国有资本、集体资本、私有资本为个别。

本章小结

根据辩证唯物主义物质和精神的关系，经济范畴不过是经济关系的理论表现，由于政治经济学本质上是一门历史科学[1]，因此，不同历史时期产生的经济范畴无疑带有时代的特点和历史的进行性。

马克思主义政治经济学中的许多基本范畴，是马克思根据他所处的时代所能观察到的特殊现象做出的抽象，其中很多范畴相对于当代资本主义和社会主义具体实践更加充分的发展而言，已经不再具有最一般抽象的属性了。当代马克思主义经济学家应该根据当代资本主义的发展和社会主义的实践，对反映经济关系本质的范畴做出更加一般

---

[1] "政治经济学本质上是一门历史的科学。它所涉及的是历史性的即经常变化的材料；它首先研究生产和交换的每一个发展阶段的特殊规律，而且只有在完成这种研究以后，它才能确立为数不多的、适合于一切生产和交换的、最普遍的规律。"（马克思、恩格斯，1971，第160—161页）

的抽象，进而对这些新抽象出来的一般经济范畴在不同社会形态和不同发展阶段下具体的、特殊的和个别的表现形式做出新的界定。

中国特色社会主义政治经济学的范畴也只能来自对中国特色社会主义经济关系的抽象，而不能照搬150年前马克思主义经典作家对资本主义经济关系的抽象。我们只有按照辩证法并根据最丰富的具体的发展对政治经济学基本范畴做出一般、特殊和个别的区分与界定，才能构建起中国特色社会主义政治经济学的范畴体系。

第四章
构建中国特色社会主义政治经济学体系的
方法论原则

　　自从 2015 年 12 月 21 日结束的中央经济工作会议提出"要坚持中国特色社会主义政治经济学的重大原则",诸多学者和官员都对中国特色社会主义政治经济学的重大原则做出了自己的解读。本章的观点是,中国特色社会主义政治经济学的重大原则,无疑源于中国特色社会主义政治经济学,而中国特色社会主义政治经济学是以马克思主义政治经济学为基础的。所以,要构建中国特色社会主义政治经济学体系,首先要坚持的是马克思主义政治经济学的方法论原则。马克思主义政治经济学的方法论,即辩证唯物主义和历史唯物主义,在政治经济学领域中的应用具体体现为科学抽象法等 8 个原则。下面依次展开分析。

科学抽象法

科学抽象法的两个环节

　　其一是从具体的感性的现实中抽象出一般概念,其二是从简单的抽象概念上升到复杂的具体概念，从而形成逻辑体系。

马克思说："分析经济形式，既不能用显微镜，也不能用化学试剂。二者都必须用抽象力来代替。"（马克思、恩格斯，1972a，第8页）因为任何经济形式，都是由多种因素组成的，是在多种因素的相互作用中运行的。我们既不能用显微镜去观察经济的细胞，也不能用化学试剂去判断各种因素的实际作用。我们只能借助于抽象思维的能力，在分析经济形式时，首先从最简单的规定性开始，暂时撇开更复杂的规定性。当把经济形式的最简单的规定性弄清以后，我们再把更进一步的规定性考虑进来，即把原来舍象掉的因素引入研究过程，这样就能逐步达到对具有丰富规定性和由多种因素构成的经济形式的科学认识。这一过程，也就是从抽象上升到具体的过程。

科学抽象必须遵循适度原则

科学抽象法的运用，要求对经济范畴的抽象必须适度，也就是说，既要舍象掉与所研究的问题无关的因素，又不能抽象掉与相关问题有本质联系的因素。

例如，马克思在分析剩余价值的来源时，就撇开了流通领域贱买贵卖的可能，在分析劳动力商品的价格即工资的决定时，亦排除了资本家压低工资的行为，并且假定劳动力的价格与价值是相等的，即假定资本家与雇佣工人的交换是等价的。只有这样，才能在所有商品都遵循等价交换原则的基础上真正揭示剩余价值的来源。

在经济思想史上，亚当·斯密虽然最初提出商品的价值决定于生产商品所耗费的劳动，但那是在假定生产过程中只使用劳动这一种稀缺因素得出的结论，而这一假定只有在原始蒙昧时期才是有效的，因为在那个时期，土地还没有私有，资本也没有积累起来，劳动当然就成为决定价值或交换比例的唯一因素了。（斯密，1972，第32页，42页）但亚当·斯密紧接着写到，一旦土地私有和资本积累起来，决定价值的就不再仅仅是劳动这一种因素，而是劳动、资本、土地等多种因素了。（斯密，1972，第42—44页）斯密的分析表明，当劳动、资本、土地都作为稀缺因素参与财富生产时，抽象掉任一因素讨论价值决定都是不适宜的。

李嘉图似乎误解了亚当·斯密的思想和研究方法，他把斯密只适用于原始蒙昧时期的单要素劳动价值论扩展到了现代文明社会，而否定了亚当·斯密的多要素价值论。（李嘉图，1962，第9页）他在研究价值决定时，犯了过度抽象的错误，一开始就把不该抽象掉的非劳动要素舍象了，或者如托伦斯和马尔萨斯所说，把规律当成了例外，而把例外当成了规律，由此得到的抽象的价值决定模型与现实经济生活必然格格不入。但当他试图用劳动价值论直接解释资本主义社会的经济现象时，便陷入诸如陈年葡萄酒和橡树中所包含的劳动价值论与平均利润理论之间不可调和的矛盾。（李嘉图，1961，第210页；伊特韦尔等，1992，第207—208页）

从抽象上升到具体的逻辑起点

马克思研究资本的著作《资本论》之所以不是从讨论资本开始的，是因为按照从抽象上升到具体的逻辑思维规则，建立逻辑体系必须从最简单、最抽象的范畴开始，要阐明什么是资本，必须首先说明什么是货币，因为所谓资本不过是自行增殖的货币；而要说明什么是货币，必须首先阐明什么是商品，因为货币不过是固定地充当一般等价物的商品。

然而我们进一步分析便会发现，要知道什么是商品，还必须首先知道什么是劳动产品，因为商品不过是分工交换的劳动产品。显然，分工交换既是人类文明进步的起点，也是广义政治经济学逻辑分析的起点。

只有揭示人类社会是如何从自给自足的自然经济转化为分工交换的商品经济并进一步发展为市场经济的，并阐明人类分工交换的起源即分工交换所追求的目的，才能揭示均衡交换比例的决定以及价值的形成，才能在科学的价值理论基础上构建公平的分配理论，才能为保护构成公平分配关系的所有制关系或产权关系提供法律依据，为建立有效的资源配置方式或经济运行体制奠定基础；所有这些构成了政治经济学研究的核心主题，即一个社会的生产方式或基本经济制度。在此基础上，我们再进一步将其拓展到经济增长、经济发展和国际贸易领域。

总之，一个逻辑严谨的政治经济学体系，从基本经济制度到经济增长和经济发展以及国际贸易，都应该建立在一个逻辑上前后一致的价值理论基础之上。中国特色社会主义政治经济学的探索也应遵循这一方法论原则。

矛盾分析法

任何经济范畴都包含内在的矛盾，由简单的抽象的范畴过渡到复杂的具体的范畴，是通过范畴内部的矛盾运动实现的。因此，矛盾分析构成了马克思政治经济学方法论的核心。

矛盾运动的形式是多样化的，分析矛盾的方法也具有多样性。

经济范畴的物质内容与社会形式的辩证统一

任何经济范畴都是由一定的物质内容和社会形式构成的。我们在分析一定的生产方式时，既不能将反映该生产方式本质特征的社会形式抽象掉，也不能将其物质内容抽象掉，因为没有无内容的形式，也不存在无形式的内容。例如，使用价值是财富的物质内容，价值则是商品经济中财富的社会形式；劳动过程是商品生产的物质内容，价值形成过程则是商品生产的社会形式。那种认为马克思主义政治经济学只研究生产关系或者强调要把生产力的研究放在首位的观点，显然割裂了作为生产的物质内容的生产力与作为社会形式的生产关系之间的辩证统一关系。

简单抽象的范畴向复杂具体的范畴的转化

矛盾双方的斗争，导致简单抽象的经济范畴转化为复杂具体的经济范畴。比如，商品使用价值和价值的对立，导致商品转化为货币。分析经济范畴从抽象上升到具体的过程，也就是揭示其内在矛盾的运动过程。

矛盾双方的相互依存与和谐共处

矛盾的双方既互相排斥，又互相依赖，双方以一种妥协的方式共处于一个统一体中（见图 4-1）。马克思指出："商品的交换过程包含着矛盾的和互相排斥的关系。商品的发展并没有扬弃这些矛盾，而是创造这些矛盾能在其中运动的形式。一般说来，这就是解决实际矛盾的方法。例如，一个物体不断落向另一个物体而又不断离开这一物体，这是一个矛盾。椭圆便是这个矛盾借以实现和解决的运动形式之一。"（马克思、恩格斯，1972a，第 122 页）

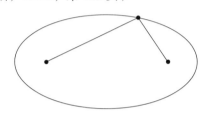

图 4-1　矛盾双方共处于一个统一体中

简单的经济形式孕育着复杂经济形式的胚芽

复杂的、成熟的经济形式所包含的矛盾，是由简单的、处于胚胎状态的经济形式所包含的矛盾发展而来的。比如，资本主义社会的基本矛盾即生产的社会化和私人占有之间的矛盾，就是由商品生产的基本矛盾即私人劳动和社会劳动的矛盾演变而来的。马克思正是通过对商品这个资本主义经济细胞的矛盾分析，一步步揭示出资本主义社会的基本矛盾。

妥协是解决矛盾的重要途径

既然矛盾运动的形式具有多样性，矛盾的解决方式也就有多种可能：或者是一方吃掉另一方，如资产阶级战胜封建地主阶级；或者是双方同归于尽，如奴隶和奴隶主阶级；还可能是如前所述，矛盾双方达成妥协，共处于一个统一体中，如前述椭圆的例子或"合纵连横"、国共统一战线以及"一国两制"等。

在过去很长一段时期内，我们往往过多地强调对立和斗争在推动事物发展中的作用，而忽略或排斥了同一性或统一性以及和谐与妥协的作用。以中共十一届三中全会为历史转折点，我国结束了十年"文革"内乱，开始用以经济建设为中心取代以阶级斗争为纲，以构建和谐社会取代无产阶级专政下的继续革命。我们在构建中国特色社会主义政治经济学的过程中，应该全面地理解和运用辩证法的精髓，揭示社会主义经济运行和经济发展以及制度变迁中的各种矛盾；在寻求解决矛盾的方式时，既要着眼于矛盾双方的对立，坚持必要的斗争，又要看到矛盾双方的统一，实现必要的妥协，从而为不断完善中国特色社会主义制度提供理论依据。

中介分析法

让我们从恩格斯与鸭嘴兽的故事谈起。传统生物学有关动物的分类把哺乳动物与卵生动物绝对对立起来，认为哺乳动物一定是胎生，而卵生动物一定不哺乳。囿于这种非此即彼的形而上学思维定式，当人们面对鸭嘴兽这种来自澳大利亚的卵生哺乳"怪兽"时，便不知所措，甚至会怀疑其存在的真实性。恩格斯曾经在致康拉德·施米特的信中写道："如果不让爬行动物和哺乳动物这两个概念中的一个或两个都和现实发生冲突，您想怎么能从卵生的爬行动物转到能生育活生生的幼儿的哺乳动物呢？……1843年我在曼彻斯特看见过鸭嘴兽的蛋，并且傲慢无知地嘲笑过哺乳动物会下蛋这种愚蠢之见，而现在这却被证实了！因此，但愿您对价值概念不要做我事后不得不请求鸭嘴兽原谅的那种事情吧！"（马克思、恩格斯，1975，第580页）

其实，鸭嘴兽既不是哺乳动物也不是卵生动物，或者说既是哺乳动物又是卵生动物，它是卵生动物向哺乳动物进化的一个中间环节，即哲学中讲的一个中介。

中介本是标志不同事物之居间联系、亦此亦彼的哲学范畴。中介分析，是揭示客观事物之间普遍联系和相互转化的一个重要的辩证方法。马克思主义经典作家指出：一切差异都在中间阶段融合，一切对立都通过中间环节而相互过渡，辩证法不知道什么绝对分明和固定不变的界限，不知道什么无条件的普遍有效的"非此即彼"，除了"非此即彼"，又在适当的地方承认"亦此亦彼"，并且使对立互为中介；要真正认识事物，就必须把握研究它的一切方面、一切联系和中介。（马克思、恩格斯，1972b，第535页；列宁，1976，第453页）

中介分析在马克思主义政治经济学逻辑体系和方法论体系中占有重要地位，具体体现在以下几个方面。

抽象的经济范畴通过中介上升为具体的经济范畴

商品是资本主义生产方式的细胞，是《资本论》逻辑体系中最简单、最抽象的范畴。商品的内在矛盾是使用价值和价值的矛盾。交换的扩大和加深，使商品本性中潜伏着的这种对立在外部表现出来，这就要求商品价值有一个独立的形式，这个形式是通过商品转化为货币而最终取得的。货币既是商品内在矛盾运动的结果，又是商品价值形式发展的完成形态。个别等价物、特殊等价物和一般等价物，构成这一发展过程的中介环节；它们一方面本身就是商品，另一方面又在不同程度上充当商品的等价形式，而货币不过是固定地充当一般等价物的特殊商品。在马克思之前的经济学家中，虽然有些人也承认货币是商品，但是由于他们没有揭示商品的内在矛盾运动以及价值形式的发展，也就是说没有分析商品转化为货币的中介环节，因而不了解商品为什么、通过什么成为货币。

彼此对立的经济范畴通过中介相互转化

按照价值规律，剩余价值既不能在流通领域中产生，又不能离开流通领域而产生。劳动力作为商品进入市场，为价值规律向剩余价值规律的转化提供了媒介。劳动力商品本身有价值，它的买卖可以完全按照价值规律进行。但劳动力在生产过程中的使用即劳动，又能创造超过它自身价值的价值，即剩余价值。正是由于劳动力商品同时具有价值和剩余价值这两重性，因此成为价值规律和剩余价值规律相互连接、彼此统一的中介环节。

反映生产关系的范畴以流通为媒介转化为分配范畴

马克思的剩余价值范畴是反映资本主义生产关系本质的抽象范畴。马克思通过分析资本循环和资本周转以及社会资本的再生产，通过年剩余价值率这个中介，揭示了剩余价值率向利润率的转化；指出不同产业部门资本之间的竞争，使各产业部门的个别利润率转化为平均利润率；借助于产业资本与商业资本之间的竞争，借贷资本与职能资本之间的竞争以及土地所有者与资本所有者之间的竞争，依次揭示了产商平均利润率的形成和利息对利润由量的分割到质的分割，以及超额剩余价值向地租的转化，由此完成了剩余价值通过一系列中介环节转化为利润、地租、利息和企业主收入的过程，如图 4-2 所示。

两种对立的经济关系相互融合为一种新的经济关系

中介分析是马克思主义的唯物史观在马克思主义政治经济学研究中的具体体现。只有充分认识中介范畴的重要性，全面领略中介分析的奥妙，才能加深对当代资本主义制度和中国特色社会主义基本制度的理解。从所有制结构来看，在现实世界中，纯粹的一元化的公有制经济和纯粹的一元化的私有制经济，都已不复存在。从经济运行和资源配置方式来看，当代资本主义由自由市场经济向有国家宏观调控的市场经济转化，社会主义经济由纯粹的计划经济向市场经济转化，正是反映了两种资源配置方式相互融合的趋势，而公有制 + 市场，私有制 + 计划，恰恰就是这种融合的产物。从收入分配方式来看，中共十六大确立的劳动、资本、技术和管理等生产要素按贡献参与分配的原则，是作为社会主义分配原则的按劳分配与作为资本主义分配原则的按资分配的融合。（周守正、蔡继明，2004）

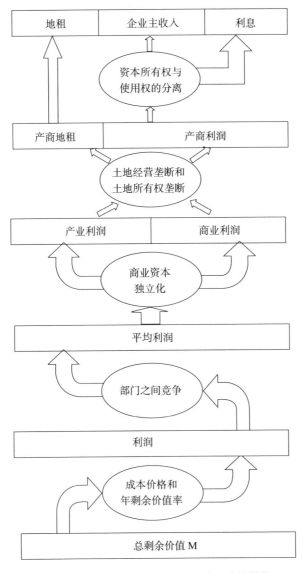

图 4-2　剩余价值一般形式向特殊形式的转化

一般、特殊和个别的辩证法

关于政治经济学范畴的一般、特殊和个别，我们在上一章已经做了分析，下面从方法论的角度，特别强调中国特色社会主义政治经济学的研究应遵循的几个具体原则。

不要把一般的经济关系和特定的所有制捆绑在一起

马克思曾把商品、货币和价值规律看作私有制经济特有的范畴，认为商品经济的基本矛盾即私人劳动和社会劳动的矛盾在资本主义商品经济中演变成生产的社会化与生产资料私人占有之间的矛盾，这一矛盾不可能在资本主义生产方式的内部得到解决，资本主义商品经济由此成为商品经济发展的最高也是最后阶段，以生产资料公有制为基础的未来社会将实行计划经济。

显然，当我们面对现实的社会主义公有制经济中同样存在的商品货币关系时，就不能只是将商品、货币和价值规律这些范畴放在私有制这种特殊形式上进行思考了。既然一种经济关系，如商品货币关系、交换关系既存在于私有制条件下，又存在于公有制条件下，那么，它赖以产生和发展的原因就绝不是所有制，更不是私有制，而是所有制以外的某些因素。学术界关于计划和市场的争论持续了很长时间，直到邓小平的南方谈话强调计划不是社会主义特有的，市场也不是资本主义特有的，中共十四大（1992）才将社会主义市场经济体制正式确定为改革的目标模式，而中共十八届三中全会（2013）则进一步明确让市场在资源配置中起决定性作用。中共十九届四中全会则把社会主义市场经济体制与公有制为主体、多种所有制经济共同发展以及按劳分配为主体、多种分配方式并存共同确定为社会主义基本经济制度。

然而，到目前为止，仍然有一种广为流行的观点，即马克思当年所设想的计划经济是建立在生产力高度发达的资本主义生产方式基础上的，而中国的社会主义革命发生在半殖民地半封建社会，落后的生产力水平使得我们目前还不能实行计划经济，因此不得不借助于市场经济来发展社会生产力；而一旦将来生产力有了高度发展之后，我们还必须实行计划经济。这种观点显然是把马克思有关商品经济的论述当作了一成不变的教条，秉持的是传统的思维定式，它很容易成为计划经济派过早遏制和消灭市场经济的理论依据。

我们认为，市场经济作为一种资源配置的方式，可以和不同的所有制结合在一起。尽管在人类社会刚刚产生的时候，商品货币关系还不存在，但商品货币关系一旦产生就可能会伴随着人类社会永远存在下去。因为市场经济产生于个别劳动同社会劳动的矛盾，而这个矛盾是不会消失的。新中国建立之初，之所以没有实行市场经济而实行了计划经济，是因为当时我们处于特殊的历史环境中：一是人与人之间的利益矛盾还没那么突出，二是美国等资本主义国家对我们实行经济封锁，三是我国要建立强大的国防，必须尽快实现工业化。由于这些特殊的原因，当时实行计划经济比实行市场经济有优势。再加上当时社会分工还不够发达，人们的需求也比较简单，在这种情况下，对社会生产实行简单的计划相对容易。随着人们的需求越来越复杂，这种简单的计划难以反映客观现实。随着我国工业化的基本实现，那种非均衡的发展应当让位于由市场调节的均衡发展。这样，原来一系列实行计划经济的原因都变成了必须实行市场经济的条件。然而，正是由于我们总是把市场经济这种一般经济关系与特定所有制联系起来，因此在计划与市场体制的选择上走了几十年的弯路。在构建中国特色社会主义政治经济学体系时，我们必须根据马克思的上述方法论原则，为社会主义市场经济存在的原因和不可替代的作用提供科学的、充分的理论证明。（白丽健、蔡继明，1997）

不要把一般商品经济范畴当作资本主义特殊范畴

马克思也曾经把劳动力商品、资本、剩余价值、利润、利息、地租等看作资本主义生产方式特有的范畴，认为劳动力成为商品是货币转化为资本，从而简单商品经济转化为资本主义商品经济的条件，劳动者所创造的超过劳动力价值的剩余价值被资本家无偿占有，利润、利息、地租等作为剩余价值的转化形式，本质上都是剥削收入；认为一旦生产资料由全社会共同占有，劳动者不再出卖自己的劳动力而是结成自由人联合体，生产的目的不再是追求剩余价值和利润，而是为了直接满足人们日益增长的物质和文化需要，劳动就会成为获取个人消费品的唯一尺度，全社会范围内就会实行单一的按劳分配。

当我们面对现实的社会主义生产方式中同样存在的劳动力商品、资本、剩余价值、利润、利息、地租等范畴时，我们就必须对这些范畴的一般属性、特殊属性和个别属性做出更加全面的界定。事实上，也只有当具有与劳动力商品、资本、剩余价值、利润、利息、地租等经济范畴相同属性的经济关系不仅存在于资本主义社会，也存在于社会主义社会时，我们才能对这些经济范畴不同层次的属性做出更一般的抽象。

不要把社会化大生产共有的特征限定为资本主义特有的现象

马克思关于资本主义社会基本矛盾的分析：经济危机的负反馈

马克思认为，伴随着技术进步和资本有机构成的不断提高，平均利润率趋向下降和相对人口过剩必然会出现，由此引发的经济危机会使社会生产力不断遭到破坏，这一切都是资本主义生产方式特有的现象，其根源就是资本主义基本矛盾，即生产的社会化与生产资料私人占有之间的矛盾；这进一步导致一次又一次的经济危机出现，社会生产力遭到极大破坏，从而最终导致资本主义灭亡。

所谓生产的社会化和生产资料的私人占有之间的矛盾，是指前者要求整个社会生产要置于计划控制之下，而后者则导致生产者各行其是，整个社会生产处在无政府状态中，由此必然导致一次又一次的经济危机出现，社会生产力遭到极大破坏，从而最终导致资本主义灭亡，如图 4-3 所示。

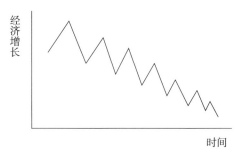

图 4-3 经济危机的负反馈

经济危机的正反馈

但自罗斯福新政和凯恩斯革命以来，资本主义国家的这一矛盾不是在加剧，而是在缓解，资本主义仍以顽强的生命力在发展。这是因为，生产的社会化包括两方面：一是指生产资料的规模越来越大，越来越社会化；二是指社会分工的广度和深度越来越扩大，产业链条越来越长，不同部门之间的联系越来越紧密。前者可以通过扩大企业的规模来适应，资金的短缺可以通过资本市场融资来解决，风险可以通过股份有限公司来分摊；后者可以通过看不见的手——市场机制和看得见的手——宏观经济政策来调节。这样一来，资本主义经济危机与经济增长之间就有可能出现正反馈，如图4-4所示。

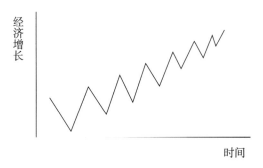

图4-4　经济危机的正反馈

经济波动是社会化大生产的必然产物

进一步说，在以社会化大生产为基础的社会主义市场经济中，伴随着技术进步，资本有机构成同样会不断提高；按照相同的逻辑，平均利润率同样会趋向下降，马克思意义上的相对人口过剩同样存在，生产的社会化和生产资料的多元占有之间也同样存在着矛盾。即使在计划经济时期，虽然实行的是公有制，但重工业优先发展所造成的农、轻、重比例失调，计划经济本身造成的供求失衡、产品积压和短缺并存，似乎也都是经济危机的表现，只不过我们忌讳经济危机这个概念，而称之为经济波动而已。

以上的分析表明，诸如资本有机构成不断提高、相对人口过剩、经济周期性波动、收入差距和失业人口，并非资本主义生产方式独有的特征，而是任何社会化大生产共有的现象，是资本主义国家和社会主义国家都普遍面临的问题。各国解决的方式既有共同点也有不同点，可谓各有利弊，彼此应该撇开意识形态的羁绊，互相借鉴，取长补短。以这样的心态和开放的思维，我们才能使当代中国马克思主义政治经济学既立足我国国情和我国发展实践，从而体现出社会主义中国的特色，又能借鉴人类文明的一切成果，融入现代经济学发展的主流。

不能把社会主义初级阶段与社会主义割裂开来

一种普遍流行的观点认为：社会主义基本经济制度是公有制；公有制为主体、多种所有制经济共同发展只是社会主义初级阶段的基本经济制度，不是社会主义基本经济制度，非公经济只是社会主义市场经济的重要组成部分，但不是社会主义经济的重要组成部分；同样地，按生产要素贡献分配也只是社会主义初级阶段或社会主义市场经济的分配原则，但不是社会主义分配原则；社会主义分配原则只能是按劳分配。（刘国光，2011；卫兴华，2016a；卫兴华，2016b；周新城，2011；周新城，2019）

这种观点从以下几个方面违反了一般、特殊和个别的辩证法。

割裂了社会主义初级阶段与社会主义的内在联系

一个社会的初级阶段与高级阶段只有发展水平和成熟程度的不同，绝无本质的不同。社会主义初级阶段是社会主义社会的初级阶段而不是其他社会的初级阶段，社会主义高级阶段还没有到来，我们不能用150多年前经典作家对未来社会的设想来构建社会主义高级阶段的模式，并以此来铸造社会主义初级阶段的现实，未来社会主义高级阶段的基本经济制度只能是社会主义初级阶段基本经济制度的逐步完善的结果。

割裂了社会主义市场经济与社会主义经济的内在联系

辩证唯物主义的范畴是内容和形式的统一：没有无内容的形式，也没有无形式的内容。社会主义基本经济制度必然采取一定的运行形式：在改革开放前，单一公有制和按劳分配的社会主义采取的是高度集中的计划经济体制；在改革开放后，公有制为主体、多种所有制经济共同发展，以及按劳分配为主、多种分配方式并存的社会主义采取的是市场经济体制，现阶段中国特色的社会主义是与市场经济内在地联系在一起的，社会主义市场经济之外并不存在抽象的社会主义经济。所以，既然非公经济是社会主义市场经济的重要组成部分，自然也就是社会主义经济的重要组成部分。

违反了马克思主义一般和特殊的辩证法

社会主义基本经济制度与社会主义初级阶段基本经济制度是一般和特殊的逻辑关系，社会主义初级阶段基本经济制度只能是社会主义基本经济制度的特殊表现，其所有制结构不应该含有社会主义基本经济制度一般规定中所没有的成分。如果我们把社会主义分成初级阶段和高级阶段，两个阶段的基本经济制度本质上应该是一样的，差别仅仅在于发展水平和完善程度，而社会主义基本经济制度正是包括初级阶段和高级阶段在内的整个社会主义时期的基本经济制度。

进一步说，社会主义与中国特色社会主义的关系，也是一般和特殊的逻辑关系，后者只是前者的特殊表现形式，而离开了社会主义特殊（具体）的表现形式，一般社会主义也不可能存在。（周叔莲，2000）

违反了最一般的抽象产生的逻辑思维规律

科学理论的首要功能是建立理论模型或从实证的角度说明现实是什么，并通过实践的检验不断修正、补充和完善理论假说，使之对现实的解释力不断增强。从这个意义上说，任何理论都是以现实为基础并通过实践不断完善和发展的。社会主义作为一种经济制度，其一般属性不是先验地根据150年前马克思主义经典作家对未来社会的设想确定的，而应该是从社会主义实践中总结抽象出来的。既然我国现实的社会主义只能是初级阶段的社会主义，社会主义的本质规定也就只能根据其初级阶段的基本特征抽象而成。

历史发展的平行四边形

一个半世纪前，马克思根据他对当时资本主义基本矛盾的分析，曾预言资本主义私有制的丧钟就要敲响了，剥夺者就要被剥夺了，代替资本主义生产方式的将是在生产资料公有制基础上实行计划经济和按劳分配的社会主义生产方式。（马克思、恩格斯，1958，第365页，480页；1972a，第95页，96页，831—832页；1963，第20页，21页，22—23页）

然而，一个半世纪过去了，资本主义制度在世界范围内并没有被社会主义制度取代，当代资本主义已经从单一私有制结构、纯粹市场经济和效率优先的按生产要素分配演变成有一定国有经济成分的混合所有制结构和实行国家宏观经济调控的市场经济以及兼顾平等的二次分配体制，而中国的社会主义则按照与资本主义转型相反的路径进行了体制改革和制度变迁。首届诺贝尔经济学奖得主、荷兰经济学家丁伯根（1961）认为，历史的发展进程将发生社会主义与资本主义的差异减少，差异减少的原因在于两种制度都向计划与市场相结合的体制发展，在于两种制度都走向"混合所有制"，在于两种制度下的收入分配体制和差异趋向同一；差异减少到一定程度，两种制度就完全融合为一种最优的社会制度。这就是所谓的趋同论[①]。

尽管"趋同论"遭到很多正统的马克思主义者的尖锐批评和完全否定，但其思想和恩格斯所阐发的历史唯物主义合力论一脉相承。恩格斯在 1890 年 9 月 21—22 日致约·布洛赫的信中指出："历史是这样创造的：最终的结果总是从许多单个的意志的相互冲突中产生出来的，而其中每一个意志，又是由于许多特殊的生活条件，才成为它所成为的那样。这样就有无数互相交错的力量，有无数个力的平行四边形，由此就产生出一个合力，即历史结果，而这个结果又可以看作一个作为整体的、不自觉地和不自主地起着作用的力量的产物。因为任何一个人的愿望都会受到任何另一个人的妨碍，而最后出现的结果就是谁都没有希望过的事物。"（马克思、恩格斯，1972c，第 697 页）这就是著名的"平行四边形"理论，如图 4-5 所示。

[①] "趋同"原是生物学术语，20 世纪 40 年代后，西方资产阶级学者将这一术语引入社会科学领域。

图 4-5 　历史发展的平行四边形

在中国已经全方位对外开放，已经越来越融入信息化、全球化、经济一体化的时代，在中国与美国、中国与俄罗斯、中国与欧盟正在谋求建立大国之间战略伙伴关系的今天，与其空喊社会主义一定要战胜资本主义，不如与资本主义和谐相处，公平竞争，取长补短，看谁能更快、更早地进入更高、更理想的社会形态。只有这样才能立足中国国情，放眼世界，展望未来，不断开拓当代中国马克思主义政治经济学的新境界，构建起科学的中国特色社会主义政治经济学体系，为实现"四个全面"战略布局和"五大发展理念"[①]，为推进"一国两制"和平统一中国，为实现中华民族伟大复兴而提供科学指导。

经济运行的生理学与经济发展的病理学

马克思研究政治经济学并创作《资本论》的最终目的是"揭示现代社会的经济规律"。马克思把现代社会（即当时的资本主义社会）的经济规律分为经济运行规律和经济发展规律：前者是指经济现象具有完成形式和处于一定时期内可见到的联系中支配其运动的规律，后者是指这些现象变化的规律、这些现象发展的规律，即它们由一种形式过渡到另一种形式、由一种联系秩序过渡到另一种联系秩序的规

---

① 　"四个全面"是指全面建成小康社会、全面深化改革、全面依法治国、全面从严治党；"五大发展理念"是指中共十八届五中全会（2015）提出的创新、协调、绿色、开放、共享的发展理念。

律，或者说是支配着一定社会机体的产生、生存、发展和死亡以及为另一更高的机体所代替的特殊规律。在马克思看来，与前一种规律相比，对后一种规律的研究更重要。①一个社会的经济运行规律可以比作该社会的生理学，一个社会的经济发展规律可以比作该社会的病理学。运行规律描述的好比是一个人的日常饮食起居；发展规律描述的好比是一个人的生老病死。②《资本论》第一卷第 2—6 篇、第二卷第 1—2 篇以及第三卷第 1—2、第 4—5 篇，所研究的就是资本主义经济运行规律，其中包括资本（剩余价值）的生产过程、流通过程和分配过程，《资本论》第一卷第 7 篇"资本的积累过程"、《资本论》第二卷第 3 篇"社会总资本的再生产和流通"以及《资本论》第三卷第 3 篇"利润率趋向下降的规律"，则是在资本主义运行规律研究的基础上，进一步分析资本主义发展规律。

中国特色社会主义政治经济学，也应该从经济运行和经济发展③两个方面对中国特色社会主义生产方式进行研究：前者在发掘马克思主义政治经济学已有研究成果的同时，应更加注重借鉴发达市场经济国家的经验和西方主流经济学的成果；后者则应该以马克思主义政治

---

① 这里引述的是俄国学者考夫曼对马克思研究方法的描述，这一描述得到了马克思本人的高度认可。（马克思、恩格斯，1972a，22—23 页）

② 考夫曼当年并没有对上述两种规律做出明确定义，而是把与发展规律相对应的另一种规律称为"那种规律"。（马克思、恩格斯，1972a，22 页）后来的列宁把"那种规律"定义为"活动规律"。（列宁，1984，112 页）苏联学者罗任则把"那种规律"更准确地定义为"功能规律"。（В. П. 罗任，1982，第 52 页）从此，"社会功能规律"和"社会发展规律"的划分被哲学、社会学以及社会管理、行政管理研究者广泛使用。（В. П. 库兹明，1988）

③ 这里所说的经济发展不是发展经济学意义上的概念，而是指马克思病理学意义上的制度变迁。

经济学有关生产力与生产关系、经济基础与上层建筑的矛盾分析为指导，同时要借鉴资本主义生产方式自我扬弃的经验和西方非主流经济学如新制度经济学、激进政治经济学、新马克思主义经济学以及新政治经济学有关制度变迁和转型经济研究的成果。

人类社会发展的最终目标和实现手段的选择

马克思和恩格斯在《共产党宣言》中指出："代替那存在着阶级和阶级对立的资产阶级旧社会的，将是这样一个联合体，在那里，每个人的自由发展是一切人的自由发展的条件。"（马克思、恩格斯，1995，第 294 页）

马克思后来在《资本论》第一卷中进一步指出，未来的社会是"一个更高级的，以每个人的全面而自由的发展为基本原则的社会形式"。（马克思、恩格斯，1972a，第 649 页）

马克思在《给〈祖国纪事〉杂志编辑部的信》中指出，共产主义是在"保证社会劳动生产力极高度发展的同时又保证每个生产者个人最全面的发展的这样一种经济形态"。（马克思、恩格斯，1972b，第 342 页）[①]

恩格斯在《反杜林论》中也曾指出："最能促进生产的是能使一

---

① 1894 年 1 月，当意大利的朱泽培·卡内帕请求恩格斯为《新纪元》周刊创刊题词时，他要求恩格斯尽量用最简短的文字来描绘未来社会主义社会的新纪元的特征。恩格斯认为："我打算从马克思的著作中给您找出一则您所期望的题词。我认为……除了《共产主义宣言》中的下面这句话，我再也找不出合适的了：'代替那存在着阶级和阶级对立的资产阶级旧社会的，将是这样一个联合体，在那里，每个人的自由发展是一切人的自由发展的条件。'"（马克思、恩格斯，2009，第 666 页）

切社会成员尽可能地全面发展、保持和运用自己能力的那种分配方式。"（马克思、恩格斯，1971，第218页）

以上引证表明，马克思和恩格斯在谈到未来社会的目标时，既提到了共产主义，又提到了人的解放和自由全面的发展。那么，人类社会追求的最终理想，到底是实行生产资料全社会共同占有、按需分配的共产主义，还是人的解放和自由全面的发展？我认为是后者而不是前者。因为共产主义也仅仅是一个有限的目标，一旦实现，人类还会朝着更远大的目标迈进；而人的解放和自由全面的发展是人类只能不断逼近，但永远都不可能最终达到的目标，因而才可能成为我们世世代代为之努力奋斗的最终理想。

人类终极目标的内涵

要实现人的解放和自由全面的发展，人类首先要从自然的奴役下解放出来，要不断地认识自然，了解自然，掌握和尊重自然规律，自觉地适应和顺应自然，与自然和谐相处。

其次，人类要从人奴役人的制度下解放出来。封建社会以农民对土地的依附取代了奴隶对奴隶主的人身依附，是一个历史性进步。资本主义社会使农民摆脱了对土地的依附，成为自由劳动者，这无疑是一个更大的历史性进步。新的更加合理的社会制度，应该保证社会全体成员都能在更大程度上自由地选择职业、迁徙和居住地，都能平等地使用各种生产要素参与社会经济生活，根据各自的贡献参与财富的分配，同时能够公平地分享社会进步的一切成果。

最后，人类要从奴役般地服从分工中解放出来。随着社会生产力的不断发展和劳动生产率水平的不断提高，人类的必要劳动时间将不断缩短，剩余劳动时间和闲暇时间将相应延长，人们不得不做的事情会不断减少，自由支配的时间会相对增加；劳动不再是谋生的手段，而成为乐生的需要；人们不必再奴役般地终身从事一种职业，而是在完成了有限的必要劳动后，自由地选择自己所喜欢的任何其他活动，使自己的能力获得全面的提高，从而使整个人类不断地从必然王国走向自由王国。

这就是我们人类所追求的共同的理想，正如 2008 年北京奥运会的主题口号所表达的：同一个世界，同一个梦想！

实现终极目标的手段

马克思、恩格斯之所以设想用共产主义取代资本主义，那是因为在他们看来，私有制使人性异化，导致两极分化、贫富悬殊，阻碍了人的解放和自由全面的发展，因此，他们主张用公有制代替私有制，用单一的按劳分配代替按生产要素分配。[1] 但是，公有制和按劳分配本身在马克思那里并不是人类追求的最终目的，它们不过是实现人性复归和人的自由全面发展的手段。而要达到一定的目的，有时可以有多种手段，人们应该在各个手段之间进行比较，看哪一个手段是最优的——收益最高、成本最低，而不能把其中某一个手段当作目的，既

---

[1] 俞可平（2004）认为：马克思主义的最高命题或根本命题，就是"一切人自由而全面的发展"。我们常常说，马克思主义的理想是推翻一切剥削人和压迫人的社会制度，消灭阶级，最终实现共产主义社会。这当然是对的。但是，消灭剥削制度，实现共产主义，本身又是为了什么？就是为了实现"一切人自由而全面的发展"。

不能为了公有而公有，也不能为了私有而私有，否则就是本末倒置，把目的和手段颠倒了。邓小平"不管白猫黑猫，抓住老鼠就是好猫"的论断，就目的和手段的关系而言，无疑是正确的。而"宁要社会主义的草，不要资本主义的苗"，这种极左的论调显然颠倒了目的和手段的关系。

要用科学的态度研究马克思主义政治经济学

前面我们阐述了构建中国特色社会主义政治经济学体系应遵循的几个方法论原则，这些原则虽然也都是马克思、恩格斯在创立马克思主义政治经济学过程中所遵循的基本原则，也就是说，马克思主义政治经济学的许多基本原理也是在这些方法论的指导下创立的，但由于受当时经济社会发展阶段、信息来源和处理手段、作者的生活环境、知识结构和分析能力的局限，《资本论》作为一部由四卷本构成、前后花费了近40年才完成的鸿篇巨制，不仅其各个理论之间难免会出现前后矛盾，而且其基本原理与方法论之间，也并非能够永远保持逻辑一致性。比如，马克思一方面强调价值是商品生产者独立分工生产相互交换劳动的一种社会关系（马克思、恩格斯，1972a，第61页），但另一方面又将价值的决定严格限定在直接生产过程（马克思、恩格斯，1974a，第209页；马克思、恩格斯，1972b，第234—235页；1973，第594—595页）；一方面认为交换价值不过是一种使用价值与另一种使用价值相交换的比例（马克思、恩格斯，1972a，第49页），另一方面又指出构成这一交换比例的价值不包含任何一个使用价值的原子（马克思、恩格斯，1972a，第50页）；一方面认为雇佣工人的消费能力不会超过他们所获得的工资收入，另一方面又把剩余价值的实现困难归咎于工人的消费被缩小到只能在相当狭小的界限以内变动（马克思、恩格斯，1974a，第272—273页）；一方面认为绝对地租产生于土地所有权的垄断，另一方面又把绝对地租的来源限定为农产品价值与生产价格的差额，由此产生的矛盾我们将在后续的章节中进行具体的分析。现在我们需要回答的是，当马克思主义政治经济学理论与方法发生矛盾时应该以何为本？

如果我们用科学的态度去研究马克思主义政治经济学并发现了其基本原理与其方法论之间存在矛盾，或者说，当我们发现马克思当年所阐述的某些基本原理与当代资本主义和社会主义实践相矛盾以至于失去了对现实的解释力时，我们是应该面对客观现实总结实践经验，进一步修改、补充和完善原有的理论乃至创建新的理论，还是教条主义地用经典作家的理论去裁判客观实际？进一步说，当马克思主义政治经济学基本原理和方法论发生矛盾时，是遵循其方法论原则修正其理论，还是为了维护其理论而违背其方法论原则？

这里我们不妨重温一下作为马克思主义创始人之一的恩格斯的教诲："马克思的整个世界观不是教义，而是方法。它提供的不是现成的教条，而是进一步研究的出发点和供这种研究使用的方法。"（马克思、恩格斯，1974b，第406页）[①] 我们也不妨再引用一下既被当作马克思主义异端同时也被认为是西方马克思主义创始人的卢卡奇的论述："正统马克思主义并不意味着无批判地接受马克思研究的结果。

[①] 习近平2016年5月17日在哲学社会科学工作座谈会上的讲话中，2018年5月4日在纪念马克思诞辰200周年大会上的讲话中，引用了恩格斯这段话。

它不是对这个或那个论点的'信仰'，也不是对某本'圣'书的注解。恰恰相反，马克思主义问题中的正统方法仅仅是指方法。它是这样一种科学的信念，即辩证的马克思主义是正确的研究方法，这种方法只能按其创始人奠定的方向发展、扩大和深化。而且，任何想要克服它或者'改善'它的企图已经而且必将只能导致肤浅化、平庸化和折中主义。"（卢卡奇，1992，第47—48页）

南斯拉夫经济学家霍尔瓦特（2001）在《社会主义政治经济学：一种马克思主义的社会理论》一书中也指出：马克思主义不是对马克思结论的重复，这些结论适合于100年前的历史状况。重复马克思的结论属于马克思学，而不是马克思主义。马克思主义是一种方法，即如果马克思活在今天他可能采取的方法。

以上三位作者对待马克思主义的态度是完全一致的，就是在其理论和方法之间，更强调其方法的重要性。由此给我们以深刻的启示：显然，只有联系当代资本主义和社会主义的实践，运用马克思主义政治经济学的方法论，揭示马克思主义政治经济学体系的内在矛盾，对原有的理论进行不断修改、补充、完善和创新，才能永葆马克思主义政治经济学的生命力，从而推进中国特色社会主义政治经济学的发展。

如果我们继续固守经典作家的"活劳动是价值唯一源泉"的观点，那么如何确立劳动、资本、土地、技术、管理等生产要素按贡献分配的原则并不断完善其制度和机制？如果我们继续固守经典作家关于资本主义是商品经济的最后阶段的论断，那么如何推进社会主义市场取向的改革从而让市场在资源配置中起决定性作用？

正是由于当代中国马克思主义政治经济学家和中国共产党人没

有教条主义地固守马克思主义经典作家的既定结论，而是创造性地运用马克思主义政治经济学辩证唯物主义和历史唯物主义方法论，坚持实践是检验真理的唯一标准，坚持把是否适应并促进生产力发展作为衡量生产关系先进与落后的尺度，坚持对立统一和矛盾转化的中介分析，才能够不断解放思想，在改革开放的实践中，紧密联系中国的国情，不断深化对中国特色社会主义基本经济制度的认识，并通过执政党的决议和宪法的修改，推进中国特色社会主义基本经济制度的形成。

由此看来，当代中国马克思主义政治经济学重要理论成果绝不是传统的马克思主义政治经济学基本原理的简单运用，而是在马克思主义政治经济学方法论原则的指导下，紧密联系当代中国改革开放的伟大实践，通过对以往的理论（包括西方主流经济学和非主流经济学理论）进行批判、继承和创新而取得的。只有坚持马克思主义政治经济学的这些方法论原则，才能联系当代资本主义和社会主义的实践，不断开拓当代中国马克思主义政治经济学新视野，构建起中国特色社会主义政治经济学体系，以指导中国的改革开放和经济发展。

我国目前正处在经济社会全面转型的时期，无论是落实全面建成小康社会、全面深化改革、全面依法治国、全面从严治党的战略布局，还是贯彻创新、协调、绿色、开放、共享五个发展理念，适应、把握和引领经济发展新常态，抑或推进供给侧结构性改革，都离不开政治经济学的指导。我国是一个以马克思主义为指导思想的社会主义国家，作为马克思主义重要组成部分的政治经济学不仅是主流意识形态的重要载体，而且是理论经济学的基础学科。然而，马克思主义政治经济学的教学与研究，不仅面临着西方主流经济学的冲击，也面临着改革开放带来的挑战。坚持构建中国特色社会主义政治经济学的方法论原则，借鉴现代经济学的科学成果，立足我国国情和我国发展实践，提炼和总结我国经济发展的规律性，推进具有中国特色的社会主义政治经济学的探索，用以指导我国的经济发展和改革开放的伟大实践，这是时代赋予我们中国经济学人的光荣使命。

第二篇

古典政治经济学价值理论的分野

导论

　　价值理论是整个理论经济学的理论基础。劳动价值论、新古典价值论和斯拉法价值论，作为三足鼎立的价值理论，分别构成了马克思主义政治经济学、现代西方主流经济学和新剑桥学派（后凯恩斯学派）经济学的理论基础，而这三大价值理论都来源于古典经济学乃至整个经济学之父——亚当·斯密的价值理论。本篇正是要阐明三大价值理论乃至三大经济思想体系如何从同宗同源到分道扬镳，这些价值理论的科学成分和缺陷是什么，以及中国特色社会主义政治经济学体系应该以什么价值理论为基础。

　　本篇包括第五至八章。

　　第五章探讨斯密的单要素价值论和多要素价值论各自产生的历史背景和假定前提，阐明斯密的耗费劳动与购买劳动在其价值理论中的不同作用，二者在什么条件下是一致的，在什么条件下是分离的，最后对斯密价值理论做出总体评价。

　　第六章分析李嘉图和马克思对斯密单要素价值论的继承和发展。李嘉图把斯密的单要素模型推向极端，结果难免陷入三大矛盾不能自拔；马克思试图通过区分劳动力和劳动以及价值和生产价格而消除李嘉图体系的矛盾，从而使劳动价值论体系的内在矛盾更加尖锐。

　　第七章指出马尔萨斯和萨伊虽然从不同角度误解了斯密的耗费劳动说和购买劳动说，但总体上都继承了斯密的多要素价值模型，从而与李嘉图的劳动价值论分道扬镳，古典经济学的价值理论由此分野。马尔萨斯和萨伊的多要素价值论经过边际革命的洗礼，最终由马歇尔集大成为新古典价值论。

　　第八章讨论独立于劳动价值论和新古典价值论的第三种价值理论——斯拉法价值论。斯拉法价值论以严密的逻辑论证了价值的决定与剩余的分配必须通过同一个机制同时决定的原理，既对新古典价值论提出了质疑，又对劳动价值论提出了挑战，是本书所阐述的广义价值论的重要理论来源之一。

第五章
斯密的价值理论：从单要素到多要素模型

经济思想史上的各个流派原本同宗同源，都奉古典政治经济学家亚当·斯密为经济学之父，如图 5-1 所示。

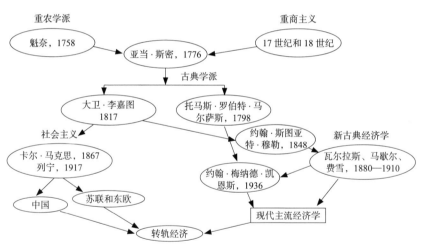

图 5-1　经济学家谱（萨缪尔森、诺德豪斯，1999，扉页）

在亚当·斯密之后，英法两国古典经济学家李嘉图与马尔萨斯和萨伊之所以在经济思想上产生分歧，主要是因为对斯密价值理论有不同的理解，从而各自形成了单要素劳动价值论和多要素生产费用价值论，尔后两大经济思想体系的分水岭也由此形成。[1] 所以，为了厘清当代三大价值理论[2] 的来龙去脉，我们必须追根溯源，对作为经济学之父的斯密的价值理论先做一个梳理，以期揭示古典经济学家从同宗同源到分道扬镳的历史和逻辑根源。

亚当·斯密于 1776 年发表的《国富论》第一次系统性地阐述了政治经济学理论，建立了古典政治经济学体系。斯密在《国富论》中对价值理论的贡献，与其说是奠定了什么价值理论的基础，毋宁说是提出了经济学家长达两个半世纪围绕争论的问题。

本章将严格按照斯密在《国富论》中有关价值问题分析的思路和相关用语，系统地阐述斯密价值理论的思想，厘清斯密所遵循的基本逻辑和历史脉络，以期澄清经济思想上对斯密价值理论的多重误解，为后续几章揭示古典经济学价值理论的分野奠定逻辑前提。

斯密价值理论的起点：使用价值和交换价值的区分

价值一词的初始含义——使用价值或效用

价值（value）一词的初始含义本来是指物品的使用价值（use value）或效用（utility）。价值的这一含义是和历史上自给自足的自然经济以及由此而产生的观念相吻合的：因为对只为满足个人需要而

---

① 胡寄窗认为：古典经济学由重农学派初建，到斯密时形成体系，经李嘉图深化发展，后为萨伊、穆勒、屠能等所继承。（胡寄窗，1991，第 52 页）
② 即劳动价值论、新古典价值论和斯拉法价值论。

生产出来的产品来说，其使用价值或效用的大小，是唯一值得生产者关心的属性。即使在现代的日常生活中，人们也经常在使用价值的意义上运用价值这一概念。比如《辞海》给价值所下的最初定义就是"事物的用途或积极作用"。当我们说一本书的学术价值、一篇文献的参考价值、一种理论的实用价值以及时间的价值和生命的价值时，实际上都是就其使用价值或效用而言的。杰文斯曾把使用价值称作"价值一词的通俗用法"。（杰文斯，1984，第 77 页）

产品使用价值和商品使用价值的分离

随着劳动产品逐渐转化为商品，人们发现一种物品除了具有满足个人需要的价值（即前述使用价值或效用）外，还能够用来交换其他物品，从而具有用于交换的价值（仍为前述使用价值或效用）。为了使二者区别开来，人们开始称前者为使用价值，称后者为交换价值（exchange value 或 value in exchange）。

关于使用价值与交换价值的区分，在古希腊的著名历史学家色诺芬（公元前 440 年左右—前 355 年）的思想中已略见端倪。他首先把财富定义为具有使用价值的东西，然后指出："一支笛子对于会吹它的人是财富，而对于不会吹它的人，……只有在他们卖掉它时是财富。"（色诺芬，1961，第 3 页）

我们由此可以看出，色诺芬已经认识到作为财富的使用价值，既有直接满足需要的功能，又有用于交换的功能。关于这一点，古希腊的伟大思想家亚里士多德（公元前 384—前 322 年）后来曾做了更为明确的表述。他说："每种货物都有两种用途。——一种是物本身所固有的，另一种则不然，例如鞋，既用来穿，又可以用来交换。二者都是鞋的使用价值，因为谁用鞋来交换他所需要的东西，例如食物，谁就是利用了鞋。"[1] 这里，亚里士多德显然是把交换价值当作与直接满足个人需要的使用价值相对立的另一种使用价值来看待的。

斯密对使用价值和交换价值的明确区分

第一个明确地把价值区分为使用价值和交换价值的是亚当·斯密。

斯密的价值理论始于对价值的定义。斯密认为，价值一词有两个不同的意义，它有时表示特定物品的效用，有时又表示由于占有某物而取得的对他种货物的购买力。前者可叫作使用价值，后者可叫作交换价值。（斯密，1972，第 25 页）斯密进而借助于钻石与水悖论（diamond-water paradox）讨论了使用价值和交换价值的区别，认为使用价值很高的物品，如水，交换价值可能很低；而交换价值很高的物品，如钻石，使用价值却很低。斯密的这一区分，在价值学说的发展中无疑起到了重要的积极作用。

斯密价值理论要回答的三个问题

为了探讨支配商品交换价值的原则，斯密（1972，第 25 页）提出了三个需要回答和阐明的问题：

---

[1]　转引自马克思、恩格斯，1972a，第 103 页注（39）。

（1）交换价值的真实尺度，即一切商品真实价格的构成；

（2）真实价格的各组成部分；

（3）市场价格或实际围绕自然价格或普通价格变动的原因。

在这短短三句话中，斯密就提出了交换价值、交换价值的真实尺度、真实价格、市场价格、自然价格、普通价格等六个概念，而同一个标题（如问题1）中实际涉及的是两个不同的问题。根据斯密随后的论述，上述三个问题可重新排列组合如下：

（1）交换价值的真实尺度；

（2）一切商品真实价格的构成（即各组成部分）；

（3）市场价格（即交换价值）围绕自然价格（即真实价格）变动的原因。

斯密提出的这三个问题，转换成马克思主义政治经济学的语言，就是所谓"价值尺度"、"价值实体"和"价值规律"的决定问题。[①]

下面我们依次分析斯密对这三个问题所做出的回答。

---

① 斯密的《国富论》中有关价值、交换价值和价格的概念大体上有10个，其中包括使用价值、交换价值、交换价值的真实尺度、价值、真实价值、价格、真实价格、自然价格、普通价格、市场价格、名义价格。这些概念在不同场合所表达的意思有所不同，有时一些不同的概念表达的是同一个意思，有时同一概念表达的是不同的意思。根据我们对《国富论》相关概念上下文和前后不同论述的理解，斯密的交换价值≈价格≈市场价格≈实际价格；斯密的真实价格≈自然价格≈普通价格≈真实价值≈价值≈成本。根据这种理解，斯密这里所谓商品的真实价格与自然价格同义，相当于后续经济学家所说的价值。

关于交换价值的真实尺度

财富的价值等于它使占有者能够购买或支配的劳动量

斯密在《国富论》第一篇第五章中回答了第一个问题，认为衡量一切商品交换价值的真实尺度是劳动。一个人占有某物，但不愿自己消费，而愿用以交换他物，对他说来，这货物的价值等于使他能购买或能支配的劳动量。世间一切财富都是用劳动购买而不是用金银购买的。所以，对占有财富并愿用以交换一些新产品的人来说，它的价值等于它使他们能够购买或支配的劳动量。斯密认为，付出劳动对正常人消耗的自由和幸福是等量的，所以等量的劳动在任何时间和地点对于个体的价值都是相等的。因此，"只有劳动才是价值普遍且正确的尺度，换言之，只有用劳动作标准，才能在一切时代和一切地方比较各种商品的价值"。（斯密，1972，第 32 页）

斯密认为，对想获得某商品的人来说，它的真实价值交换过程为他省下自己生产需付出的"辛苦与麻烦"；而对想用某商品去交换其他商品的人来说，他手里商品的真实价值便是可支配他人的"辛苦与麻烦"。二者都对应的是由交换得到商品自身生产所需的"辛苦与麻烦"。"所以，对占有财富并愿用或交换一些新产品的人来说，它的价值，恰恰等于它使他们能够购买或支配的劳动量。"（斯密，1972，第 26 页）

货币作为价值尺度实际代表的是所对应的购买到的劳动

斯密承认每个人的"辛苦与麻烦"是不同质的，必须考虑到努力程度、天分和技巧的不同会影响劳动，所以劳动很难精确地测量和对比，但他相信"看不见的手"的力量，认为在日常商业生活中，市场上的讨价还价就已足够调节交换价值。劳动是一个抽象的概念，现实生活中最直接的交换尺度是货币。但货币只是商品的名义价格，是特定时间和地点交换价值的具体尺度，因为货币和商品都有与之对应的劳动，最终交换的仍是等量的劳动。

购买的劳动是衡量一切商品价值的真实尺度

斯密的上述回答包含了以下四层意思：

其一，所谓交换价值的真实尺度，实际上是指衡量物品价值的真实尺度；[①]

其二，一件物品的价值等于用它所能购买或能支配的劳动量；

其三，所谓"只有劳动才是价值普遍且正确的尺度"，并非指耗费的劳动，而是指购买的劳动是衡量一切商品价值的真实尺度；

其四，由于不同质的劳动难以精确测量比较，现实生活中最直接的具体交换尺度是与购买的劳动相对应的货币。

接下来，斯密进一步讨论价值的真实尺度，即购买到的劳动是由

[①] 因为交换价值是价值的表现形式，所以所谓交换价值的真实尺度，也就是衡量价值大小的真实尺度。

什么决定的，也就是商品的真实价格是由什么构成的。

关于商品真实价格的构成

关于商品真实价格即价值的构成，斯密先后提出了两个模型。

单要素模型：商品的真实价格由耗费的劳动构成

斯密首先提出了一个单要素价值决定模型。他认为："在资本积累和土地私有尚未发生以前的初期野蛮社会，获取各种物品所需要的劳动量之间的比例，似乎是各种物品相互交换的唯一标准。"（斯密，1972，第42页）因为道理很简单，这一时期的土地是无主的，可以无偿地随意使用，而资本也尚未积累起来。在这种条件下，唯一决定各种物品产量的就是所耗费的劳动，整个产品也归劳动者所有。所以，构成两种物品交换比例的也必然是两种物品生产中所花费的劳动时间：如果捕获1只鹿和捕获2只海狸耗费了同量劳动，那么1只鹿就只能和2只海狸相交换。因此，商品的真实价格也就唯一地决定于生产商品所耗费的劳动，这时一件物品耗费的劳动也就等于其购买的劳动，构成价值的实体的要素与构成价值尺度的要素是统一的。

当然，斯密后面也提到，即使在原始社会，劳动者不同的努力程度或为了提高技能前期所做的准备都应得到报酬，交换比例也就不能单纯按照直接劳动时间确定。这些努力应得的回报通常以工资的形式表示。穆勒（1991，第17页）把斯密的这一观点解读为直接劳动和间接劳动的区别，马克思（1972a，第58页）的劳动强度和劳动的熟练程度概念也可视为对斯密的"劳动者不同的努力程度"所做的一个注释。

多要素模型：商品的真实价格由多种生产费用构成

但是，斯密马上就指出，上述"价值决定于劳动时间"的规律，只适用于"资本累积和土地私有尚未发生以前的初期野蛮社会"，而在土地私有和资本积累产生以后的进步社会，价值就不是由劳动时间，而是由工资、地租和利润这三种收入决定了。（斯密，1972，第42—44页）

显然，正是由于土地的私有和资本的积累，为使用这些非劳动生产要素必须支付代价或报酬，劳动产品也就不能只归劳动者所有，而必须在劳动者、土地所有者和资本所有者之间分配。所以，商品的真实价格构成也就不再单纯决定于劳动耗费，而是由劳动（费用）、资本（费用）和土地（费用）共同决定了。这样，斯密就由单要素价值决定模型转向了多要素价值决定模型，即认为在使用多种要素进行生产的情况下，商品的真实价格是由对所有要素正常支付的总和构成的。

斯密认为，在分工交换的商品经济中，一个人是贫是富，取决于他所能支配、交换或购买多少劳动。在上述单要素模型中，商品的价值即它所能换取的劳动取决于商品生产中所耗费的劳动，或者说，商品的价值是由耗费的劳动决定的。而在多要素模型中，由于商品生产中除了耗费劳动要素外，还要耗费资本和土地等非劳动要素，因此，这时商品的价值即它所能购买和支配的劳动量就不能由单纯的劳动耗费决定了，而是由耗费的劳动、资本和土地共同决定，也就是说，由工资、利润、地租所构成的生产费用所决定。这个时候，一个人（或者是资本家，或者是拥有资本和土地的小商品生产者）可以用耗费较少劳动生产的商品，换取较多的劳动或需要耗费较多劳动才能生产的其他商品。[1]

其实在任何时期，资本（从最初原始人使用的工具到现代化的机器设备）和土地同劳动一样都是参与产品生产的要素，只不过在斯密所假设的原始蒙昧时期，不仅简单的生产工具被忽略不计，可自由取用的土地自然也不构成生产成本，所以，耗费的劳动就成为决定价值的唯一因素。而在斯密所说的进步社会，这些要素不再为单一个体所有，因此产品也就被不同要素所有者共同拥有。要使资本家和地主将其资本和土地投入生产中，就必须给予其相应的报酬，此时商品的真实价格（价值）即购买力就不能由耗费的劳动单独决定，而必须由生产中耗费的各种要素同时决定。为此，斯密（1972，第48页）得出结论，文明社会很少有交换价值只源于劳动，一个国家每年劳动生产的商品总可以购买或支配比其生产耗费的更多的劳动。并且如前文所述，利润和地租同其他商品一样都可以以购买到的"辛苦与麻烦"为单位衡量，在实际应用上为了简化理解，最终可采用以工资为单位的小麦价格作为衡量标准。商品的交换价值是折算加总后的购买的劳动，随着社会的发展，便不一定等于耗费的劳动了。

但我们应当注意到，斯密在这里只是对商品真实价格的构成即成本做了定性的描述，《国富论》并没有提出除了货币之外完整的各要素融合方式。（马克·布劳格，2009，第26页）

---

[1] 关于亚当·斯密的购买劳动与耗费的劳动以及"交换价值的真实尺度"和"商品的真实价格"，请参考陈岱孙（1996）和晏智杰（2002，第108—109页）的分析。

供给决定自然价格，供给和需求共同决定市场价格

自然价格决定于生产要素的供给即要素成本

斯密在《国富论》第一篇第七章中回应了上述第三个问题。斯密将自然价格定义为生产制造和运输过程中按自然或平均率支付的地租、工资和利润的加总，这是商品的真实价值，也是其初始成本。斯密这里隐藏了生产是按不变成本或固定的要素投入比例进行的，只有这样，长期供给曲线才会是水平的，自然价格才不会受到需求的影响。

市场价格决定于供给和需求

斯密将市场价格定义为市场上真实出售的价格，是受市场中的供给和有效需求的比例支配的。需要注意的是，斯密的有效需求是指愿意支付自然价格的人的需求，因此在自然价格下，市场当然会达到均衡，长期的价格只受市场供给方的生产费用的影响。不过，马克·布劳格（2009，第27页）指出了斯密自然价格分析的局限性，若按照现代经济学术语解释，斯密这里隐藏了生产是按不变成本或固定的要素投入比例进行的，只有这样，长期供给曲线才会是水平的，自然价格才不会受到需求的影响。

关于生产劳动与非生产劳动的划分

斯密认为，一国财富的增进，除了靠通过分工提高劳动生产力之

外，还取决于一国资本是否尽可能多地雇用生产性劳动者。斯密关于生产劳动与非生产劳动的划分，从社会形式和物质内容两个层面提出了两个不同的标准。

基于社会形式的标准

斯密首先从生产的社会形式的角度提出了一个划分生产劳动与非生产劳动的价值（或利润）标准，即加在物上并增加物的价值，因此，为资本家生产利润的劳动（即与资本相交换的劳动）是生产劳动，而不能增加价值的家仆的劳动（即与收入相交换的劳动）则为非生产劳动。斯密认为，"雇用工人，是致富的方法；维持许多家仆，是致贫的途径"。（斯密，1972，第303页）

基于物质内容的标准

接下来，斯密又从生产的物质内容的角度提出了一个划分生产劳动与非生产劳动的物质标准：制造业工人的劳动之所以是生产劳动，是因为他们的劳动可以固定并且实现在特殊商品或可卖商品上，不会随生随灭；而家仆的劳动之所以是非生产劳动，是因为这种劳动不固定亦不能实现在特殊物品或可卖商品上，随生随灭，要把它们的价值保存起来，供日后雇用等量劳动之用，是很困难的。（斯密，1972，第303—304页）在这里，斯密显然又把是否生产有形的、耐久的物质产品作为划分生产劳动与非生产劳动的标准。

斯密关于生产劳动与非生产劳动的划分对后世的影响

斯密的这两个标准是有矛盾的：与资本相交换并为资本家生产利润的劳动，不一定生产物质产品，其中包括提供服务的第三产业；而生产物质产品的劳动不一定与资本相交换，也不生产利润，大量的小商品生产者以及自耕农的劳动就属于这一类。

斯密关于分工提高劳动生产力从而增进国民财富的观点无可置疑，但有关生产劳动与非生产劳动的划分则在《国富论》出版后成为长期争论的话题。支持这一区分的经济学家包括马尔萨斯、大小穆勒[1]和马克思。李嘉图没有专注于这个问题，但是，萨伊、麦克库洛赫以及西尼尔都提出了质疑。马克思对生产劳动与非生产劳动所做的诠释，一度支配了苏联、东欧乃至中国国民收入的核算。而在另一个极端，政府工作是非生产性的这一认识成为凯恩斯等人主张节俭政府的思想来源。

斯密有关生产劳动二元定义的矛盾也在一定程度上反映在马克思的著作中，并引发当代中国经济学界旷日持久的讨论。（参见本书第三章的"生产劳动一般、特殊和个别"）

关于收入分配

斯密将工人、资本家和地主看作社会的三大基本阶级，认为工资、利润和地租既是商品价值的三个组成部分，又是社会三大基本阶级的收入。

---

[1] 即老穆勒——詹姆斯·穆勒（James Mill，1773—1836）和老穆勒之子小穆勒——约翰·穆勒（John Stuart Mill，1806—1873）。

基于单要素价值论的收入分配

在没有资本和土地私有权的原始蒙昧时期，劳动的全部生产物属于劳动者，也就构成了劳动者的自然工资。在这种状态下，由分工和劳动生产力提高带来的好处全部归劳动者所有。

基于多要素价值论的收入分配

当资本积累起来之后，劳动者不得不与资本家分享由于劳动生产力增进所产生的收益，劳动生产物分割为工资和利润，二者的比例在一定程度上取决于雇主和雇佣工人之间的竞争。

土地私有权产生之后，使用土地必须支付报酬，劳动生产物也就必须再分解出一部分作为地租支付给土地所有者。

对斯密分配理论的评价

斯密并没有明确工资、利润和地租的来源和量的规定，许多学者认为这是因为斯密的价值理论是二元的或多元的，特别是从他的耗费劳动决定价值的命题出发，利润和地租等非劳动收入的正当合理性就得不到解释。约翰·米尔斯就曾指出，对于资本家的回报即利润问题，无论何种形式的劳动价值论都未能提供令人满意的解释。斯密本人也承认其著作中的这部分是不够令人满意的。他解释说："那是一个极端抽象的主题，也许，在我尽可能对之做了充分阐释之后，这个主题仍然显得晦涩不清。"有人曾经称这个评论是"经济思想史上最伟大

的低调陈述"，也许不无道理。（约翰·米尔斯，2005）

然而更公正的评价也许是因为，一方面斯密当时关注的是国民财富的增进或经济增长，而不是像后继者李嘉图所关注的财富分配；另一方面，既然斯密所要探讨的是资本累积和土地私有以后的三大阶级的收入，他就不可能用劳动价值论来解释工资、利润和地租的来源及其量的规定，因为他已经认识到此时的价值不再由耗费的劳动决定了。至于如何在多要素模型中分解出各种要素的贡献从而确定其相对收入，那是在微积分引入经济学之后由新古典经济学家完成的，处在斯密时代的经济学家难以完成这一历史使命。

关于分工和劳动生产率的增进

斯密分工理论的地位

在经济思想史上，斯密虽然被称为分工理论之集大成者，[①] 其划时代著作《国富论》开篇第一章就是《论分工》，足见分工在斯密的政治经济学体系中的地位是多么重要，但斯密的分工是建立在绝对优势（或绝对成本）基础上的，这无论是与后来的李嘉图基于比较优势原理的国际贸易理论相比，还是与基于比较优势原理的广义价值论所揭示的分工交换的一般原理相比，都只是一种特例，故本章作为考察价值理论发展主线的源头，斯密的分工理论并没有作为逻辑起点。尽管如此，考虑到无论现实的分工如何起源，生产者个人和组织（包括

---

① 熊彼特（1991，第285页）指出："无论在斯密以前还是在斯密以后，都没有人想到要如此重视分工。在斯密看来，分工是导致经济进步的唯一原因。"

企业、行业和国家）分工和专业化水平的提高，不仅会通过规模经济效应产生内生的比较优势，①而且会通过经济主体综合生产力水平的提高强化比较优势或弱化比较劣势，所以，我们这里还是有必要专门讨论斯密的分工思想，以便为后面构建系统的分工交换理论提供可借鉴的科学成分。

分工可以提高劳动生产率，增进国民财富

斯密指出："劳动生产力上最大的增进，以及运用劳动时所表现的更大的熟练、技巧和判断力，似乎都是分工的结果。"（斯密，1972，第5页）他以制针业为例说明观点。根据斯密所举的例子，分工前，一个粗工每天至多能制造20枚针；分工后，平均每人每天可制造4 800枚针，每个工人的劳动生产率提高了几百倍。（斯密，1972，第6页）斯密进而分析了专业化分工提高劳动生产率的原因，其具体归为三个：（1）全部精力集中于单一任务时，个人增进了熟练程度；（2）不必从一种工作转为另一种工作从而节省了时间；（3）促进了"节省劳动的机器"的发明。（斯密，1972，第8页）

分工的原则是成本的绝对优势或绝对利益

斯密的分工是建立在绝对优势基础上的。他在《国富论》中阐述了以下理念：（1）分工是人类互相交换的倾向，可以带来生产力水

---

① 杨小凯的新兴古典经济学就是在借鉴斯密的分工思想的基础上建立起来的。（杨小凯，2003）

平的大幅提升（斯密，1972，第5页，12页）；（2）每个人应该从事自己最有才能的工作并参与产品交换，从而获得比自己生产成本更低的产品，这种才能的产生是分工的结果（斯密，1972，第15页）；（3）个体间的分工交换规律同样适用于国际分工贸易，一国应该输出在本国有利的生产条件下生产的产品，去交换外国成本更低的产品（斯密，1972，第17—18页）；（4）先天自然禀赋与后天生产力发展程度都会决定一个国家的生产力水平，从而决定该国最有利的生产优势。（斯密，1972，第18页）该理论解释了产生国际贸易的部分原因，但不能解释各种产品生产上都具有绝对优势的国家与不具有绝对优势的国家之间的贸易往来，这一理论的缺陷正是由后来的李嘉图比较优势原理所弥补的。

劳动分工受市场范围的限制

斯密（1972，第16页）指出："分工起因于交换能力，分工的程度，因此总要受交换能力大小的限制，换言之要受市场广狭的限制。市场要是过小，那就不能鼓励人们终生专务一业。因为在这种状态下，他们不能用自己消费不了的自己劳动生产物的剩余部分，随意换得自己需要的别人劳动生产物的剩余部分。"这就是后来被阿林·杨格（Allyn Young，1928，第527—542页）重新发掘的所谓斯密-杨格定理，并被视为全部经济学文献中最有阐述力并富有成果的基本原理之一。同时，杨格对斯密定理做了重要的发展，指出分工取决于市场规模，而市场规模又取决于分工，经济进步的可能性就存在于上述条件之中。① 斯密-杨格定理不仅可用来解释工业化城市化进程中农村人口向城市转移、中小城市人口向特大超大城市迁徙的趋势，也可以用来解释大国与小国的贸易中一国产业适度专业化的选择。②

经济思想史上对斯密价值论的误解

经济思想史上对斯密价值二元论的判定以及与之对应的耗费劳动说和购买劳动说的评价存在着双重误解。

对斯密多元价值论的误判

几乎各派经济学家（包括马克思主义经济学家和非马克思主义经济学家）都认为斯密的经济思想中既有劳动价值论的观点又有生产费用论的成分，其价值理论是多元的、前后矛盾的。（马克思、恩格斯，1962，第 41 页；Greenwald，1982，第 595 页；斯皮格尔，1999，第 10 页；胡寄窗，1991，第 40 页）

我们的研究表明，斯密的价值理论是前后一贯的，是一元多要素价值论：所谓一元，就是要素价值论，只不过当只有劳动一种要素是稀缺要素时，一元是单一劳动价值论；当资本和土地也成为稀缺要素时，是多要素价值论。斯密的价值理论由单要素模型向多要素模型的转化，不仅符合西方主流经济学所倡导的构建理论模型的逐步法，也

---

① Increasing Returns and Economic Progress Allyn A. Young，*The Economic Journal*，Vol. 38，No. 152.（Dec.，1928），pp. 527–542.

② 关于这个问题，本书将在最后一章讨论中美贸易时进一步分析。

符合马克思经济学所秉持的从特殊到一般的方法，还符合逻辑与历史相一致的原则。

由此看来，无论是指责斯密具有劳动价值论倾向的新古典主义者，还是把劳动价值论当作斯密价值理论中科学成分的马克思主义者，似乎都在无的放矢。

对斯密耗费劳动说和购买劳动说的误解

斯密的批评者大都误解了他的"耗费劳动说"和"购买劳动说"：后面两章将说明，李嘉图是如何从价值决定的角度批评斯密的"购买劳动说"背离了"耗费劳动说"的；马尔萨斯是如何从价值决定的角度用斯密的"购买劳动说"否定"耗费劳动说"的；萨伊又是如何从价值决定的角度否定斯密的"耗费劳动说"而批评"购买劳动说"的；至于马克思则更直截了当地批评斯密由耗费的劳动决定价值转变成购买的劳动或三种收入决定价值，是由科学的劳动价值论转变成庸俗的要素价值论。（马克思、恩格斯，1962，第49—50页；1972c，第425页）

前面对斯密价值理论的回顾表明，斯密始终是从价值尺度和价值决定因素两个不同的角度讨论购买劳动和耗费劳动的作用的。他认为购买的劳动在任何时代都是衡量价值的尺度，但耗费的劳动只是在土地尚未私有、资本尚未积累时，才是决定价值的唯一因素，由此形成了由耗费劳动决定的单要素价值模型，此时耗费的劳动等于或决定了购买的劳动，作为价值实体的劳动与作为价值尺度的劳动是统一的；而在土地私有和资本累积的发达社会，劳动、资本、土地都成为耗费在生产中必须支付其报酬（代价或成本）的稀缺资源，此时商品生产中耗费的劳动就不能再单独决定所能购买的劳动量了，单要素价值决定模型也就转变为多要素价值决定模型，此时购买的劳动会大于耗费的劳动，作为价值尺度的购买劳动与形成价值实体（之一）的耗费的劳动不再统一。①

对斯密劳动价值论倾向的误判

无论是马克思本人以及马克思主义经济学家，还是大多数西方主流经济学家，在批评斯密的价值理论多元化的同时，都认为斯密的单要素价值论所代表的就是其劳动价值论倾向；在马克思主义经济学家看来，亚当·斯密的单要素劳动价值论是科学的，多要素价值论是庸俗的。（马克思、恩格斯，1972c，第425页；鲁友章、李宗正，1979，第190页）

马克思指出："斯密本人非常天真地活动于不断的矛盾之中。一方面，他探索各种经济范畴的内在联系，或者说，资产阶级经济制度的隐蔽结构。另一方面，他同时又按照联系在竞争现象中表面上所表现的那个样子，也就是按照它在非科学的观察者眼中，同样在那些被实际卷入资产阶级生产过程并同这一过程有实际利害关系的人们眼中所表现的那个样子，把联系提出来。这是两种理解方法，一种是深入研究资产阶级制度的内在联系，可以说是深入研究资产阶级制度的生理学，另一种则只是把生活过程中外部表现出来的东西，按照它表现

① 关于斯密购买的劳动与耗费的劳动之间的关系，我们将在第三篇广义价值论的基础上进一步讨论。

出来的样子加以描写、分类、叙述并归入简单概括的概念规定之中。这两种理解方法在斯密的著作中不仅安然并存，而且相互交错，不断自相矛盾。"（马克思、恩格斯，1973，第181—182页）马克思认为，斯密所采用的第一种方法，即深入研究资产阶级制度内在联系的方法，是一种科学的方法，后来被李嘉图继承；斯密所采用的第二种方法，即把资产阶级生产过程中外部表现出来的东西加以描写、分类、叙述并归入简单概括的概念规定之中的方法，是一种庸俗的方法，凡是采用这种方法的经济学家，都被马克思列入资产阶级庸俗经济学家的行列。

其实，无论是马克思本人，还是依据马克思的剩余价值理论编写的"经济思想史"，对斯密价值理论的批评都有失公允。斯密并没有多种价值理论，他只有一种价值理论，就是生产要素价值论或生产费用价值论，他始终坚持用购买的劳动作为价值尺度，只不过当生产中只使用劳动一种要素时（其实任何劳动都离不开土地，只不过这时的土地是可以自由取用的，因而其使用不计入生产费用），购买的劳动与耗费的劳动是相等的，所以才提出价值由耗费劳动决定的单要素模型；而当土地私有资本积累起来之后，资本和土地都成了有主的稀缺的经济资源，决定购买劳动量多少的当然就变成了生产中使用的多种要素了。斯密的单要素价值决定模型向多要素价值决定模型的转化，恰恰反映了原始蒙昧的生产方式向以私有制为基础的现代生产方式的历史转变。

著名经济思想史学家马克·布劳格是少有持相反观点的经济学家，他指出："斯密并没有劳动价值论……（《国富论》）第一篇第六章的结构清楚地表明它是对斯密的一些前辈所暗示的劳动成本价值理论的驳斥：他表明这样的理论只是在'初期野蛮社会'的特殊的和人为假设的状况下才是站得住脚的。"（布劳格，2009，第25页）[①]

尽管后世经济学家特别是马克思主义经济学家对斯密的价值理论褒贬不一，但正如马克·布劳格所说："在评价斯密或任何其他经济学家时，我们应该永远记住：在掌握纯粹的分析范畴方面的成就与紧紧把握经济关系的基本逻辑相比，是一件大不相同的事情。高超的技巧并不必然意味着高超的经济洞察力，反之亦然。用分析能力这一标准来判断，斯密并不是18世纪最伟大的经济学家。但就对经济过程本质的实际洞察力而言，就经济学家的才智而不是理论的优美而言，斯密在18世纪或19世纪是举世无双的。"（布劳格，2009，第45页）

[①] 罗杰·巴克豪斯（1992，第26页）也曾指出，斯密虽然认为在原始蒙昧社会，一个商品的价值（支配的劳动）会等于生产它所需要的劳动，斯密著作中的这些段落被后来的劳动价值论者（首先是马克思）提及，但斯密一直没有提倡劳动价值论。事实上，通过说明劳动价值论仅仅适用于没有资本和土地自由耕种的状态，他对这种价值论提出了非难。他自己的支配劳动论与交换价值论是大不相同的。

第六章
单要素价值论的继承和发展
——从李嘉图到马克思

继斯密之后，李嘉图（1772—1823）和马尔萨斯（1766—1834）以及萨伊（1767—1832）成为同时代英法两国古典政治经济学的杰出代表，但三人各自继承了亚当·斯密价值理论中的不同成分：李嘉图把斯密的单要素模型推向极端，建立了一个自认为至少是 93% 的劳动价值论；马尔萨斯和萨伊则继承了斯密的多要素模型，为尔后新古典经济学的诞生奠定了基础。古典经济学的价值理论由此分野。

本章首先分析李嘉图和马克思[①]对斯密单要素价值论的继承和发展，下一章再转而讨论从马尔萨斯到萨伊，再经过约翰·穆勒的综合，斯密多要素价值论向马歇尔新古典价值论的过渡。

---

① 马克思继承了李嘉图的劳动价值论思想，创立了一个更加完备的 100% 的劳动价值论体系。

李嘉图对斯密单要素价值论的肯定和拓展

李嘉图对价值理论的研究是从探讨斯密的价值理论开始的。李嘉图首先肯定了斯密对使用价值和交换价值的区分，但他出于对斯密的误解，转而批评斯密用购买的劳动决定价值的思想。

李嘉图坚持价值是由耗费的劳动决定的

李嘉图认为，斯密由单要素劳动价值论转向多要素价值论是一个严重的错误。他指出："亚当·斯密如此精确地说明了交换价值的原始源泉，他要使自己的说法前后一贯，就应该认为一切物品价值的大小和它们的生产过程中所投下的劳动量成比例，但他自己又树立了另一种价值标准尺度，并说各种物品价值的大小和它们所能交换的这种标准尺度的量成比例。"（李嘉图，1962，第9页）

李嘉图对斯密价值论的双重误解

在这里，李嘉图一方面混淆了价值实体和价值尺度两个概念，另一方面误解了斯密所赋予耗费劳动和购买劳动的真实的含义：斯密既没有如李嘉图所批评的，用购买的劳动代替作为交换价值原始源泉的耗费的劳动，也不是用购买的劳动取代耗费的劳动作为价值尺度；斯密始终是把购买的劳动作为价值的尺度，而仅仅把耗费的劳动看作在原始蒙昧时期决定购买劳动的价值实体。

如果从原始蒙昧社会向现代文明社会转化的历史主义的角度看，斯密坚持"各种物品价值的大小和它们所能交换的这种标准尺度的量成比例"，在逻辑上是前后一贯的，并没有什么错，只不过在原始蒙昧社会，唯一构成价值实体的耗费的劳动与其作为价值尺度的交换或购买的劳动成比例；而在现代文明社会，构成价值实体的各种生产费用即要素收入与其同样作为价值尺度的交换或购买的劳动成比例。

李嘉图将单要素价值模型扩展到现代文明社会

正是由于斯密敏锐地察觉到从原始蒙昧社会到现代文明社会，生产要素的稀缺性和产权关系发生了变化，因此才将耗费劳动与购买劳动相统一的单要素价值模型发展为三种收入或生产费用构成价值实体的多要素价值模型。李嘉图则忽视了历史的变化，将只适用于原始蒙昧时期的特殊情况下的单要素价值模型，强制地抽象和扩展到复杂的现代文明社会中，而用简单的模型解释复杂的经济现象时必然遇到难以解决的矛盾。

李嘉图体系的三个矛盾

由于李嘉图忽略或回避了由要素稀缺性的变化和要素所有权与使用权的分离所导致的价值实体决定因素的变化，试图用单一要素模型解释多要素价值决定和分配问题，因此难免遇到如下三个矛盾。

劳动与资本相交换的矛盾

李嘉图体系遇到的第一个矛盾就是劳动与资本相交换的矛盾：如果坚持等量劳动相交换的原则，就会否认剩余价值或利润的存在；如果承认剩余价值或利润的存在是一个既定的事实，就会否定等量劳动相交换的原则。也就是说，单要素劳动价值论不能解释非劳动收入的来源及其量的规定。

等量劳动创造等量价值与等量资本获得等量利润的矛盾

李嘉图体系遇到的第二个矛盾就是等量劳动创造等量价值与等量资本获得等量利润的矛盾，这是他在考察工资变动对不同资本构成的部门所产生的不同影响时发现的。

假定部门 I、II、III 的固定资本与流动资本构成以及利润率和价格如表 6-1 所示。

表 6-1　由资本构成差别引起的矛盾

部门	固定资本	流动资本	利润（20%）	价格
I	20	80	20	120
II	50	50	20	120
III	80	20	20	120

假定工资上涨 10%，若商品仍按原价出售，则各部门利润率会不等；若使利润率相等，价格就要变动，如表 6-2 所示。

表 6-2　工资变动对价格的影响

部门	固定资本	流动资本	利润率不等	利润	价格不变	利润率相等	利润	价格变动
I	20	88	$11\frac{1}{9}\%$	12	120	$14\frac{2}{7}\%$	15.43	123.43
II	50	55	$14\frac{2}{7}\%$	15	120	$14\frac{2}{7}\%$	15	120
III	80	22	$17\frac{11}{17}\%$	18	120	$14\frac{2}{7}\%$	14.57	116.57

在这种情况下，如果利润率要保持相等，商品的价格（价值）就必须变动，这显然是违反劳动价值论原理的，因为根据劳动价值论，价值是由劳动决定的，只要生产商品所耗费的劳动量不变，工资的变动就只能引起剩余价值的变动，而不会导致价值的变动；而要保持价值不变，利润率就会出现不等，这又明显违反了平均利润率即等量资本获得等量利润的规律。

不仅如此，由于资本周转速度不同，同量资本即使推动等量的活劳动，也会在单位时间比如说 1 年内创造不等量的价值，而如果商品按价值交换，不同部门的利润率就会不等；而若保持均等的利润率，商品的价值就必须变动，这显然也是违反劳动价值论的。

虽然李嘉图试图前后一贯地坚持价值决定于劳动时间这一规定，但是他不得不承认，投在商品生产中的劳动量决定商品相对价格的原理，因使用机器及其他固定耐用的资本而有了相当大的变更：当商品生产中所使用的资本的耐久性和垫支时间的长短都相同时，工资的变动或收入分配的变化不会引起商品价值的任何变化；当固定资本与流动资本的比例不同时，上述原理需要修正。（李嘉图，1962，第 23 页）

级差地租理论与劳动价值论的矛盾

对于李嘉图体系的上述两个矛盾，即价值规律与资本和劳动相交换的矛盾，价值规律与平均利润率规律的矛盾，经典作家曾做过详尽的分析，其在马克思主义经济学界已成公论。但对于李嘉图的劳动价值理论与地租理论（因为李嘉图否认绝对地租，这里是指级差地租）的一致性问题，学术界很少提出质疑。长期以来，国内外一些经济学史论著普遍认为李嘉图在劳动价值论基础上阐明了级差地租的来源。[①] 实际上，李嘉图的价值论和地租论之间，同样存在着无法克服的对立，它构成李嘉图体系的第三个矛盾。

李嘉图假定当一个国家最初把资本投入土地时，租地农场主只得到平均利润，不支付任何地租。随着人口的繁殖和对农产品需求的增长，人们不得不进而耕种质量和位置较差的土地。因为生产所需的劳动量增加了，农产品价格就上涨。而由于一切商品，不论是工业制造品、矿产品还是土地产品、工农业产品的价值均由最劣等的个别劳动耗费决定，较优等土地等量劳动创造的超额利润转化为级差地租（李嘉图，1962，第60页），原先耕种的优等土地所获得的超额利润，就转化为级差地租。（李嘉图，1962，第50—56页）

假定投入工农业部门优中劣三个等级同量土地上的资本有机构成为4∶1，剩余价值率均为100%，最劣等地不支付地租，平均利润率

---

① 见［苏］卢森贝，1959，第455页，456页，460页；［德］鲁德哈德·施托贝尔格，1963，第70—72页；鲁友章、李宗正，1979，第278页，282—283页，284—285页；陈岱孙，1981，第119页注①、第121页；许涤新，1980，第436页等。

为 20%，则李嘉图的级差地租理论如表 6-3 所示。

表 6-3　李嘉图级差地租表

部门	条件	投资	产量	个别价值		价值		利润	级差地租	利润率
				单个	总量	单个	总量			
农业	劣	50	1	60	60	60	60	10		
	中	50	2	30	60	60	120	10	60	20%
	优	50	3	20	60	60	180	10	120	
工业	劣	50	1	60	60	60	60	10		
	中	50	2	30	60	60	120	10	60	140%
	优	50	3	20	60	60	180	10	120	
总计		300			360		720	60	360	

我们从表 6-3 中可以发现，工农业部门全部劳动耗费为 360，却创造了 720 的价值，总量为 60 的剩余价值，表现为 60 的利润 +360 的地租，那么，这 360 的级差地租是从哪里来的？这里，李嘉图体系显然遇到了第三个矛盾，即级差地租与劳动价值论的矛盾。

李嘉图学派的解体

李嘉图的自我反思

面对劳动价值论遇到的矛盾，李嘉图深感困惑。大约在他逝世前一个月写给麦克库洛赫的信中，他说："关于在地窖里贮藏了三四年的酒，或最初在劳动方面花费了也许还不到 2 先令后来却值 100 镑的橡树，我不能克服这一困难。"（李嘉图，1986，第 311 页）"我并不满意，……我关于价值问题的叙述，我确信，当谈到体现在商品中的劳动量作为调节它的相对独立性的规律时，我是处在正确的道路。……如果我对自己的希望感到满意的话，那是经过长期的思考我能得出比较过得去的结论；但是我相信，我不能成功，对此我考虑了许多，没有其他人的帮助、靠自己的努力更明确地弄清楚这个题目，我感到没有希望。"（李嘉图，1961，第5卷，第210页）

但是，尽管有这种困惑，李嘉图在回应马尔萨斯的批评时仍然坚持："你说'我的命题，即除了少数例外，投入商品的劳动量决定它们互相交换的比率，是没有充分根据的'。我承认，它不是严格正确的。但我说，作为衡量相对价值的尺度，它是我所听说过的最接近于真理的。"（李嘉图，1987，第253页）按照李嘉图的理解，因为各个生产部门的资本构成的不同是很偶然的，所以，由耗费的劳动以外的因素引起的价值变动，也是例外情况。因此，劳动时间决定价值的原理仍然是正确的。[1]

李嘉图后来甚至承认，以前认为是例外的一切情况，现在开始具有同等的重要性，生产时间对于决定相对价值有着同等的影响。他在1820年5月2日写给麦克库洛赫的信中说："在我对这个问题详加考虑之后，我认为有两个原因引起商品相对价值的变动：第一，生产商品所需要的相对劳动量；第二，在这种劳动的成果送往市场之前必须经过的相对时间。所有关于固定资本的问题都服从第二条规则。"（李嘉图，1987，第164页）

---

[1] 因为李嘉图非常牵强地将非劳动因素影响的作用限定在7%，所以当作"例外"而被强制地抽象掉，乃至于斯蒂格勒幽默地把李嘉图的价值理论称为93%的劳动价值论。（Stigler，1958）

实际上，李嘉图本人在晚期也表达了放弃劳动价值论的意思。他在 1820 年 6 月 13 日给麦克库洛赫的信中写道："必须承认，价值这一问题已陷入重重困难。如果您解决困难获得成功，并为我们确立一个价值尺度，它将不易遭到迄今所提出的一切价值尺度所遭到的反对，我将感到非常高兴。我有时认为，我要是把我的书中有关价值的一章重新写过的话，我就会承认商品的相对价值是由两个原因而不是由一个原因决定的，也就是由有关商品生产所需的相对劳动量以及其送上市场以前资本积压时期的利润率两个原因决定的。"如果李嘉图真这样做了，那么他就彻底放弃了劳动价值论而走向要素价值论，但是他最终没有走出这一步，在 1821 年出版的《政治经济学及赋税原理》第三版中他仍然坚持了劳动价值论。

来自反对者的批评

托伦斯指出：斯密曾经慎重地把劳动量衡量价值的原理限制在早期原始社会状态，李嘉图则走得更远，他搞错了，上述不适用的情况并不是例外，而是普遍情形。李嘉图将一种偶然的巧合误认为是必然的联系。（转引自霍兰德，1979，第 96 页）他说："只要两笔资本相等，它们的产品的价值就相等，不管它们所推动的，或者说它们的产品所需要的直接劳动量如何不同。如果两笔资本不等，它们的产品的价值就不等，虽然花费在它们的产品上的劳动总量完全相同。"据此，托伦斯（Torrens，1821，第 39—40 页）认为，"在资本家和工人之间发生上述分离以后，交换价值就开始由资本量，由积累劳动量决定，而不像在这种分离以前那样，由花费在生产上的积累劳动和直接劳动的总量来决定了"。

马尔萨斯指出：在李嘉图那里，规律成了例外，例外成了规律。除了资本构成和周转速度的差别外，还有至少三个因素影响价值的决定：（1）制造业所使用的外国商品的数量；（2）人们公认的赋税影响；（3）在一切进步国家中地租的普遍存在。所以，一种商品在生产过程中所耗费的劳动量，既不是在同一时间、同一地点相对价值的正确尺度，也不是在不同国家和不同时期内真实交换价值的尺度。（霍兰德，1979，第98页）

李嘉图弟子的辩护

先是作为李嘉图的启蒙导师尔后又成为李嘉图忠实信徒的詹姆斯·穆勒在解决反映价值规律与等量资本获得等量利润之间矛盾的新旧葡萄酒价格之争时认为，劳动价值论中的劳动包括直接劳动（活劳动）和积累劳动或窖藏的劳动（即资本）。酒放在酒窖中时，虽然直接劳动基本结束，但积累劳动仍在继续，故其价值仍在增加。（詹姆斯·穆勒，1999，第59—60页；斯皮格尔，1991，第297页）

麦克库洛赫认为，资本只不过是积累起来的劳动。陈酒之所以比新酒贵，是因为酒在窖藏期间，机器设备以及自然力对酒起到了一种我们所期望的作用。而"任何一种旨在引起某一合乎愿望的结果的作用或操作，而不管它是由人，由动物，由机器还是由自然力完成的"。（马克思、恩格斯，1974b，第195页）

正是由于李嘉图弟子上述对劳动概念的泛化，让劳动价值论庸俗化，李嘉图学派解体。（晏智杰，1983；2002，第164—170页）

李嘉图学派解体的启示

李嘉图学派的解体不在于李嘉图的信徒或后继者通过将劳动范畴泛化（比如把资本当作物化劳动，把大自然和牲畜的作用看作劳作）而把劳动价值论庸俗化（或通俗化），而在于李嘉图劳动价值论本身不仅存在着难以克服的逻辑矛盾，而且严重脱离现实，对现实等量资本获得等量利润以及由资本有机构成差别和周转速度差别所决定的均衡价格（马克思称之为生产价格）缺乏解释力，这两点中的任何一点都足以导致其理论的破产。

李嘉图抽象研究方法本身并没有不妥，他严密推理的分析体系更显示了一种方法论的严密性。在他所处的时代中，他的思想远远超过他同时代的经济学家。李嘉图通过抽象分析建立的经济模型简化了事实的复杂性，将所要研究的内容单独剥离出来，从而更有利于得到经济学的相关结论。

马克思指出，李嘉图的方法是这样的：李嘉图从商品的价值量决定于劳动时间这个规定出发，然后研究其他经济关系（其他经济范畴）是否同这个价值规定相矛盾，或者说，它们在多大的程度上改变着这个价值规定。人们一眼就可以看出这种方法的历史合理性，它在政治经济学史上的科学必然性，同时也可以看出它在科学上的不完备性，这种不完备性不仅表现在叙述的方式上（形式方面），而且导致错误的结论，因为这种方法跳过必要的中介环节，企图直接证明各种经济范畴相互一致。（马克思、恩格斯，1973，第181页）

李嘉图研究价值理论的方法存在严重的缺陷。他倾向于利用严格的假设来支撑其论断，并把这种过于抽象的结论直接应用于现实。

萨伊曾对李嘉图及其追随者的抽象演绎法提出了严厉批评。在萨伊看来，李嘉图"把他的论证推向最遥远的结果，却不把论证的结果和实际经验做一番比较"。（伊特韦尔等，1992，第268页）

熊彼特则把李嘉图这种将高度抽象的经济模型直接应用于错综复杂的现实世界的倾向称为"李嘉图的恶习"。萨缪尔森称之为"抽象的方法论"，罗纳德·科斯称之为"黑板经济学"。简单地说，李嘉图的恶习就是理论和历史的长时期分离。它剥离经济学的过去、现在和未来。它是纯粹的演绎推理加上数学公式，完全无视历史、社会学、哲学和制度框架。它在不现实的甚至是错误的假定下进行抽象的思考，建立抽象的模型。（马克·斯考森，2006，第91页）①

科学抽象法的运用要求这种抽象必须适度，抽象的概念和逻辑起点必须是来自对普遍存在的现实（具体）的抽象，即从普遍存在的现实中抽象出事物最本质的属性加以研究，然后再逐步引入舍像掉的非本质的因素进行具体的分析，逐步达到思维中的具体。劳动是财富之父，土地是财富之母，资本是财富的助推器（助产婆），供给和需求是价值决定不可或缺的两因素。对一个以分工交换为基础的市场经济来说，所有这些本应该一开始就包含在抽象的价值规定中，通过对这些基本要素的分析，揭示出价值决定的一般原理，然后再具体分析这一抽象规定的价值在不同社会经济形态和生产方式中具体发挥作用的形式。李嘉图的错误在于一开始就把不该抽象掉的非劳动要素舍像了，或者如托伦斯和马尔萨斯所说，把规律当成了例外，而把例外当成

---

① 与西方主流经济学家的批评相反，马克思却认为李嘉图的抽象还不够彻底："如果说人们责备李嘉图过于抽象，那么相反的责备倒是公正的，这就是：他缺乏抽象力，他在考察商品价值时无法忘掉利润这个从竞争领域来到他面前的事实。"（马克思、恩格斯，1973，第211页）

规律，由此得到的抽象的价值决定模型与现实经济生活必然格格不入。

对李嘉图劳动价值论的评价

斯蒂格勒认为，李嘉图的理论其实就是斯密的成本价值理论，因为除了劳动以外，固定资本、固定资本耐久性、上市时间等很多因素都影响相对价值，区别只是李嘉图忽略了地租。这一理论更像是经验的（empirical）劳动价值理论而不是分析的（analytical）劳动价值论，因为生产所需的劳动量只是决定相对价值主导（dominated）的因素。（Stigler，1958，第361页）

布劳格也认为李嘉图持有的是经验的价值理论，即劳动投入的数量在决定相对价值方面起到了重要的作用。但这是一种信念，这一信念认为商品交换比例更多地受劳动数量这一因素的影响，其他因素，比如地租和资本利息并不是主要的影响因素。分析的劳动价值论，指的是认为产出的价值是劳动这一单一变量的函数，即价值仅由劳动决定。（布劳格，2009，第86页）

李嘉图的比较利益说或比较优势原理

李嘉图学派虽解体，但李嘉图学说历久弥新

李嘉图学派的建立始于李嘉图《政治经济学及赋税原理》1817年首次出版，从而以李嘉图为中心聚集了一批坚持李嘉图经济学说的人，最终因19世纪20年代和当时其他的经济学派论战失败而解体。

李嘉图学派的解体并非意味着李嘉图的经济思想从此销声匿迹，恰恰相反，李嘉图的影响是持久而深远的。每个 19 世纪的经济学家都要向他让步。马克思派经济学的基础来源于他。但他的影响并没有随着马克思而终止。琼·罗宾逊评述说，马歇尔一生都在注视李嘉图，而凯恩斯尽管不是一个伟大的读者，但在自己母亲的乳汁中就饮到了马歇尔。因此，三个人都是受到同一传统的教育的。（亨利·威廉·斯皮格尔，1999，第 292 页）尤其是李嘉图提出的著名的比较利益说或比较优势原理，至今仍然是国际贸易理论的重要理论基础。

比较利益说或比较优势原理

比较利益说或比较优势原理最初是作为一种国际贸易理论由李嘉图创立的。[①] 李嘉图从生产力的相对差别即比较优势出发，认为即使两国生产力水平不相等，甲国生产任何一种商品的生产力水平都高于乙国，处于绝对优势，而乙国处于绝对劣势，两国间也存在着互利的国际分工和贸易的可能。只要两国生产力水平的差别并不是在任何商品的生产上都程度相同，甲乙两国各自生产生产力水平相对较高的商品，就可以通过国际贸易节省双方的劳动，彼此都得到好处。他假设葡萄牙生产一桶酒只需 80 人年的劳动，生产一匹布只需 90 人年的劳动，而英国生产同量的酒和布，分别需要 120 人年和 100 人年的劳

[①] 托伦斯的《论文》第一版（1875 年）曾明确阐述了比较利益的原理，早于李嘉图的《原理》（1879 年）。但该原理更普遍地被归功于后者。托伦斯明确了绝对利益与比较利益之间的区别。实际上在较早的《被驳斥的经济学家》（1808 年）中，他就确实暗示了这一区别。（伊特韦尔等，1992，第 712 页）

动。① 按照比较优势原理，葡萄牙只应专门生产酒以换布，英国只应专门生产布以换酒。二者的交换比例是1匹布换1桶酒，对葡萄牙来说，等于用80人年的劳动生产的1桶酒换回自己需要90人年的劳动才能生产出来的1匹布，而对英国来说，等于用100人年的劳动生产的1匹布换回自己需要120人年的劳动才能生产出来的1桶酒，所以，交换双方都得到了利益。②（李嘉图，1962，第113—114页）

李嘉图比较利益说的科学价值，不仅在于它是对斯密以生产力的绝对差别为前提而创立的国际贸易理论的重大突破和发展，而且在于它第一次论述了以比较利益为前提的国际贸易中的"不等价"交换及其在经济上的合理性，从而为比较利益一般原理的研究奠定了基础。这是李嘉图的一个重大的理论贡献。

比较利益说的局限

但是，李嘉图的比较利益说有两个局限。

其一是李嘉图认为比较利益只存在于国际贸易中，而一国内的商品都是按"价值"进行交换的。他说："支配一个国家中商品相对价值的法则不能支配两个或更多国家间相互交换的商品的相对价值。"

---

① 李嘉图在葡萄牙与英国有关酒和布的贸易例子中提到的这两组四个数字80、90、100、120，成为后来学者阐述比较优势原理时常用的数例，曾被萨缪尔森称为"四个有魔力的数字"（转引自文浩：《比较优势》，《今晚报》2019年7月30日）。

② 从首创者的角度看，比较利益说和比较优势原理是同一个理论的两个侧面：比较利益说是从收益的角度谈比较优势，比较优势原理则是从分工生产的角度谈比较利益，这个学说或原理单独出现的时候是作为一个理论整体存在的，其中任何一个都可以完全代表另一个。

（李嘉图，1962，第112页）而我们的分析则相反，支配国际交换的比较利益法则，同样支配国内的商品交换，而且，首先是作为支配一国的内部分工交换的规律而发生作用的。如果说在国际市场上按比较利益法则决定的商品交换是"不等价"交换，那么，由比较利益法则决定的国内商品交换也是"不等价"交换。应该指出的是，李嘉图本人的论述在观点上并不是始终一致的。他曾打比方说："如果两人都能制造鞋和帽，其中一个人在两种职业上都比另一个人强一些，不过制帽时只强1/5，而制鞋时则强1/3，那么这个较强的人专门制鞋，而那个较差的人专门制帽，岂不是对双方都有利吗？"（李嘉图，1962，第114页脚注）在这里，双方得到的利益显然都是比较利益。既然比较利益法适用于两个人之间的交换，为什么不适用于一国内不同部门之间的交换呢？

其二是李嘉图没有给出两国贸易利益公平分配的原则和均衡交换的比例。在李嘉图给出的英国的布与葡萄牙的酒相交换的例子中，在比较利益大于零的前提下，酒与布的交换比例可以在如下界限内变动：

对葡萄牙来说：8/9匹 <1桶酒换到的布 <12/10匹；
对英国来说：10/12桶 <1匹布换到的酒 <9/8桶。

李嘉图只是对两国通过贸易获得的比较利益必须大于零的贸易条件（trade terms）做了限定，并在这个贸易条件限制的范围内任意假定了一个1∶1的交换比例，并没有对均衡交换比例做出量的规定，从而没有揭示比较利益分配的公平原则。①

以往学术界对李嘉图比较利益说的科学价值估量不足，而对它的过多批评又没有切中要害。本书将在第三篇借鉴李嘉图比较优势原理的科学成分，构建一个融国内贸易与国际贸易为一体的广义价值论，从而为中国特色社会主义政治经济学体系的建立奠定统一的价值基础。

马克思继承和发展了李嘉图的劳动价值论

马克思（1818—1883）继承了李嘉图的劳动价值论（包括其内在的矛盾），把价值决定于劳动时间这一命题发挥到登峰造极的地步。他强调价值的唯一源泉是活劳动；物化劳动只转移自身已有的价值，而不会创造新价值。（马克思、恩格斯，1972a，第 230 页）

关于劳动与劳动力的区分

为了消除李嘉图"劳动价值论与资本和劳动相交换的矛盾"，马克思区分了"劳动力"和"劳动"两个概念，认为工人出卖的是劳动力而不是劳动，劳动力的使用即劳动创造的超过劳动力价值的价值即剩余价值被资本家无偿占有，资本与劳动力商品交换并不违反劳动价值论。（马克思、恩格斯，1972a，第 585—589 页）按照传统的劳动价值论，工资是劳动力价值或价格的转化形式，而劳动力价值是由维

---

① 有关这方面的批评，参见高师岸根（1983）和宋承先（1984）。

持劳动力再生产所必需的生活资料的价值决定的。但是，如果我们承认工人的需要不仅仅限于维持其生存的需要，而是受历史和道德因素的制约，包含着发展和享受的需要，那么，劳动力的价值就是一个不定量。因为工人为维持其劳动力的再生产所必需的生活资料，无论从质量上还是从数量上看，都没有一个自然的客观的界限。质量较高、数量较多的生活资料与质量较差、数量较少的生活资料，都能够维持一定质量的劳动力的再生产。因为工人所需要的生活资料和社会上其他阶层所需要的生活资料一样，一般地说是没有止境的，所以，经济学上不能空泛地讲需要，而只能讲有支付能力的需求。但一个人的支付能力是由他的收入水平所决定的。工人的支付能力则是由他的劳动收入即工资所决定的。而工资之所以被规定为工人所创造的一部分价值而不是全部价值，这一点恰恰需要做出独立的说明。如果我们又反过来讲工人的工资是由劳动者有支付能力的需求决定的，那么这岂不是在循环论证？

正是由于劳动力的价值难以确定，工人与资本家才围绕工作日的长短不断地展开斗争。甚至马克思本人也承认，"工作日不是一个不变量，而是一个可变量"；"工作日是可以确定的，但是它本身是不定的"。（马克思、恩格斯，1972a，第259页）根据商品交换规律，资本家有权利尽量延长工作日，工人也有权利要求把工作日限制在一定的正常量内，"于是这里出现了二律背反，权利同权利相对抗，而这两种权利都同样是商品交换规律所承认的。在平等的权利之间，力量就起决定作用"。（马克思、恩格斯，1972a，第262页）而当工人阶级与资本家阶级的力量对比达到平衡时，工作日的长短又是由何决定的却无法论证。①

关于价值与生产价格的区分

为了消除李嘉图"等量劳动创造等量价值和等量资本获得等量利润的矛盾",马克思区分了价值和生产价格两个概念,并试图借助价值向生产价格的转化,根据"两个总计相等"的命题,②论证由等量劳动创造的价值与由等量资本获得等量利润决定的生产价格,二者并不矛盾。(马克思、恩格斯,1974,第二篇)以表 6-4 为例,李嘉图能够理智地承认其劳动价值论存在着许多例外,一生都在探索走出困境的路,而马克思则运用比李嘉图更加抽象的方法,把李嘉图遇到的矛盾强制地抽象掉了,由此创立了一个 100% 的劳动价值论,当然也就受到西方主流经济学家的更加激烈的批评。其实,撇开争论中各种复杂的数学和计量模型不说,即使单纯就包括马克思本人在内的经济学家有关价值的定义而言,所谓价值向生产价格的转形就存在着逻辑矛盾。因为价值被定义为调节价格运动的规律,本质上是商品生产者相互分工交换产品的一种社会关系。一方面,各部门商品在没有交换

---

① 威克斯第德在 1884 年 10 月发表在宣传社会主义的杂志《今日》上的一篇批评《资本论》第 1 卷的文章中指出,在非奴隶社会中,劳动者并没有在竞争的压力下被配置到"劳动力"的生产中,因此,他推论出货币工资率与必需工资品中的劳动价值的比例没有理由必然等于一般商品的货币价格与其所包含的劳动价值的比例,从而他得出结论,马克思没有说明"剩余劳动"是利润的源泉。无论是乔治·伯纳德·肖,还是《今日》杂志和那个时期其他英国宣传社会主义的杂志的作者们,都没能对威克斯第德的批评做出有说服力的回答。(伊特韦尔等,1992,第992—993 页)

② 即总价值与总生产价格相等,总剩余价值与总利润相等。

表6-4　价值向生产价格的转化

部门	预付资本	价值	个别利润率	平均利润率	生产价格
I	$70c+30v$	130	30%	$\overline{P}' = \frac{60}{300} = 20\%$	120
II	$80c+20v$	120	20%		120
III	$90c+10v$	110	10%		120
总计	300	360			360

注：假定各部门剩余价值率均等，$m'=100\%$。

之前，怎么认定资本有机构成低的部门比资本有机构成高的部门能创造更多的价值？殊不知投入各部门的劳动在没有进入交换过程从而被市场证明是社会必要劳动之前，仅仅是劳动耗费，而并未形成价值。另一方面，既然生产价格同样是调节市场价格的运动的规律，那么它本身就是价值，决定生产价格的因素本身就是决定价值的因素，何须用"两个总计相等"来证明二者的一致性呢？[1] 不仅如此，两部门的两个总计相等并不能排除比较生产力高的部门所创造的价值总量高于部门劳动总量（比较生产力低的部门则相反）[2] 这种情况。关于转形问题，可参考本书第八章斯拉法的分析。

马克思级差地租理论与劳动价值论的矛盾

马克思在研究价值与生产价格的一般规定时，所依据的是平均数原理，即认为价值决定于加权平均的社会必要劳动，生产价格则等

---

[1] 鉴于马克思的劳动价值论已为国内经济学界所熟知，这里不再赘述。关于西方学者对转形问题的研究，参见谢富胜（2000）。

[2] 参见本书第十章有关比较生产力与价值量正相关原理的论述。

于部门平均成本加平均利润。按照平均数原理，社会总价值必然等于社会总劳动，总生产价格必然等于个别生产价格之和，并且与总价值相等。然而，马克思在研究农业级差地租问题时，则接受了李嘉图的价值规定，转而采用了边际分析方法，认为农产品的价值或生产价格决定于最劣等土地产品的个别劳动耗费或个别生产价格（个别成本＋平均利润），这样就产生了所谓的"虚假的社会价值"。

表6-5根据马克思的级差地租表Ⅰ制成（马克思、恩格斯，1974a，第735页、第744—745页）。马克思在对该表进行了详细分析之后指出："关于级差地租，一般应当指出：市场价值始终超过产品总量的总生产价格。例如，拿第Ⅰ表来说，总产量10夸特会卖到600先令，因为市场价格是由A的生产价格决定的，每夸特等于60先令"，"10夸特的实际生产价格是240先令；但它们要按60先令的价格出售，贵250%"。马克思进一步指出："这是由在资本主义生产方式基础上通过竞争而实现的市场价值所决定的；这种决定产生了一个虚假的社会价值"（马克思、恩格斯，1974a，第744—745、716页）。

表6-5　虚假社会价值的产生

土地等级	预付资本	产量（夸特）	个别生产价格（先令）	实际生产价格（先令）	市场生产价格（先令）	利润（先令）	级差地租（先令）
A	50	1	60	24	60	10	—
B	50	2	60	48	120	10	60
C	50	3	60	72	180	10	120
D	50	4	60	96	240	10	180
合计	200	10	240	240	600	40	360

以上就是马克思关于虚假的社会价值的唯一一段论述。那么，虚假的社会价值是谁创造的？它与级差地租的关系如何？边际分析与平

均数分析是否矛盾？按照劣等地产品的个别价值或个别生产价格决定的市场价值或市场价格，是原来意义上的价值或生产价格，还是马克思所说的"价值或生产价格的变形"？（马克思、恩格斯，1974a，第716页）对于这些问题，马克思在《资本论》中都没有做出明确的具体的回答，这就给后人留下了一个谜，成为《资本论》研究中的一个难解之题。

20世纪20年代末至今，日本、苏联① 和中国经济学界，围绕着虚假社会价值的来源问题，曾多次进行争论，其中有代表性的观点主要有两种。

第一种观点是所谓的"生产说"。这种观点认为，级差地租不外是农业部门生产的平均利润以上的超额利润，它和工业部门的超额利润在本质上是一样的，只因前者是稳定的，经常存在的。这种观点乍一看似乎是合理的。但只要对工业部门和农业部门进行整体的和统一的考察，上述观点的错误就暴露出来了。假定工农业资本有机构成、资本周转速度以及剩余价值率都相等，这样，工农业产品的价值与生产价格也就相等了。如果按照"生产说"的观点，把虚假的社会价值看作由农业部门创造的（具体来说，是由投在较优等土地上，从而具有较高生产力的劳动创造的），那么同量劳动投入农业所创造的价值就会比投入工业所创造的价值多，这就等于承认"同一劳动量用在不同的生产领域表现为不同的价值，从而不是劳动量本身决定价值，包含等量劳动的产品［在价值上］彼此也就不等"，"这就意味着……取消价值概念本身"。（马克思、恩格斯，1973，第

---

① 1991年后，改称俄罗斯。——编者注

140 页）这样一来，政治经济学的整个基础就被推翻了。可见，"生产说"表面上看似乎是在支持劳动价值论，实际上却不由自主地否定了劳动价值论。

第二种观点是所谓的"流通说"，即认为高产田农产品市场价值与实际生产价格的差额即虚假的社会价值，是由工业部门创造的，是通过工农业产品之间的不等价交换从工业部门转移过来的。"流通说"的确坚持了价值决定于社会必要劳动时间这一规定，把农产品和工业品的价值规定统一起来，这是它的正确之处。但是，由于它把级差地租量和虚假的社会价值直接等同，把农业级差地租的来源完全归于由工业部门所创造的剩余价值，这就违背了平均利润率规律。因为既然同量劳动投入农业与投入工业都只能创造同量的价值，在农业资本有机构成、周转速度以及剩余价值率均相等的情况下，若由工业部门支付全部级差地租，它就不能获得与农业部门相等的利润了。

纵观国内外经济学界关于级差地租和虚假的社会价值的性质及来源的争论，无论是"生产说"还是"流通说"，都面临着如下两难境地：如果认为虚假的社会价值是由农业部门创造的，那么虽然坚持了平均利润规律，但违背了马克思的劳动价值论；如果认为级差地租是由工业部门转移过来的，那么虽然坚持了马克思的劳动价值论，但违背了平均利润率规律。①

由此看来，我们仍然需要在劳动价值论和平均利润理论的基础上

---

① 关于日本学者的争论，参见佐藤金藤三郎等（1977）；苏联学者的争论见刘震等（1964）；中国"生产说"的代表是卫兴华（1962）；"流通说"的代表是骆耕漠（1964）。

重新揭示级差地租的来源及其量的规定。[①]

马克思绝对地租理论与劳动价值论的矛盾

李嘉图为什么否认绝对地租的存在

李嘉图的级差地租理论是以最劣等土地不交纳任何地租为前提的。李嘉图之所以否认绝对地租的存在，首先是因为漠视了绝对地租存在的统计事实。

早在 1862 年马克思就指出："至于绝对地租存在的问题，那末这是每个国家都应当从统计上来解决的问题。但是纯粹从理论上来解决问题的重要性，是由下列情况产生的：三十五年来统计学家和实践家全都坚持说有绝对地租存在，而（李嘉图派的）理论家则企图通过非常粗暴的和理论上软弱的抽象来否认绝对地租的存在。直到现在，我始终确信，在所有这一类争论中，理论家总是不对的。"（马克思、恩格斯，1974c，第 276 页）

李嘉图之所以否认绝对地租的存在，还因为忽视了土地所有权的垄断。土地所有权在经济上的实现就是地租。只要存在土地所有权的垄断，租用土地，即使是最劣等地也必须交租，即绝对地租，否则就意味着土地所有权被废除。而李嘉图时代土地所有权的存在是一个不争的事实。

李嘉图否认绝对地租的另一个重要的原因就是固守价值是唯一地由劳动决定的。因为在他看来，如果承认绝对地租的存在，实际上就

---

① 关于级差地租和虚假社会价值的关系，参见蔡继明（1988a）。

等于承认农产品的价格注定要高于它的价值，或者说等量劳动在农业中创造的价值注定要高于工业。这显然与他一贯坚持的劳动价值论立场是相抵触的。正是由于李嘉图片面地坚持抽象的理论原则而不顾统计学事实，因此失去了创立完整的地租理论的可能。

马克思忽略了工业绝对地租的存在，导致其农业绝对地租理论难以成立

马克思在批判了李嘉图否认绝对地租存在的错误后，创立了自己的绝对地租理论。但是，马克思的绝对地租理论一方面认为，绝对地租是由于土地所有权的垄断而产生的，另一方面又认为，绝对地租来源于农产品价值与生产价格的差额，它的存在仅仅以农业资本有机构成低于工业资本有机构成为前提。当农业资本有机构成等于或高于工业资本有机构成时，绝对地租就不存在了。很明显，这种长期以来广为流行的观点本身包含着无法解释的矛盾。

如果认为农业绝对地租的存在仅仅以农业有机构成低于工业有机构成为前提，那就必然得出这样的结论，即随着农业有机构成的不断提高，农业绝对地租就会逐渐减少以至接近于零，这不仅在理论上否定了土地所有权的存在，而且不符合资本主义国家农业发展的现实。当代一些资本主义国家的农业有机构成已经等于甚至超过工业有机构成，但只要土地所有权存在，使用劣等土地也必须支付地租，这是一个不容否认的事实。

面对上述矛盾，学术界有一种观点认为，当农业有机构成等于工业有机构成时，虽然租种土地还必须支付租金，但它已不是范畴意义上的绝对地租了，它来自利润和工资的扣除。（卫兴华，1980 年）另

一种观点认为，农业有机构成等于工业有机构成后，存在的仅仅是垄断地租，它来自农产品价格超过其价值或生产价格的余额。（罗节礼，1980）如果说前一种观点把租金说成是对农业部门平均利润和工资的扣除，那么后一种观点则把垄断地租说成是对工业部门平均利润和工资的扣除。这两种观点都没有说明当代资本主义农业中存在的正常的绝对地租的来源。还有一种观点基本上与上述第二种观点相同，只不过它把其中的垄断地租叫作第二种意义的绝对地租，而把随着农业有机构成的提高而消失的地租称为第一种意义的绝对地租。（陈征，1982 年）这三种观点都没有解决传统地租理论的矛盾。

其实，即使在农业有机构成低于工业有机构成的情况下，如果考虑到工业部门为使用土地（即使是劣等地）也必须支付地租，那么农业绝对地租同样不能来源于农产品价值与生产价格的差额，除非平均利润率本身进一步下降，从而使工业品生产价格也低于其价值，否则工业绝对地租将无从实现。

我们认为，农业有机构成的高低与绝对地租是否存在，两者之间没有本质的联系，绝对地租存在的唯一条件是土地所有权的垄断。只要土地所有权的垄断（不论这种所有权是私人的还是集体的或国家的）存在，在土地所有权与土地经营发生分离的情况下，使用土地就必须支付地租。正如马克思所说的，"如果我们考察一下在一个实行资本主义生产的国家中，可以把资本投在土地上而不付地租的各种情况，那末，我们就会发现，所有这些情况都意味着土地所有权的废除，即使不是法律上的废除，也是事实上的废除。但是，这种废除只有在非常有限的、按其性质来说只是偶然的情况下才会发生"。（马克思、恩格斯，1974a，第 846 页）

无论土地所有权最初是怎样产生的，它的存在总以下述事实为前提条件：（1）土地是人类一切活动的空间；（2）作为生产要素之一，土地的边际收益在递增到一定点后，会发生递减的变化；（3）土地的数量是有限的，其供给量主要不由经济制度本身所决定。正是土地的有用性和稀缺性才使土地所有权的垄断成为可能；而为了使土地这种有限的自然资源得到合理有效的利用，就必须对土地的使用者收取费用即地租。无论是农业部门还是工业部门，土地所有权都必须借助于地租这种形式才能在经济上得以实现。

由此可见，马克思虽然承认了农业绝对地租的存在，但忽略了工业和其他部门绝对地租的存在，以至于武断地把农业绝对地租的来源规定为农产品价值与生产价格的差额。且不说在农业资本有机构成高于工业资本有机构成的情况下，上述差额不复存在，即使在马克思所处的时代，农业资本有机构成低于工业资本有机构成，如果考虑到其他部门也存在土地所有权的垄断从而存在绝对地租，那么简单地把农业绝对地租界定为农产品价值和生产价格的差额是缺乏科学根据的。（蔡继明，1988b，1991）

李嘉图能够理智地承认其劳动价值论存在着许多例外，一生都在探索走出困境的路，而马克思则运用比李嘉图更加抽象的方法，把李嘉图遇到的矛盾强制地抽象掉了，由此创立了一个100%的劳动价值论，当然也就受到西方主流经济学家的更加激烈的批评。马克思本人在劳动价值论的基础上创立了剩余价值理论，揭示了无产阶级与资产阶级阶级对立的经济根源，为无产阶级革命提供了锐利的思想武器。

第七章
多要素价值论的继承和发展
——从马尔萨斯到马歇尔

上一章介绍了经济学家谱中继承斯密单要素价值论传统的"左翼"经济学家的发展，重点讨论了李嘉图和马克思的劳动价值论。本章拟对应地介绍秉持斯密单要素价值论理念的"右翼"经济学家的发展，依次讨论从马尔萨斯、萨伊到马歇尔新古典价值理论的发展。

马尔萨斯以误解的方式继承了斯密购买劳动价值论

马尔萨斯（1766—1834）与李嘉图（1772—1823）是同时代的英国著名经济学家，也都是亚当·斯密经济思想的追随者，但由于二人采用的方法不同，各自继承了斯密价值理论的不同思想，以至古典价值理论出现了分野。[1]

马尔萨斯坚信，虽然他在某些观点上公开批评了斯密，但他是斯密的忠实信徒，而詹姆斯·穆勒、李嘉图和麦克库洛赫的"新政治经济学"，则是不会长久的观点。

注重多因素的研究方法

马尔萨斯与李嘉图在方法上的主要区别在于，他们在多大程度上相信简单的模型能够对现实做出令人满意的解释。马尔萨斯责难李嘉图：在政治经济学中，简单化的想法使人们不愿意承认生产特定物品有不止一种原因在起作用，只要某类现象的大部分能用一种原因来说明，就把这类现象的全部说成是这种原因造成的，而对不容许这样解释的事实未给予充分注意。

李嘉图完全肯定多种原因起作用这一事实，但他从中得出了相反的结论，即复杂模型很难进行恰当的操作，与其建立多个模型让人们不能从中得出确定的结论，不如建立简单模型更有启发性，尽管它是

---

[1] 在李嘉图与马尔萨斯的关系中，与终身论敌相伴意味着另一层关系——终身朋友。他们不仅十几年间持续通信交流思想，还经常相互拜访，同他们作为论敌的持久争论具有持久的影响一样，他们持久的友谊也是思想史上的一段佳话。（坎特伯里，2013，第42页）李嘉图生前在写给马尔萨斯的最后一封信中说："我亲爱的马尔萨斯，现在我说完了。像其他争论者一样，经过许多讨论以后，我们各自保持自己的意见。可是，这些讨论从未影响我们的友谊；如果你同我意见一致，我也不会更喜欢你。"（李嘉图，1986，第358页）尽管马克思对李嘉图和马尔萨斯的评价有天渊之别：马尔萨斯的特点是思想极端卑鄙（马克思、恩格斯，1973，第124页），而李嘉图在科学上是诚实、公正、毫无顾忌的（同上书，第125页，134页），但马尔萨斯与李嘉图之间的友谊和彼此对科学的尊重，并不亚于马克思与恩格斯。

简单的，但有代表性。马尔萨斯却认为，在政治经济学的科学研究者中，产生错误和分歧的主要原因，就是轻率地倾向于简单化和一般化。（伊特韦尔等，1992a，第 309 页）

价值由支配的（或购买的）劳动决定

马尔萨斯不同意李嘉图商品的交换价值取决于生产上耗费的劳动的观点，而赞成斯密关于价值决定于商品所能购买的劳动的提法，认为购买到的劳动，在通常情况下，总是大于耗费的劳动。耗费的劳动只包括积累劳动和直接劳动，而购买的劳动"必然可以代表和衡量其中所包含的劳动量和利润"。（马尔萨斯，1962，第 92 页）他批评李嘉图：既然承认耗费劳动决定价值的法则有很多例外，其法则就不能适用；既然所谓的例外如此之多，耗费劳动决定价值的法则就可以看作例外，而例外倒成了法则。

在这里，马尔萨斯显然误解了斯密的"购买劳动说"：斯密并没有把购买的劳动当作决定价值的因素，而仅仅视为衡量价值的尺度；问题也不在于购买的劳动"必然可以代表和衡量其中所包含的劳动量和利润"，而是反过来，购买到的劳动恰恰是由耗费在商品生产中的积累劳动、直接劳动以及利润所代表的资本成本决定的。

供求既决定商品价格也决定要素价格

马尔萨斯认为没有必要像斯密那样提出两种价格形成理论，即一种用于短期市场价格（适用于商品，由供求决定），另一种用于长期自然价格（适用于生产要素，由生产成本决定）。伟大的供求法则既可以用来决定自然价格，又可以用来决定市场价格。（马尔萨斯，1836，第71页）

生产成本的组成部分即地租、利润和工资本身也是由供求决定的，求助于生产成本，就很难避开供求的作用。他指出：自然价格或必要价格（要素价格）同市场价格（产品价格）一样，都受供求原理调节。（马尔萨斯，1820，第78页）

马尔萨斯在《政治经济学原理》中强调了供求在经济学家分析工具中的极端重要性。他说："必须承认，在政治经济学的所有原理中，没有一个原理像供求原理那样在它考察的现象之中，起着如此大份量的作用……当我们说价格决定于供给和需求时，并不意味着价格是单独由需求或单独由供给决定的，而是由供求的相互关系决定的。"（马尔萨斯，1836，第62页）

李嘉图声称作为斯密遗产的一部分，产品市场和生产要素市场之间存在二分法，这是正确的。但马尔萨斯做得更好，他强调要改正斯密的学说，而不是步其后尘。马尔萨斯有关供求的思想如果当时被全盘接受，恐怕马歇尔的综合（均衡价格论）就成为多余的了。（伊特韦尔等，1992a，第310页）

价值尺度

马尔萨斯认为，一国所能支配的劳动量是其国民生产总值（Gross National Product，GNP）的福利含量的最真实的尺度（这和前述斯密的观点是一致的）。在论证只有物质产品才是国民收入的唯一组成部分这一观点时，马尔萨斯不得已指出：如果采用较广义的交换价值概念，国民收入核算工作者就会面临种种困难。这使他有资格被视为国民收入核算的第一位方法论学者。（伊特韦尔等，1992a，第310—311页）

对马尔萨斯思想的评价

虽然马尔萨斯以其《人口论》闻名于世，但对今天的经济学家来说，他的重要性主要来自他所著的《政治经济学原理》一书。正是由于这一著作，凯恩斯重新把他确立为当代经济思想中的一个重要人物。（伊特韦尔等，1992a，第306页）

马尔萨斯的一般过剩原理由于凯恩斯的好评而在20世纪首次得到人们的赞同，马尔萨斯也因此受到人们的推崇，成为最负盛名的社会科学家。（布劳格等，1987，第406页）计量经济学之父、《凯恩斯的革命》一书的作者克莱因指出，如果马尔萨斯能对投资表的形状和地位做更好的分析，那么一场马尔萨斯的革命也许会发生。（克莱因，1962，第127页）

凯恩斯说："要是19世纪经济学开始时来源于马尔萨斯而不是李嘉图，当今世界将会是多么明智而富裕得多的地方啊！"（转引自伊特韦尔等，1992a，第313页）

萨伊同样以误解的方式继承了斯密生产费用价值论

萨伊（1767—1832）是斯密的经济思想在欧洲大陆的解释者，但他对斯密的理解不同于李嘉图，其后西方主流经济学不是沿着李嘉图的思路发展的。与斯密不同的是，在萨伊的价值理论中，使用价值与价值之间是有密切联系的，且"价值"一词的含义亦与斯密和李嘉图所说的不同。萨伊在其主要经济学著作《政治经济学概论》的第一章指出，"财富这个名词是用以称呼具有内在价值的许许多多东西"，它与价值成比例，"组成财富的价值的总计越大，财富便越大；组成财富的价值的总计越小，财富便越小"。（萨伊，1963，第58页）

价值的基础是效用

萨伊认为，物品的价值是因物品的用途而产生的。当人们承认某东西有价值时，所根据的总是它的有用性即效用，效用就是物品满足人类需要的内在力量，创造具有任何效用的物品，就等于创造财富。这是因为物品的效用就是物品价值的基础，而物品的价值就是财富所构成的。（萨伊，1963，第59页）显然，萨伊的价值概念是与使用价值、效用联系在一起的。他强调价值是一个相对的概念，估定一件特定物品的价值，只不过是估定它和另一件特定物品在一定程度上相比较的价值，而任何其他有价值的物品都可作为比较物。另外，萨伊认为，效用不仅由那些生产有形物品的人创造出来，而且也由那些提供服务的人创造出来。这显然也是对亚当·斯密把生产劳动仅仅限于生产耐久物品的劳动的一个突破。

价值是由生产三要素共同创造的

萨伊认为，斯密把劳动视为财富的唯一尺度是不正确的。他写道："事实已经证明，所生产出来的价值都是归因于劳动、资本和自然力这三者的作用和协力。"（萨伊，1963，第 75 页）也就是说，效用是由劳动、资本、土地共同创造的，生产三要素是价值的源泉。萨伊将生产要素划分成劳动、土地和资本三种类型，这一划分成为 19 世纪经济学文献中的标准。

在这里，萨伊显然混淆了斯密的购买劳动说与耗费劳动说的本意：斯密只是把购买的劳动作为价值的唯一尺度，而把耗费的劳动仅仅当作极端假设和原始蒙昧时期决定价值的因素，至于现代文明社会的价值决定，萨伊的观点与斯密是一致的。

价值是由供求关系决定的

萨伊认为："价格是测量物品的价值的尺度，而物品的价值又是测量物品的效用的尺度。"（萨伊，1963，第 60 页）那物品的价格又是如何决定的呢？萨伊回答："在一定时间和地点，一种货物的价格，随着需求的增加与供给的减少而成比例地上升；反过来也是一样。换句话说，物价的上升和需求成正比，但和供给成反比。"（萨伊，1963，第 325—326 页）

总之，在萨伊那里，价值实际上有三层含义。一般意义的价值是指获得商品必须支付的代价，即劳动、资本和土地；市价是指供求所影响和决定的价值；价值则是基于来自生产费用的物品的效用。萨伊的价值论是生产要素论、供求论、生产费用论和效用论的结合，从根本上是与斯密和李嘉图的单纯的生产费用或劳动价值论相对立的。（晏智杰，2002，第 150 页）

三位一体的分配公式

萨伊认为，收入来自生产三要素即劳动、资本、土地的市价，而三要素的市价同其他物品的市价一样，决定于供求。而供求的对象是生产要素的"生产性服务"，即劳动、资本、土地为生产产品所做的生产性贡献。他写道："产品由人类所掌握的生产手段创造出来，即由人的劳动资本和自然力创造出来。这样创造出来的产品构成拥有这些生产手段的人的收入。"（萨伊，1963，第 328 页）按照萨伊的价值理论，劳动、资本、土地都是价值的创造者，都对效用的生产做出了贡献，因此都有从它们共同生产的价值中获得报酬的权利：劳动的报酬是工资，资本的报酬是利息，土地的报酬是地租。这就是所谓三位一体的分配公式：（1）劳动-工资；（2）土地-地租；（3）资本-利息。这也就是尔后新古典功能性分配的雏形。

约翰·穆勒对费用论和效用论的综合

对李嘉图劳动价值论的继承

约翰·穆勒（1806—1873）是继李嘉图、马尔萨斯和萨伊之后 19 世纪最具影响力的古典经济学家，他于 1848 年出版的《政治经济学原理》是第一本影响西方经济学教育达半个世纪的教科书，直到 1890 年马歇尔的《经济学原理》问世，其地位才被取代。这部著作总结了自亚当·斯密起到 19 世纪中期半个多世纪西方经济学发展的过程，完成了经济思想史上的第一次综合。经济调和的折中主义是约翰·穆勒经济思想公认的特征。他给资本下的一种定义是"这种劳动产物的积累就是资本","我们常说'资本的生产力',这种说法严格来说是不正确的。只有劳动和自然要素才具有生产力,即使牵强附会地说资本的某一部分具有生产力,这也只是指工具和机器,这些东西,可以说像风火水一样与劳动相配合"。(约翰·穆勒,1991a,第82—83页)这显然沿袭了传统的劳动价值论不接受资本具有价值创造作用的论调。同样,在利润的来源上,他说:"利润产生的原因,是劳动生产出超过为维持其本身所必需的生产物……利润并不产生于交换中,而是产生于劳动的生产力。"(约翰·穆勒,1991a,第465—466页)

对西尼尔节欲论的借鉴

关于资本问题,约翰·穆勒又融合了西尼尔的观点,认为"所有的资本,特别是全部增加的资本,乃是节省的结果"。(约翰·穆勒,1991a,第89页)而在分配领域,"工人的工资是对劳动的报酬,同样,资本家的利润,按照西尼尔先生的确切说法,则是对节欲的报酬"。(约翰·穆勒,1991a,第452页)我们可以看出,约翰·穆勒在资本理论上既想坚持李嘉图劳动价值论的传统,又不得不调和劳动价值论和现实中资本取酬之间在逻辑上的不一致,因此,西尼尔节欲论时常又在他解释资本和利润来源的时候扮演一个重要而又探头探脑的角色。

折中与综合

约翰·穆勒最终在生产费用价值论上完成了劳动价值论和资本

收入之间的妥协，他指出："大多数物品是以它们的生产费用的比率或它们的所谓费用价值自然地相互交换。"（约翰·穆勒，1991b，第 2 页）"生产费用的普遍要素是劳动的工资和资本的利润。"（约翰·穆勒，1991b，第 3 页）生产费用价值论的提出达到了古典客观价值论的顶峰，正因如此，约翰·穆勒被尊为古典经济学的集大成者，并成为古典经济学向新古典经济学过渡的中介。[①]

1890 年，生产费用价值论和后来的主观效用价值论被新古典经济学的奠基人马歇尔综合在供求均衡价格理论体系中。

总结

从以上古典价值理论的产生、发展和演变过程中，我们似乎可以得出如下结论。

古典价值理论的基本倾向是多要素供求价值论

虽然古典价值理论从最初产生起，就带有劳动价值论的色彩，并始终围绕劳动在价值决定中的作用展开探讨和争论，但从总体来看，其基本倾向是多要素价值论和供求价值论。

古典劳动价值论的产生有其特殊的原因和历史背景。一方面，当资本尚未大规模积累、土地亦未私有从而成为稀缺资源的情况下，劳动作为物质财富（使用价值）的主要或唯一的源泉，自然成为决定商

---

① 而弗里德里希·哈耶克则指出："约翰·斯图亚特·穆勒被视为古典自由主义的英雄，但是我个人深信，就是他把知识分子引向了社会主义。"（转引自马克·斯考森，2006，第 115 页）

品交换价值的主要或唯一的因素；另一方面，古典经济学家最初面对的是如何摆脱重商主义的羁绊，把研究的视角由单纯的流通领域转向生产领域，通过劳动分工提高劳动生产力从而增加国民财富是当时经济学研究的主题，而劳动作为当时主要的生产要素自然成为价值决定的重要因素。另外，当时的资产阶级尚处在上升时期，是推动社会进步的新兴的阶级，与工人阶级的矛盾尚未凸显，强调劳动创造价值。这有助于资产阶级与工人阶级结成反封建的联盟，而不会引起对利润来源的正当性的质疑。

然而，正如斯密所敏锐地观察到的，随着资本积累和土地私有，劳动不再是决定商品价值和社会财富增长的唯一因素，资本和土地等非劳动要素同样参与了价值创造，从而理所当然地要参与价值的分配，原来的单要素价值模型自然要转变为多要素价值模型。另一方面，随着分工和商品经济以及第三产业的发展，市场需求以及构成需求基础的效用与供给以及构成供给基础的生产费用同样在价值决定中起到了重要的作用，看不见的手即市场配置资源的作用越来越大，商品的价格越来越灵活地随着供求关系的变化而波动，构成其波动中心的价值，自然也就被看作供求一致时的均衡价格。

所以，古典经济学经过一个半世纪的探讨所得出的结论，并非如马克思所说的劳动价值论，[①] 而是多要素供求价值论。李嘉图的劳动价值论因本身存在着难以克服的矛盾而最终导致李嘉图学派解体，其

---

① "把交换价值归结于劳动时间或相同的社会劳动，是古典政治经济学一个半世纪以上的研究得出的批判性的最后成果。"（马克思、恩格斯，1962，第41页）胡寄窗等人也认为，古典经济学的功绩之一，在于提出了当时较为科学的劳动价值论。（胡寄窗主编，1991，第40页）

在古典经济学价值理论中并不具有主流地位。

经济思想史对斯密价值理论的评价并不全面

经济思想史学家批评亚当·斯密的价值理论是多元的、前后矛盾的，这是不准确的。斯密的价值理论其实是前后一贯的，是一元多要素价值论。所谓一元，就是要素价值论，只不过当只有一种要素是稀缺要素时，是单一劳动价值论；当资本和土地也成为稀缺要素时，是多要素价值论。斯密的价值理论由单要素模型向多要素模型的转化，不仅符合西方主流经济学所倡导的构建理论模型的逐步法，也符合马克思经济学所秉持的从抽象上升到具体的逻辑方法，以及逻辑与历史相一致的原则。由此看来，无论是指责亚当·斯密具有劳动价值论倾向的新古典主义者，还是把劳动价值论当作亚当·斯密价值理论中科学成分的马克思主义者，似乎都是在无的放矢。

古典价值理论的"科学成分"与"庸俗成分"的界定

马克思主义经济学家一贯把亚当·斯密的多要素价值论称为庸俗的成分，而把单要素的劳动价值论看作科学的成分，相应地把继承其劳动价值论传统的李嘉图供入科学的古典经济学家的殿堂，而把继承其多要素价值论的马尔萨斯和萨伊打入庸俗经济学家的冷宫。如果我们确认斯密的价值理论是一元多要素供求价值论，前后是一贯的，并不存在相互矛盾和对立的方面，且它本身作为相对真理，只有完善与不完善之别，而没有截然对立的科学与庸俗之分，那么作为斯密追随者的李嘉图、马尔萨斯和萨伊，他们到底继承了斯密的什么传统和遗产呢？

显然，马尔萨斯与萨伊各自继承了斯密价值理论中的科学合理的成分并有所创新，从而让现代主流经济学价值理论的源头形成；而李嘉图则误解了斯密的价值理论，把只具有相对真理成分的单要素劳动价值论推向绝对，从而步入歧途，使其成为西方主流经济学的一条支流或逆流。

从边际革命到马歇尔新古典价值论的完成

边际价值论

边际价值论是指采用边际分析方法建立的价值论，包括边际效用价值论和边际生产力价值论。

边际效用价值论

该理论是由以门格尔（1840—1921）、维塞尔（1851—1926）和庞巴维克（1851—1914）为代表的奥地利学派和以杰文斯（1835—1882）、瓦尔拉斯（1834—1910）为代表的数理学派创立的，主张商品价值是由其边际效用决定的。效用论（包括边际效用论）的主要错误并不在于效用本身的主观性和难以度量性，而在于它完全否定了商品的另一个基本属性即生产费用在价值决定中的作用。

边际生产力价值论

该理论也是由众多经济学家共同建立的。其中边际生产力论首次应用在马尔萨斯（Malthus，1798/1820）和李嘉图（Ricardo，1817）

的地租论中。

朗菲尔德（Longfield，1833）认为利润是由物质资本的边际生产力决定的，但没有推广到工资。（伊特韦尔，1992c，第 256—257 页）

屠能（Von Thünen，1783—1850）几乎把这一原理同时运用于工资和利息，但其文章公开发表得太晚，没有什么影响。

屠能（1986）设总劳动产品为 p，总工资为 A，总利润为 $p-A$，利润（利息）率为 $\dfrac{p-A}{A}$，又设总工资中用于必要生活资料的部分为 a，工人所得的剩余总额为 $A-a$。这个剩余总额按利润（利息）率投资，可以获得的收入为：$\dfrac{p-A}{A}(A-a)=p-A-\dfrac{ap}{A}+a$。

为了求出工资的最大值，必须使 $p-A-\dfrac{ap}{A}+a$ 的一阶导数为零，即 $\dfrac{d(p-A-\dfrac{ap}{A}+a)}{dA}=-1+\dfrac{ap}{A^2}=0$，由此得到 $A^2=ap$，即 $A=\sqrt{ap}$。屠能去世（1850 年 9 月 22 日）后，其墓碑上镌刻着他用以表示自然工资的数学公式：$\sqrt{ap}$。

工资理论的另一方面是劳动最后生产力工资理论。工资等于大规模经营中最后雇用的工人所增加的产品。如果工资的提高使最后雇用的工人的收入超出他所增加的产品的价值，雇主就会解雇工人，直至最后留用工人的产品价值与提高的工资相等。反之亦然。劳动最后生产力工资论和资本最后生产力利息论构成了要素最后生产力论，这是"边际生产力论"的最初形式。资本是物，而不是经济关系。资本是劳动的产物，只能是由劳动所生产的多于他们所消耗的那部分东西构成的。劳动和资本之关系是协作关系，资本与劳动之间存在共同利益，这个共同利益在于提高生产。如果生产下降，双方就都蒙受损失；如果生产提高，双方就都受益。

克拉克（1847—1938）运用 19 世纪 70 年代以后广泛流行的边

际分析方法，从一般的"生产率递减规律"引出了"劳动生产递减规律"。假定资本不变，投入的劳动力多了，则平均每一单位劳动所摊到的设备少了，因此，每一单位劳动生产出来的产品少于从前每一单位劳动的产品。最后增加的一单位劳动是"边际劳动"，"边际劳动"所生产的产品量是"劳动边际的生产率"。"劳动边际的生产率"不但决定了"边际劳动"工人的工资，还决定了其他同一熟练程度工人的工资。这样得来的工资标准是一个静态的标准。在这种场合，工资决定于"边际生产率"。任何一个单位所得的工资便等于最后一个单位所能创造的产量。资本家的所得是利息，企业家的所得是工资和利润。在静态经济中，企业家仅得到工资，利润并不存在，只有动态经济中才能产生利润。（克拉克，2009）

1894 年，威克斯第德在《论分配法则的协调》一书中指出，对具有不变规模收益的生产过程来说，总产值正好等于按各个要素边际产值所支付的报酬总额。这等于再次独立发现齐次函数的欧拉定理。如果一个函数是齐次线性的，且每一项都乘以其偏导数，那么函数各项自变量的和等于函数值。用经济学语言讲，就是如果一个生产函数是规模收益不变的（每一笔投入以一个确定的比例变动，则产出将以同一比例变动），而且如果每一笔投入被支付的报酬等于其边际产品，那么产品将被耗尽，既不多也不少。（伊特韦尔等，1992b，第993 页）

新古典价值论

新古典价值论是由新古典学派的代表马歇尔（1842—1924）在

19 世纪末完成的。马歇尔于 1890 年出版了《经济学原理》一书，将生产成本论、供求论和边际效用价值论等方面的理论进行综合，提出了"均衡价格"理论。马歇尔（1964）用边际效用解释需求，用边际生产力解释供给，工资、利润、地租分别决定于劳动、资本、土地的边际生产力（在完全竞争条件下等于边际产值，在不完全竞争条件下等于边际收益产品）。边际革命三杰（门格尔、杰文斯、瓦尔拉斯）以及威克斯第德（2016）、克拉克（2009）等都对这一理论做出过贡献，而著名的欧拉定理则为边际生产力的产品耗尽原理提供了数学证明。

新古典价值论将工资、利息、地租和利润看作劳动者、资本家、土地所有者和企业家，各自凭借其劳动、资本、土地和企业家才能等生产要素对价值创造的贡献应得的报酬，其中不存在任何剥削，由此得出资本主义分配关系是和谐的，资本主义制度是合理的和永恒的结论。（马歇尔，1964；马歇尔，1965）

新古典价值论的逻辑悖论

琼·罗宾逊 1953 年在《生产函数与资本理论》（Robinson，1953）一文中，批评了新古典的生产函数和资本理论，但遭到以萨缪尔森为首的新古典综合派的反击。这场争论持续到 20 世纪 60 年代并达到高潮，被称作资本争论或两个剑桥之争。

新古典生产函数是用来表明一种商品的产出量与所需要的各生产要素投入量之间的技术关系，通常表示为：$Q = f(L, K)$。它一般假定规模收益不变，生产要素之间有完全的替代性。根据新古典生产函数，投入品的最佳组合是每种生产要素的边际产值等于该要素的价格。其中，利息率等于资本的边际生产力，而资本的边际生产力可以直接从生产函数中得出。

罗宾逊认为：由生产函数中的边际生产力确定利息率是行不通的，因为资本是异质品，要度量资本的价值必须以对利息率的认识为先决条件。也就是说，如果经济学理论必须解释利息率，就不能为了测量资本量而假设自己已知资本的获利能力。这是循环论证。[①]

生产函数只能勉强适用于短期分析，一旦超出短期分析，就会遇到有关资本度量的难题。若以实际发生的成本度量，那只有历史意义，因为购买力已经变化了；若以真实货币计算，又取决于采用什么指数；若用现行重置成本计算，又与实际情况相悖：没有一个资本家愿意投资建设一个完全一样的工厂。

如果已知某一资本品的预期产出率和预期价格及成本，只要确定了利息率，就可以按照资本获得的未来的利润流量进行贴现，求出资本的现值。以这种方法估价资本，必须预先确定利息率，但建立生产函数的主要目的在于表明工资和利息率是如何由技术条件和要素比例决定的。

罗宾逊由此得出结论：不知道利息率，就不知道一国经济中的资本存量。计算边际产品的困难导致各种利益集团在确定收入份额上的矛盾和对立，而决定最终结果的将是各竞争者讨价还价的力量和政治技巧。

索洛（Solow，1957）承认：使生产函数中资本计量具有实际意

---

① 其实，不仅资本是异质的，劳动何尝不是异质的。如果资本的度量有问题，劳动的度量就同样有问题。

义的条件在特定情况下一般难以碰到，因此，生产函数理论的适用范围相当有限。

布劳格（Blaug，1975）则认为：罗宾逊所说的生产函数正是希克斯（Hicks，1932）所谓的一国经济中的总量生产函数，而不是微观生产函数；其中，资本存量大致代表了资本服务的流量，对它的计量并不需要知道一国经济中的利息率。

萨缪尔森（Samuelson，1962）提出替代生产函数（surrogate production function），企图以此对抗新剑桥学派的再转辙（reswitching）理论（利息率与资本密集度之间没有任何单调关系）。但他最终在总结再转辙理论的文章中（Samuelson，1966）承认再转辙现象的存在，认为通常的新古典学派的寓言是过分简单化了。他指出，政治经济学这门科学还不具备实际的材料来判断现实世界究竟更加接近于新古典的寓言，还是简单的再转辙模型。

其实，撇开"两个剑桥"（英国剑桥大学的新剑桥学派和美国麻省理工学院的萨缪尔森一派）围绕资本的争论不说，我们从流行的微观经济学教科书中一眼就能看出新古典价值理论中存在的循环论证：新古典价值理论在讨论产品市场均衡价格时预先假定要素价格已经存在，由此才能导出由成本（即工资、利润和地租）曲线构成的供给曲线；而在讨论要素市场时，又假定产品价格已经存在，由此才能形成由要素的边际产品收益构成的要素需求曲线。这不是典型的循环论证吗？

第八章
斯拉法价值论对传统价值论的挑战

作为斯拉法价值论的提出者和新李嘉图学派的开创者，皮埃罗·斯拉法（Piero Sraffa）一生仅发表了三项研究成果，最有名且影响最大的是一本书发表于 1960 年的《用商品生产商品》（Production of Commodities by Means of Commodities）。[①] 这本篇幅不足百页的著作系统阐述了其独具特色的价值理论，除了激发数理马克思主义经济学学者系统使用投入产出数据作为经验分析，给马克思主义政治经济学很多问题提供了新思路之外，在价值理论上有着更大的影响。

一方面，此书系统批判了新古典价值论，标志着新剑桥学派提出了替代新古典边际分析理论的分析框架；另一方面，不同于经典的劳动价值论，此书在价值理论领域提出了"价值决定与剩余分配必须同时决定"的观点，这不仅引发了左翼经济学家对"劳动价值论"新一波的讨论，而且成为本书后面将要阐述的广义价值论的重要思想来源。

[①] 另外两项研究来自 1925 年发表的《成本与产量之间的关系》和 1926 年发表的《竞争条件下的收益规律》两篇论文。

斯拉法价值论：价值决定与剩余分配的统一

下文将根据《用商品生产商品》的论述，梳理斯拉法价值论的框架，讨论斯拉法价值理论的思想源泉、基本概念和数理模型。

斯拉法单一产品的生产体系

斯拉法的分析从"单一产品的生产体系"开始。他继承了古典经济学注重经济剩余分析的传统，构建了"标准商品与标准体系"，使其作为"不变的价值尺度"，揭示了工资利润此消彼长的关系，阐明了价值（或生产价格）的形成与剩余的分配必须同时完成的思想，进而讨论了劳动还原问题。

从维持生存的生产体系到具有剩余的生产体系

斯拉法首先考察仅能维持生存的生产体系。所谓"维持生存的生产体系"是指产出品仅仅补偿投入品，仅能维持原有的生产规模和生活水平，没有任何经济剩余的经济体系。

斯拉法以下列包括三种商品、三个部门的体系为例：

240 担小麦 +12 吨铁 +18 头猪→ 450 担小麦

90 担小麦 +6 吨铁 +12 头猪→ 21 吨铁

120 担小麦 +3 吨铁 +30 头猪→ 60 头猪

上例中小麦、铁和猪的总产出量都恰好等于生产所需的小麦、铁和猪的总投入量。再给定任一商品作为计价单位，就可以求出相对价格。在此例子中，看似没有出现劳动投入，但根据斯拉法的经济环境设定，维持劳动力生存的粮食都体现在生产过程中的小麦和猪的投入中。

如果用数学符号表示的话，那么我们可以假设经济中有 n 个行业，每一种产品必须要由经济体中的其他产品按一个固定系数线性生产，即存在一个技术矩阵 $\boldsymbol{A}$[①]：

$$\boldsymbol{A} = \begin{pmatrix} a_{11} & a_{12} & \cdots & a_{1n} \\ a_{21} & a_{22} & \cdots & a_{2n} \\ \vdots & \vdots & \ddots & \vdots \\ a_{n1} & a_{n2} & \cdots & a_{nn} \end{pmatrix}$$

其中 a_{ij} 代表第 j 行业使用 i 行业产品的技术系数，即生产一单位产品 j 需要 a_{ij} 单位的产品 i。最终产品向量单位化为：$\mathbf{1} = (1, 1, \cdots, 1)'$；经济中的最终价格向量为：$\boldsymbol{p} = (p_1, p_2, \cdots, p_n)'$。

斯拉法认为："这里有唯一的一套交换价值，如果市场采用这些交换价值，就会使产品的原来分配复原，使生产过程能够反复进行；这些价值直接产生于生产方法。"[②]（斯拉法，1963，第9—10页）如果是仅能维持生存的生产体系，再生产就有：

$$\boldsymbol{A}\boldsymbol{p} = \boldsymbol{p} \tag{8.1}$$

根据"维持生存的生产体系"的定义，对于任意一个行业，如下两式都必须成立：

$$\sum_{j=1}^{n} a_{ij} = 1, \quad \sum_{i=1}^{n} a_{ij} = 1$$

---

① 本章中矩阵和向量用加粗的拉丁字母表示，转置用" ' "符号表示，I_n 代表一个 $n \times n$ 的单位矩阵。
② 斯拉法原文将 p_i 称为产品 i 的交换价值，斯拉法在全文中都不加区分地换用"交换价值"与"价格"和"价值"。

再给定某种产品作为计价物，因此会有 n-1 个未知数，而后根据 $\boldsymbol{Ap}=\boldsymbol{p}$ 即可求出各个产品的价值。

现实中经济总是增长的，因此生产必然具有一定的剩余。所以斯拉法开始分析带有剩余的生产体系。之前的例子可以改为：

240 担小麦 +12 吨铁 +18 头猪→ 600 担小麦

90 担小麦 +6 吨铁 +12 头猪→ 31 吨铁

120 担小麦 +3 吨铁 +30 头猪→ 80 头猪

一旦系统中出现剩余，上述两个数量的恒等式就不成立了，我们有：

$$\sum_{j=1}^{n} a_{ij} < 1, \ \sum_{i=1}^{n} a_{ij} < 1$$

我们现在只有 n-1 个未知价格却需要求解 n 个独立方程。显然，商品分配不再完全由生产方法决定。斯拉法引入"利润率"（r）来表示剩余，式（8.1）改为：

$$\boldsymbol{Ap}\ (1+r) = \boldsymbol{p} \qquad\qquad （8.2）$$

因此，要想求出经济中的各个商品的价格必须同时求出利润率。

进一步分析，当经济中出现了剩余，工资将不再仅是一个维持再生产的水平，在每天的生存用品之外，工资可以包括一部分剩余产品。因此系统中必须加入劳动和工资，如下所示（$\boldsymbol{l}$ 代表经济中的劳动投入向量，下脚标代表第 i 行业的劳动投入量）：

$$\boldsymbol{l}=(l_1, l_2, \ldots\ldots, l_n)'$$

假定经济体系中的工资率保持一致，式（8.2）可以改写为：

$$\boldsymbol{Ap}\ (1+r) + \boldsymbol{l}w = \boldsymbol{p} \qquad\qquad （8.3）$$

生产体系中有了"利润率"和"工资率"两个变量，我们就可以对经济中的分配关系进行讨论了，同时也可以求出经济中各个商品的价格。

标准商品与标准体系

斯拉法建立这样一个具有循环往复特征的生产体系，最终目的是分析经济中剩余的分配问题。为此，斯拉法区分了"基本商品"和"非基本商品"两个概念：前者是进入其他商品生产的商品，其价格的改变会影响生产体系；后者是不进入其他商品生产的商品，其价格的改变并不会影响生产体系。给定技术矩阵 A，可以做如下分块：

$$A=\begin{bmatrix} A_1 & A_2 \\ O & A_4 \end{bmatrix}$$

其中 A_1, A_2, A_4 为不可约矩阵，O 为元素全为 0 的矩阵。那么 A_4 的每一行代表的商品都为非基本商品。

由于在斯拉法体系中价值决定与剩余分配必须同时决定，因此分配发生改变时，会对商品的价格产生影响，反之亦然。因此，"价值决定与剩余分配"问题的讨论变得异常复杂。

斯拉法解决这个问题的方法是构建一种不受工资或利润率变化影响的合成商品，并把此商品称为标准商品（standard commodity）。标准商品中基本商品的占比要与整个生产体系中各个基本商品所占的比例相等。斯拉法认为，标准商品"能使任何其他产品的价格变动被孤立起来，因而可以如同在真空中一样观察它们"。（斯拉法，1963，第 24 页）

斯拉法为此在《用商品生产商品》一书中举了一个铁、煤和小麦三种商品的例子：

90 吨铁 +120 吨煤 +60 夸特小麦 +3/16 劳动→180 吨铁

30 吨铁 +75 吨煤 +90 夸特小麦 +3/16 劳动→270 吨煤

30 吨铁 +30 吨煤 +150 夸特小麦 +6/16 劳动→360 夸特小麦

此生产体系中的总计投入为 150 吨铁、225 吨煤、300 夸特小麦、3/4 劳动，而产出的三种产品比例为 180 吨铁：270 吨煤：360 夸特小麦，与参加生产商品所投入的生产资料总量比例相等。因此，所寻找的标准商品是由 "1 吨铁：3/2 吨煤：2 夸特小麦" 的比例构成的。

采取此例生产标准商品的这些方程（生产过程）为标准体系（standard system）。在标准体系中，各种商品生产的比例和它们参加生产资料的比例相同。在标准体系中，净产出（或标准纯产品）与总生产资料的数量上的比率可以确定，因为该比率由按相同比例排列的相同商品组成。该比率与价格无关，被斯拉法称为 "标准比率"（standard ratio）。

标准比率（R）等于给定系统的最大利润率（r_{max}），即当工资等于零时，它等于系统中的利润率。在任何给定的标准体系中，通过扣除标准纯产品的任何正比例作为工资份额，并采用剩余标准纯产品与总投入的比率，始终可以确定利润率。

现在，如果标准商品作为给定系统的测度标准，那么实际生产体系中的利润率必须与标准体系中的利润率相同，因为标准体系是由与实际体系相同的生产方程组成的，只是按不同的比例排列，我们有下式：

$$r = R(1-w)$$

其中 R 代表（按照标准商品计量的）纯产品对生产资料的比例，

可以视作不考虑劳动投入的社会总剩余率（净产出／总投入），其独立于商品相对价格。w 为纯产品中支付工资的份额，r 代表利润率（在斯拉法的平均利润率假设下，r 也是产品的成本加成率）。因此，在标准体系中，以标准商品表示的工资率和利润率必须相互成反比。

斯拉法体系的劳动还原

斯拉法通过将其生产体系还原为劳动，进一步体现了经济是个循环流的特点。帕西内蒂（Pasinetti，1977）就指出，如果像萨缪尔森那样只是将斯拉法模型视为一般均衡的特例，就无法体会斯拉法模型体系对价值理论的影响。

我们将式（8.3）进行变换可得：

$$lw\,[I_n - A\,(1+r)]^{-1} = p \qquad\qquad （8.4）$$

因为有 $Ap\,(1+R) = p$，显然 $I_n - A\,(1+r)$ 是一个非负且收敛的矩阵，按照 $[I_n - A\,(1+r)]^{-1} = I_n + (1+r)\,A + (1+r)^2\,A^2 + \cdots$ 的数学恒等式，可以得到：

$$p = lw + (1+r)\,lAw + (1+r)^2 lA^2 w + \cdots$$

因此对于每种商品的价格，我们都可以视为工资和利润从无穷远的过去进行累积的结果。

如果 $r = 0$，那么整个净产出（net product）或者整个经济系统的剩余都变为工资：

$$p = lw + lAw + lA^2 w + \cdots$$

由上式可见，价格本质上是无穷期的工资的叠加，帕西内蒂将此称为"纯粹的劳动价值论"，价格完全还原为劳动量。

斯拉法多种产品的生产体系

联合生产和相关标准体系

在单一产品生产体系，每一种产品由一个单独的生产部门生产。然而，在联合生产条件下，两种或两种以上的产品由一个单独的生产部门联合生产或由单一过程生产，如饲养山羊，羊肉与羊毛会同时产出。如果一个生产过程产生一种以上的产出，那么生产体系中的产品比生产过程多，系统变得不确定。所谓"联合产品"是指一种过程或方法同时所生产的两种或两种以上的产品，或几种过程或方法所联合生产的产品。因此，为了在联合生产的情况下，找到相对价格和利润率的解决方案，生产体系就必须拥有与产品数量一样多的生产过程。为了解决联合生产情况下的标准体系问题，斯拉法首先排除了三类非基本产品：不参加生产部门生产资料的产品、只参加自己的生产资料的各个产品、仅仅参加相互联系的一群非基本产品的生产资料的产品。而后按照类似于单一产品的处理方法提取出标准产品。但此时劳动还原问题变得复杂，甚至负价格的情况会出现。

联合生产与固定资本问题

斯拉法之所以专门研究联合生产问题，并不是因为他认为一个生产过程产出多种产品是一个普遍现象，而是因为他试图通过联合生产研究固定资本。在斯拉法看来，"联合产品是一个属，而固定资本是属下面主要的种"。（斯拉法，1963，第66页）斯拉法将每个需要固定资本作为投入要素的生产过程视为一个联合生产过程。此生产过程不仅生产对应的产品，也产出折旧后的固定资本。

假设经济中新品固定资本的种类为 1 种，折旧年限为 3 年。即此商品在 0 岁、1 岁、2 岁的生产过程中作为固定资本发挥它的作用，年龄到 3 岁时进行报废处理。这里假设报废成本为零，同时假设每个行业仅使用一种固定资本，以及每种机器的效率在其整个使用寿命内保持不变。如果把年龄不同的固定资本看成不同的商品，经济中的技术矩阵 A 需要加上固定资本的折旧变化，最终产品用矩阵表示为 B：

$$A=\begin{pmatrix} k_1 & 0 & 0 & k_2 & 0 & 0 \\ 0 & k_1 & 0 & 0 & k_2 & 0 \\ 0 & 0 & k_1 & 0 & 0 & k_2 \\ 0 & 0 & 0 & 0 & 0 & 0 \end{pmatrix}, \quad B=\begin{pmatrix} 1 & 1 & 1 & 0 & 0 & 0 \\ k_1 & 0 & 0 & k_2 & 0 & 0 \\ 0 & k_1 & 0 & 0 & k_2 & 0 \\ 0 & 0 & 0 & 1 & 1 & 1 \end{pmatrix}$$

此时的经济关系表示为：

$$p'B = (1+r)\,(p'A+wl') \tag{8.5}$$

在这种情况下，经济中可能存在多个"标准比率"，斯拉法论证出只有最低"标准比率"具有经济意义，同时"$r = R(1-w)$"依旧成立。

联合生产下的地租问题

自然资源（如土地）的定价一直是古典经济学的一个重要问题。和直觉相反，在斯拉法体系中，土地是不是基本商品需要进行讨论。这是因为土地不能被生产，只能被使用，其不能出现在标准体系或标准商品中。对于用于生产一种商品的各种肥力水平的土地，标准体系的要求至少有一种被确定为无租土地不得支付任何租金。只有在这种情况下，土地才能作为基本商品进入标准体系的方程式。式（8.3）中原来代表谷物生产的单一生产方程，需要用下式替代：

$$A_c p(1 + r) + wl_1 + \rho \mathrm{diag}A = p_c c$$

其中 p_c 为谷物价格，A_c 为生产谷物的技术矩阵，p 为生产体系中的价格向量，$c = [c_1, c_2 \cdots c_n]'$ 表示各类土地产出谷物数量的向量，$\Lambda = [\Lambda_1, \Lambda_2, \cdots \Lambda_n]'$ 表示不同土地，$\rho = [\rho_1, \rho_2, \cdots \rho_n]'$ 表示各种土地的地租；在这些数量中，ρ 是未知数。同时按照斯拉法的思想，地租为零的某种土地是存在的，因此还有：$\rho_1 \times \rho_2 \times \cdots \times \rho_n = 0$。此时和其他方程联立就可求出各种肥力土地的地租，即级差地租。

如果只有一种类型的土地，那么只要土地不处于"稀缺"状态，就不会产生任何租金。但是，只有在两种生产方法并存于同一种商品的生产中，土地的稀缺才能显示出来。假设只有一种肥力水平的土地，只要部分土地是免费提供的，使用土地就不会产生任何租金。一旦所有土地都在耕种，产量的任何增加就都只能通过引入另一种成本更高、产量更多的方法来实现。一旦引入新技术，所有土地就将支付统一的租金，即"集约地租"。

技术变动与"再转辙"

斯拉法认为，可以通过观察工资利润曲线变动分析技术变动。当生产体系中存在多种技术时，如果其中一种技术对利润率的所有可能值来说都有成本优势，那么另一种技术效率相对较低，技术永远不会再转辙。但是，如果还有另一种技术，那么随着利润率从零上升到最大值，在一定的利润率水平上，第二种技术可以成为生产商品的更有效或更便宜的技术；在这样的利润水平下，系统将转向新技术。以图 8-1 为例，体系 I 代表的技术 I，在 $r < 10\%$ 时，技术 I 在给定的利润率条件下，工资更高，说明技术 I 更有效率，社会采纳技术 I；$r = 10\%$ 时的相交点，两种可以互用的生产方法同等有利；在利润率进一步上升时，体系 II 代表的技术 II 相对于技术 I 更有效率。

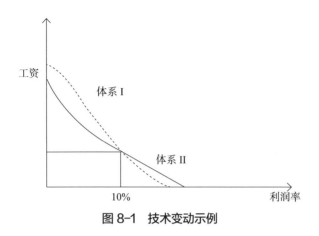

图 8-1　技术变动示例

价值决定与剩余分配必须同时决定

历史上对"价值决定与剩余分配"的讨论

"价值决定与剩余分配"问题一直是经济学研究的一个重点。李嘉图曾经以谷物模型来分析"价值决定与剩余分配"这一问题。他假定经济中只生产一种产品（谷物），生产过程花费一年，投入要素为劳动和土地，只存在流动资本来支付工资，其中 $\bar{x}$ 代表维持生存所需要的最低工资，劳动力总和为 $\bar{N}$，生产函数为凸函数，规模报酬递减。图 8-2 可以表示经济剩余与分配的关系，经济中地租为 $\int_0^{\bar{N}} F'(N)dN - \bar{N}F'(\bar{N})$，工资总量为 $\bar{N}\bar{x}$，利润为 $\bar{N}F'(\bar{N}) - x$。当李嘉图将其分析扩展到多种商品的情况时，发现价格变动同时改变生产成本与总产值，衡量经济剩余变得复杂了，分配问题难以解决。斯拉法认为李嘉图一生都在寻找一种不变的"价值尺度"，以分析分配问题。

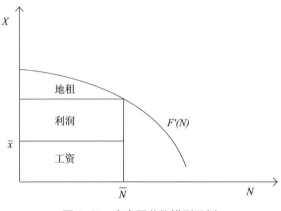

图 8-2 李嘉图谷物模型示例

新古典经济学则将分析重点放在供需上。该理论通过给定的偏好和生产技术，推导出需求曲线与供给曲线，然后通过理性人在自由竞争的市场经济中的互相交易形成价格，实现供求平衡，最后假定在给定技术和完全竞争市场条件下，生产者和消费者分别实现产量最大化和效用最大化，而各个生产要素所有者按照其生产要素的边际生产力获得报酬——劳动者赚取工资，资本家获得利息，土地所有者获得地租。

由于在完全竞争市场中，生产者都在零利润条件下生产，并不存在"生产者剩余"，只可能存在"消费者剩余"，因此"经济剩余的分配"成为伪问题，而价值的分配仅是一个市场交换过程，生产过程被忽视了。以李嘉图的谷物模型为例，在新古典学派眼中，流动资本并不会产生利润，只有地租依旧存在，因此，分配的结果应该是图 8-2 中的地租保持不变，而利润和工资部分都应该成为工人的收入。

我们从这个简单的模型中可以看出古典经济学和新古典经济学经

济分析的假设有明显的不同。首先是如何看待生产。在古典经济学中，生产是个循环流，生产过程中所有的中间投入品和资本品也是之前生产过程的产出，而消费会直接影响生产要素的再生产。因此，在古典经济学分析框架中，"生产和消费密不可分"；在新古典经济学分析框架中，生产是一个线性过程——投入生产要素，产出消费品——只是为推导供给曲线而存在。其次是工资与利润如何决定。我们可以看到，古典经济学认为工资是外生决定的，在李嘉图和马尔萨斯的理论中，工资由生存工资决定，与劳动的边际产出无关，而新古典经济学认为劳动作为生产要素，是按照边际产出进行分配的。最后是对价格作用的认识。在李嘉图的分析中，价格成为影响分配的一个重要因素，价格变动会直接影响分配；而在新古典经济学中，价格不会影响分配，价格是要素稀缺的体现，是禀赋分配的结果，并不会影响各自的经济利益。

斯拉法对古典经济理论的继承与创新

以上对斯拉法理论的回顾表明，他构建理论的出发点是经济剩余的分配，这无疑是以李嘉图为代表的古典经济学的研究主题。新古典经济学直接将生产视为一个线性过程，从而简化了技术变动带来生产要素价格的变动，这样虽然能做出很漂亮的数学模型，但和最初讨论的生产过程不相关了。

斯拉法并没有采取新古典经济学直接抽象生产过程的方法来逃避此问题，而是试图回到"不变的价值尺度"来摆脱此困境，从而复兴了古典经济理论。（Meek，1961）在斯拉法眼中，古典经济理论陷入困境是因为经济中的生产过程复杂化，特定商品价格变动既对生产成本有影响也对生产此产品的收入有影响，进而会出现"用另外一种商品作为标准（这种商品是任意选择的）来表示一种商品的价格的必要性，使对于伴随分配改变而来的价格变动的研究复杂起来。任何特殊的价格变动，究竟是起于被计量的商品的特殊性，还是起于计量标准的特殊性，无法说定"。（斯拉法，1963，第23页）

之所以会产生这种困难，是因为李嘉图将"价值的形成和价值的分配"分成了两个过程。李嘉图预设了生产过程是价值形成过程，生产结束后对价值进行分配，但事实是"价值的形成和价值的分配在同一个过程中决定"，分配的改变也会带来价值的变动。

斯拉法则是在"价值的形成和价值的分配在同一个过程中决定"的前提下，来找寻"不变的价值尺度"。对于价值的形成和价值的分配之间的关系，斯拉法分析道："剩余（或利润）必须按照每一生产部门垫支的生产资料（或资本）的比例进行分配；而在两种异种物品总量之间的这一比例（换言之，即利润率），在我们知道商品价格之前，是不能决定的。另一方面，我们不能把剩余的分配推迟到价格决定之后，因为，我们就要说明，在求出利润率之前，价格是不能决定的。结果是，剩余分配的决定，必须和商品价格的决定，通过相同的机构，同时进行。"（斯拉法，1963，第12页）斯拉法构造的标准商品中基本品合成比例和经济中的总生产资料基本品的比例相同，特定商品价格的变动会相互抵销，成功地将一个结构问题转化为总量问题，从而剔除了价格变动等因素对"经济剩余的分配"的影响。

工资和利润相对份额的变动对价值的影响

工资和利润此消彼长的关系

斯拉法为了分析经济的分配问题，引入了标准商品作为"不变的价值尺度"来讨论工资和利润之间的关系。通过 $r = R(1-w)$，斯拉法成功说明了经济中工资和利润此消彼长的关系。

对左翼经济学家而言，斯拉法的研究不亚于一场革命。在非马克思主义的左翼学者眼中，依赖"劳动价值论"的马克思主义经济学有着先天的不足。琼·罗宾逊就针对"价值"这一概念进行了批评："在我看来，价值概念是一个显著的例子，说明一个形而上学的概念如何激发新颖的思维，尽管它本身完全缺乏实际意义。"（Robinson，1967）而相较于采用劳动价值论引发的诸多问题——转形问题、复杂劳动换算简单劳动问题等，斯拉法体系不依赖劳动价值理论就论证了资本主义经济中对抗性的分配关系，显然更适合作为分析框架。（斯蒂德曼，1991）

工资和利润相对份额的变动如何影响价值

在斯拉法眼中，工资变动造成价值变动的关键在于不同生产部门中使用的劳动和生产资料的比例。如果在所有生产部门中，这种比例是相同的，工资和利润相对份额的变动就不会造成价格的变动。斯拉法体系的价格一般形式为式（8.3）：

$$\boldsymbol{A}\boldsymbol{p}(1+r)+\boldsymbol{l}w = \boldsymbol{p}$$

如果在所有生产部门中，这种比例是相同的，则向量 $\boldsymbol{A}\boldsymbol{p}$ 与向量 $\boldsymbol{l}$ 线性相关，即 $\boldsymbol{A}\boldsymbol{p} = \alpha\boldsymbol{l}$。设存在一个商品组合向量 $\boldsymbol{f}$，此商品组合作

为计价物，使得 $pf=1$，将 $Ap=\alpha l$ 关系代入式（8.3）并左右同乘 f，得到一个 r 和 w 的关系式：

$$(1+r)\ \alpha=(1-wlf)\ /\ lf$$

将此 r 和 w 的关系式代入式（8.3）有：

$$p=l/lf$$

由于 lf 为一个标量，因此相对价格不受工资和利润相对份额的变动的影响，只与劳动投入比例有关。

如果所有生产部门中的劳动和生产资料的比例不同，工资和利润相对份额的变动就必然会造成价格的变动。斯拉法认为劳动和生产资料的比例不同时，如果价格保持不变，直观上，工资份额的上涨就会使得经济中劳动投入占比较高的部门的成本相对上升，体系中的利润率会非一致——劳动投入占比较高的部门的利润率相对较低，劳动投入占比较低的部门的利润率相对较高。由于经济是个相互勾连的系统，此问题非常复杂。这是因为某个劳动投入占比较高的部门可能因其有劳动投入占比较小部门的产出物做生产资料，所以生产资料成本下降的效应强于工资率的影响。

斯拉法坚持认为，现实经济中工资和利润相对份额变动而价格不变会带来不同部门的利润率发生改变，相对于最后的利润率，会存在"赤字部门"（部门利润率相对于整个经济体利润率较低）和"盈余部门"（部门利润率相对于整个经济体利润率较高），在统一的利润率要求下，价格会发生改变，这使得各部门的利润率相同。因为价格必须满足式（8.3），利润率和工资率必须满足 $r=R(1-w)$ 的关系，所以如果工资和利润相对份额发生变动，而价格不变，那么只能是向量 Ap 与向量 l 线性相关，与所有生产部门中劳动和生产资料的比例不同的假设矛盾。因此，在所有生产部门中，劳动和生产资料的比例不同，工资和利润相对份额的变动必然会造成价格的变动。

斯拉法价值论对新古典价值论的挑战

前文的分析表明，斯拉法价值论作为古典经济学复兴的现代产物，其重点关注的是"价值决定与剩余分配"，并在如何看待生产，如何认识价格的作用和如何处理经济剩余的分配等问题上和新古典经济学有着明显的不同。下文将以斯拉法学派与新古典经济学派的数次论战作为线索，讨论斯拉法价值论对新古典价值论的挑战。

资本度量问题产生的背景

斯拉法价值论与"剑桥资本争论"密切相关。这场争论标志着原本只是政治上具有左翼倾向的剑桥经济学家在理论上和新古典经济学学者分道扬镳，建立了一套异于新古典均衡分析和马克思劳动价值论的分析框架，形成了新剑桥学派。（Cullenberg & Dasgupta，2000）要了解斯拉法价值论如何成功挑战了新古典价值理论，必须对剑桥资本争论做一些回顾。

剑桥资本争论是围绕如何度量"资本"展开的。在新古典理论中，各类生产工具都被视为资本。在微观层面上，按照新古典厂商理论，厂商按照"要素边际收益等于边际成本"安排生产，由于产出物与资本品的异质性，必须寻找出一个共同的计量单位来计算资本与产出。在宏观层面上，在进行经济核算时，现实经济中生产工具的物质形态有着巨大的差异，经济中存在多少辆卡车、多少台机床可以加总，但卡车与机床数量又该如何体现宏观经济资本存量呢？这也产生了一个"如何加总计算社会总资本"的问题。新古典经济学认为货币度量的方法可以解决这一问题，任何异质化的产品都可以通过市场交易形成的价格进行度量。

1953 年琼·罗宾逊发表了题为"生产函数和资本理论"（The production function and the theory of capital）的论文，挑起了这场论战。罗宾逊（Robinson，1953）指出，"生产函数一直是错误教育的有力工具。经济学理论的学生被教导写 $Q = f(C,L)$，其中 L 是劳动量，C 是资本量，Q 是商品产出。他被教导用劳动工时来衡量 L；他被告知在选择产出单位时所涉及的指标问题；希望他忘了问 C 是用什么单位来衡量的。在他问 C 是用什么单位来衡量的之前，他已经成了一名教授，而这种草率的思维习惯却代代相传"。罗宾逊认为，将不同质的资本品加总成资本存量的过程有着巨大的缺陷。这是因为如果按照价格来加总，就要考虑到资本品价格本身就受到利润率的影响。

新古典边际分析方法在资本度量问题上的失效

面对新剑桥学派对总生产函数的批判，萨缪尔森（Samuelson，1962）提出"替代生产函数"（Surrogate Production Function）的概念来维护新古典总生产函数的合理性。他假设在经济中有一系列技术，每一项都有一条线性的"工资利润"曲线，因此其包络线是一条单调下降的工资曲线，从而导出满足边际生产率条件的总生产函数。

接下来，斯拉法在《用商品生产商品》中提出"再转辙"问题，向新古典经济学继续发难：一种资本投入组合在高利率和低利率下是成本最低的，而另一种资本投入组合在中等利率下是成本最低的，[①]萨缪尔森提出的通过包络线推导出总生产函数的方法无法成立。在新古典经济学的理论框架下，由于再转辙现象的存在，人们无法根据工资利润前沿估算得出经济中资本的需求函数，进而也无法得出现代宏观经济分析的基本工具，也无法定义劳动力需求或几乎所有其他计划。

为此，萨缪尔森、索洛、希克斯等新古典经济学家对于消除再转辙现象开展了大量工作（Levhari，1965；Solow，1967；Hicks，1987），但以帕西内蒂、加雷尼亚尼（Garegnani P.）、舍弗尔德（Schefold B.）为代表的斯拉法学派对这些补救工作进行了反驳，并无可争议地论证了再转辙的普遍性。最终，萨缪尔森在《经济学季刊》组织的讨论上承认"无再转辙"定理的错误，承认了再转辙的现象的存在。（Levhari & Samuelson，1966；Samuelson，1966）

斯拉法体系的解决方法

斯拉法一方面通过"再转辙"否认了新古典的资本理论，另一方面提出了自己分析资本的方法。在斯拉法体系下分析固定资本的方式是通过联合生产进行处理的，资本进入生产是以流量方式进入的，资本的账面价格计算类似于其他商品的计算。特别是资本的利润率是一个外生变量，与边际产出无关，计算资本回报和资本价格时可以避免新古典理论中"计算资本价格需要利润率和资本密度呈单调关系"的

---

① 关于"再转辙"现象的具体含义、发展参见 Harcourt（1972）和 Cohen & Harcourt（2003）。

缺陷。

斯拉法体系下的固定资本模型有如下特征：

（1）生产是个循环流，即所有的中间投入品和资本品，也是之前生产过程的产出。只有劳动是生产过程的基本投入品。

（2）模型中不存在统一的资本要素，只有不同质的资本品，这些资本品也是一些生产过程的产出品，固定资本通过折旧进入生产过程。

（3）每一个生产过程的投入品（包括劳动）组成是固定的，每一种产品必须要由经济体中的其他产品按一个固定系数线性生产，存在一个线性技术矩阵。

（4）斯拉法的价值理论中只有异质的产品，不存在资本加总问题，同时因为采取了列昂惕夫生产函数，新古典经济学里面的"资本边际产出"这种概念也不成立。

"生产作为循环流"说明经济中的剩余最终来源于劳动，"$r = R(1-w)$"说明了经济分配中的工资与利润此消彼长的关系。在左翼经济学家眼中，这都指向了利润本质上是一种剥削性收入。

围绕斯拉法体系展开的争论

和左翼的赞誉不同，新古典经济学家对斯拉法的价值理论表现出冷漠的态度。新古典学派对"再转辙"现象做了淡化处理，认为这只是一种特殊情况，因此不应该彻底否定新古典经济学的资本理论。不仅如此，新古典学派针对斯拉法体系，也有负面评价，最具代表性的是萨缪尔森。萨缪尔森针对斯拉法价值体系做了多方面的评价。在理论层面上，萨缪尔森认为斯拉法体系有不少缺陷，无法取代新古典经济学的分析框架（Samuelson & Etula，2006；Samuelson，1991，2000，2008）；在经验层面上，萨缪尔森更是指出经验证据无法支持斯拉法体系的分析。（Samuelson，2001）其他学者也对斯拉法体系的实际运用和对现实的解释力都表示了怀疑。（Blaug，2009；Bliss & Cohen，2005；Yew-Kwang Ng，1974）

针对萨缪尔森的批评，斯拉法学派做出了全面回应。部分学者论证了"再转辙"现象的普遍性，强调不能将"再转辙"现象视为例外。（Felipe & Fisher，2003；Schefold，2012；Han & Schefold，2006）还有一些学者认为，萨缪尔森对斯拉法体系理论层面的批评，显然是新古典经济学学者对斯拉法体系狭隘的认知导致的错误批评。（Kurz，2013；Kurz & Salvadori，1997，2000，2005；Sinha，2007）

在维护和扩展斯拉法体系方面，斯拉法学派做了大量工作，其中包括在理论层面上积极与左翼其他理论结合扩展斯拉法分析范围（Dobb，1975；张凤林等，2013），针对缺少经济结构分析的多马（Domar，1946）、哈罗德（Harrold，1939）、卡尔多（Kaldor，1957）和卡莱茨基（Kalecki，1935）等人的增长理论，帕西内蒂（Pasinetti，1974，1981）尝试将斯拉法的价值理论和新剑桥学派的增长理论相结合。进入 21 世纪以来，在新剑桥学派基础上发展的斯拉法学派，在与同为英国后凯恩斯主义的经济学其他学派（如新卡莱茨基学派和原教旨凯恩斯主义）相互融合、互相借鉴的过程中（Arena & Blankenburg，2013；Huang，2020），放松了斯拉法的理论假设，如统一利润率假设（Zambelli，2018），固定资本假设（黄彪，2018），并且扩展了分析的范围，如技术进步问题（Schefold，1976，1997）、信用问题（Venkatachalam & Zambelli，2021a；2021b）、生态问题

（Joan，1995；Judson，1989），从而更好地分析现实经济现象。在经验层面上，斯拉法学派运用投入产出数据分析现实经济的表现，如提出衡量技术进步的"工资利润曲线比率指数（Wage-Profit Curve Ratio index）"和"技术进步指数（Technological Progress index）"（Zambelli，Fredholm & Venkatachalam，2017），分析 1995—2011 年欧洲各国比较优势的发挥情况（Boglioni，2019），通过循环资本模型和固定资本模型分别计算美国 2014 年的工资利润曲线。（Tsoulfidis，2021）

斯拉法价值论对劳动价值论的挑战

斯拉法价值论作为独树一帜的价值理论，对传统的劳动价值论已从如下几个方面提出了挑战。

对价值向生产价格转化的否定

劳动价值向生产价格转化的逻辑

李嘉图的劳动价值理论遗留了两大难题，其一就是价值规律与等量资本获得等量利润之间的矛盾。由于不同生产部门资本有机构成和周转时间的差异，等量的预付资本生产的剩余价值一般不相等，如果商品按照价值出售，那么等量资本投在不同生产部门将获得不等的利润量，这就无法解释等量资本近似获得等量利润的现象。

马克思对这一问题的解答是，资本主义到达一定的发展阶段之后，竞争会使得利润率平均化，从而价值转化为生产价格，商品不再按价值而是按生产价格进行交换。为了说明价值向生产价格转化的过程，马克思在《资本论》第三卷中举了一个五部门的数值例子。（马克思、恩格斯，2003，第173—177页）在该数例中，成本价格是以劳动价值衡量的，而平均利润直接是由剩余价值的平均化所得的，从而商品的生产价格，也就是成本价格与平均利润之和，也是以劳动价值衡量的。由此马克思推出了"总利润等于总剩余价值"、"总生产价格等于总价值"这两个总量命题，并指出商品的生产价格是价值的转化形式，"它们要从商品的价值引申出来。没有这种引申，一般利润率（从而商品的生产价格）就是一个没有意义、没有内容的概念。"（马克思、恩格斯，2003，第176—177页）

随后，马克思也指出："一个商品的生产价格，对它的买者来说，就是它的成本价格……因为生产价格可以偏离商品的价值，所以……把商品的成本价格看作和该商品生产中所消费的生产资料的价值相等，那就总可能有误差。"（马克思、恩格斯，2003，第184—185页）尽管在马克思看来，"这一点没有进一步考察的必要"（马克思、恩格斯，2003，第185页），然而成本价格的转形，以及由此产生的两个总量不能同时相等的问题却成了劳动价值论百年未解的理论难题。

对劳动价值论的挑战由来已久。庞巴维克在1884年《资本与利息》（von Böhm-Bawerk，1884）一书中，就批判了马克思《资本论》第一卷所阐述的劳动价值论和剩余价值论。当《资本论》第三卷1894年出版以后，他又于1896年发表了《马克思体系的终结》（von Böhm-Bawerk，1896）的长篇文章，试图证明马克思的第三卷否定了第一卷，平均利润率和生产价格理论同价值论是不可调和的。为了从逻辑上解决成本价格的转形问题，鲍特凯维兹（von Bortkiewicz，

1952[1907]，1998[1907]）、温特尼兹（Winternitz，1948）、米克（Meek，1956）各自构建了三部类再生产模型下的成本价格转形方程，塞顿（Seton，1957）则将模型扩展到了 n 部门。尽管在模型的具体设定上有所区别，但以上转形的解法都得到了相同的结论，即考虑成本价格转形之后，两个总量相等命题一般不能同时成立。这一结论本身就是对生产价格是价值的转化形式的否定。但到此为止，生产价格的计算方法看起来仍是以劳动价值为基础的，通过引入生产价格对劳动价值的偏离率来构建方程组进行求解，生产价格与劳动价值的独立性尚未被完全揭露出来。而自斯拉法的《用商品生产商品》出版之后，劳动价值向生产价格的转化受到了更为实质性的冲击。

斯拉法价格与生产价格的关系

不同于劳动价值论中复杂的转形过程，斯拉法直接从实物生产关系出发，构建了多部门价格均衡方程，只要外生给定工资率或利润率，就可以得出满足利润率均等的价格体系。由于斯拉法的价格体系也满足部门间利润率平均化，与马克思的生产价格非常相似，因此，尽管斯拉法本人并未提及劳动价值论与转形问题，但掀起了关于价值转形的新一轮讨论。

部分西方马克思主义经济学家认为，斯拉法的价格体系与马克思的劳动价值论具有内在一致性，并且解决了价值转形中的关键难题，提供了生产价格的精确计算方法。（Dobb，1973；Kurz，1979；Garegnani，1998）其论据可以总结为以下三点：第一，斯拉法证明了他的价格体系可以还原为有时期的劳动，那么反过来，自然可以从不同时期的劳动中推出斯拉法的价格体系；第二，生产价格必须依托具体的投入产出关系而构建，马克思之后的转形模型所使用的再生产框架实际上就是通过引入这种投入产出关系实现的成本价格转形；第三，生产价格既可以通过单位产量的劳动耗费来推导，也可以通过单位产量的商品投入来推导，二者在量上完全一致。为了说明最后一点，森岛指出马克思的计算实际上是动态转形的第一步（Morishima，1973），只要将算法进一步迭代下去，就可以证明从劳动价值开始的动态转形的极限与实物生产的均衡价格等价。（Morishima & Catephores，1978）

这样一来，马克思遗留的价值转形问题似乎从斯拉法这里得到了解决，然而新的问题随之而来。一旦接受斯拉法的价格体系（马克思的生产价格体系），那么生产价格与劳动价值的独立性就完全被揭露出来。既然生产价格和一般利润率可以直接从实物生产体系中求解，那么从劳动价值向生产价格的转形就完全成了伪问题。最先抓住这一矛盾并对劳动价值论展开批判的是萨缪尔森和斯蒂德曼。（Samuelson，1971；Steedman，1977）萨缪尔森这样评价价值转形：写下价值关系，用橡皮擦掉，再写下价格关系——这就是所谓的价值转形。而斯蒂德曼不仅指出了劳动价值的多余，更是从斯拉法的分析框架出发，给出了联合生产情况下劳动价值（剩余价值）为负的数例，从而指出劳动价值论既是不必要的也是不正确的。

由于无法回应萨缪尔森和斯蒂德曼的批判，劳动价值论的支持者开始重新审视斯拉法的价格体系，并终于认识到其作为一种独立的价值-价格理论（郭熙保，1986），甚至有取代马克思的价值和生产价格论的趋势（魏埙，2001）；为了维护劳动价值论的地位，转而将矛头指向斯拉法价格理论，认为斯拉法的价格方程混同了商品价值、交换价值和价值本质（胡代光，1985），从实物关系反推价值关系是本末倒置，只抓住了现象而忽略了本质（丁堡骏，2001），价值向生产价格的转形是动态的历史过程，而非斯拉法构建的静态一般均衡。（余斌，2013）然而一方面，批评的观点始终不能从形式逻辑上说明斯拉法的价格体系与马克思的生产价格体系的区别；另一方面，如果完全否定斯拉法的价格体系，那么价值转形又成了未解之谜，仍是劳动价值论的重要理论缺陷。

本书的观点

本书认为，要理解斯拉法价值-价格理论的逻辑，必须先撇开劳动价值论，将斯拉法理论视作完全独立的体系并回到该体系本身。回顾斯拉法的价格决定方程（8.2）：

$$Ap\ (1+r) = p$$

该体系包括 n 个独立方程，$n-1$ 个价格和利润率，等号的左侧是生产某种商品所需的生产成本和利润，等号的右侧则是该商品的数量与价格之积，即商品总价格。

需要注意的是，生产成本所采取的形式是投入品的数量和价格之积，这样一来，商品价格既出现在等号左侧，也出现在等号右侧。这意味着，不存在独立于并且先于价格而决定的"生产费用"或"生产成本"。尽管非基本产品的价格可由基本产品的价格和均衡利润率导出，但整个经济的价格体系取决于基本产品的价格，而基本产品的生产资料包含其自身，不可能在确定它的价格之前确定它的生产成本。另一方面，由于利润是按照生产成本的比例在不同生产部门之间进行分配的，因此在价格决定之前确定利润的分配（或利润率）是不可能的；同时利润又计入了商品价格，因此在求出利润（率）之前，价格也是不能确定的。

如果用一句话概括斯拉法价值-价格理论的逻辑，那就是"剩余分配的决定，必须和商品价格的决定，通过相同的机构，同时进行"。（斯拉法，1963年，第12页）现在我们重新审视劳动价值向生产价格的转形就会发现，马克思价值转形的逻辑与斯拉法价值-价格理论的逻辑之间存在着根本分歧。在劳动价值论的体系下，在利润率平均化之前，商品价值就已经存在了，因此生产成本可以用预先确定的劳动价值衡量，这就是马克思狭义转形的起点。不仅生产成本，总剩余价值、总利润和平均利润率的决定也先于生产价格。也就是说，在马克思的价值转形中，等号的左侧是已知的价值量，等号的右侧是未知的生产价格，价值转形是一个单线程的过程，而非斯拉法所强调的物质生产循环过程。

从这种价值向生产价格的单线程转化中，马克思推出了总利润等于总剩余价值、总生产价格等于总价值。在狭义转形中，两个总量命题显然是成立的，因为总利润不过是总剩余价值按照以劳动价值衡量的生产成本在各生产部门间重新分配，总生产价格也不过是总生产成本与总利润的加总。然而，一旦考虑到成本价格转形，即生产成本不再以劳动价值，而是以生产价格来衡量，两个总量命题之间就会出现矛盾。这是因为在广义转形中，以生产价格衡量的成本价格不再是已知的价值量，而是未知量，广义转形也已经超越了马克思的单线程分析，而转向了斯拉法的循环分析。这种逻辑体系下不可能存在先于生产价格而决定的分配关系，也不可能存在先于生产价格而决定的剩余，因而以生产价格衡量的总利润与总剩余价值不相等也就不足为奇了。

劳动价值论的拥护者并没有认识到成本价格转形是沿着斯拉法而非马克思的逻辑进行的分析，因此对斯拉法的价格体系才保持着既不敢肯定，又不能完全否定的暧昧态度。当这一点被揭露之后，人们会发现所有的成本价格转形模型从一开始就已经完全脱离了劳动价值论。即使是形式上从劳动价值开始的转形模型，把劳动价值换成其他什么价值也完全不会影响最终生产价格的计算。这样一来，没有理由认为劳动价值是生产价格的本质，生产价格是劳动价值的转化形式，反倒劳动价值体系本身成了多余，从劳动价值出发推导生产价格根本就是一个伪问题。

不仅如此，更为严重的问题恐怕在于马克思对价值概念的本质定义与其应用之间的矛盾。既然价值被定义为商品的社会属性，反映的是商品生产者彼此分工交换产品的社会关系，[①] 那么从价值的这一本质定义出发，无论是耗费在商品生产中的劳动还是用工资、利息、地租代表的劳动、资本和土地等生产要素，抑或是商品的使用价值和效用，商品只有在进入交换过程并转化为货币之后，才会形成或表明具有一定的价值；而在商品进入交换之前，怎么就能断定不仅耗费在商

---

① "商品只有作为同一的社会单位即人类劳动的表现才具有价值对象性，因而它们的价值对象性纯粹是社会的，那么不言而喻，价值对象性只能在商品同商品的社会关系中表现出来。"（马克思、恩格斯，2001，第 61 页）"商品形式和它借以得到表现的劳动产品的价值关系，是同劳动产品的物理性质以及由此产生的物的关系完全无关的。这只是人们自己的一定的社会关系。"（马克思、恩格斯，2001，第 89—90 页）"可见，人们使他们的劳动产品彼此当作价值发生关系，不是因为在他们看来这些物只是同种的人类劳动的物质外壳。恰恰相反，他们在交换中使他们的各种产品作为价值彼此相等，也就使他们的各种劳动作为人类劳动而彼此相等。"（马克思、恩格斯，2001，第 91 页）"劳动产品的价值性质，只是通过劳动产品表现为价值量才确定下来。"（马克思、恩格斯，2001，第 92 页）

品生产中的劳动已经形成了，而且比起资本有机构成高的部门，资本有机构成低的部门的同量资本会创造更多的价值和剩余价值呢？

进一步说，只要考察的是有经济剩余的生产体系，无论是资本主义还是简单商品经济，价值决定与剩余分配就都必须按照同一种机制同时完成，因为市场不会给人们提供两次交易机会：第一次决定价值或价格，第二次决定经济剩余的分配。本书第九章讨论的均衡交换比例与比较利益的分配就是同时决定的。

对生存工资理论的否定

劳动价值论下的生存工资理论

基于劳动价值论的工资理论由劳动力商品理论、产业后备军理论和资本积累理论三部分共同构成。劳动力商品理论规定了工资的实质，产业后备军理论解释了工资围绕劳动力价值的周期性波动，资本积累理论解释了劳动力价值的长期变动规律和无产阶级的贫困化。

根据劳动力商品理论，工人在市场上出卖的并不是他们的劳动，而是劳动力，工资是劳动力价值或价格的转化形式。作为一种特殊的商品，劳动力的价值也是由再生产它所必需的劳动时间决定的，或者说是由"维持劳动力占有者所必要的生活资料的价值"决定的。（马克思、恩格斯，2001，第199页）这些生活资料具体又包括三类：维持劳动者本人生存所必需的生活资料，维持劳动者家庭延续所必需的生活资料，使得劳动者获得必备的劳动技能所必需的生活资料。"和其他商品不同，劳动力的价值规定包含着一个历史的和道德的要素。"（马克思、恩格斯，2001，第199页）这一历史和道德的因素体现了劳动力价值决定具有一定的伸缩性。

在劳动力价值不变的情况下，劳动力市场的供求因素会导致工资以劳动力价值为中心周期性波动。但劳动力供给并不直接受工人人口的限制，因为"资本主义积累不断地并且同它的能力和规模成比例地生产出相对的，即超过资本增殖的平均需要的，因而是过剩的或追加的工人人口"。（马克思、恩格斯，2001，第726页）这种"过剩的工人人口形成一支可供支配的产业后备军"（马克思、恩格斯，2001，第728—729页），在工业周期中相应地收缩和扩张，并在劳动力市场上调节工资的波动。

最后，关于劳动力价值的长期变动也存在两个方向的影响因素。一方面，随着劳动生产率的提高，生活资料的价值将会下降，从而导致劳动力价值下降。另一方面，随着资本的积累和生产能力的提高，工人必需的生活资料的内涵也在不断发展变化。资本积累要求劳动力的再生产，从而会在一定程度上满足工人增长的需求，推动劳动力价值实现历史性的变化，但同时又将这种劳动力价值的变化限定在绝不会影响资本积累的程度上，即不能破坏资本主义生产关系的再生产。

由于劳动力价值超出了维持生存所必需的消费资料价值，具有一定的伸缩性，会随着资本积累而发生变动，同时产业后备军原理也否定了马尔萨斯的绝对人口过剩，马克思的工资理论被认为是对古典生存工资理论的批判和超越。（方敏、赵奎，2012；谢富胜、陈瑞琳，2016）但实际上马克思并没有真正超越生存工资理论，只是详细地界定了一个新的"生存"标准，即劳动力价值。尽管劳动力价值在量上可以超出古典生存工资，也并非由人口绝对数量所决定，但仍然将工资限定在预先确定的量上，从而在收入分配问题上将工资与利润放在了不对等的位置上。工资被视为生产成本，而利润则被划分到经济剩余的范畴，从这一点来看，马克思的工资理论与古典生存工资理论也并没有什么不同。[①]

斯拉法对工资的处理

《用商品生产商品》一书中，对于工资存在两种不同的处理方式。在最原始的维持生存的和具有剩余的生产模型中，斯拉法"都把工资当作是由工人的必需生存用品所组成，因此在体系中它的地位是和引擎燃料或牲畜饲料一样"（斯拉法，1963 年，第 15 页），工人也就被当作与引擎和牲畜一样，成为物质生产体系中的一种基本产品。显然这一处理并不合适，如果将工人当作一种产品，将工人的生存消费当作这种特殊产品的生产过程，那么这个生产过程获得的一般利润率就无法进行解释。

而考虑到工资除了包含工人的生存消费，还包含一部分剩余，"似乎应该划分工资为两个组成部分，并且只把'剩余'部分当作是可变的；至于为工人生存用的必需品，将和燃料等等继续出现在生产资料中"。（斯拉法，1963 年，第 15 页）但在实际处理中，斯拉法将全部工资都当作是可变的，假定"工资作为年产品的一部分，是事后支付的"（斯拉法，1963 年，第 16 页）；这样处理的一个优势是在标准体系下，工资与利润的此消彼长关系可以通过线性的工资-利润曲线来表示，但也会导致工人"消费的必需品贬入非基本产品的深渊"。（斯拉法，1963 年，第 16 页）

---

① 我们对照一下就会发现，马克思关于工资品和价值的构成与李嘉图（1962，第 77 页）完全相同，只不过马克思把李嘉图劳动的价值改成了劳动力的价值。

因此，尽管从形式上看，工资-利润曲线中的工资取值可以从 0 取到最大工资率 1，但斯拉法也指出，工人生存消费的必需品本质上是基本产品，即使被贬入非基本产品，也一定会以迂回的方式影响生产，"例如规定一个限度，工资不能降低到限度以下；但这个限度本身会随着必需品生产方法的任何改进而下降"。（斯拉法，1963 年，第 16 页）这里的"限度"看起来与劳动力价值非常类似，然而二者之间存在根本性区别。在斯拉法的价格体系中，没有先于分配而决定的价值和价格，因而工资的这个"限度"要与工资本身同时决定。在劳动价值论中，劳动力价值不仅先于工资决定，还是工资波动的中心，而非斯拉法所说的最低"限度"。在斯拉法看来，工人的生存消费只是工资的一个最低限度，而工资的上限可以占据社会生产的全部剩余。

在工资与利润谁确定谁的问题上，斯拉法的理论与劳动价值论之间也存在根本性区别。在劳动价值论中，劳动力价值被设定为已知的，而剩余价值是社会生产的总价值扣除生产资料的耗费和劳动力价值之后的余额。但在斯拉法的理论体系中，工资是可以包含生产剩余的，是"按照一种比较抽象的标准被视为'给定的'时，以及在商品价值尚未决定时工资不具有确定意义……作为一种比率的利润率，具有独立于任何价格的意义，并且在价格决定之前很可能被'给定'……它可以从生产体系以外决定，特别是可以为货币利息率水平所决定"。（斯拉法，1963 年，第 39 页）

本书的观点

斯拉法对工资的处理与劳动价值论的工资理论的本质区别是允许劳动参与剩余的分享，从而真正突破了古典的生存工资理论，使得工资与利润作为劳动与资本的报酬平等地参与收入分配的决定。

古典生存工资理论认为，如果工资高于生存水平，人口和劳动力供给就会增长，从而把工资拉回生存水平，反之劳动力供给就会下降，直到工资重新回到生存水平，最终劳动力供求关系会将工资长期压制在维持生存的水平。马克思对生存工资进行了新的诠释，认为产业后备军的存在使得工资不能直接调节人口数量，因此工资会高于仅仅维持生存的必需水平，但会在另一个新的"生存"工资水平，也就是劳动力价值附近波动。至于劳动力价值的量到底是多少，并没有清晰的论述，只是大致总结为受历史和道德因素影响。

如果我们将古典生存工资看作马克思劳动力价值的下限，而按照不影响资本积累来规定劳动力价值的上限，那么这个上限可以使利润率无限趋近于零。在这一意义上，劳动力价值的可能范围与斯拉法理论中工资的可能范围是完全一样的。既然劳动力价值可以上涨到几乎完全侵蚀利润的程度，而不再受到物质生产技术条件的限定，那么就不能再将工资看作社会再生产的必要成本，将利润看作被资本占有的社会生产的全部剩余，否则生产成本和经济剩余的划分将完全依赖于主观的判断。斯拉法价值理论的一个进步之处就在于认识到了工资早已超越了劳动者生存的最低限度，并且承认了工资对经济剩余的分享。

斯拉法理论的另一个进步，在于认识到了工资与利润在收入分配问题上的平等性。尽管斯拉法的分析并没有涉及工资或利润率的具体决定机制，这导致完整的收入分配理论并没有形成，但他已经意识到了给定工资和给定利润率在价值体系的求解中是等价的。我们只要再向前迈进一步就会发现，不仅劳动，资本也同样是再生产的必要条件，二者在商品价值形成中的地位是完全平等的，这才使得工资和利润分别作为劳动和资本的报酬在收入分配中具有同等的地位。

古典生存工资理论和基于劳动价值论的生存工资理论坚持给定工资而将利润视为剩余，实际上是混淆了工资一般、特殊和个别。工资水平保持在甚至低于劳动者维持生存的水平，这只是个别历史时期的现象，却被古典生存工资理论视为人类社会的普遍现象。实际上在资本主义制度下，工资高于维持生存的水平才是常见现象，马克思正是看到了这一点，才试图将实际工资与生存工资的差别归因于历史和道德因素的影响，但这只是对古典生存工资理论的修补而非超越。在斯拉法的价值理论中，工资作为劳动报酬的一般性才被揭露出来。只有将工资和利润放在对等的位置上，才能内生地解释工资和利润的分配关系，而非归因于抽象的历史与道德因素。

对剩余价值来源和剥削问题的回避

劳动价值论中的剩余价值与剥削

按照劳动价值论的逻辑，价值被定义为凝结在商品中无差别的人类劳动，商品的等价交换即按照等量劳动进行交换；在这种定义下，劳动自然成为价值的唯一源泉。但这种定义同时带来了两方面的难题，一个是前文"对价值向生产价格转化的否定"中所讨论的等价交换与等量资本获得等量利润之间的矛盾，另一个就是等价交换与剩余来源的矛盾。

如果商品的买和卖都按照等价交换原则进行，那么流通阶段不会产生任何的价值增殖，剩余价值的来源只能从生产过程中产生。但生产过程中投入的物化劳动和活劳动，最多只能转移和物化自身所体现的劳动量，而不能凭空增加产品中包含的劳动量，这样生产过程也不能创造剩余价值。那么，资本运动过程中出现的价值增殖，即剩余价值是从哪里来的？为了解释等价交换条件下剩余价值的来源，我们必须找到一种特殊的商品，"它的使用价值本身具有成为价值源泉的独特属性"（马克思、恩格斯，2001，第195页），这种特殊的商品就是劳动力。

马克思认为，工人向资本家售卖的不是他们的劳动，而是劳动力，是"一个人的身体即活的人体中存在的、每当他生产某种使用价值时就运用的体力和智力的总和"。（马克思、恩格斯，2001，第195页）为了获得劳动力的使用价值，资本家只需要向工人支付他们劳动力价值的等价物，而这种使用价值"发挥作用的结果，不仅再生产出劳动力自身的价值，而且生产出一个超额价值"。（马克思、恩格斯，2001，第242页）这样，所有的交换过程仍然符合等价原则，而一个超额的价值，即剩余价值，在劳动力商品的生产性消费中被创造了出来。

由于资本家支付了工人的劳动力，因此劳动力的使用价值，以及这种使用价值所能带来的全部价值就归资本家所有。资本家不仅收回了他支付的工人劳动力的等价物，还获得了工人创造的剩余价值而并未对此进行额外支付。在马克思看来，这构成了资本家对工人创造的剩余价值的无偿占有，是资本家对工人的剥削行为。剩余价值率，即剩余价值与工人劳动力价值的比例，则被认为"是劳动力受资本剥削的程度或工人受资本家剥削的程度的准确表现"。（马克思、恩格斯，2001，第252页）

尽管"剩余"、"剩余价值"、"等价交换"都还可以被认为是不带有感情色彩和价值判断的中性词，但"剥削"一词缺乏逻辑的论证和经验的验证。

古典经济学家斯密虽然也曾认为利润和地租是对劳动生产物的扣除（斯密，1972，第59页），李嘉图甚至揭示了工资率与利润率的反向变动（李嘉图，1962，第92页），但他们都不曾认为利润和地租是资本家和地主对劳动者创造的价值的无偿占有，因为很明显，如果没有资本和土地的作用，劳动生产物不可能单靠劳动者生产出来。正如爱尔兰经济学家朗菲尔德（Longfield，1833）所言，利润是代表着从工人生产物中的一种扣除，但工人并没有被剥削，因为净工资远远大于他自己在没有任何资本协助的情况下所能获得的收入。

斯拉法对剩余来源与剥削问题的回避

斯拉法的体系中并没有剩余价值的概念，也没有直接承认或否定剩余价值的来源和剥削，但斯拉法有剩余的概念，我们可以根据剩余的概念对剩余来源和剥削进行推导。在斯拉法看来，"经济体系所生产的商品数量，多于为更新所需要的最低数量"，那么就存在"可以分配的剩余"（斯拉法，1963，第11页），这里的剩余是指实物层面的产出与必要投入的差额。如果要对剩余进行加总，并且在工资和利润之间进行分配，就需要将实物层面的剩余转化到价值层面。但在斯拉法体系下，剩余分配和商品价格的决定是同时的，因此无法在确定分配关系之前计算剩余的价值总量。或者说，任意给定一组工资-利润的分配关系就可以得到一个对应的剩余价值总量。

值得注意的是，如果我们取一个非常特殊的分配关系，令利润率为零，那么斯拉法的价格体系中，"商品的相对价值是和商品的劳动耗费成比例的，就是说，和直接、间接用于生产商品的劳动数量成比例"。（斯拉法，1963，第18页）这样看来，劳动价值体系似乎是斯拉法价值体系中的特例，然而恰恰相反，这个特例要求剩余全部分配给工资，而非劳动价值论所述被资本无偿占有。二者产生差异的根源在于，对于价值与分配的相互关系具有完全不同的认识。

劳动价值论预设了商品价值就是劳动的凝结，以劳动时间衡量和计算，在这一假设前提的基础上才出现了等价交换与剩余来源的矛盾，从而不得不依靠构建劳动力商品寻找问题的出路，最终将剩余全部归因于工人的剩余劳动，并认为资本家对剩余的占有形成了对工人的剥削。实际上，剩余来源之谜和资本对劳动的剥削全部来自劳动价值这个根源本身。尽管斯拉法没有直接对劳动价值论的剩余来源和剥削问题进行否定，但这一问题的分析前提，即劳动价值本身已经被否定了。正如前文"对价值向生产价格转化的否定"和"对生存工资理论的否定"中的论述，在劳动价值向生产价格转形以及劳动力价值定义的合理性方面，劳动价值论都没有给出严密的推导或令人信服的论据。

而在斯拉法价值论体系下，预设的价值定义不存在，商品价值或价格直接由给定分配关系下的一般利润率均衡给出，在剩余的价值总量确定的同时，剩余的分配也已经完成。按照这一逻辑倒推，剩余的来源就是所有参与分配的生产要素。只要所有生产要素按照各自在形成商品价值与剩余的价值总量中所起的作用参与分配，剥削就不存在。

至此我们发现，劳动价值论中固有的等价交换与等量资本获得等量利润之间的矛盾、等价交换与剩余来源的矛盾、等价交换与剥削的矛盾全部消失了。不仅如此，斯拉法价值论还为现实的收入分配问题提供了一个更为一般的分析框架，从而在逻辑上和适用性上对劳动价值论发起了双重挑战。

斯拉法范式的继承和发展

尽管斯拉法没有直接对劳动价值论进行批判，但他的价值理论对劳动价值论形成了剧烈的冲击，在马克思主义经济学内部也产生了分歧。以斯蒂德曼和霍奇森为代表的马克思主义经济学家认识到劳动价值论的内在矛盾可能会导致马克思主义经济理论体系的瓦解，从而转向探索构建没有劳动价值论的马克思经济学。斯蒂德曼主张用斯拉法的实物价值体系替代劳动价值论，从而还原马克思的唯物主义和剩余分析方法。霍奇森则在斯拉法价值论的基础上引入了货币这一重要因素，并构建了没有劳动价值论的剥削理论。

实物价值体系对劳动价值论的替代

斯蒂德曼受到斯拉法实物生产体系分析方法的启发，用这种分析方法对马克思的经济思想和理论进行了重塑，其成果主要体现在1977年出版的著作《按照斯拉法思想研究马克思》一书中。该书虽继承了斯拉法的实物分析方法，强调以实物为基础的生产条件的重要意义，但讨论的对象是基于劳动价值论构建的资本主义经济。因为在斯蒂德曼看来，"马克思的价值分析通常是内在地不一致的，完全不能提供那种马克思所企求的对资本主义经济的基本特征的阐述"，因此要在摒弃马克思劳动价值理论的基础上，利用斯拉法的实物体系"建立一种逻辑上一致的关于资本主义的唯物主义理论"（斯蒂德曼，1991，第181页），从而批判地继承和发展马克思的经济理论。

为了实现这一目的，斯蒂德曼在模型的设定上基本还原了马克思的思想，特别是对商品价值和工资的处理几乎全部来自劳动价值论：承认了商品具有"价值"和"使用价值"的二重属性，明确区分了"劳动"和"劳动力"两个概念，将商品价值归结为商品中包含的劳动时间；强调了工人具有的"双重自由"的特征；延续了生存工资的思想，并将工资看作一定时期内的特定商品组成。唯一的区别体现在，包括投入品、劳动时间和产出品在内的生产技术是以实物形式规定的，而非马克思的论述中常用的以价值量的形式规定。

在上述假定下，斯蒂德曼证明了价值体系和生产价格体系可以独立地、逻辑一致地从这种生产的实物条件和实际工资中推导出来，生产价格体系的计算不涉及任何劳动时间的概念。尽管借助生产的实物体系，价值体系与生产价格体系之间也可以进行相互转化，但这种方法没有实际意义，因为二者都只是实物体系的衍生物。此外，如果完全脱离实物体系，价值体系就无法逻辑一致地转化为生产价格体系，这也是马克思无法完成价值转形的原因。而在包含技术选择的情况下，生产方法是通过生产价格体系下的利润最大化分析确定的，商品价值只有在生产方法确定后才能确定，因此生产价格和利润率的决定在逻辑上先于商品价值。

生产价格体系和价值体系的独立关系已经得到证明，为了论证劳动价值的无用性，斯蒂德曼还对剥削、劳动过程和异质劳动等问题进行了分析。在他看来，尽管剩余价值为正与利润为正之间确实存在等价关系，但这不足以说明利润的来源，因为剩余价值为正的决定因素本身也需要被说明，而这必须回到实物生产体系。同样的道理，劳动过程研究和异质劳动还原问题本质上也必须依靠实物生产体系。由于资本家只关心价格与利润率，既不知道也不关心一切以劳动价值衡量的量和规律，因此价值体系不过是研究实际问题的不必要的迂回，因为实物生产体系的任何变动都可以直接推出价格和利润率的相应变动。

不仅如此，如果将固定资本和联合生产纳入分析框架，以价值量为基础的分析就会出现理论缺陷，从而严重阻碍对资本主义经济的正确理解。对此，斯蒂德曼通过简单的数例进行了说明。在包含固定资本的体系中，价值量必须通过联合生产的方法计算，否则在机器效率变动的情况下，马克思所采用的线性价值折旧就会出现计算的不一致。在纯粹联合生产的情况下，商品价值可能为正、为负或为零。即使利润率和生产价格为正，按照马克思的价值计算方法得到的剩余价值也会出现负值。而在这两种情况下，通过实物体系，生产价格和利润率仍然可以直接求解，而无须涉及任何价值量。冯·诺伊曼（von Neumann，1945，1946）和森岛（Morishima，1974）的相关研究就是在完全不涉及价值量分析的情况下，直接通过基于实物体系的利润率理论解决了利润率和增长率的确定、劳动配置和生产方法的选择、剩余劳动和利润率的关系等问题。

总的来说，这本著作对劳动价值论表示了坚定的反对，其分析前提完全按照劳动价值论设定不过是为了在劳动价值论的逻辑下推导出其内在矛盾和不一致性；在此基础上，还从实用性的角度对劳动价值论发起了质疑。同时，这本著作必须承认斯蒂德曼所主张的，以斯拉法的实物分析为基础直接构建生产价格和利润率理论，并非要颠覆整个马克思主义政治经济学，而是试图抛弃有理论缺陷的劳动价值论，还原真正的唯物主义理论，从而解决马克思竭力解决的重要问题。从这一方面来看，这本著作同样是对马克思主义政治经济学的继承和发展。

长期以来，劳动价值论都被视作马克思政治经济学大厦的基石，是不可动摇的根本，对劳动价值论的质疑和否定似乎就一定是对马克思主义的质疑和否定。而实际上，劳动价值论并不是一个完善的价值-价格理论，斯蒂德曼证实了这一点，并提出通过利用斯拉法的实物价值体系取代劳动价值体系，以延续马克思唯物主义的分析的思路。

没有劳动价值论的剥削理论

作为斯蒂德曼的后继者，霍奇森延续了其对劳动价值论的批判，但霍奇森不满足于构建实物价值体系。在他看来，马克思的劳动价值论存在严重的缺陷，斯拉法的理论也存在重要缺失，这种缺失必须通过引入货币来弥补。为了进一步证明劳动价值论的无用性，霍奇森还构建了没有劳动价值论的剥削理论，从而说明资本主义的剥削性质并不依赖于存在理论缺陷的劳动价值论而存在。从这一角度来看，霍奇森与他的老师斯蒂德曼一样，都试图重建没有劳动价值论的马克思主义经济学。

为了证实劳动价值的无用性，霍奇森在斯蒂德曼批判的基础上，对劳动是交换价值的唯一实质和价值实体存在的必要性进行了批判。他认为"商品具有两个方面。第一是它的使用价值，第二是它的交换价值"（霍奇森，2013，第59页），而劳动形成交换价值的唯一实质不过是马克思的一种假设，"马克思或者任何其他人都没有证明那种劳动是唯一的具体化在商品里的社会的和客观的共同物质"。（霍奇森，2013，第107页）如果劳动可以被视作这种唯一的共同的物质，那么铁和土地也应当具有相同的地位，因为它们也直接或间接地参与了所有商品的生产。事实上，在霍奇森看来，交换价值的基础根本不是一种物质，而是商品生产的社会关系，因此根本没有理由也没有必要去"寻求一种单独的或者同质的共同物质"。（霍奇森，2013，第108页）如果我们关心的只是交换价值的量，那么斯拉法的价值理论就足够了，交换价值的量只"决定于投入和产出中一切基本商品的结构关系"。（霍奇森，2013，第108页）

然而，霍奇森认为斯拉法没有将货币因素纳入价值理论，也是不完善的。一方面，商品交换价值中包含的社会关系需要依靠货币这种一般等价物体现，只有引入了货币，商品价值的绝对量才能确定，而不只体现为一系列错综复杂的比例关系。另一方面，正是货币学说使得马克思的经济理论不只限于长期静态均衡分析，因此货币是马克思分析中不可或缺的因素。为了构建一种完善的、超越性的价值理论，霍奇森在斯拉法的实物价值体系中加入了货币生产部门，并假设货币是每个部门必不可少的催化剂。尽管在生产过程前后，每个部门持有的货币量都是不变的，但是流通环节的顺利进行要求储备一定量的货币，而持有这种现金货币的成本就是利息损失。

在这样一个货币化的斯拉法体系中，商品的均衡价格具有统一的货币表现形式，这种以货币单位计量的均衡价格被霍奇森定义为"新马克思主义价值"。劳动价值在马克思那里起到的作用，实物价值体系下生产价格在斯蒂德曼那里起到的作用，现在，在霍奇森的体系中，由货币均衡价格来实现。此外，霍奇森还指出货币化的斯拉法体系在非均衡分析中的适用性。这个体系"不再代表长期的静止状态"，而更接近"凯恩斯所解释和讨论的那种'移动的平衡'"。（霍奇森，2013，第217页）相对价格、利润和工资都会受到货币因素的影响，而货币因素又由流动偏好和对未来的预期决定；这样的不确定性就通过货币因素被引入资本主义生产方式的分析中。

在货币价格分析这一框架的基础上，为了进一步证明劳动价值的无用性，还必须回应资本主义剥削性质被掩盖的问题。事实上，根据霍奇森的观点，劳动价值论并不能证明资本主义存在剥削，甚至阻碍了这一性质的揭露。劳动价值论不过是简单地假定劳动创造了所有价值，自然可以推出剩余价值的存在和工人阶级被剥削的结论，但问题的关键在于，这一假设前提不仅没有被证明，反而引发了一系列的质疑，从而导致在其基础上构建的剥削理论也站不住脚。霍奇森认为，资本主义的剥削并不依赖劳动价值论而存在，完全可以构建不以劳动价值论为基础的剥削理论。他的剥削理论只需要一个理论前提，那就是劳动和劳动力的区别。

工人自身和劳动无法分离，因此被出售和挪用的对象只能是劳动力而非劳动。不同于其他生产要素，劳动的这一特殊性使得工人的时间被剥夺，工人不得不在生产领域的范围内受雇主的支配。在霍奇森看来，这就构成了资本对劳动的剥削。随即他又指出，这种剥削存在的社会基础是生产要素的私有制，如果一个阶级取得集体劳动的产品，完全是根据他们对生产资料的所有权或对其的控制，那么阶级剥削就出现了。至于剥削程度的度量，霍奇森主张用货币价格体系下总剩余和社会净收入的比值来衡量。（Hodgson，1980）

总结和评价

受到斯拉法价值论的启发，以斯蒂德曼和霍奇森为代表的马克思主义经济学家开始认识到劳动价值论的内在矛盾，并对劳动价值论直接宣战；为了保留马克思经济理论中科学的部分，开始探索劳动价值论的替代物，试图构建没有劳动价值论的马克思经济学。斯拉法的分析范式在这一批判和探索的过程中提供了必要的素材，斯蒂德曼推崇的实物价值体系和霍奇森构建的货币价格体系都建立在斯拉法价值论的基础上。这种以商品的实物投入产出结构解释商品价值–价格的方法，既避免了将商品价值归结为单一来源的假设，也避免了这一假设前提引发的一系列逻辑矛盾。

尽管斯蒂德曼和霍奇森试图以新的价值–价格理论替代劳动价值论，但我们也应看到他们的分析中存在的局限性。首先，在对工资的处理上，斯蒂德曼完全回到了古典的生存工资理论，仍然预设了资本将占据全部的经济剩余。在这一点上，其与劳动价值论和剩余价值理论没有本质上的区别。其次，在对剥削的定义中，霍奇森强调了资本与劳动天然的不对称性，从而认为生产资料私有制下必然会存在剥削也是没有道理的，他对剥削程度的衡量也体现出了价值全部来源于劳动这一思想。可以说，斯蒂德曼和霍奇森只是部分地继承了斯拉法的分析方法，并没有继承斯拉法思想的核心。他们试图与劳动价值论划清界限，但在分析过程中始终受到劳动价值论的影响。无论是生存工资这一明确的前提假设，还是剥削定义中隐含的思想，都没有把收入分配与价值决定真正放在同一个过程中，因此一套完善的价值–价格理论并没有形成。当然，这与斯拉法价值体系中，工资和利润二者之一需要通过外生条件确定不无关系。

对比新古典价值论和劳动价值论，斯拉法价值论采用了平均的而非边际的分析方法，将收入分配与价值决定纳入了同一个决定机制，认为工资分为生存费用和一部分的经济剩余，这是它的进步之处，值得借鉴。但我们也应当认识到，斯拉法价值论本身也存在局限性，需要外生给定工资或利润就是其局限性之一；此外，斯拉法的价值分析中只关注了商品生产环节，而忽视了需求对商品价值决定的作用；最后，斯拉法所继承的古典学派统一利润率假设，与现实中生产部门间长期存在的利润率差异并不相符。（蔡继明，2008）由于存在这些局限，斯拉法价值论的解释力大为减弱，要借鉴和完善斯拉法的分析范式，就必须对这些问题进行修正。

对三大价值理论的简要评价

自经济学产生以来，价值理论就一直是争论的焦点，其中劳动价值论、新古典价值论和斯拉法价值论相互对峙，形成三足鼎立之势。

传统的劳动价值论由于只承认劳动是价值的唯一源泉，从而难以对非劳动要素在价值形成中的作用以及所得到的收入做出令人满意的数量分析。国内外经济学界对于劳动价值论，或者将其全盘否定，或者将其当作教条，或者用死劳动偷换活劳动从而使之庸俗化，总之，有关劳动价值论的研究，100多年来并未取得实质性进展。

新古典价值论虽然对各种生产要素在价值决定中的作用以及功能性分配给出了数量解，但其内在的逻辑矛盾（循环论证）和固有的辩护性（宣扬阶级调和），亦受到马克思主义经济学家和新剑桥学派的批评。

至于斯拉法的价值论，由于一方面给予边际生产力论致命一击，另一方面又通过揭示出交换比例与利润率形成的同一机制而使"价值向生产价格的转换"成为多余，因此，尽管有关文献资料浩如烟海，但它似乎既不能被马克思主义阵营接收，也难以融入西方经济学主流。

作为一种价值理论，斯拉法模型具有如下缺陷：

（1）没有揭示分工交换的起源和等价交换的内涵；

（2）没有从均衡交换比例即相对价格中抽象出价值；

（3）工资率被设定为外生变量，没有解决功能性分配问题；

（4）各部门之间的关系完全是技术关系。

由于斯拉法没有考虑需求，因此琼·罗宾逊（Joan Robinson，1961，第53—58页）认为斯拉法体系只是半个均衡体系（half of an equilibrium system）。所以，按照白暴力教授勾画的六层价值-价格理论体系图，斯拉法价值论也只是在第三层次上完成了有关生产价格的精确计算。

以上三种价值理论分别处在白暴力（2006，第12页）所刻画的价值-价格理论体系的不同层次上（见图8-3）。

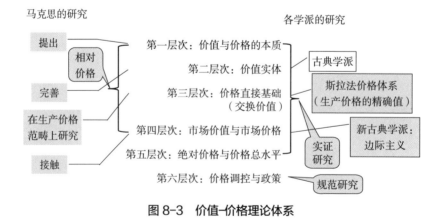

图8-3 价值-价格理论体系

正是在上述不同的价值理论的基础上，不同的收入分配理论乃至不同的经济学体系形成了，每个经济学体系都创立了自己独特的基本范畴，如资本、利润、利息、地租和工资等，这些范畴所反映的经济关系都各不相同，以至于正处在转型期的中国理论经济学的建立缺乏统一的基础。

实际上，上述三种价值理论都得在不同的假定条件下才能成立，因而都只是狭义的价值理论。本书下面几章试图通过对这些狭义价值理论的比较研究，建立一个反映市场经济一般规律的价值理论即广义价值论，揭示广义价值规律在不同条件下借以实现的形式，使价值理论与收入分配理论内在地统一起来。

第三篇

从狭义价值论到广义价值论

导论

本篇阐述广义价值论的基本原理。前述劳动价值论、新古典价值论和斯拉法价值论，都得在不同的假定条件下才能成立，因而都只是狭义的价值理论。本篇试图通过对这些狭义价值理论的比较研究，在借鉴李嘉图比较优势原理、斯拉法价值决定与剩余分配相统一原理、马克思劳动生产力与价值量正相关原理的基础上，建立一个反映分工交换一般规律的价值理论即广义价值论，这一理论将为后面分析中国特色社会主义基本经济制度、经济增长和国际贸易奠定逻辑一致的价值基础。

本篇包括第九至十二章。

第九章从分工交换这一人类经济生活的历史起点和经济学研究的逻辑起点出发，揭示了分工交换起源于人们对比较利益的追求，而比较利益产生于不同生产者的比较优势即相对生产力的差别，均衡交换比例是根据比较利益率均等原则确定的。

第十章从均衡交换比例中抽象出价值实体，即根据比较生产力折算后的劳动时间。本章把马克思劳动生产力与价值量正相关原理的适用范围从单个企业扩展到各个部门，由此论证了部门比较生产力与单位商品价值量、单位劳动价值量以及部门总劳动创造的价值量正相关原理。

第十一章引入需求函数，分别揭示了可变分工、不变分工和混合分工体系下广义价值决定的一般原则和特殊规律，进一步扩展了广义价值论的适用范围。

第十二章将广义价值论两部门模型扩展到多部门，阐明了多部门条件下各部门相对生产力差别即比较优势、多部门均衡交换比例、多部门均等的比较利益率以及多部门社会平均比较生产力的决定，在此基础上，使用佩龙-弗罗宾尼斯定理等数学工具证明了均衡的存在性、唯一性和稳定性。

第九章
分工交换的起源和均衡交换比例的决定

价值理论是资源配置和收入分配理论乃至整个理论经济学的基础。前述各种价值理论都是以绝对生产力或绝对成本为基础的，因而都是特殊形态的价值理论，它们只有在极其严格的假定条件下才能成立。有鉴于此，本章另辟蹊径，利用李嘉图的比较优势原理，引入机会成本，揭示分工交换的起源和均衡交换比例的决定的规律，为广义价值论的构建奠定基础。

分工交换在价值理论及整个经济理论中的重要地位

人类社会最初的生产方式无疑是一种自给自足的生产方式，人类社会的发展也一定起始于由自给自足的生产方式即自然经济向分工交换的生产方式即商品经济或市场经济的转变，而价值正是伴随着自然经济向商品经济的转化而产生的。整个经济学的发展，从古典经济学到现代经济学，也无一不是以商品经济或市场经济为研究对象的。从这个意义上说，分工和交换既是价值理论研究的逻辑起点，也是整个经济学研究的逻辑起点。

正是由于价值和交换价值是在分工和交换的基础上产生的，因此本章的分析首先从探讨分工和交换的起源开始。

古代思想家论分工和交换的起源

分工和交换是社会生产力与国民财富增长的重要源泉，也是政治经济学的两个最基本的范畴，其构成经济学研究的基本前提和出发点。然而，社会分工和交换是如何产生的，这在经济学说史上则是一个既古老又新颖的问题。

古希腊著名的思想家色诺芬第一次论述了劳动分工的必要性，他认为，一个人不可能精通一切技艺，而专门从事一种技艺会使产品造得更好。"从事最简单工作的人，无疑能最出色地完成这项工作，这是必然的。"古希腊的另一位著名思想家柏拉图，则从个人需要的多面性和个人才能的片面性来说明公社内部的分工。他指出："如果一个人根据自己的天生才能，在适当的时间内不做别的工作，而只做一件事，那末他就能做得更多、更出色、更容易。"还有的古代著作家指出："不同的人喜欢从事不同的工作"，"每个人都在不同的工作中得到乐趣。"（转引自马克思、恩格斯，1972，第404—405页）

上述这些思想家虽然分析了分工产生的必要性，但他们大都是从个人的兴趣、天赋和需要等方面来论述分工的起源，而没有阐明究竟是什么东西使得有不同兴趣、天赋和需要的人不是自己生产自己能够生产的各种必需品，而是必须要进行分工生产和交换。

斯密论分工和交换的起源

亚当·斯密在经济学说史上对分工和交换进行了系统的考察，从而成为古典分工学说的集大成者。斯密认为，引起分工的原因，是人类"互通有无、物物交换、互相交易"的倾向。他说："当初产生分工的也正是人类要求互相交换这个倾向。"（斯密，1972，第 14 页）那么，交换倾向又是由什么决定的？斯密对此没有做出明确而直接的回答，在他看来，"这种倾向，是不是一种不能进一步分析的本然的性能，或者更确切地说是不是理性和言语能力的必然结果，这不属于我们现在研究的范围"。（斯密，1972，第 13 页）

我们从以上论述中可以看出，斯密主要关心的是分工如何增进劳动生产力和社会财富，以及制约分工发展的因素是什么，至于分工本身的起源，他没有把它纳入《国富论》的研究范围，而只是把它简单地归结为人类本能的倾向之使然。这一点使斯密的分工理论显得很不完善，从而给后人留下了进一步探索的空间。

马克思论分工和交换的起源

斯密的分工理论之所以存在着上述缺陷，一个重要原因在于，"政治经济学作为一门独立的科学，是在工场手工业时期才产生的，它只是从工场手工业分工的观点来考察社会分工，把社会分工看成是用同量劳动生产更多商品，从而使商品便宜和加速资本积累的手段"。（马克思、恩格斯，1972，第 404 页）

马克思在研究分工和交换的关系时，指出原始公社之间不是专门为交换而生产，而是偶有剩余的产品交换，真正的商品交换是不能离开社会分工而存在的。他说："如果没有分工，不论这种分工是自然发生的或者本身已经是历史的结果，也就没有交换。"（马克思、恩格斯，1979，第36页）

马克思还区分了工场手工业内部的分工和社会内部的分工，指出社会内部的分工以及个人被相应地限制在特殊职业范围内的现象，是从相反的两个起点发展起来的：（1）在家庭内部，随后在氏族内部，由于性别和年龄的差别，一种自然分工在纯生理的基础上产生了；这种分工随着公社的扩大、人口的增长，特别是各氏族间的冲突以及一个氏族征服另一个氏族而扩大和发展起来。（2）不同的公社在各自的自然环境中，找到不同的生产资料和不同的生活资料，因此，它们的生产方式、生活方式和产品也就各不相同，这种自然的差别，在公社互相接触时引起了产品的互相交换；在这里，社会分工是因原来不同而又互不依赖的生产领域之间的交换而产生的。（马克思、恩格斯，1972，第389—390页）

但是，撇开单纯地由于自然环境的差别产生的不同地域之间的分工不说，即使是在纯生理的基础上产生的自然分工，也有其更深层的经济根源，而且，这种生理分工并非原始公社内部典型的分工形式。至于自给自足的自然经济中农业、畜牧业和手工业的分工交换是如何产生和发展起来的，马克思同样没有展开具体的分析。更进一步说，单纯的自然环境的差别，也并不一定就引起不同地域之间的分工和交换。比如，在不存在自然垄断的情况下，如果个人或部落通过在不同地域之间的迁徙而生产满足自身不同需要的产品更为有利可图，不同地域之间的分工交换就不会发生。

新古典学派以分工为既定前提

　　新古典学派没有将古典学派在分工理论方面的成就发扬光大，而只是把分工与交换作为一个既定的事实，甚至视为一种人类的生理特性，作为其经济分析的前提。新古典学派的代表人物之一瓦尔拉斯在其《纯粹经济学要义》中就表达了这一观点："人类不仅具有关于分工的生理特性，而且我们随后会看到，这一特性是人类生存和获得给养的一个不可缺少的条件。在满足欲望的追求中，人类的命运决不是互相独立而是联结在一起的。但是这里不准备探索分工的性质和起源。目前我们所注意的只是这一现象的存在，就同我们在上面所注意到的人类精神上的自由和伦理上的人格的存在情形一样。这一现象是确实存在的，因为我们并不只是为了自己的需要而各自从事于增加稀少物质的数量，也并不只是在各自所需要的程度上把物质的间接效用转变成直接效用，而是把这项任务分化成种种专职来进行的。有些人以耕种为专业而不做别的工作，还有些人则以纺织为专业而不做别的工作，等等。让我们再说一遍，这就构成了分工的本质。这种现象在人类社会中的存在是一目了然的。"（瓦尔拉斯，1989，第58—59页）

　　法国社会学家，社会学奠基人之一埃米尔·涂尔干，在其主要著作《社会分工论》（1893）中否认社会分工的产生是为了创造更多财富的观点，他强调一个事物的功能并不是产生于这一事物的原因，原因在功能之前。分工可以提高效率，增加财富，但这是在分工出现后与分工前的对比中显示出来的。他认为造成分工制的原因是人口密度过大。人口的增加最初迫使一些人迁徙到其他地方去，当无路可退时，他们被迫改换行业，分工制也就随之出现。（涂尔干，2013）

涂尔干的"人口密度"说，显然不能解释人口稀疏区域社会分工的起源。

我国理论界论分工和交换的起源

我国理论界目前尚没有出现全面阐述分工和交换理论的专著，有关分工和交换的起源的论述，散见于个别的文章和专著之中，而且其大都是沿袭马克思的成说和对以往分工学说的论述。比较有代表性的是这样一种观点："不是交换引起分工，而是分工引起交换。要先存在社会分工和私有制，才会出现商品交换。"（鲁友章、李宗正，1979，第181页）这种观点存在着一个明显的缺陷，就是把分工与交换割裂开来，把交换看成分工引起的结果，而分工显然又是以交换为前提的。因为如果没有交换这一前提，人们就不可能专门从事单一的生产。所以说，这种观点最终难免陷入循环论证的泥潭。

林其泉（1988）的《分工的起源和发展》从历史学角度对各种分工的形式进行了详细的考察。该书认为广义的分工是指人类劳动的一般形式，有人群便有劳动，有劳动必有分工，如劳动部门、劳动种类、生产工序等，它与人类社会共兴共存。把一般分工视为"与人类社会共兴共存"，这就回避了分工的起源问题，与书名《分工的起源和发展》大相径庭。

以上分析表明，社会分工和交换的起源仍然是一个尚未得到科学阐释的问题。

比较利益是社会分工和交换产生的条件

实际上，社会分工和交换犹如闪电和雷鸣，它们是同一个事物的两个方面，二者之间并不存在因果关系。它们的产生是直接以比较利益的存在为前提的。

机会成本与比较利益

比较利益首先是和机会成本相联系的一个范畴。

所谓机会成本（opportunity cost/OC），就是当一定的资源用于生产某种产品时所放弃的可能生产的另一种产品的产量；当一种资源有多种用途并能进行价值（效用）比较时，其中一种用途的机会成本就是所放弃的其他用途中最高的收益（价值或效用）。下面，我们通过图 9-1 中的生产可能性曲线来说明机会成本的含义。

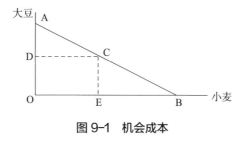

图 9-1　机会成本

图 9-1 中 *AB* 线表示某生产者用一定量的资源，比如说劳动，所能生产的大豆和小麦的所有组合，即生产可能性曲线。如果全部资源用于生产小麦，那么其产量可能为 *OB*，如果全部资源用于生产大豆，那么其产量可能为 *OA*，因此，*OA* 单位大豆的机会成本，就是 *OB* 单

位小麦，或者如图 9-1 所示，OE 单位小麦的机会成本，就是 AD 单位大豆。

而所谓比较利益（comparative benefit/CB）就是生产者通过分工交换而得到的收益（效用）高于自给自足时的收益（效用），如下式所示：

$$CB_1 = (U_1^E - U_1^A) > 0; \ CB_2 = (U_2^E - U_2^A) > 0 \qquad （9.1）$$

或通过交换得到的收益高于其所让渡的产品机会成本的差额，如下式所示：①

$$CB_1 = y_1^d - y_1^{oc} > 0; \ CB_2 = x_2^d - x_2^{oc} > 0 \qquad （9.2）$$

设生产者 1 生产单位产品 1 的劳动时间为 t_{11}，生产单位产品 2 的劳动时间为 t_{12}，生产者 2 生产单位产品 1 的劳动时间是 t_{21}，生产单位产品 2 的劳动时间是 t_{22}，两种产品的交换比例为 $R_{2/1}=x_2/x_1$，则用分工交换节省的劳动时间所表示的比较利益如下式所示：

$$CB_1 = x_2 t_{12} - x_1 t_{11} > 0, \ CB_2 = x_1 t_{21} - x_2 t_{22} > 0 \qquad （9.3）$$

比较利益是社会分工和交换产生的原因或条件

毫无疑问，正是由于上述潜在的比较利益的存在②，社会分工和交换才成为可能。很明显，如果生产者 1 和生产者 2 通过产品 1 和产

---

① 所谓让渡其产品的机会成本是指消费者 i 为了满足对产品 j 的需求，需要拿出一部分产品 i 去交换，这部分产品 i 所用到的资源通过自身的生产能够生产的产品 j 的数量，用数学式表示为：$x_{ij}^{oc} = f_{ij}\,(f_{ii}^{-1}(\frac{V_j^c x_{ij}^d}{V_i^c}))$，$j \in M$。本书第十二章将详细讨论这个公式的经济学含义。

② 这里之所以说是"潜在的"，是因为在分工交换之前，比较利益是不能实现的。

品 2 的交换所得到的收益与各自产品的机会成本相等，这种交换就没有任何经济意义，因而事实上也就不可能发生——即使偶然发生了，也不会反复进行。

当然，比较利益对于交换的双方必须同时存在，分工交换才可能发生。如果通过交换只有一方可能得到比较利益，另一方的收益与其丧失的机会成本相等，那么这种交换不会发生，或者说，即使偶然发生了，也不会反复进行。

至此，我们的分析已经比古代思想家和古典经济学家的分析更进一步了。他们仅仅指出了通过交换，双方可以得到好处，而没有说明这种好处的性质及其量的规定。而在我们这里，交换双方得到的收益具有了明确的质的规定和量的规定，并被抽象为比较利益这一范畴。

那么，比较利益又是由什么决定的？

比较利益是由比较优势即相对生产力差别决定的

比较优势是与绝对优势相对应的一个概念，后者是由绝对生产力的差别决定的，前者是由相对生产力的差别决定的。要说明绝对优势和比较优势，必须首先对绝对生产力和相对生产力的概念做出界定。

绝对生产力与绝对优势

绝对生产力的定义

所谓绝对生产力或绝对生产率（absolute productivity）是指单位劳动耗费（包括活劳动和物化劳动的耗费）所生产的使用价值量，或者指单位使用价值与生产密切耗费的劳动量之比。这一定义，也就是传统的政治经济学对劳动生产力（率）所下的一般定义。我们分别用 q_{11}、q_{12} 和 q_{21}、q_{22} 表示生产者 1 和生产者 2 在产品 1 和产品 2 上的绝对生产力，它们分别等于前述单位产品劳动耗费的倒数：$q_{11}=1/t_{11}$，$q_{12}=1/t_{12}$，$q_{21}=1/t_{21}$，$q_{22}=1/t_{22}$。[①]

马克思指出："生产力当然始终是有用的具体的劳动的生产力，它事实上只决定有目的的生产活动在一定时间内的效率。"（马克思、恩格斯，1972，第 59 页）由于不同的具体劳动总是创造不同的使用价值，因此，不同部门的生产力水平（在这里是指绝对生产力水平）不能直接进行比较；我们不能因为生产 1 盎司金与生产 1 吨铁需要同量劳动时间，就说金的生产力低于铁。或者换一种说法，我们不能因为生产 1 吨铁比生产 1 吨金需要少得多的劳动时间，就说铁的生产力高于金。（马克思、恩格斯，1973，第 87 页）当我们说某一生产部门现实的绝对生产力水平高低时，总是与该部门过去的或将来的绝对生产力水平相比较而言的。同样地，对单个的生产者来说，只有与他自身过去的或将来的以及生产同一产品的其他生产者的绝对生产力水平相比较而言，说他现实的绝对生产力水平之高低，才有意义。比如，q_{11} 与 q_{21} 以及 q_{12} 与 q_{22} 的差别，所反映的就是生产者 1 和生产者 2 分别在产品 1 和产品 2 上的绝对生产力的差别。具体来说，如果 $q_{11}=4$，$q_{21}=2$，这就表明生产者 1 在产品 1 上的绝对生产力比生产者 2 高一倍。

在同种产品生产上，较高的绝对生产力被称为绝对优势

---

① 劳动生产力 q_{ij} 与单位产品的劳动成本（劳动时间）t_{ij} 互为倒数，即 $q_{ij}=t_{ij}^{-}$。

（absolute advantage）。

相对生产力与比较优势

如前所述，不同产品的绝对生产水平不能直接进行比较，但可以进行间接比较。所谓相对生产力（relative productivity/RP）是指同一生产者在不同产品上的绝对生产力之比。生产者 1 的相对生产力 RP_1 和生产者 2 的相对生产力 RP_2 分别为：

$$
\begin{cases}
RP_1 = q_{11}/q_{12} \\
RP_2 = q_{21}/q_{22}
\end{cases}
\tag{9.4}
$$

RP_1 和 RP_2 都只是一个相对量，单纯根据一个比值不能确定其高低，一个生产者（或部门）在不同产品上的相对生产力的高低是通过和另一个生产者（或部门）相对生产力之比即相对生产力系数 $RP_{1/2}$ 来确定的，用公式表示为：

$$
RP_{1/2} = \frac{q_{11}/q_{12}}{q_{21}/q_{22}} = q_{11}q_{22}/q_{21}q_{12}
\tag{9.5}
$$

如果 $RP_{1/2} = 1$，即 $q_{11}/q_{21} = q_{12}/q_{22}$ 时，表明生产者 1 和生产者 2 在产品 1 上的绝对生产力的差别与在产品 2 上的绝对生产力的差别的程度相等，也就是说 q_{11} 相对于 q_{12} 的生产力相等，q_{21} 相对于 q_{22} 的生产力相等。

如果 $RP_{1/2} \neq 1$，这就表明 q_{11} 与 q_{21}，q_{12} 与 q_{22} 的绝对生产力的差别程度不等，意味着 q_{11} 相对于 q_{12} 的生产力不等，q_{21} 相对于 q_{22} 的生产力不等。至于 q_{11} 与 q_{12}（或 q_{21} 与 q_{22}）的相对生产力究竟孰高孰低，这要取决于 $RP_{1/2}$ 的大小。

如果 $RP_{1/2}>1$，这就表明 q_{11} 与 q_{21} 的绝对生产力差别高于 q_{22} 与 q_{12} 的绝对生产力差别，从而意味着 q_{11} 的生产力相对地高于 q_{12}，q_{22} 的生产力相对地高于 q_{21}。

如果 $RP_{1/2}<1$，这就表明 q_{11} 与 q_{21} 的绝对生产力差别低于 q_{22} 与 q_{12} 的绝对生产力差别，从而意味着 q_{11} 的生产力相对地低于 q_{12}，q_{22} 的生产力相对地低于 q_{21}。

如前所述，不同产品的绝对生产力水平，不能直接进行比较，但可以进行间接比较。我们把一个生产者生产一种产品的生产力相对地高于自身生产另一种产品的生产力称为该种产品的比较优势（comparative advantage），它是由相对生产力系数决定的。①

相对生产力差别⇒比较优势⇒比较利益⇒分工交换

如果 $RP_{1/2}=1$，这就意味着生产者 1 用单位劳动生产的产品 1 所能换得的产品 2 至多等于其机会成本 q_{12}；同样地，生产者 2 用产品 2 所能换得的产品 1 至多也只等于其机会成本 q_{21}。这样生产者 1 和生产者 2 之间不存在比较利益，双方也就没有必要进行分工交换。

下面，我们试用几何图形来说明这一情况。按照 $RP_{1/2}=1$ 的假定，生产者 1 和生产者 2 关于产品 1 和产品 2 的生产可能性曲线如图

① 由于 advantage 既可以译成优势，也可以译成利益，因此我国学术界通常把 comparative advantage 既翻译成比较优势，又翻译成比较利益，而且经常把两个概念混用。本书把 comparative advantage 仅仅定义为由相对生产力差别决定的生产上的比较优势，而用比较利益（comparative benefit）表示根据比较优势分工交换所获得的高于自给自足生产的收益，亦即所谓贸易利益。

9-2 所示。

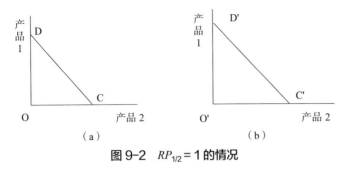

图9-2　$RP_{1/2} = 1$ 的情况

图 9-2（a）中 DC 表示生产者 1 的生产可能性曲线，图 9-2（b）中的 $D'C$ 表示生产者 2 的生产可能性曲线。因为 $RP_{1/2}=1$，所以 $OD / OC=O'D' / O'C'$，DC 和 $D'C'$ 的斜率相等。我们以 O' 为圆心，将图 9-2（b）沿顺时针方向旋转 180 度，然后与图 9-2（a）组合为图 9-3。

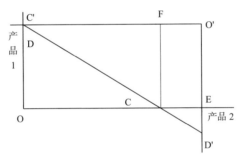

图9-3　无分工交换必要

我们从图 9-3 中可以看出，OD 的机会成本 $=OC$，而 $OC=C'F$，$C'F$ 是 $O'E$ 的机会成本，$O'E$ 又与 OD 相等，这就意味着生产者 1 用单位劳动生产的产品 1 所能换得的产品 2 至多等于其机会成本 q_{12}；同样地，对生产者 2 来说，$C'F$ 的机会成本 $=O'E$，而 $O'E=OD$，由于 OD 的机会成本 $=OC$，这意味着生产者 2 用单位劳动生产的产品 2

所能换得的产品 1 至多也等于其机会成本 q_{21}。由于生产者 1 和生产者 2 之间不存在比较利益，因此双方在产品 1 和产品 2 上的分工与交换的可能也就排除了。

只有当 $RP_{1/2} \neq 1$ 时，生产者 1 用 q_{11} 所能换得的产品 2 才有可能至少大于其机会成本 q_{12}；同样地，生产者 2 用 q_{22} 所能换得的产品 1 至少也大于其机会成本 q_{21}。在这种情况下，因为生产者 1 和生产者 2 双方都存在着比较利益，这就使双方在产品 1 和产品 2 生产上的分工和交换成为可能。

下面，我们仍利用几何图形来进一步说明这种情况。

如果 $RP_{1/2} \neq 1$，那么生产者 1 和生产者 2 的生产可能性曲线的斜率必然不等，其形状如图 9-4 所示。

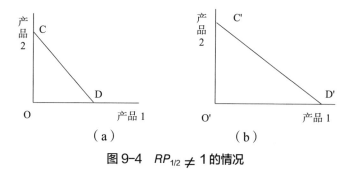

图 9-4　$RP_{1/2} \neq 1$ 的情况

我们仍按照前述方法，将以上两图组合为图 9-5。

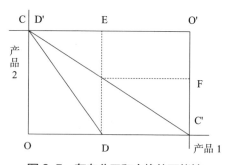

图 9-5　存在分工和交换的可能性

在图 9-5 中，OC 的机会成本 = OD，而 $OC = O'C'$，$O'C'$ 的机会成本 = $O'D'$，因为 $O'D' > OD$，这就有可能使生产者 1 用 q_{11} 所能换得的产品 2 至少大于其机会成本 q_{12}。而 $D'E$ 的机会成本为 $O'F$，$D'E = OD$，OD 的机会成本 = OC，由于 $OC > O'F$，这就同样有可能使生产者 2 用 q_{22} 所能换得的产品 1 至少大于其机会成本 q_{21}。在这种情况下，因为生产者 1 和生产者 2 双方都存在着比较利益，这就使双方在产品 1 和产品 2 生产上的分工和交换成为可能。可见，正是相对生产力的差别即比较优势，决定了比较利益的存在，而后者又成为分工与交换产生的前提。

这里，我们最好引述一下李嘉图曾经举过的例子："如果两人都能制造鞋和帽，其中一个人在两种职业上都比另一个人强一些，不过制帽时只强 1/5，而制鞋时则强 1/3，那么这个较强的人专门制鞋，而那个较差的人专门制帽，岂不是对双方都有利？"（李嘉图，1962，第 114 页）

如果使用相对生产力水平的判别式 $RP_{1/2}$，那么，李嘉图的上述例子可以重新表述如下：假定那个较差的人在一定时间内制造 100 顶帽，其机会成本是 100 双鞋，而较强的人在同一时间内制造约 133 双鞋（即制鞋时比那个较差的人强 1/3），其机会成本为 120 顶帽（即制帽时比较差的人强 1/5），这样，$RP_{1/2} = \dfrac{133/100}{120/100} = 1\dfrac{13}{120} > 1$，这表明两个人在鞋、帽生产上的相对生产力不等，较强的人制鞋的相对生产力高于其制帽的相对生产力，而较弱的人制帽的相对生产力高于其制鞋的相对生产力，故二者之间存在着比较利益，分工交换对双方都是有利的。

绝对优势与比较优势的关系

若两个生产者分别在两种不同的产品上与对方相比均具有绝对优势，则与自身另一种产品相比同时会具有比较优势。在这种情况下，绝对优势被看作比较优势的一个特例。以矩阵（9.1）为例：

$$矩阵（9.1）\begin{pmatrix} q_{11} & q_{12} \\ q_{21} & q_{22} \end{pmatrix} = \begin{pmatrix} 4 & 2 \\ 2 & 4 \end{pmatrix}$$

由矩阵（9.1）可知，$RP_{1/2}$=（4/2）/（2/4）=4>1，q_{11} 相对于 q_{21} 具有绝对优势，q_{22} 相对于 q_{12} 具有绝对优势；q_{11} 相对于 q_{12} 具有比较优势；q_{22} 相对于 q_{21} 具有比较优势。

当两个生产者的两种不同的产品具有比较优势时，并非同时具有绝对优势。以矩阵（9.2）为例：

$$矩阵（9.2）\begin{pmatrix} q_{11} & q_{12} \\ q_{21} & q_{22} \end{pmatrix} = \begin{pmatrix} 4 & 2 \\ 3 & 1 \end{pmatrix}$$

由矩阵（9.2）可知，$RP_{1/2}$=（4/2）/（3/1）=2/3<1，q_{11} 相对于 q_{21} 具有绝对优势，相对于 q_{12} 具有比较优势；q_{22} 相对于 q_{12} 具有绝对劣势，相对于 q_{21} 具有比较劣势。

当一个国家在两种产品上都具有绝对优势，且与另一个国家的相对生产力的差别程度相等时，双方在任何一种产品上就都没有比较优势。以矩阵（9.3）为例：

$$矩阵（9.3）\begin{pmatrix} q_{11} & q_{12} \\ q_{21} & q_{22} \end{pmatrix} = \begin{pmatrix} 4 & 2 \\ 2 & 1 \end{pmatrix}$$

由矩阵（9.3）可知，$RP_{1/2}$=（4/2）/（2/1）=1，q_{11} 相对于 q_{21} 具有绝对优势，q_{12} 相对于 q_{22} 具有绝对优势；但 q_{11} 相对于 q_{12} 没有比较

优势，q_{21} 相对于 q_{22} 也不具有比较优势。

综上所述，绝对优势与比较优势的关系可以概括如下：

（1）比较优势是分工交换的充分必要条件，双方均具有绝对优势是分工交换的充分条件。

（2）绝对优势不一定双方共有，而比较优势则一定双方共存。

（3）在 A、B 两种产品中，若甲方在产品 A 上具有比较优势，则意味着在产品 B 上具有比较劣势，同时意味着乙方在产品 B 上具有比较优势，在产品 A 上具有比较劣势。

相对生产力系数决定专业化分工方向

上文分析了社会分工和交换由此产生的根本原因，下面进一步阐明专业化分工的方向是如何确定的。很明显，如果客观上存在着分工和交换的可能，那么分工的方向则主要取决于相对生产力水平的高低。具体来说，如果 $RP_{1/2}>1$，q_{11} 就相对地高于 q_{12}，生产者 1 生产产品 1 的成本 $1/q_{11}$ 相对地低于生产产品 2 的成本 $1/q_{12}$，生产者 2 生产产品 2 的成本 $1/q_{22}$ 相对地低于生产产品 1 的成本 $1/q_{21}$。[①] 这表明生产者 1 和生产者 2 分别在产品 1 和产品 2 的生产上具有比较优势，因而生

---

① 相对成本（relative cost/RC）的大小，可以通过比较两个生产者（部门）生产不同使用价值的绝对成本的差别即 t_{11}/t_{21} 和 t_{12}/t_{22} 加以确定。就产品 1 对产品 2 而言，其相对成本的判别式为 $RC_{1/2}=\dfrac{t_{11}/t_{21}}{t_{12}/t_{22}}$，它实际上是 $RP_{1/2}$ 的倒数。如果 $RC_{1/2}>1$，这就表明 t_{11} 相对地高于 t_{12}，t_{22} 相对地高于 t_{21}；如果 $RC_{1/2}<1$，情况就相反。只有当 $RC_{1/2}=1$ 时，t_{11} 和 t_{12}，t_{22} 和 t_{21} 的相对成本才相等。

产者 1 专门生产产品 1 有利，生产者 2 专门生产产品 2 有利，双方通过产品 1 和产品 2 的交换，就都能获得比较利益。

相反，如果 $RP_{1/2}<1$，则表明 q_{12} 的相对生产力高于 q_{11}，q_{21} 的相对生产力高于 q_{22}，双方分别在产品 2 和产品 1 的生产上具有比较优势，因而，生产者 1 专门生产产品 2 有利，生产者 2 专门生产产品 1 有利，双方通过产品 2 和产品 1 的交换，就都能获得比较利益。

同绝对生产力一样，相对生产力的高低也是由多种因素决定的，其中包括劳动者的熟练程度、技艺、天赋，对不同自然条件的垄断，生产资料的占有规模以及性别和年龄等生理特征。性别、年龄以及自然条件本身的差别并不必然导致分工交换（即以纯粹生理为基础的自然分工和以自然条件差别为特征的地域分工），只有当这些差别引起整个相对生产力的差别时，它们才构成分工交换产生的条件。而在有些情况下，这些生理差别和自然条件的差别很可能被天赋、劳动技巧、熟练程度和资本的占有等因素抵消，因而从整体上看，相对生产力的差别并不存在，结果也就不会产生分工和交换。

这里，我们有必要对斯密的分工理论的另一个方面再做一简要的评述。从根本上说，斯密的分工理论（包括国际分工理论）是建立在生产上的绝对优势或绝对生产力的差别基础上的。在斯密看来，一个国家所输出的商品一定是具有绝对优势的商品，这个国家生产这种商品所需的成本绝对地小于其他国家。就国内贸易而言，从事分工交换的各个生产者所生产的产品，也一定是其与别人相比最擅长生产的产品。这种观点具有很大的片面性。诚然，当两个人（或两个国家）在两种产品的生产上分别具有绝对优势时，他们可以根据各自的绝对优势进行分工生产。但是，正如李嘉图所分析的那样，即使一个人在两种产品的生产上都比另一个人强，也就是说，他在两种生产上都具有绝对优势，而另一个人在两种生产上都处于绝对劣势，分工和交换也有可能发生。只要前者所具有的两种优势程度不同，或者相对地说，后者所具有的两种劣势程度不一样，也就是说，两个人在两种产品上的相对生产力水平存在着差别，二者根据各自的比较优势就仍然能够进行分工和交换。由此可见，相对生产力的差别是决定分工交换产生和专业化方向的一般原因，从事分工交换的各方所依据的是各自的比较优势或较高的相对生产力，这种比较优势或较高的相对生产力可能同时是一种绝对优势或绝对高的生产力，也可能不是。所以说，斯密的分工理论在这方面仅仅是一个特例，而不代表一般情况。

均衡交换比例是根据比较利益率均等原则确定的

比较利益率和交换比例

何为比较利益率

比较利益率是比较利益的相对量，是比较利益与机会成本的比率。

用实物量表示，比较利益率CB_i'等于生产者用交换来的产品减去所让渡产品的机会成本，与该机会成本的比率：

$$CB_1' = (y_1^d - y_1^{oc}) / y_1^{oc}, \quad CB_2' = (x_2^d - x_2^{oc}) / x_2^{oc} \qquad （9.6）$$

用效用来表示，比较利益率等于分工交换得到的效用减去自给自足状态下的效用，与自给自足状态下的效用的比率：

$$CB_1' = (U_1^E - U_1^A) / U_1^A, \quad CB_2' = (U_2^E - U_2^A) / U_2^A \qquad （9.7）$$

用节省的时间成本来表示，比较利益率等于生产者若自己生产所换得的商品必须耗费的时间，减去为换取该商品所耗费的时间，然后用二者的差额除以为换取该商品所耗费的时间：

$$CB_1' = (x_2 t_{12} - x_1 t_{11}) / x_1 t_{11}, \quad CB_2' = (x_1 t_{21} - x_2 t_{22}) / x_2 t_{22} \qquad (9.8)$$

比较利益率与交换比例的关系

显然，CB_i' 的高低与交换比例直接相关。假定生产者 1 和生产者 2 分别在产品 1 和产品 2 两种产品的生产上具有比较优势，则二者的生产可能性曲线的组合如图 9–6 所示。

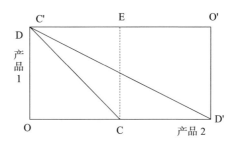

图 9-6　交换条件

图 9–6 中 DC 和 D'C' 分别表示生产者 1 和生产者 2 在使用各自相同资源的情况下关于产品 1 和产品 2 两种产品的生产可能性曲线。我们从图 9–6 中可以明显地看出，生产者 1 在产品 1 的生产上具有比较优势，生产者 2 在产品 2 的生产上具有比较优势。如果生产者 1 把全部资源都用于产品 1 的生产，生产者 2 把全部资源都用于产品 2 的生产，那么三角形 C'D'C 表示比较利益总量。接下来遇到的问题便是 C'D'C 如何在生产者 1 和生产者 2 之间分配。这显然取决于产品 1 和产品 2 的交换比例。

如果把交换比例定在 DC 线上，生产者 2 就能用 OC 单位（$=C'E$）的产品 2 换取生产者 1 的 OD 单位的产品 1，这就意味着比较利益，即由分工得到的好处全部被生产者 2 拿走了；如果把交换比例定在 $D'C'$ 线上，那么这会使生产者 1 用 $O'D'$ 单位（$=OD$）的产品 1 换取生产者 2 的 $O'C'$ 单位的产品 2，这就意味着比较利益全部归生产者 1 所有。以上是两种极端的情况。一般地说，在没有任何人为的或自然的垄断以及任何默契或超经济强制的条件下，上述情况是不会发生的，因为在这两种场合下，总有一方没能通过分工交换得到任何好处，所以这种交换是不可能发生的，即便偶然发生，也不会反复进行。

比较利益率的取值范围

看来，要保证分工交换持续发生，交换比例必须确定在两个生产者相对生产力水平即生产可能性曲线之间。实际上，由分工而产生的比较利益是在交换双方之间分配的。也就是说，产品 1 和产品 2 的交换必须满足下述条件。

生产者 1 用 q_{11} 所换到的产品 2 必须大于其机会成本 q_{12}，但要小于生产者 2 为换取产品 1 而付出的机会成本 q_{21}；生产者 2 用 q_{22} 所换到的产品 1 必须大于其机会成本 q_{21}，但必须小于生产者 1 为换取产品 2 所付出的机会成本 q_{12}。这一交换条件用公式表示如下：

$$\frac{q_{12}}{q_{11}} = \frac{t_{11}}{t_{12}} < r_{2/1} = \frac{x_2}{x_1} < \frac{t_{21}}{t_{22}} = \frac{q_{22}}{q_{21}} \tag{9.9}$$

这一交换条件的合理性是显而易见的。因为根据假定，生产者 1 用于生产 q_{11} 的资源同样可以生产 q_{12}，如果交换比例 $r_{2/1}$ 小于或等于

q_{12}/q_{11}，这种分工交换对他就没有意义。但 $r_{2/1}$ 又必须小于 q_{22}/q_{21}，因为生产者 2 用生产 q_{22} 的资源也能生产 q_{21}，$r_{2/1}$ 等于或大于 q_{22}/q_{21} 对生产者 2 来说同样无利可图。

均衡交换比率是根据比较利益率均等原则决定的

然而，上述交换条件比较宽泛，在这个条件所限定的范围内，交换比例的确定具有很大的伸缩性。如果把交换比例确定在靠近 DC 线的某个地方，那么生产者 2 所得到的比较利益率就高于生产者 1；如果把交换比例定在靠近 D'C' 线的某个地方，情况就相反，生产者 1 所得到的比较利益率就高于生产者 2。

那么，交换比例究竟应如何确定才合理？我们认为，生产者 1 和生产者 2 双方通过竞争，在供求一致的情况下，产品 1 和产品 2 之间的交换比例是根据比较利益率相等的原则确定的。

我们用 $r_{2/1}$ 和 $R_{2/1}$ 分别表示产品 1 和产品 2 的市场交换比例和均衡交换比例；$r_{2/1}^{min}$ 和 $r_{2/1}^{max}$ 分别表示最低和最高交换比例；CB_i' 和 $CB_{i=j}'$ 分别表示部门比较利益率和平均比较利益率，则比较利益率的取值范围如下：

$$
\begin{cases}
0 = \dfrac{q_{11}}{q_{12}} r_{2/1}^{min} - 1 < CB_1' < \dfrac{q_{11}}{q_{12}} r_{2/1}^{max} - 1 = RP_{1/2} - 1 \\[3mm]
0 = \dfrac{q_{22}}{q_{21} r_{2/1}^{max}} - 1 < CB_2' < \dfrac{q_{22}}{q_{21} \cdot r_{2/1}^{min}} - 1 = RP_{1/2} - 1
\end{cases}
\quad (9.10)
$$

在非均衡状态下：若 $CB_1' > CB_2'$，则 $r_{2/1} > R_{2/1}$；若 $CB_1' < CB_2'$，则 $r_{2/1} < R_{2/1}$；

在均衡状态下：

$$CB_1' = CB_2' = CB_{1=2}'$$ （9.11）

假定 $RP_{1/2}$ 保持不变，部门比较利益率 CB_i' 和商品交换比例 $r_{2/1}$ 的关系如图 9-7 所示。

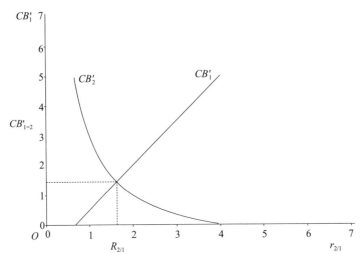

图 9-7 部门比较利益率 CB_i' 和商品交换比例 $r_{2/1}$ 的关系

显然，比较利益的分配和交换比例的形成必须通过相同的机制同时确定，均等的比较利益率也必须是与均衡交换比例同时决定的。根据这一原则，我们由式（9.8）列出如下比较利益率均等公式：

$$\frac{x_2 t_{12} - x_1 t_{11}}{x_1 t_{11}} = \frac{x_1 t_{21} - x_2 t_{22}}{x_2 t_{22}}$$ （9.12）

我们首先由式（9.12）推导出均衡的交换比例：

$$R_{2/1} = \frac{x_2}{x_1} = \sqrt{\frac{t_{11} t_{21}}{t_{12} t_{22}}} = \sqrt{\frac{q_{12} q_{22}}{q_{11} q_{21}}}$$ （9.13）

按照式（9.13）所确定的交换比例，生产者 1 和生产者 2 双方通过交换，都能获得同等程度的比较利益。因此，可以说，这是一种合理的交换比例。这种交换比例不是随着时间和地点的不同而不断改变的在市场上偶然形成的交换比例，而是一种在长期中实际支配后者的稳定的交换比例，或者说，是支配交换价值运动的规律。

以上关于两个生产者所说的，同样适用于两个部门，只要把其中的 t_{ij} 和 q_{ij} 分别看作第 i 部门第 j 产品的部门平均成本或部门平均劳动生产力（绝对生产力）就可以了，它们分别是通过两个部门内部同类生产者的竞争形成的。

社会平均生产力与均衡交换比例

式（9.13）中的 $\sqrt{t_{11}t_{21}}$ 和 $\sqrt{t_{12}t_{22}}$ 分别为两个部门同时生产产品 1 和产品 2 的部门必要劳动时间的几何平均，可以分别看作生产产品 1 和产品 2 的社会必要劳动时间（马克思、恩格斯，1972，第 52 页），二者之比即两种产品的社会必要劳动时间之比。由于单位产品劳动耗费是单位劳动生产力的倒数，因此，$\sqrt{q_{12}q_{22}}$ 和 $\sqrt{q_{11}q_{21}}$ 分别为两个部门同时生产产品 2 和产品 1 的劳动生产力的几何平均，可以分别看作产品 2 和产品 1 的社会平均生产力 AP_2 和 AP_1，二者之比 $AP_{2/1}$ 为两种产品的社会平均生产力系数。由此可见，根据比较利益率均等原则确定的均衡交换比例同时等于两种产品的社会平均生产力之比，式（9.13）可重新表述如下：

$$R_{2/1} = \frac{x_2}{x_1} = \sqrt{\frac{t_{11}t_{21}}{t_{12}t_{22}}} = \sqrt{\frac{q_{12}q_{22}}{q_{11}q_{21}}} = AP_{2/1} \tag{9.14}$$

平均比较利益率的推导

由于劳动生产力 q_{ij} 与单位产品的劳动成本（劳动时间）t_{ij} 互为倒数，即 $q_{ij} = t_{ij}^-$，可将比较利益率均等式（9.8）转换为：

$$\frac{x_2 q_{11}}{x_1 q_{12}} - 1 = \frac{x_1 q_{22}}{x_2 q_{21}} - 1 \qquad (9.15)$$

将均衡交换比率式（9.14）带入式（9.15）右边（左边也一样）可得均等的比较利益率公式 $CB'_{1=2}$ 如下：

$$CB'_{1=2} = \frac{x_2 q_{11}}{x_1 q_{12}} - 1 = \sqrt{\frac{q_{12} q_{22}}{q_{11} q_{21}}} \frac{q_{11}}{q_{12}} - 1 = \sqrt{\frac{q_{11} q_{22}}{q_{12} q_{21}}} - 1 = \sqrt{RP_{1/2}} - 1$$

$$(9.16)$$

式（9.16）表明，两部门均等的比较利益率与两部门相对生产力的比例或相对生产力系数正相关，分工双方各自的比较优势越强，均等的比较利益率就越高。我们由此可以引申出一个定理，分工双方或任何一方提高自身具有比较优势产品的生产力都会提高均等的比较利益率，从而使双方都受益。

第十章
价值的形成及其与劳动生产力的关系

上一章考察的均衡交换比例反映的是商品的相对价值或相对价格，本章以劳动时间作为尺度，推导商品的价值。

单位商品价值量决定

在所有商品价值决定中，单位商品的价值决定无疑是基础。

（1）设单位商品 1 的价值为 V_1^c，单位商品 2 的价值为 V_2^c，根据等价交换原则可得：

$$V_1^c \cdot x_1 = V_2^c \cdot x_2 \qquad （10.1）$$

（2）由于生产者 1 和生产者 2 为生产均衡交换量各自耗费的时间分别为 $x_1 t_{11}$ 和 $x_2 t_{22}$，两个生产者等价交换的商品价值总量等于两个生产者为此所耗费的时间之和：

$$V_1^c x_1 + V_2^c x_2 = x_1 t_{11} + x_2 t_{22} \qquad （10.2）$$

（3）解式（9.13）、式（10.1）、式（10.2）可得两部门单位商品价值量公式：

$$\begin{cases} V_1^c = \dfrac{1}{2}(t_{11} + t_{22}\sqrt{\dfrac{t_{11}t_{21}}{t_{22}t_{12}}}) = \dfrac{1}{2}(\dfrac{1}{q_{11}} + \dfrac{1}{q_{22}}\sqrt{\dfrac{q_{12}q_{22}}{q_{11}q_{21}}}) \\ \\ V_2^c = \dfrac{1}{2}(t_{22} + t_{11}\sqrt{\dfrac{t_{22}t_{12}}{t_{11}t_{21}}}) = \dfrac{1}{2}(\dfrac{1}{q_{22}} + \dfrac{1}{q_{11}}\sqrt{\dfrac{q_{11}q_{21}}{q_{12}q_{22}}}) \end{cases} \quad (10.3)$$

对式（10.3）进行恒等变换，得出式（10.4）：

$$\begin{cases} V_1^c = \dfrac{t_{11}}{2}(1 + \dfrac{\sqrt{t_{21}t_{22}}}{\sqrt{t_{11}t_{12}}}) = \dfrac{1}{2q_{11}}(1 + \dfrac{\sqrt{q_{11}q_{12}}}{\sqrt{q_{22}q_{21}}}) \\ \\ V_2^c = \dfrac{t_{22}}{2}(1 + \sqrt{\dfrac{t_{11}t_{12}}{t_{21}t_{22}}}) = \dfrac{1}{2q_{22}}(1 + \dfrac{\sqrt{q_{21}q_{22}}}{\sqrt{q_{12}q_{11}}}) \end{cases} \quad (10.4)$$

我们将式（10.4）中的 $\sqrt{q_{11}q_{12}}$ 和 $\sqrt{q_{22}q_{21}}$ 这两部门不同劳动生产力的几何平均定义为两部门的综合生产力（comprehensive productivity/cp）。其表示同一部门在多种产品上具有的劳动生产力的综合：$cp_1 = \sqrt{q_{11}q_{12}}$，$cp_2 = \sqrt{q_{21}q_{22}}$；将两部门综合生产力的比率定义为综合生产力系数，其表示两部门在已确定的专业化生产上相比较而言的生产力，即比较生产力（comparative productivity/CP）：①

---

① 为了区分综合生产力与比较生产力，综合生产力（comprehensive productivity）的缩小用小写的 cp 表示，比较生产力（comparative productivity）的缩写用大写的 CP 表示；当我们讲综合生产力时，可以分别指部门 1 的综合生产力 cp_1 和部门 2 的综合生产力 cp_2，当我们讲比较生产力时是指两个部门综合生产力之比，即综合生产力系数：相对于部门 2 来说，部门 1 的比较生产力表示为 $CP_{1/2}$，而相对于部门 1 来说，部门 2 的比较生产力表示为 $CP_{2/1}$。

$$\begin{cases} CP_{1/2} = \dfrac{cp_1}{cp_2} = \sqrt{q_{11}q_{12}/q_{21}q_{22}} \\[3mm] CP_{2/1} = \dfrac{cp_2}{cp_1} = \sqrt{q_{21}q_{22}/q_{11}q_{12}} \end{cases} \quad （10.5）$$

由此，式（10.4）所表示的单位商品价值量可简化为：

$$\begin{cases} V_1^c = \dfrac{1}{2q_{11}}(1+CP_{1/2}) \\[5mm] V_2^c = \dfrac{1}{2q_{22}}(1+CP_{2/1}) \end{cases} \quad （10.6）$$

（4）广义价值与劳动价值的关系：我们从式（10.6）中可以看出，单位商品的价值 V_i^c 与单位商品所耗费的劳动时间 t_{ij} 之间的关系，取决于部门比较生产力 CP 的高低：当 $CP_{1/2}$ 大于 1 时，单位商品价值 V_1^c 大于单位劳动时间 t_{11}，单位商品价值 V_2^c 小于单位劳动时间 t_{22}；当 $CP_{1/2}$ 小于 1 时，单位商品价值 V_1^c 小于单位劳动时间 t_{11}，单位商品价值 V_2^c 大于单位劳动时间 t_{22}；只有当 $CP_{1/2}$ 等于 1 时，单位商品价值 V_1^c 才等于单位劳动时间 t_{11}，单位商品价值 V_2^c 才等于单位劳动时间 t_{22}。也就是说，劳动价值论只适用于比较生产力等于 1 的特殊情况，而广义价值论在比较生产力等于 1 和不等于 1 的情况下都是适用的。从这个意义上说，劳动价值论只是广义价值论的一个特例。

（5）交换价值与价值的关系：传统的劳动价值论认为，先有凝结（耗费）在商品生产中的无差别的人类劳动（抽象劳动）形成价值实体，再有这种价值实体通过交换以交换价值的形式（即所谓价值形式）表现出来；价值是内容，交换价值是形式；价值是本质，交换价值是现象；构成交换价值的使用价值只是交换的前提条件，交换价值由价值决定，价值由凝结在商品中的抽象劳动决定；归根结底，支配商品交换的价值决定和价值规律与交换价值乃至使用价值没有任何关系。根据本章的分析，实际的逻辑关系是，生产者为了追求比较利益，根据比较优势分工生产使用价值，再按照比较利益率均等原则形成均衡的（使用价值）交换比例，根据均衡的交换比例再推导出单位商品的价值，而由此得到的单位商品价值与其耗费的劳动是否一致，完全取决于比较生产力系数是否等于1。这就颠覆了传统的思维定式：价值和抽象劳动是不能先于交换价值的确定或具体劳动（或异质劳动）的折算而存在的，均衡交换价值（交换比例）的确定或异质劳动的折算本身就是价值的决定过程。

部门中个别生产者单位劳动折算的价值量

由单位商品价值量式（10.6）还可进一步推导出部门内单位个别劳动创造的价值量：

$$\begin{cases} V_{11k}^{t}=q_{11k}V_1^c = q_{11k}\dfrac{1}{2q_{11}}(1+CP_{1/2}) = \dfrac{1}{2}\dfrac{q_{11k}}{q_{11}}(1+CP_{1/2}) \ = \dfrac{1}{2}q_{11}^k(1+CP_{1/2}) \\[4mm] V_{22k}^{t}=q_{22k}V_2^c=q_{22k}\dfrac{1}{2q_{22}}(1+CP_{2/1}) = \dfrac{1}{2}\dfrac{q_{22k}}{q_{22}}(1+CP_{2/1}) = \dfrac{1}{2}q_{22}^k(1+CP_{2/1}) \end{cases}$$

$$(10.7)$$

其中 V_{ijk}^t 表示生产者 k 在第 i 个部门第 j 产品上单位劳动创造的价值量，q_{ijk} 表示该生产者的劳动生产力，q_{ij}^k 表示绝对生产力差别系数，等于生产者 k 在第 i 部门第 j 产品上的劳动生产力与该产品的部门平均生产力之比，q_{11}、q_{22} 和 $CP_{1/2}$ 表示部门平均生产力和综合生产力系数。

部门单位平均劳动折算的价值量

部门单位平均劳动创造的价值总量等于单位平均劳动的产量乘以单位商品价值，由单位商品价值量式（10.6）可推导出部门单位平均劳动创造的价值量：

$$\begin{cases} V_1^t = q_{11}V_1^c = q_{11}\dfrac{1}{2q_{11}}(1+CP_{1/2}) = \dfrac{1}{2}(1+CP_{1/2}) \\ \\ V_2^t = q_{22}V_2^c = q_{22}\dfrac{1}{2q_{22}}(1+CP_{2/1}) = \dfrac{1}{2}(1+CP_{2/1}) \end{cases} \quad (10.8)$$

部门商品价值总量

部门总劳动创造的商品价值总量等于部门总产量乘以单位商品价值量，由部门平均劳动创造的价值量式（10.8）可推导出部门总劳动创造的价值量：

$$\begin{cases} V_1 = T_1 q_{11}V_1^c = T_1 q_{11}\dfrac{1}{2q_{11}}(1+CP_{1/2}) = T_1\dfrac{1}{2}(1+CP_{1/2}) \\ \\ V_2 = T_2 q_{22}V_2^c = T_2 q_{22}\dfrac{1}{2q_{22}}(1+CP_{2/1}) = T_2\dfrac{1}{2}(1+CP_{2/1}) \end{cases} \quad (10.9)$$

式（10.8）和式（10.9）进一步说明，单位平均劳动或部门总劳动与其所创造的价值量只有在部门比较生产力等于 1 的情况下才是相等的，而当比较生产力大于 1 时，较少量的劳动会创造较大量的价值；当比较生产力小于 1 时，较大量的劳动只能创造较少量的价值。也就是说，等量劳动创造等量价值的劳动价值论基本原理，只有在比较生产力等于 1 的情况下才是成立的。

社会价值总量

在两部门经济的均衡条件下，部门 1 的价值总量等于部门 2 的价值总量，设社会价值总量为 V，社会劳动投入总量为 T，根据式（10.9）可得：

$$V=V_1+V_2=2V_1=2T_1\frac{1}{2}(1+CP_{1/2})=T_1(1+CP_{1/2})=T_1+T_1CP_{1/2}$$

（10.10）

由式（10.9）、式（10.1）和式（10.2）可得：$\frac{T_2}{T_1}=CP_{1/2}$，$T_1CP_{1/2}=T_2$，代入式（10.10）可得：

$$V=V_1+V_2=2V_1=2T_1\frac{1}{2}(1+CP_{1/2})=T_1(1+CP_{1/2})=T_1+T_1CP_{1/2}=T_1+T_2=T$$

（10.11）

式（10.11）表明，社会价值总量等于劳动总量，这是在假定当期各部门综合生产力水平保持不变的前提下得出的。当各部门综合生产力水平发生变动时，跨期的社会价值总量并不等于劳动总量。关于这个问题，下面讨论劳动生产力与价值决定的关系时将具体说明。

劳动生产力的多种形式规定

劳动生产力也称为劳动生产率（二者的英文都是 labour productivity），其本身有多种形态和规定性，不同含义的劳动生产力对价值决定的影响是不同的，所以，我们首先要对不同含义的劳动生产力做出严格的界定，以避免引起读者对价值决定相关命题的误解。

绝对生产力

（1）所谓绝对生产力或绝对生产率（absolute productivity）就是马克思经济学中的劳动生产力（率）。马克思说："生产力当然始终是有用的具体的劳动的生产力，它事实上只决定有目的的生产活动在一定时间内的效率。"（马克思、恩格斯，1972b，第 59 页）也就是说，所谓绝对生产力（率）是指单位劳动时间所生产的使用价值量，或者指单位使用价值与生产中耗费的劳动时间之比。对线性生产函数 $f(L) = qL$ 来说，绝对生产力就是 q。绝对生产力与绝对成本（单位成本）和绝对优势，是同一含义的概念。

（2）同一生产者自身的绝对生产力的变化以及同一产品的不同生产者的绝对生产力水平，彼此可以直接进行比较；同一生产者在不同产品上的绝对生产力以及不同产品生产者的绝对生产力之间不能直接进行比较，但可以借助于下面将依次界定的相对生产力（系数）和综合生产力（系数）进行间接比较，从而形成比较生产力。

（3）绝对生产力可以分为个别劳动生产力和部门平均劳动生产力，前者是指同一部门内每个劳动者在单位时间内生产的使用价值量，后者是指一个部门内所有劳动者单位时间内生产的使用价值量的加权平均，等于部门总产量与部门总劳动量之比。

（4）劳动生产力 q_{ij} 与单位产品的劳动成本（劳动时间）t_{ij} 互为倒数，即 $q_{ij} = 1/t_{ij}$。所以，前述部门平均劳动生产力就是马克思所谓的决定单位商品价值量的"社会必要劳动时间"①的倒数，与微观经济学中的平均产量同义。

（5）如前所述，按照马克思的概括，绝对生产力水平的高低取决于工人的平均熟练程度、科学的发展水平和它在工艺上应用的程度、生产过程的社会结合、生产资料的规模和效能以及自然条件五个因素。（马克思、恩格斯，1972b，第53页）

（6）马克思把由自然条件决定的生产力称为劳动的自然生产力，把由分工协作决定的生产力称为劳动的社会生产力。（马克思、恩格斯，1972b，第366页，370页，372页，423—424页；1974a，第712—713页，726页，740页，842页）以此类推，我们似乎也可以把由生产资料的使用所决定的生产力称为劳动的资本生产力。

相对生产力

如前所述，所谓相对生产力（relative productivity）是指同一生产者在不同产品上的绝对生产力之比，两个部门相对生产力之比即相对生产力系数 [见式（9.5）]。关于相对生产力系数与比较优势及专业化分工的关系，第二章的"剩余价值和平均利润理论中的逻辑矛盾"已做详细分析，这里不再赘述。

---

① 马克思指出："社会必要劳动时间是在现有的社会正常的生产条件下，在社会平均的劳动熟练程度和劳动强度下制造某种使用价值所需要的劳动时间。"（马克思、恩格斯，1972b，第52页）这种从生产者（供给方）的角度定义的社会必要劳动时间被称作第一种含义的社会必要劳动时间；马克思后来从满足社会需要（需求方）的角度又提出了第二种含义的社会必要劳动时间。（马克思、恩格斯，1974a，第205页，208—209页）

社会平均生产力

如果说单个生产者（劳动者、企业）生产单位商品所耗费的时间为个别劳动时间，同一部门不同生产者生产单位产品个别劳动时间的加权平均为部门平均劳动时间，那么所有部门（社会全部资源）生产同一单位产品的时间为社会平均劳动时间，等于各部门平均劳动时间的几何平均：$\sqrt{t_{11}t_{21}}, \sqrt{t_{12}t_{22}}$，[1] 而社会平均劳动时间的倒数即社会平均生产力，等于两个部门在同一产品上的生产力的几何平均：$\sqrt{q_{11}q_{21}}, \sqrt{q_{12}q_{22}}$，而两种产品的社会平均生产力系数，等于产品 2 的平均生产力 AP_2 和产品 1 的平均生产力 AP_1 之比，即 $AP_{2/1} = \sqrt{\dfrac{t_{11}t_{21}}{t_{12}t_{22}}} = \sqrt{\dfrac{q_{12}q_{22}}{q_{11}q_{21}}}$。

综合生产力

所谓综合生产力（comprehensive productivity/cp）是指同一经济主体在多种产品生产上的绝对生产力的几何平均，表示该经济主体在多种商品生产能力上的综合水平。在两部门经济中，同一类型劳动者的综合生产力等于该类劳动者在两种产品上的绝对生产力的几何平均。两部门的综合生产力之比为综合生产力系数，可与相对生产力系数相结合，用来判断一个部门在某种产品上与另一个部门在另一种产品上的比较生产力孰高孰低。关于综合生产力及其系数和公式，参看本章"单位商品价值量决定"的分析。

---

[1] 这里所谓的社会平均劳动时间才是真正意义上的社会必要劳动时间，而前述马克思所谓的社会必要劳动时间，其实仅仅是部门必要劳动时间。

比较生产力及其与综合生产力和相对生产力的关系

比较生产力（comparative productivity／CP）是就一个生产者（部门、地区或国家）在一种产品生产上与另一个生产者（部门、地区或国家）在另一种产品生产上相比较而言的生产力。一个生产者（部门、地区或国家）与另一个生产者（部门、地区或国家）在两种不同产品上的比较生产力的高低是由两个生产者（部门、地区或国家）的相对生产力系数和综合生产力系数两个因素决定的，具体有如下 6 种组合：

（1）若 $CP_{1/2}>1$ 且 $RP_{1/2}>1$，则意味着生产者 1 在产品 1 上的比较生产力高于生产者 2 在产品 2 上的比较生产力；

（2）若 $CP_{1/2}>1$ 且 $RP_{1/2}<1$，则意味着生产者 1 在产品 2 上的比较生产力高于生产者 2 在产品 1 上的比较生产力；

（3）若 $CP_{1/2}<1$ 且 $RP_{1/2}<1$，则意味着生产者 1 在产品 2 上的比较生产力低于生产者 2 在产品 1 上的比较生产力；

（4）若 $CP_{1/2}<1$ 且 $RP_{1/2}>1$，则意味着生产者 1 在产品 1 上的比较生产力低于生产者 2 在产品 2 上的比较生产力；

（5）若 $CP_{1/2}=1$ 且 $RP_{1/2}>1$，则意味着生产者 1 在产品 1 上的比较生产力等于生产者 2 在产品 2 上的比较生产力；

（6）若 $CP_{1/2}=1$ 且 $RP_{1/2}<1$，则意味着生产者 1 在产品 2 上的比较生产力等于生产者 2 在产品 1 上的比较生产力。

马克思关于劳动生产力与价值决定的三个命题

关于劳动生产力与价值量的关系，马克思曾从三个不同角度提出看似相互矛盾但内在统一的三个不同的命题。

劳动生产力与价值量成反比

这是经济学界都普遍熟悉的马克思主义经济学的常识。马克思指出："劳动生产力越高，生产一种物品所需要的劳动时间就越少，凝结在该物品中的劳动量就越小，该物品的价值就越小。……可见，商品的价值量与体现在商品中的劳动的量成正比，与这一劳动的生产力成反比。"（马克思、恩格斯，1972b，第53—54页）这里所说的劳动生产力无疑是指一个部门的平均劳动生产力，这里所说的价值量则是指单位商品的价值量。

劳动生产力与价值量正相关

虽然这个命题常常遭到一些经济学者诟病（何炼成，1994；苏星，1995），但它也同样是马克思的观点。马克思指出："生产力特别高的劳动起了自乘的劳动的作用，或者说，在同样的时间内，它所创造的价值比同种社会平均劳动要多。"（马克思、恩格斯，1972b，第354页）这里所说的生产力是指单个生产者的个别劳动生产力。这里所说的价值量，则是指单个生产者在单位劳动时间内所创造的价值总量。所谓劳动生产力与价值量正相关的原理，实际上已经包含在马克思"生产使用价值的社会必要劳动时间，决定该使用价值的价值量"这一规定之中。（马克思、恩格斯，1972b，第52页）

劳动生产力与价值量不相关

马克思说："不管生产力发生了什么变化，同一劳动在同样的时间内提供的价值量总是相同的。"（马克思、恩格斯，1972b，第60页）这里所说的生产力同样是指部门平均劳动生产力，只不过这里所说的价值量是指部门商品价值总量。这第三个命题与第一个命题实际上是同一命题的两种表述，如果把负相关理解为成反比的话。

我国学者关于马克思劳动生产力与价值量的三个命题的研究和争论，或者出于对经典著作的误解，完全混淆了马克思三个命题中的三个劳动生产力和三种价值量的不同含义，用一个命题否定另一个，例如，有的学者引用马克思劳动生产力与价值量成反比命题，否定其他学者所持的正相关命题（何炼成，1994；苏星，1995，徐东辉，2016；丁堡骏、张洪平，1994；赵爱清，2001）；或者不求甚解，只是囫囵吞枣地重复经典作家的论述，而没有进一步揭示其中存在的逻辑矛盾，例如，很多学者（当然也包括马克思本人）虽然承认正相关命题，但否认非劳动要素对价值决定的影响；同样地，如果承认成反比命题，那就意味着一个部门劳动生产力提高所增加的使用价值将完全归于与之交换的其他部门，而很少有人质疑这一既不合情理又违反逻辑的命题。本章接下来将从广义价值论的角度将劳动生产力与价值量正相关命题的适用范围由单个企业扩展到整个行业和整个社会，从而彻底摒弃不相关命题，并明确负相关并不等价于成反比。[①]

---

① 两个变量之间的关系成反比亦即负相关，但负相关不一定成反比，成反比只是负相关的一个特例；同样地，两个变量之间的关系正相关但不一定成正比，但成正比一定是正相关，成正比也只是正相关的一个特例。

劳动生产力变动对比较利益率和交换比例的影响

假定在 2×2 模型即两类生产者就两种产品组成的可变分工体系中，1 类生产者或部门 1 和 2 类生产者或部门 2 分别在产品 1 和产品 2 的生产上具有比较优势，下面依次考察两部门的四种绝对生产力 q_{11}、q_{12}、q_{22}、q_{21} 的变动对部门比较利益率、均衡比较利益率和均衡交换比例的影响。

部门 1 具有比较优势产品的生产力 q_{11} 提高的影响

由比较利益率均等式（9.8）可知，q_{11} 的提高导致 RP_1 提高，从而引起部门 1 的比较利益率 CB_1' 提高，在图形上则表现为 CB_1' 曲线的斜率提高，结果导致产品 1 相对于产品 2 的均衡交换比例降低，由于 q_{11} 提高了，单位产品 1 的价值降低；此外，由于 RP_1 提高导致 $RP_{1/2}$ 提高，均衡比较利益率 $CB_{1=2}'$ 增加，如图 10-1 所示。

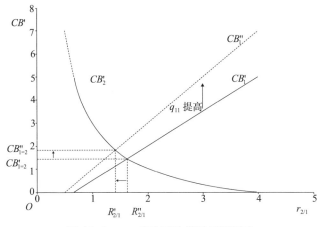

图 10-1　q_{11} 提高对均衡结果的影响

部门1具有比较劣势产品的生产力 q_{12} 提高的影响

当 q_{12} 提高时，部门1的比较利益率 CB_1' 曲线斜率降低，结果导致产品1相对于产品2的均衡交换比例提高，由于 q_{12} 提高了，单位产品1的价值提高，单位产品2的价值降低；此外，由于 RP_1 降低导致 $RP_{1/2}$ 降低，均衡比较利益率 $CB_{1=2}'$ 降低，如图10-2所示。

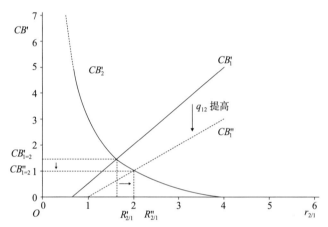

图10-2 q_{12} 提高对均衡交换价值和比较利益率的影响

部门2具有比较优势产品的生产力 q_{22} 提高的影响

部门2的 q_{22} 提高会引起本部门比较利益率 CB_2' 曲线斜率提高，导致产品2相对于产品1的均衡交换比例下降，由于 q_{22} 提高了，单位产品2价值下降；此外，由于 RP_2 下降导致 $RP_{1/2}$ 上升，均衡比较利益率 $CB_{1=2}'$ 提高，如图10-3所示。

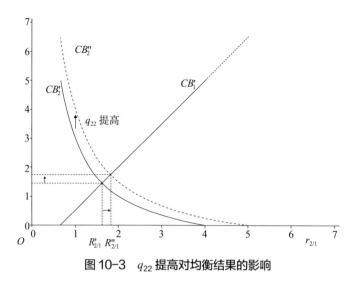

图 10-3　q_{22} 提高对均衡结果的影响

部门 2 具有比较劣势产品的生产力 q_{21} 提高的影响

当 q_{21} 提高时，会引起部门 2 的比较利益率 CB_2' 曲线斜率降低，从而导致产品 2 相对于产品 1 的均衡交换价值降低，由于 q_{21} 提高导致单位产品 1 的价值降低，产品 2 的价值提高；此外，由于 RP_2 提高导致 $RP_{1/2}$ 降低，均衡比较利益率 $CB_{1\cdot2}'$ 降低，如图 10-4 所示。

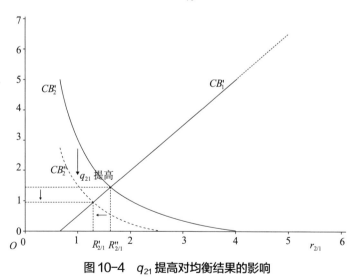

图 10-4　q_{21} 提高对均衡结果的影响

四种生产力变动效应的总结

q_{11}，q_{12}，q_{22}，q_{21} 的变动对均衡交换比例、单位商品价值、单位劳动价值和均衡比较利益率的影响总结概括如下：

$$q_{11} \uparrow \to RP_1 \text{ 斜率} \uparrow \to R_{2/1} \downarrow \to V_1^c \downarrow \to V_2^c \downarrow \to V_1^t \uparrow \to V_2^t \downarrow \to CB_{1=2}^{'} \uparrow$$

$$q_{12} \uparrow \to RP_1 \text{ 斜率} \downarrow \to R_{2/1} \uparrow \to V_1^c \uparrow \to V_2^c \downarrow \to V_1^t \uparrow \to V_2^t \downarrow \to CB_{1=2}^{'} \downarrow$$

$$q_{22} \uparrow \to RP_2 \text{ 斜率} \downarrow \to R_{2/1} \uparrow \to V_1^c \downarrow \to V_2^c \downarrow \to V_1^t \uparrow \to V_2^t \downarrow \to CB_{1=2}^{'} \uparrow$$

$$q_{21} \uparrow \to RP_2 \text{ 斜率} \uparrow \to R_{2/1} \downarrow \to V_1^c \downarrow \to V_2^c \uparrow \to V_1^t \uparrow \to V_2^t \downarrow \to CB_{1=2}^{'} \downarrow$$

均衡交换比例与社会平均生产力系数正相关

回顾第九章推导出的均衡交换比例公式：

$$R_{2/1} = \frac{x_2}{x_1} = \sqrt{\frac{t_{11}t_{21}}{t_{12}t_{22}}} = \sqrt{\frac{q_{12}q_{22}}{q_{11}q_{21}}} \quad\quad (9.13)$$

我们由式（9.13）可知，均衡交换比例和比较利益的公平分配是根据比较利益率均等原则确定的，两种产品的均衡交换比例与两种产品的社会平均生产力系数正相关，如图 10-5 所示。

我们从图 10-5 中可以看出，首先，$R_{2/1}$ 和 $AP_{2/1}$ 呈线性关系，$AP_{2/1}$ 关于 $R_{2/1}$ 形成的直线截距为 0，系数即直线斜率为 1。

其次，$R_{2/1}$ 和 $AP_{2/1}$ 本质上都是由参与交换的部门综合生产力系数决定的，所以我们还应该画出 $AP_{2/1}$ 与劳动生产力 q 的关系图。然而由于 $AP_{2/1}$ 是由四个时间自变量 t 或生产力自变量 q 同时决定的，我们无法直接画出一个 $AP_{2/1}$ 关于四个自变量的五维关系图，因此必

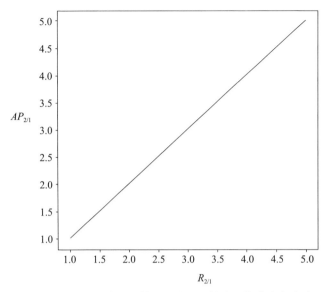

图 10-5　均衡交换比例等于两种产品社会平均生产力之比

须给这四个自变量附加一些条件以降维。在不失去一般性的情况下，不妨假设我们能够观察到两个部门各自生产产品 1 和产品 2 的生产时间，且部门 1 善于生产产品 1 而部门 2 善于生产产品 2，以及存在这样的 a_1 和 b_1，a_2 和 b_2，使得 $t_{21} = a_1 t_{11} + b_1 > t_{11}$ 且 $t_{12} = a_2 t_{22} + b_2 > t_{22}$，则 $AP_{2/1}$ 可以化简为：

$$AP_{2/1} = \frac{\sqrt{t_{11}(a_1 t_{11} + b_1)}}{\sqrt{t_{22}(a_2 t_{22} + b_2)}} = \frac{\sqrt{a_1 / q_{11}^2 + b_1 / q_{11}}}{\sqrt{a_2 / q_{22}^2 + b_2 / q_{22}}} = \frac{\sqrt{q_{12} q_{22}}}{\sqrt{q_{11} q_{21}}} = \frac{AP_2}{AP_1} = AP_{1/2}^-$$

（10.12）

其中倒数第三个等号来自式（9.14）。于是我们可以根据式（10.12）画出 $AP_{2/1}$ 与 AP_1（或 AP_2）的关系图（见图 10-6）。

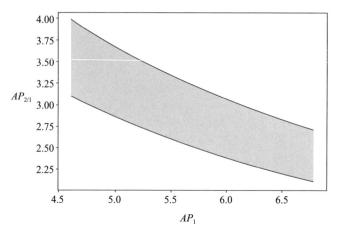

图 10-6 社会平均生产力系数 $AP_{2/1}$ 与产品平均生产力 AP_1 和 AP_2 的关系

图 10-6 阴影区域表示对于给定的产品 2 的平均生产力 AP_2，$AP_{2/1}$ 随 AP_1 变化而变化的范围。图中假设 t_{11} 的取值范围为 13~17，而 t_{22} 的取值范围为 4~6，且 $a_1=1.05$，$b_1=2$，$a_2=1.2$，$b_2=0.5$。

如图 10-6 所示，对于给定的产品 2 的平均生产力 AP_2，社会平均生产力系数 $AP_{2/1}$ 随着产品 1 的平均生产力 AP_1 的增加而降低，表现为曲线向右下方倾斜。这意味着，随着产品 1 的社会平均生产力的增长，其单位产品的社会必要劳动耗费将减少，结果是其自身价值下降，并最终表现为均衡价格下降，于是产品 1 相对于产品 2 更加便宜，产品 1 的交换价值也相应地降低了。

反之，对于给定的产品 1 的社会平均生产力 AP_1，社会平均生产力系数 $AP_{2/1}$ 随着产品 2 的社会平均生产力 AP_2 的增加而增加，表现为曲线向上移动。这意味着，随着产品 2 的社会平均生产力的增长，其单位产品的社会必要劳动耗费将减少，结果是其自身价值下降，并最终表现为均衡交换比例下降，于是产品 2 相对于产品 1 更加便宜，意味着产品 1 的交换价值相对提高了。

最后，附上理论模型中数据产生的过程。根据式（9.13），在现实经济中可观测的变量是两种产品的价格 P_1 和 P_2 以及两个部门生产两种产品的部门必要劳动时间 t_{11}、t_{12}、t_{21}、t_{22}。如图 10-7 所示，理论研究（建模、作图）只需要通过设置部门单位产品的必要劳动时间 t，模拟出所有的等价关系即可，而实际数据的检验则需要搜集 t、x 和 P 三个变量。

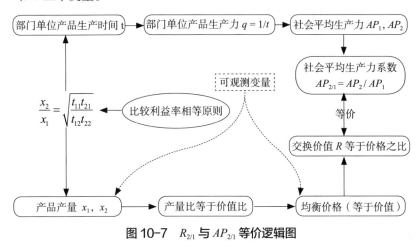

图 10-7　$R_{2/1}$ 与 $AP_{2/1}$ 等价逻辑图

单位商品价值与绝对生产力负相关，与比较生产力正相关

回顾前述单位商品价值量公式：

$$\begin{cases} V_1^c = \dfrac{1}{2q_{11}}(1+CP_{1/2}) \\[2mm] V_2^c = \dfrac{1}{2q_{22}}(1+CP_{2/1}) \end{cases} \qquad (10.6)$$

我们由式（10.6）可知，单位商品价值量与部门绝对生产力负相关，与部门综合生产力或比较生产力正相关。也就是说，部门绝对生产力 q_{11} 提高，一方面会对单位商品价值量有负效应，另一方面又会通过加权平均提高部门综合生产力从而提高比较生产力，而对单位商品价值量产生正效应。下面通过对式（10.6）的微分来分析部门绝对生产力的变化对单位商品价值量产生的总效应：

$$\frac{\partial V_1^c}{\partial q_{11}} = \frac{1}{2}\left[-q_{11}^{-2}\left(1+CP_{1/2}\right) + \frac{\partial CP_{1/2}}{\partial q_{11}} q_{11}^{-1}\right] < 0 \qquad （10.13）$$

式（10.13）将部门绝对生产力的提高对单位商品价值量的影响分解为直接导致单位商品价值量下降的负效应 $[-q_{11}^{-2}(1+CP_{1/2})]$ 与间接导致单位商品价值量上升的正效应 $\left(\frac{\partial CP_{1/2}}{\partial q_{11}} q_{11}^{-1}\right)$ 两部分。我们从式（10.13）中可以看出，正是部门绝对生产力与部门综合生产力或比较生产力的关联效应，抵消了单位商品价值量的降低幅度，使得单位商品价值量的降低幅度小于部门综合生产力的提高幅度，这便可以得出部门绝对生产力与单位商品价值量负相关但不成反比的结论。这就不仅校正了前述马克思部门劳动生产力与单位商品价值量负相关的命题，而且从逻辑上否定了前述马克思的不相关命题。因为既然部门劳动生产力提高时，单位商品价值不会成比例下降，而总产量的增加足以抵消单位商品价值的下降，所以部门总价值自然会增加而不是保持不变。[①]

[①] 康秀华（1998）和邹新树（2002）虽然也曾否定单位商品价值量与部门劳动生产力的提高等比例下降，但并未由此引申出部门劳动生产力与部门价值总量正相关的逻辑结论。

我们通过模拟部门绝对生产力的数据来计算部门综合生产力以及单位商品的价值。为此，我们首先需要假设部门绝对生产力的数据产生过程。在不失去一般性的前提下，我们假设部门1生产高技术商品1时具有比较优势，而部门2则更擅长生产低技术商品2，同时我们假设部门1和部门2都是典型的部门，即不存在生产力的突然变化，则我们可以假设绝对生产力服从线性增长。具体的数据产生过程如下：

$$q_{11_t} = 1.01 q_{11_{t-1}} + u_t, \quad q_{11_0} = 6, \quad u_t \sim N(0, 0.0025)$$
$$q_{12_t} = 1.005 q_{12_{t-1}} + u_t, \quad q_{12_0} = 2.5, \quad u_t \sim N(0, 0.0025)$$
$$q_{21_t} = 1.008 q_{21_{t-1}} + u_t, \quad q_{21_0} = 2, \quad u_t \sim N(0, 0.0025)$$
$$q_{22_t} = 1.007 q_{22_{t-1}} + u_t, \quad q_{22_0} = 3, \quad u_t \sim N(0, 0.0025)$$

其中参数的含义为：（1）在初始状态下，对商品1而言，部门1的绝对生产力高于部门2，同理对商品2而言，部门2的绝对生产力高于部门1；（2）部门1生产商品1的生产力增速快于部门2，而部门2生产商品2的生产力增速快于部门1。

图10-8展示了随着q_{11}和q_{22}的增长，V_1^c和V_2^c逐步下降。我们可以看出，单位商品价值随着部门具有比较优势商品的绝对生产力的增加而降低（负相关），同时这种降低是非线性的，因此单位商品价值与绝对生产力不成反比。图10-9则呈现了式（10.13）中所反映的绝对生产力对单位商品价值的边际影响。

图10-9中间的实线是绝对生产力对单位商品的边际效应曲线，其等于绝对生产力对单位商品的正效应（上方虚线）和负效应（下方虚线）的算术平均值。在实际计算中，当绝对生产力大于1时〔如果用单个劳动力每小时创造的商品价值计算绝对生产力，那么绝对生产

力往往大于 1，如宾州世界表（Penn World Table 9.1）中世界各国的劳动生产力]，正效应逐渐减小，负效应逐渐增加，且正效应相较于负效应可以忽略不计（接近 0 且趋近于 0），而负效应主要受到绝对生产力的平方的影响，所以最终的边际效应大致与绝对生产力的平方成反比。

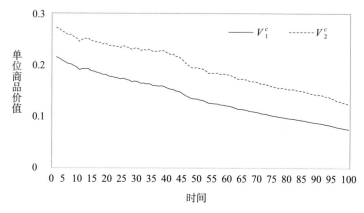

图 10-8　单位商品价值与绝对生产力负相关

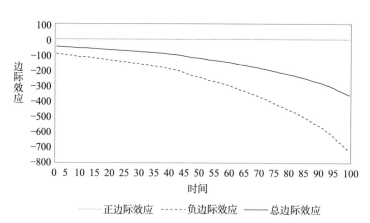

图 10-9　绝对生产力对单位商品价值的边际效应

单位个别劳动创造的价值量与其绝对生产力和部门比较生产力正相关

我们进一步分析前述单位个别劳动创造的价值量公式:

$$\begin{cases} V_{11k}^t = q_{11k}V_1^c = q_{11k}\dfrac{1}{2q_{11}}(1+CP_{1/2}) = \dfrac{1}{2}q_{11}^k(1+CP_{1/2}) \\ V_{22k}^t = q_{22k}V_2^c = q_{22k}\dfrac{1}{2q_{22}}(1+CP_{2/1}) = \dfrac{1}{2}q_{22}^k(1+CP_{2/1}) \end{cases} \quad (10.7)$$

我们由式（10.7）可以看出，单位个别劳动生产力 q_{ijk} 的提高会通过加权平均提高部门的绝对生产力水平 q_{ij}，从而一方面会使单位商品价值量 V_i^c 下降，从而对单位个别劳动创造的价值量产生负效应，另一方面又会通过部门综合生产力（以及 $CP_{1/2}$ 的提高）对个别企业单位劳动创造的价值量产生正效应，我们通过对式（10.7）做全微分来分析单位个别劳动生产力提高对其单位劳动创造的价值量产生的总效应:

$$\mathrm{d}V_{11k}^t = \mathrm{d}\left[\frac{1}{2}q_{11}^k(1+CP_{1/2})\right] = \frac{1}{2}(1+CP_{1/2})\mathrm{d}q_{11}^k + \frac{1}{2}q_{11}^k\mathrm{d}(1+CP_{1/2})$$

$$(10.14)$$

我们由式（10.14）可以看出，单位个别劳动创造的价值量变动由两部分引起：一是单位个别劳动提高劳动生产力增加的价值量 $\frac{1}{2}(1+CP_{1/2})\mathrm{d}q_{11}^k$，由于 $\mathrm{d}q_{11k}^t$ 与 $\mathrm{d}q_{11}^k$ 的相关系数为 1，这体现了劳动价值论所强调的"成正比"的结论；二是因单位商品价值下降而减少的价值量，即 $q_{11}^k\mathrm{d}(1+CP_{1/2})$，由于 $\mathrm{d}(1+CP_{1/2}) < 0$，且 $\mathrm{d}V_{11k}^t$ 与 $\mathrm{d}(1+CP_{1/2})$ 不是负相关，不能完全抵消单位个别劳动生产力增加的变动，因此单位个

别劳动的生产力对其单位时间创造的价值量产生的总效应为正（即 $dV_{11k}^t > 0$）。这一结果可由式（10.14）的进一步推导得到证明：[①]

$$dV_{11k}^t = \frac{1}{2}\left[1 + \frac{1}{2}\frac{\sqrt{q_{12}}}{\sqrt{q_{22}q_{21}}}(q_{11k})^{\frac{1}{2}} \cdot (q_{11}^k)^{-\frac{1}{2}}\right]dq_{11}^k > 0 \qquad （10.14'）$$

个别劳动生产力与价值量的关系如图 10-10 所示。

---

① 推导过程如下：

$$dV_{11k}^t = d[\frac{1}{2}q_{11}^k(1+CP_{1/2})] = \frac{1}{2}(1+CP_{1/2})dq_{11}^k + \frac{1}{2}q_{11}^k d(1+CP_{1/2})$$

$$= \frac{1}{2}(1+\frac{\sqrt{q_{11}q_{12}}}{\sqrt{q_{22}q_{21}}})dq_{11}^k + \frac{1}{2}q_{11}^k d(1+\frac{\sqrt{q_{11}q_{12}}}{\sqrt{q_{22}q_{21}}})$$

$$= \frac{1}{2}(1+\sqrt{\frac{q_{11k}}{q_{11}^k}}\frac{\sqrt{q_{12}}}{\sqrt{q_{22}q_{21}}})dq_{11}^k + \frac{1}{2}q_{11}^k d(1+\sqrt{\frac{q_{11k}}{q_{11}^k}}\frac{\sqrt{q_{12}}}{\sqrt{q_{22}q_{21}}})$$

$$= \frac{1}{2}(1+\sqrt{\frac{q_{11k}}{q_{11}^k}}\frac{\sqrt{q_{12}}}{\sqrt{q_{22}q_{21}}})dq_{11}^k + \frac{1}{2}q_{11}^k d(1+q_{11}^{k-\frac{1}{2}}\sqrt{\frac{q_{11k}}{1}}\frac{\sqrt{q_{12}}}{\sqrt{q_{22}q_{21}}})$$

$$= \frac{1}{2}(1+\sqrt{\frac{q_{11k}}{q_{11}^k}}\frac{\sqrt{q_{12}}}{\sqrt{q_{22}q_{21}}})dq_{11}^k - \frac{1}{4}q_{11}^k * q_{11}^{k-\frac{3}{2}}\sqrt{\frac{q_{11k}}{1}}\frac{\sqrt{q_{12}}}{\sqrt{q_{22}q_{21}}}dq_{11}^k$$

$$= \frac{1}{2}(1+\sqrt{\frac{q_{11k}}{q_{11}^k}}\frac{\sqrt{q_{12}}}{\sqrt{q_{22}q_{21}}})dq_{11}^k - \frac{1}{4}q_{11}^{k-\frac{1}{2}}\sqrt{q_{11k}}\frac{\sqrt{q_{12}}}{\sqrt{q_{22}q_{21}}}dq_{11}^k$$

$$= \frac{1}{2}dq_{11}^k + \frac{1}{2}(\sqrt{\frac{q_{11k}}{q_{11}^k}}\frac{\sqrt{q_{12}}}{\sqrt{q_{22}q_{21}}})dq_{11}^k - \frac{1}{4}q_{11}^{k-\frac{1}{2}}\sqrt{q_{11k}}\frac{\sqrt{q_{12}}}{\sqrt{q_{22}q_{21}}}dq_{11}^k$$

$$= \frac{1}{2}dq_{11}^k + \frac{2}{4}(\sqrt{\frac{q_{11k}}{q_{11}^k}}\frac{\sqrt{q_{12}}}{\sqrt{q_{22}q_{21}}})dq_{11}^k - \frac{1}{4}q_{11}^{k-\frac{1}{2}}\sqrt{q_{11k}}\frac{\sqrt{q_{12}}}{\sqrt{q_{22}q_{21}}}dq_{11}^k$$

$$= \frac{1}{2}dq_{11}^k + \frac{1}{4}(\sqrt{\frac{q_{11k}}{q_{11}^k}}\frac{\sqrt{q_{12}}}{\sqrt{q_{22}q_{21}}})dq_{11}^k = \frac{1}{2}[1+\frac{1}{2}\frac{\sqrt{q_{12}}}{\sqrt{q_{22}q_{21}}}(q_{11k})^{\frac{1}{2}} \cdot (q_{11}^k)^{-\frac{1}{2}}]dq_{11}^k$$

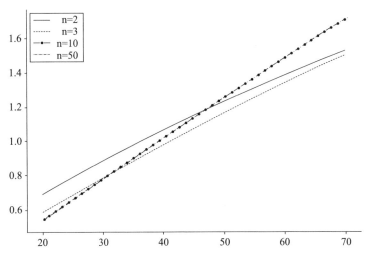

**图 10-10　单位个别劳动创造的价值量与绝对生产力和部门比较生产力
正相关**

在图 10-10 中，n 代表部门 1 的企业数量。我们从图 10-10 中可以看出，单位个别劳动创造的价值量 V_{11k}^t 与其个别劳动生产力 q_{11k} 虽然正相关，但是其（非）线性至少受到部门内企业数量 n 的影响。初步的结论是，部门内的任意个体，其劳动生产力 q_{11k} 对部门平均生产力 q_{11} 和综合生产力 $CP_{1/2}$ 的影响会随着部门内企业数量 n 的增加而显著下降，表现为 q_{11k} 与 V_{11k}^t 的非线性关系随着 n 的增长迅速变为基本稳定的线性关系。如 $n = 2$ 时，q_{11k} 与 V_{11k}^t 表现为边际生产力递减，而 $n=10$ 和 $n=50$ 时，q_{11k} 与 V_{11k}^t 的曲线基本重合，边际生产力基本为常数。一个合理的解释是，当生产者数量足够多时，由于 q_{11k} 对部门平均生产力 q_{11} 的边际影响快速减弱，个别生产者——即使具有部门内最高的个别生产力——很难改变整个部门的平均生产力水平，此时 q_{11} 与 $CP_{1/2}$ 可以看作外生变量，式（10.8）实际上可以看作以下形式：

$$V_{11k}^t = A \cdot q_{11k}, \ A = \frac{1+CP_{1/2}}{2q_{11}} \qquad （10.15）$$

其中 A 可以看作一个外生的参数，因此 q_{11k} 与 V_{11k}^t 在 n 足够大时表现为拟线性关系。

单位平均劳动创造的价值量与部门比较生产力正相关

再回到前述单位平均劳动创造的价值量公式：

$$\begin{cases} V_1^t = \dfrac{1}{2}(1+CP_{1/2}) \\ V_2^t = \dfrac{1}{2}(1+CP_{2/1}) \end{cases} \qquad （10.8）$$

式（10.8）表明，部门内单位平均劳动创造的价值量与部门综合生产力系数或比较生产力正相关。比较生产力水平高的部门，单位平均劳动创造的价值量会高于劳动耗费；比较生产力水平低的部门，单位平均劳动创造的价值量会低于劳动耗费；只有具备社会平均比较生产力水平的部门，单位平均劳动创造的价值量才与劳动耗费相等，如图 10-11 所示。

需要说明的一点是，部门单位平均劳动创造的价值量与部门比较生产力正相关的命题与前述马克思的正相关命题本质上是一致的。所不同的是，前述正相关是就个别劳动生产力而言的，这里是就部门比较生产力而言的；前述正相关等价于成正比，这里的正相关并不等价于成正比。

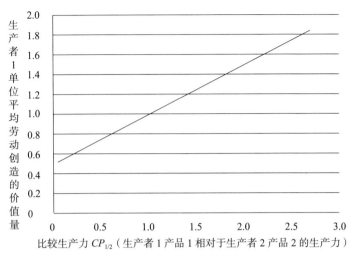

图 10-11　比较生产力与单位平均劳动创造的价值量的线性关系

部门劳动创造的价值总量与部门比较生产力正相关

部门劳动创造的价值总量由式（10.9）给出：

$$\begin{cases} V_1 = T_1 \dfrac{1}{2}(1 + CP_{1/2}) \\ V_2 = T_2 \dfrac{1}{2}(1 + CP_{2/1}) \end{cases} \quad （10.9）$$

式（10.9）表明，部门劳动创造的价值总量与部门综合生产力系数或比较生产力正相关，如图 10-12 所示。

式（10.8）和式（10.9）均表明，部门劳动或单位平均劳动所创造的价值不仅取决于其自身绝对生产率的提高，而且取决于机会成本，也就是说，在其他条件不变的前提下，提高自身比较劣势产品的生产效率同样能够提高总价值。从国际贸易的角度看，技术进步会增加当事国人均实际收入，无论这一技术进步是发生在具有比较优势的产业

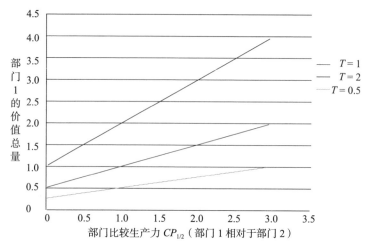

图 10-12 部门比较生产力 $CP_{1/2}$ 与部门 1 的价值总量的关系（部门劳动总量外生）

上，还是具有比较劣势的产业上。分工和交换关系中的经济主体不仅应该关注分工所带来的相互依赖性和互惠性，也应该关注自身的自给自足能力，即在分工和交换关系中的经济主体不能一味地增加自身的比较优势，还应减少自身的比较劣势。

部门间必要劳动投入比决定于部门综合生产力之比

我们由式（9.13）、式（10.1）和式（10.2）可推导出均衡条件下两部门必要劳动投入之比：

$$\frac{T_2}{T_1}=R_{2/1}\frac{t_{22}}{t_{11}}=\frac{x_2t_{22}}{x_1t_{11}}=\frac{t_{22}}{t_{11}}\sqrt{\frac{t_{11}t_{21}}{t_{12}t_{22}}}=\sqrt{\frac{t_{22}t_{21}}{t_{12}t_{11}}}=\sqrt{\frac{q_{11}q_{12}}{q_{22}q_{21}}}=CP_{1/2} \quad（10.16）$$

式（10.16）表明，两部门之间的必要劳动投入比决定于部门之间的综合生产力之比，也就是说部门必要劳动投入量与部门比较生产力成反比，比较生产力较高的部门可以用耗费较少劳动的产品换取比较生产力较低的部门的耗费较多劳动的产品。这是对式（10.16）所揭示的正相关原理的又一种表述。

式（10.16）亦给出了异质劳动相交换的均衡比例以及不同复杂程度劳动的折算比例，因为在一般情况下，比较生产力较高的劳动也是复杂程度较高的劳动。

社会价值总量与社会总和生产力正相关

下面考察跨期的社会价值总量决定。我们用 t 期的 CP_1 和 CP_2 的几何平均定义 t 期社会总和生产力：

$$TP_t = \sqrt{CP_{1t} \cdot CP_{2t}} = \left(\sqrt{q_{11_t} q_{12_t}} \sqrt{q_{21_t} q_{22_t}} \right)^{1/2} = \left(q_{11_t} q_{12_t} q_{21_t} q_{22_t} \right)^{1/4}$$

（10.17）

t 期相对于 $t-1$ 期的总和生产力增长率：

$$g = \left(TP_t - TP_{t-1} \right) / TP_{t-1} = TP_t / TP_{t-1} - 1 = \left(\frac{q_{11_t} q_{12_t} q_{21_t} q_{22_t}}{q_{11_{t-1}} q_{12_{t-1}} q_{21_{t-1}} q_{22_{t-1}}} \right)^{1/4} - 1 \quad （10.18）$$

设 m 为劳动力增长率，则社会价值总量近似于全社会劳动力的增长率与技术进步增长率之和（积）：

$$G + 1 = (1 + m)(1 + g) \approx 1 + m + g \qquad （10.19）$$

为了清楚展示 g 对 G 的影响，首先生成四组 $\Delta q_{ij_t} = q_{ij_t} / q_{ij_{t-1}}$ 的时间序列用来计算总和生产力增长率 g，同时生成一组劳动力增长率 m 的时间序列，具体参数如下：

$$\Delta q_{11_t} = 1.06 + 0.01\varepsilon_t, \varepsilon \sim N(0,1)$$
$$\Delta q_{12_t} = 1.01 + 0.01\varepsilon_t$$
$$\Delta q_{21_t} = 1.03 + 0.01\varepsilon_t$$
$$\Delta q_{22_t} = 1.04 + 0.01\varepsilon_t$$
$$g = (\Delta q_{11_t} \Delta q_{12_t} \Delta q_{21_t} \Delta q_{22_t})^{1/4} - 1$$
$$m_t = 0.06 + 0.005\varepsilon_t$$

上述参数的含义是假设 $q_{11}, q_{12}, q_{21}, q_{22}$ 分别有固定的增长率 6%、1%、3% 和 4%，同时受到随机噪声 ε 的影响。同理，劳动力增长率 m 在固定增长率 0.06 的基础上叠加随机干扰。基于以上假设和参数我们可以做出图 10–13。

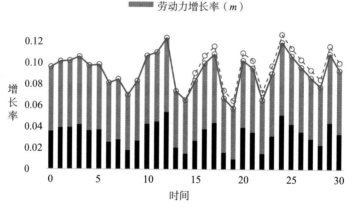

图 10-13　总和生产力增长率和社会价值总量的关系

图 10-13 中的下方阴影表示社会总和生产力增长率 g，上方阴影表示社会劳动力增长率 m。实线折线表示社会价值总量 G，等于 g 和 m 之和。虚线折线表示任意部门的任意产品的劳动生产力 q 的增速增加 50% 对价值总量 G 的影响。

图 10-13 中的实线折线表示社会价值总量的增长 G 的趋势。为了展示部门生产力的变化对社会价值总量的最终影响，我们假设从第 15 期开始，生产力增长率 Δq_{11_t} 增加 50%［根据式（10.18），任意的 Δq_{ij_t} 的变化对 g 的影响都是相等的］，虚线折线则反映出 Δq_{11_t} 增加 50% 对社会价值总量的增长 G 的正向影响。

由此可见，在存在技术进步的情况下，单个企业劳动生产力的提高，会依次导致各部门劳动生产力的提高，各部门综合生产力的提高，以及社会总和生产力的提高，最终使社会价值总量超过当期的劳动总量。即社会总和生产力与总价值量正相关，总价值量超过总劳动量的余额，就是由于技术进步所带来的社会总和生产力的提高而产生的社会超额价值。这就把劳动生产力与价值量正相关原理的适用性由部门扩展到了跨期发展的整个社会。

从广义价值论看斯密的耗费劳动说与购买劳动说

本书第五章介绍了斯密的耗费劳动说与购买劳动说，并分别指出购买劳动作为外在的价值尺度、耗费劳动作为原始蒙昧社会内在的价值实体各自具有的合理性。我们在这里试图在广义价值论的基础上对斯密的耗费劳动说与购买劳动说做出更严谨科学的阐释。

从个量微观角度看耗费的劳动与购买的劳动之比

我们由式（10.8）可知，各部门单位平均劳动创造的价值量与部门的综合生产力正相关：如果一个部门的综合生产力高于另一个部门，该部门就可以用耗费劳动较少的产品换取另一个部门耗费劳动较多的产品，这也就意味着该部门购买的劳动会大于耗费的劳动。反之亦然。也就是说，从等价交换的角度看，部门 1 单位劳动创造的价值与部门 2 单位劳动创造的价值之比 $v_{1/2}$，就是耗费的劳动与购买的劳动之比，也等于两部门综合生产力之比，如下式所示：

$$v_{1/2} = \frac{V_1^t}{V_2^t} = \frac{\frac{1}{2}(1+\sqrt{q_{11}q_{12}/q_{22}q_{21}})}{\frac{1}{2}(1+\sqrt{q_{21}q_{22}/q_{12}q_{11}})} = \frac{1+CP_{1/2}}{1+CP_{1/2}^-} = CP_{1/2} \qquad （10.20）$$

我们由式（10.20）可知，只有当部门综合生产力系数即比较生产力 $CP_{1/2}=1$ 时，本部门用于交换的产品中耗费的劳动与购买的劳动即换回的其他部门产品中包含的劳动才是相等的，当 $CP_{1/2}>1$ 或 $CP_{1/2}<1$ 时，部门 1 购买的劳动会大于或小于耗费的劳动，而部门 2 购买的劳动会小于或大于耗费的劳动。

以上分析无论是对斯密的单要素模型，还是对马尔萨斯与萨伊的多要素模型都是适用的。由此得出一个结论，即使是在斯密假设的原始蒙昧社会，在土地没有私有、资本尚未积累、只使用劳动一种稀缺要素进行生产从而劳动产品完全归劳动者的情况下，也只有当 $CP_{1/2}=1$ 时，商品的真实价格（即价值）中耗费劳动与其购买的劳动才是相等的。

从总量宏观的角度看：总价值 = 耗费的劳动总量 = 购买的劳动总量

从单个商品扩展到部门层面，我们由式（10.9）可进一步推导出，在均衡状态下，两部门劳动总量之比等于两部门综合生产力之比：

$$\frac{V_1}{V_2} = \frac{T_1(1 + CP_{1/2})}{T_2(1 + CP_{1/2}^-)} = \frac{T_1}{T_2} = CP_{1/2} \qquad （10.21）$$

在两部门经济的均衡条件下，部门 1 价值总量等于部门 2 价值总量。设社会价值总量为 V，社会劳动投入总量为 T，根据式（10.8）、式（10.9）也可得：

$$V = V_1 + V_2 = 2V_1 = 2T_1\frac{1}{2}(1 + CP_{1/2}) = T_1(1 + CP_{1/2}) = T_1 + T_1CP_{1/2} = T_1 + T_2 = T$$

$$（10.11）$$

式（10.11）表明，社会价值总量等于劳动总量，这就为斯密的如下观点提供了一个佐证。斯密认为，劳动并非决定价值的因素，而仅仅是衡量价值的尺度。在《国富论》第六章，他指出每个国家每年劳动所生产的所有产品，即年度总劳动耗费，一定会被分为工资、利润和地租三部分。这三大价值源头又都可以用劳动来衡量，从而折合为交易获得的购买的劳动。因此，从一个社会特定时期的总量上看，购买的劳动等于耗费的劳动。

在商品经济中，任何购买的劳动都必然是要耗费的劳动，没有人购买了劳动而闲置不用；即使购买的是消费品和资本品，其中包含的劳动也必然是已经耗费的劳动。从社会总量的角度看，在充分就业的状态下，所有购买的劳动都必然恒等于耗费的劳动。同理，以购买的劳动作为价值尺度，社会总价值（购买的全部劳动）必然恒等于总产品生产中耗费的总劳动。

实际上，如果我们把马克思的第一种含义的社会必要劳动[①]看作社会总劳动中平均耗费在各部门的单位产品上的劳动量，而把第二种

[①] "在现有的社会正常的生产条件下……制造某种使用价值所需要的劳动时间。"（马克思、恩格斯，1972a，第 52 页）

含义的社会必要劳动看作社会为满足各种需要应该投入到各部门的劳动量（马克思、恩格斯，1974，第205页），那么，前者作为耗费的劳动表示价值实体或供给，后者作为购买的劳动表示价值尺度或需求，[①]当两种含义的社会必要劳动总量相等时，也就是在供求平衡条件下均衡价格即价值得以确定时，社会耗费的劳动总量与购买的劳动总量也必然是相等的。

需要说明的是，总价值等于总劳动量这一命题仅仅具有价值尺度上的意义，并不能由此得出价值是单纯由劳动创造的。由于非劳动要素同样会通过影响绝对生产力而影响比较生产力进而参与价值决定，各部门耗费等量劳动很有可能创造不等量的价值，比较生产力较高的部门耗费等量劳动形成的价值会高于比较生产力较低的部门，最终导致在比较生产力不等的情况下，两部门等的实际耗费的劳动并不会带来等量的价值。不仅如此，因为劳动量的度量取决于折算单位的选择，如果以简单劳动作为折算单位，价值总量就会超过实际劳动总量，而如果以复杂劳动作为折算单位，价值总量就会低于实际劳动总量，所以，不能简单地用总价值等于总劳动量来证明价值是单纯由耗费的劳动创造的。

广义价值论与相对剩余价值论之比较

广义价值论所揭示的个体超额价值与部门超额价值的以上关系，

---

① "既然社会要满足需要，并为此目的而生产某种物品，它就必须为这种物品进行支付"，而"社会购买这些物品的方法，就是把它所能利用的劳动时间的一部分用来生产这些物品，也就是说，用该社会所能支配的劳动时间的一定量来购买这些物品"。（马克思、恩格斯，1974，第208—209页）

类似于前述马克思剩余价值理论中的超额剩余价值与相对剩余价值的关系，下面试对二者的异同做一比较。

两种理论的相同点

相对剩余价值论和广义价值论都是以劳动生产力与价值量正相关原理为基础的。

相对剩余价值论通过分析资本家出于追求超额剩余价值的个人目的而提高劳动生产力，导致整个社会所有涉及工人必要生活资料生产的部门的劳动生产力普遍提高，使再生产工人必要生活资料的必要劳动时间缩短，从而相对地延长了剩余劳动时间，由此揭示了相对剩余价值生产的机制。

在广义价值论框架中，单个生产者竞相提高劳动生产力的行为，一方面会通过提高绝对生产力差别系数 q_{ij}^k 而获得个体超额价值（个体生产者超过部门平均劳动生产力水平所创造的价值），另一方面会通过加权平均提高 q_{ij} 从而提高整个部门的综合生产力水平以及比较生产力系数 CP_{ij}，获得部门超额价值（整个部门超过全社会平均综合生产力水平所创造的价值）。可见，部门超额价值也是通过单个生产者追求个体超额价值而实现的。

两种理论的不同点

首先，在马克思看来，只有生产工人必要生活资料以及为此提供生产资料的产业部门的平均劳动生产力提高后，所有部门的必要劳动时间才能缩短，相对剩余价值才能增加；而广义价值论认为，只要一个部门的综合生产力水平高于社会平均水平，该部门就能获得部门超额价值，而任一生产者个别劳动生产力的提高，都会通过加权平均的折算提高整个部门的综合生产力，从而有助于增加部门的超额价值。

其次，按照马克思劳动价值论，部门劳动生产力与部门价值总量不相关，而与单位商品价值量负相关。如果一个部门的劳动生产力提高一倍，部门价值总量不变，单位商品价值量就下降一半；以该原理为基础的相对剩余价值论则得出全社会劳动生产力水平提高但价值总量不变，剩余价值的增加以工人必要生活资料价值的缩小为前提的结论。而广义价值论认为，当部门平均生产力提高时，单位商品价值量会降低，但降低幅度会小于部门平均生产力提高的幅度，由此得出部门超额价值与部门价值总量同时增加的结论。下面使用我国改革开放40多年国民财富的增长速度远超过劳动就业增长速度的经验数据，来检验哪一种理论更具有解释力。

根据国际货币基金组织的数据，如图 10-14 所示，中国改革开放至今的实际 GDP（国内生产总值）保持了 9.6% 左右的年均增速。

图 10-14　改革开放 40 多年实际 GDP 的增长率

数据来源：国际货币基金组织，https://www.imf.org/external/datamapper/NGDP_RPCH@WEO/CHN。

而根据国家统计局的数据，如图 10-15 显示，我国同期就业人口平均增长率仅 1.756%，总劳动（就业人口）增长率保持稳健增长，失业率长期保持低位。

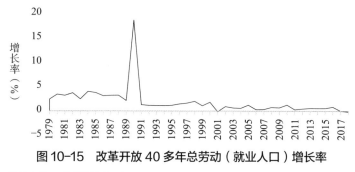

图 10-15 改革开放 40 多年总劳动（就业人口）增长率

数据来源：国家统计局，http://data.stats.gov.cn/easyquery.htm?cn=C01。

对比上述两个增长率的巨大差距，不难推断正是各个部门内部单个企业的技术进步推动了各部门劳动生产力普遍提高，并导致各部门几何平均的总和生产力提高，从而使逐年创造的价值总量的增速超过劳动就业人口的增速，由此验证了式（10.19）的结论，表明基于广义价值论的分析比相对剩余价值论对现实更具有解释力。

再次，按照马克思的分析，在相对剩余价值生产过程中，虽然诸多部门劳动生产力的提高使工人必要生活资料价值下降了，但由于社会价值总量不变，资本家要增加剩余价值份额，就必须提高剩余价值率，而在货币价值保持不变的情况下，就只能通过压低工人的名义工资来保持工人的实际工资不变，从而使必要劳动时间缩短，剩余劳动时间相对延长。这意味着资本家相对剩余价值的增加是以工人实际生活水平长期保持不变为前提的。而按照广义价值论的企业个别超额价值和部门超额价值可以和部门及社会总价值同时增加的结论，工人必要生活资料的价值以及实际工资水平都有可能伴随着劳动生产力的增长而提高。下面试以发达国家实际工资与劳动生产力的变化对以上两种假设进行经验检验。

根据国际劳工组织（International Labour Organization, ILO）2018—2019 年全球工资报告，发达国家实际工资和劳动生产率在近20 年间保持持续增长态势（见图 10-16 和图 10-17），这表明工人用货币工资所能购得商品服务数量的增多，反映出当代资本主义国家工人实际生活水平不断提高的事实。

根据迈克尔·耶茨（2010）对二战结束后的美国工人实际工资进行的统计推断，1947—1973 年、1995—2000 年美国工人实际工资显著增长，其余年份都在下跌，说明历史上的实际工资也是一个曲折上升的过程。一些学者认为这与资本家通过向工人提供效率工资让渡剩余价值、换取工人创造的更多剩余价值有关。（Hercovitz & Sampson, 1991；Abowd et al., 1999）总之，马克思所言在相对剩余价值生产过程中，工人的必要生活资料价值下降，必要劳动时间缩短，货币工资也要相应下降，显然是不现实的，后人的研究补充都没有触及问题的实质。而广义价值论在借鉴马克思关于劳动生产力与价值量正相关原理的基础上，得出工人的实际工资和必要生活资料价值可以和企业及部门超额价值（类似于马克思的超额剩余价值和相对剩余价值）同时增长的结论，更能够解释当代资本主义国家工人实际工资不断提高的事实。

最后，关于价值决定的要素，两种理论存在不同。相对剩余价值论以劳动价值论为基础，强调劳动是价值决定的唯一因素。尽管作为相对剩余价值实现机制的差额剩余价值承认单个企业劳动生产力与其

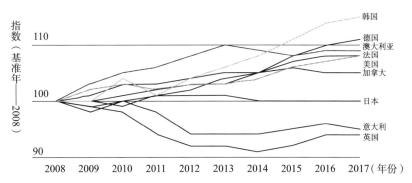

图 10-16　主要发达国家 2008—2017 年实际工资增长情况（2008 年 =100）

数据来源：International Labour Organization, 2018: Global Wage Report 2018/19: What lies behind gender pay gaps [J]. Washington。

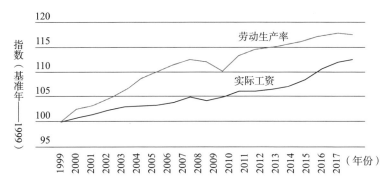

图 10-17　主要发达国家 1999—2017 年实际工资与劳动生产率增长情况
（1999 年 =100）

数据来源：International Labour Organization, 2018: Global Wage Report 2018/19: What lies behind gender pay gaps [J]. Washington。

单位劳动创造的价值成正比，从而事实上承认了非劳动要素参与了价值决定（因为劳动生产力本身是由劳动、资本、技术、管理、土地等多种要素决定的），但这是以部门价值总量等于部门劳动总量为前提的。在马克思看来，无论劳动生产力发生什么变化，同量劳动投入不同的部门所创造的价值总量相等，而在部门劳动总量即价值总量不变的前提下，剩余价值的增加必须以生产工人必要生活资料的必要劳动时间相对缩短为前提，由此得出无论是绝对剩余价值还是相对剩余价值乃至超额剩余价值，无一不是来自对劳动者剩余劳动所创造的价值的无偿占有（即剥削收入）的结论。至于不同部门由活劳动（表现为可变资本）与物化劳动（表现为不变资本）的比例不同（表现为资本有机构成不同）所引起的等量资本获得等量利润与等量劳动创造等量价值的矛盾，马克思是通过价值向生产价格的转化来解决的。

而按照广义价值论，等价交换并非以等量劳动交换为基础，而是以比较利益率均等为前提。单位商品价值量虽然与部门绝对生产力负相关，但并不成反比，由此将马克思的个别企业劳动生产力与单位时间创造的价值量正相关原理推广到部门总劳动创造的价值量与部门综合生产力正相关、社会总和劳动生产力与总价值量正相关的结论上；而总和生产力等于两部门综合生产力的几何平均，部门综合生产力等于同一部门在两种产品上的劳动生产力的几何平均，每一种产品的劳动生产力又同样由前述五种生产要素决定，由此说来，承认单个企业劳动生产力与其单位劳动创造的价值量正相关以及部门综合生产力与部门总劳动创造的价值量正相关、社会的总和生产力与社会总劳动创造的价值量正相关，就等于承认非劳动要素与劳动要素共同参与了价值决定。因此，无论是企业超额价值还是部门超额价值乃至社会超额价值，都是由各种生产要素共同创造的。这就为中共十六大以来确立的劳动、资本、技术和管理等各种生产要素按贡献参与分配的原则，以及保护私有财产、发展非公有制经济奠定了理论基础。

第十一章
不同分工体系下的均衡交换比例及价值决定
——引入效用函数后的分析框架

以上有关广义价值论基本原理的论述，是以可变分工为基础的。本章进一步分析在不同分工体系下广义价值决定的共性与特性。[①]

不同分工体系的界定

分工体系是一个同参与分工的经济主体或劳动者的生产力差异（即劳动异质性）密切相关的概念。劳动异质性不仅表现为生产力的相对差异，而且也表现为生产能力范围（种类）方面的差异。

各种使用价值或商品体的总和，表现了同样多种的、按照属、种、科、亚种、变种分类的有用劳动的总和，即表现了社会分工。（马克思、恩格斯，1972，第 55 页）

根据参与分工的各方行为主体专业化分工方向的改变情况，我们可以把分工体系分为三种。

---

① 本章的内容来自蔡继明、李亚鹏、林森（2012）。

可变分工体系

可变分工体系（variable system of labour division）是指参与分工的各方都可以改变其专业化分工方向的体系。在可变分工体系中，参与分工的各方劳动者都具有两个以上产品的生产能力。当他们按照各自的比较优势形成分工和交换关系时，随着各方技术关系的改变，各自的分工方向可能发生变化。下面我们将以 2×2 模式为例对不同分工体系进行界定。

例如，在 2×2（两类劳动者、两种产品或部门）的可变分工体系中，分工双方的生产力指标 q_{ij}（$i=1, 2; j=1, 2$）均大于零；根据劳动异质性假定，双方至少在某一产品的生产上存在着生产力的绝对差异，即 $q_{1j} \neq q_{2j}$，$RP_{1/2} = (q_{11}q_{22})/(q_{12}q_{21}) \neq 1$。可变分工体系中的分工方向之所以能够改变，是因为分工的方向取决于相对生产力系数 $RP_{1/2}$ 的值，而 q_{11}、q_{12}、q_{21}、q_{22} 这四个绝对生产力指标中任何一个发生变化（其他指标保持不变）都会导致相对生产力系数 $RP_{1/2}$ 发生变化，由大于 1 变成小于 1 或者由小于 1 变成大于 1，从而导致分工方向的改变。[①]

不变分工体系

不变分工体系（constant system of labour division）是指参与分工的各方都不能改变其专业化分工方向的体系。在不变分工体系中，参

---

① 如果 $RP_{1/2}>1$，这就意味着劳动者 1 在产品 1 的生产上具有比较优势，劳动者 2 在产品 2 的生产上具有比较优势，双方的分工方向由此而确定；如果 $RP_{1/2}<1$，双方的分工方向就发生逆转。（蔡继明、李仁君，2001，第 56 页）

与分工的各方具有有限的生产范围，无论双方技术关系发生何种变化，都只能从事固定产品类型的生产并通过交换获得其他产品。换言之，分工方向在该体系下不存在逆转的可能。仍以前述 2×2 模式为例。在不变分工体系下，$q_{11}>0$、$q_{22}>0$、$q_{12}=0$、$q_{21}=0$，显然，这四个技术指标符合劳动异质性的规定。不变分工体系中的分工方向不可转变，即不论绝对生产力指标 q_{11}、q_{22} 怎样变化，两部门分工的方向是固定的，这就是不变分工体系的含义所在。（蔡继明、李仁君，2001，第 55 页）

混合分工体系

混合分工体系（mixed system of labour division）是指参与分工的各方中至少有一方的专业化分工方向不能改变，而除此方向之外的其他各方均可以改变其专业化分工方向的体系；或者是指参与分工的各方中至少有一方的专业化分工方向可变，而除此方向之外的其他各方均不可改变其专业化分工方向的体系。混合分工体系可能以可变分工为主体，也可能以不变分工为主体，也可能二者比重大体相当。在 2×2 模式的混合分工体系下，假定劳动者 1 属于不变分工性质，那么，$q_{11}>0$、$q_{12}=0$、$q_{22}>0$、$q_{21}>0$，其中，q_{11}、q_{22} 的改变对双方的固定分工方向没有影响，在这个意义上，混合分工属于特殊的不变分工类型。

在可变分工体系下，不同劳动者必须根据相对生产力的差异即比较优势，决定双方在形成分工和交换关系时生产何种产品（即分工方向），同时决定双方的产量和消费量。

在不变分工体系下，由于至少一方或者多方仅能生产一种产品，各自的分工方向是给定的，因此，不变分工体系中分工方向固定的劳动者只能在既定的分工和交换关系中决定生产多少和消费多少。

在混合分工体系下，具有可变分工能力的生产者相对于不具有可变分工能力的生产者，具有更大的灵活性和竞争优势。

小结：三种分工体系的地位和联系

不变分工体系一旦形成，按其本质而言就不能再改变，这意味着供求规律可以调整各部门的产量和价格，但永远不会改变分工的方向。这种假定无疑太严格了。不变分工即使存在，也是极其罕见的，偶然的，暂时的，难以持久的。虽然对单个劳动者来说，长期的专业化分工可能会导致劳动者劳动技能的专门化，从而使从事本专业以外生产的成本趋近于无穷大，但这并不排除资本和土地在各行业之间的转移流动，以及新增劳动力劳动技能的多样化。从部门或行业的角度看，可变分工总是可能的。

不仅如此，从分工演进的历史来看，正是可变分工的存在使经济社会由偶有剩余的交换发展到为交换而生产的分工，由自然分工、工场手工业内部的分工（简单协作）发展到社会分工，由简单的农业畜牧业和工商业分工发展到现在复杂的三次产业和经济全球化分工。如果分工是不变的，那么我们今天也许仍然处在刀耕火种的原始时代。

由此可见，可变分工体系是普遍存在的，即使是混合分工体系也是以可变分工为主体的。

比较优势与效用函数

技术性比较优势

如前所述，假定在一个 2×2 体系中，消费–生产者 i 可以生产产品 j，其生产力（单位劳动时间生产的产品）为 $q_{ij} = t_{ij}^{-1} > 0$（i=1，2；j=1，2）。如果 $RP_{1/2} = \dfrac{q_{11}q_{22}}{q_{12}q_{21}} > 1$，这就意味着消费–生产者 1 和消费–生产者 2 分别在产品 1 和产品 2 的生产上具有技术性比较优势（comparative advantage at technology）。

偏好性比较优势

如果一个（类）消费–生产者对两种产品的偏好差别大于另一个（类）消费–生产者对同样两种产品的偏好差别，或者对其中一种产品的偏好程度大于另一个（类）消费–生产者对同一产品的偏好程度，或者相对于另一个（类）消费–生产者，对一种产品的偏好程度大于另一种产品，我们就称两个（类）消费–生产者在两种不同产品的消费上具有偏好性比较优势（comparative advantage at preference）。

设 α_1 和 β_1 以及 α_2 和 β_2 分别为消费–生产者 1 和消费–生产者 2 对产品 1 和产品 2 的效用系数，把两个消费–生产者对两种产品的相对偏好即 $\dfrac{\alpha_2}{\beta_2}$ 和 $\dfrac{\alpha_1}{\beta_1}$ 之比定义为两者的相对偏好系数：

$$rp_{2/1} = \frac{\alpha_2\beta_1}{\beta_2\alpha_1}$$

如果 $rp_{2/1} = \dfrac{\alpha_2\beta_1}{\beta_2\alpha_1} > 1$，即 $\dfrac{\alpha_2}{\beta_2} > \dfrac{\alpha_1}{\beta_1}$，就表明消费–生产者 2 对产品 1 的偏爱程度大于消费–生产者 1 对产品 1 的偏爱程度，而消费–生产者 1 对产品 2 的偏爱程度大于消费–生产者 2 对产品 2 的偏爱程度，双方分别在产品 2 和产品 1 上具有偏好性比较优势，反之亦然。

如果 $rp_{2/1} = 1$，那么双方没有偏好性比较优势。

效用函数和交换比例

假定劳动者双方的资源禀赋（劳动时间）均为 1，双方用于交换的资源投入量分别为 T_1、T_2，$T_1 \le 1$、$T_2 \le 1$。

为便于分析，同时假定双方效用（即抽象使用价值[①]）函数为 $U_i = \alpha_i x_{i1} + \beta_i x_{i2}$，$\alpha_i > 0$，$\beta_i > 0$，$x_{i1}$、$x_{i2}$ 为劳动者 i 在产品 1 和产品 2 上的消费量[②]，交换比例 $R_{2/1} = \dfrac{x_2}{x_1} = \dfrac{T_2 t_{11}}{t_{22} T_1} > 0$。

可变分工体系中的均衡交换比例及价值决定

自给自足情况下的效用

假定在分工交换前的自给自足条件下，劳动者 1 在产品 1 上的相

---

① 樊纲认为，与马克思从具体劳动中抽象出人的体力、脑力等耗费作为抽象劳动一样，我们也可以将不同使用价值为人们所带来的生理和心理等满足抽象出效用作为使用价值的尺度，即抽象使用价值。（樊纲，2006，第 135—139 页）。

② 这里假定，同类劳动者形成一个部门，因此，同类劳动者的效用函数可以直接加总为部门效用函数。

对生产力低于其对产品 1 的相对偏好程度，同样的资源投在产品 2 上能够为劳动者 1 带来更多的效用，因而劳动者 1 选择生产产品 2 来最大化自给自足条件下的效用；同样，劳动者 2 选择生产产品 1 来最大化自给自足条件下的效用。换言之，双方在没有分工交换的情况下均将选择生产各自并不具有比较优势的产品，亦即双方更加偏好对方具有比较优势的产品[①]：

$$\beta_1 \frac{T_1}{t_{12}} > \alpha_1 \frac{T_1}{t_{11}} \text{ 且 } \alpha_2 \frac{T_2}{t_{21}} > \beta_2 \frac{T_2}{t_{22}}$$

也可表示：

$$\frac{t_{11}}{t_{12}} > \frac{\alpha_1}{\beta_1} \text{ 且 } \frac{\alpha_2}{\beta_2} > \frac{t_{21}}{t_{22}}$$

于是，劳动者双方利用 T_1、T_2 的资源投入量在自给自足的情况下所能获得的最大效用分别为：

$$U_1^A = \beta_1 \frac{T_1}{t_{12}}, \quad U_2^A = \alpha_2 \frac{T_2}{t_{21}}$$

分工和交换条件下的效用

分工双方利用 T_1、T_2 的资源投入量进行生产并与另一方进行交

[①] 这一假定是广义价值论文献中所暗含的。该假定也在一定程度上反映了高度发展的社会分工和交换关系的深层次特征——随着分工和交换的不断深化，生产逐渐具备了以交换其他部门产品为目的的特征。马克思在论及社会分工时曾指出："只要说他生产商品，那就是说，他的劳动具有片面性，他不是直接生产他的生活资料，而是只有通过把自己的劳动和其他劳动部门的产品相交换来获得这些生活资料。"（马克思、恩格斯，1979，第303页）也就是说，劳动者所需要的或者更加偏好的产品往往是由其他劳动部门生产的，而劳动者自己生产的产品则往往是其他部门劳动者所需要或更加偏好的。

换所能得到的最大效用分别为：

$$U_1^E = \beta_1 \frac{T_1}{t_{11}} R_{2/1}, \quad U_2^E = \alpha_2 \frac{T_2}{t_{22}} \frac{1}{R_{2/1}}$$

而确保分工和交换关系得以产生的前提是双方均能从这一关系中获得额外的利益（与自给自足时的情况相比）：

$$\beta_1 \frac{T_1}{t_{11}} R_{2/1} > \beta_1 \frac{T_1}{t_{12}} \text{ 且 } \alpha_2 \frac{T_2}{t_{22} R_{2/1}} > \alpha_2 \frac{T_2}{t_{21}}$$

也可表示为：

$$R_{2/1} > \frac{t_{11}}{t_{12}} \text{ 且 } \frac{t_{21}}{t_{22}} > R_{2/1}$$

上述条件意味着确保交换双方均能获得额外利益的前提条件是双方具有技术性比较优势，即 $\frac{t_{12} t_{21}}{t_{11} t_{22}} > 1$。

另外，还要求：$\beta_1 \frac{T_1}{t_{12}} > \alpha_1 \frac{T_1}{t_{11}}$ 且 $\alpha_2 \frac{T_2}{t_{21}} > \beta_2 \frac{T_2}{t_{22}}$，即 $\frac{t_{11}}{t_{12}} > \frac{\alpha_1}{\beta_1}$ 且 $\frac{\alpha_2}{\beta_2} > \frac{t_{21}}{t_{22}}$，即 $\frac{\beta_1}{\alpha_1} > \frac{t_{12}}{t_{11}}$ 且 $\frac{\alpha_2}{\beta_2} > \frac{t_{21}}{t_{22}}$，也即 $\frac{\alpha_2 \beta_1}{\beta_2 \alpha_1} > \frac{t_{12} t_{21}}{t_{11} t_{22}} > 1$。

这意味着，要确保双方通过分工交换获得额外利益，还必须满足双方具有偏好性比较优势，即 $\frac{\alpha_2 \beta_1}{\beta_2 \alpha_1} > 1$。

交换比例及广义价值的确定

在明确了分工和交换产生的条件之后，我们可以根据比较利益率均等原则确定商品交换比例 $R_{2/1}$，即 $R_{2/1}$ 满足以下等式：

$$\frac{U_1^E - U_1^A}{U_1^A} = \frac{U_2^E - U_2^A}{U_2^A} \text{ 或 } \frac{U_1^E}{U_1^A} = \frac{U_2^E}{U_2^A}, \text{ 或 } \frac{U_1^E}{U_2^E} = \frac{U_1^A}{U_2^A} \tag{11.1}$$

根据比较利益率均等原则，将可变分工体系下的 U_1^A、U_2^A、U_1^E、U_2^E 的表达式代入上式，商品交换关系确定如下：

$$\frac{\beta_1 \dfrac{T_1}{t_{11}} R_{2/1} - \beta_1 \dfrac{T_1}{t_{12}}}{\beta_1 \dfrac{T_1}{t_{12}}} = \frac{\alpha_2 \dfrac{T_2}{t_{22} R_{2/1}} - \alpha_2 \dfrac{T_2}{t_{21}}}{\alpha_2 \dfrac{T_2}{t_{21}}}$$

$$R_{2/1} = \frac{x_2}{x_1} = \frac{V_1^c}{V_2^c} = \sqrt{\frac{t_{11} t_{21}}{t_{12} t_{22}}} \text{①} \qquad （11.2）$$

$$T_2 / T_1 = \sqrt{(t_{22} t_{21}) / (t_{12} t_{11})} \text{②} \qquad （11.3）$$

$$\begin{cases} V_1^c = \dfrac{t_{11}}{2}\left(1 + \sqrt{\dfrac{t_{21} t_{22}}{t_{11} t_{12}}}\right) = \dfrac{1}{2 q_{11}}\left(1 + \sqrt{\dfrac{q_{11} q_{12}}{q_{22} q_{21}}}\right) = \dfrac{1}{2 q_{11}}(1 + CP_{1/2}) \\[4mm] V_2^c = \dfrac{t_{22}}{2}\left(1 + \sqrt{\dfrac{t_{11} t_{12}}{t_{21} t_{22}}}\right) = \dfrac{1}{2 q_{22}}\left(1 + \sqrt{\dfrac{q_{21} q_{22}}{q_{12} q_{11}}}\right) = \dfrac{1}{2 q_{22}}(1 + CP_{2/1}) \end{cases} \qquad （11.4）$$

以上所决定的交换比例与偏好条件无关，这是因为分工和交换双方在参照系（自给自足经济）和考察系（分工和交换经济）之间的偏好条件并不存在差异，即双方在参照系和考察系下均更加偏好于对方具有比较优势的产品。

---

① 经过检验，$R_{2/1}$ 的取值与可变分工下所有的假定或者需要满足的经济条件相容：

（1）$\dfrac{t_{11}}{t_{12}} > \dfrac{\alpha_1}{\beta_1}$ 且 $\dfrac{\alpha_2}{\beta_2} > \dfrac{t_{21}}{t_{22}}$，以及 $\dfrac{t_{12} t_{21}}{t_{11} t_{22}} > 1$；（2）$R_{2/1} > \dfrac{t_{11}}{t_{12}}$ 且 $\dfrac{t_{21}}{t_{22}} > R_{2/1}$

② 需要指出的是，在我们的模型中，由于异质劳动者的劳动力资源禀赋是外生给定的（假定双方资源禀赋数量相等），异质劳动之间的量的比例关系可能并不与相折算的异质劳动的交换比例（T_2/T_1）一致，即 $T_2/T_1 \neq 1$。在这种情况下，商品的实际交换比例或价格可能出现偏离价值的情况。为此，我们假定供求一致（蔡继明、李仁君，2001），即外生的资源禀赋比例等于 T_2/T_1，这对价值分析问题本身而言是必要的。

比较静态分析——广义价值论定理的引申

在可变分工体系中，商品的交换比例或广义价值取决于商品的社会平均生产力[1]。在给定参数取值范围内和其他条件不变的情况下，当某种产品在社会范围内的平均生产力 $[(t_{11}t_{21})^{-\frac{1}{2}}$或$(t_{12}t_{22})^{-\frac{1}{2}}]$ 提高时，由于另外一种产品的平均生产力同时相对下降，因此，该种产品换取其他产品的能力降低，产品的广义价值相对减少。

就异质劳动产品的交换而言，在给定参数取值范围内和其他条件不变的情况下，当某种劳动的综合生产力[2] $[(t_{11}t_{12})^{-\frac{1}{2}}$或$(t_{21}t_{22})^{-\frac{1}{2}}]$ 提高时，由于另外一种劳动的综合生产力同时相对下降，因此，一定量该种劳动（产品）能够换取更多的其他劳动（产品）。

总体来说，部门1的绝对生产力 q_{11} 与单位商品价值V_{11}^c负相关，与部门1价值总量V_{11}正相关；部门1的绝对生产力 q_{12} 与单位商品价值V_{11}^c和部门1价值总量V_{11}正相关。

不变分工体系中的均衡交换比例及价值决定

如前所述，不变分工体系中参与分工的各方均只能生产一种产

---

① 所谓某种商品的社会平均生产力指的是现有经济中所有经济主体生产某种商品的绝对生产力的平均，该指标体现了各经济体在该种商品上的生产力的平均水平。在本书中，商品的社会平均生产力体现为两种类型的劳动者在该种商品上的绝对生产力的几何平均。

② 所谓某种劳动的综合生产力指的是现有经济中的同一（类）经济主体在所有商品上的绝对生产力的平均，该指标体现了该一（类）经济主体在多种商品生产能力上的综合水平。在本书中，劳动的综合生产力体现为同一类型的劳动者在两种商品上的绝对生产力的几何平均。

品，各方产品生产力的任何改变都不会对分工方向产生影响。根据这种定义，在 2×2 模式的不变分工体系中，劳动者 i 相应地仅能生产产品 i，其生产力（单位产品的劳动时间耗费）为 t_{ii}，$t_{ii} > 0$，且 $q_{ij} = t_{ij}^{-1} = 0$；$i = 1$，2；$j = 1$，2。其他假定与可变分工体系保持一致。

分工交换前的效用

在分工交换前的 2×2 模式中，双方劳动者利用 T_1、T_2 的资源投入量所能够获得的最大效用分别为：

$$U_1^A = \alpha_1 \frac{T_1}{t_{11}}, \quad U_2^A = \beta_2 \frac{T_2}{t_{22}}$$

分工交换条件下的效用

双方劳动者利用 T_1、T_2 的资源投入量进行生产并与另一方进行交换所能得到的最大效用分别为：

$$U_1^E = \beta_1 \frac{T_1}{t_{11}} R_{2/1}, \quad U_2^E = \alpha_2 \frac{T_2}{t_{22}} \frac{1}{R_{2/1}}$$

显然，若要双方都参与到分工和交换关系中来，双方须从中获得高于自给自足时可以获得的利益（比较利益要大于零），即必须满足以下条件：

条件（1）：$U_1^E > U_1^A$，即 $\beta_1 \dfrac{T_1}{t_{11}} R_{2/1} > \alpha_1 \dfrac{T_1}{t_{11}}$

条件（2）：$U_2^E > U_2^A$，即 $\alpha_2 \dfrac{T_2}{t_{22} R_{2/1}} > \beta_2 \dfrac{T_2}{t_{22}}$

以上条件（1）、（2）同时满足的情形只存在于 $R_{2/1} > \dfrac{\alpha_1}{\beta_1}$ 且 $\dfrac{\alpha_2}{\beta_2} > R_{2/1}$，

即 $\dfrac{\alpha_2\beta_1}{\beta_2\alpha_1} > 1$，也即 $\dfrac{\alpha_1}{\beta_1} < \dfrac{\alpha_2}{\beta_2}$，这说明劳动者 2 对产品 1 的相对偏好程度高于劳动者 1，而劳动者 1 对产品 2 的相对偏好程度高于劳动者 2，即双方之间存在着对产品的偏好性比较优势。双方更加偏好对方的产品，这成为不变分工体系下双方进行分工交换的前提条件。

若 $\dfrac{\alpha_2\beta_1}{\beta_2\alpha_1} = 1$，即 $\dfrac{\alpha_1}{\beta_1} = \dfrac{\alpha_2}{\beta_2}$，使得条件（1）、（2）同时满足的情形只存在于 $\dfrac{\alpha_1}{\beta_1} = \dfrac{\alpha_2}{\beta_2} = R_{2/1}$，即交换比例等同于双方各自对两种产品的偏好程度之比，此时，分工交换前后状态是等同的，任何一方都无法从分工和交换关系中获得额外的利益。

若 $\dfrac{\alpha_2\beta_1}{\beta_2\alpha_1} < 1$，即 $\dfrac{\alpha_1}{\beta_1} > \dfrac{\alpha_2}{\beta_2}$，不存在 $R_{2/1}$ 使得条件（1）、（2）同时得到满足。此时，双方无法形成分工和交换关系。

交换比例及广义价值的确定

根据比较利益率相等原则，将不变分工体系下的 U_1^A、U_2^A、U_1^E、U_2^E 的表达式代入式（11.1），商品交换关系确定如下：

$$R_{2/1} = \sqrt{\frac{\alpha_1\alpha_2}{\beta_1\beta_2}} \text{①} \qquad\qquad (11.5)$$

$$\frac{T_2}{T_1} = R_{2/1}\frac{t_{22}}{t_{11}} = \sqrt{\frac{\alpha_1\alpha_2 t_{22}}{t_{11}t_{11}\beta_1\beta_2}} \qquad\qquad (11.6)$$

---

① 经过检验，$R_{2/1}$ 的取值与不变分工体系下所有的假定或者需要满足的经济条件相容：$R_{2/1} > \dfrac{\alpha_1}{\beta_1}$ 且 $\dfrac{\alpha_2}{\beta_2} > R_{2/1}$。

不变分工体系下的交换比例与技术条件（异质劳动）无关，仅由需求条件（异质需求）决定。这是因为在该体系下，技术条件在分工双方确定其行为的参照系和考察系之间并不存在差异。进一步说，由于不变分工体系下的分工方向不能改变，比较利益率相等原则下不存在技术条件决定交换比例的可能。而异质劳动之间的折算比例（实际投入交换性生产的劳动量之比）则由技术条件和需求条件共同决定。

由于不同商品之间的等价交换关系已经得到确定，不同商品之间的衡量和比较亦得到了实现。根据蔡继明、江永基（2009）的研究，不同商品的单位价值量（V_1^c，V_2^c）之间的关系可以由等价交换原则表示为：

$$R_{2/1} = \frac{x_2}{x_1} = \frac{V_1^c}{V_2^c} = \sqrt{\frac{\alpha_1 \alpha_2}{\beta_1 \beta_2}}$$

在上述不同商品之间的均衡交换比例和部门必要劳动投入比例得以建立的同时，异质劳动也实现了折算。因此双方在实际商品交换中投入的异质劳动（T_1，T_2）就在性质上等同，在数量上可以比较和加总，由此实现了异质劳动之间的衡量和比较，即下式的右端：

$$x_1 V_1^c + x_2 V_2^c = T_1 + T_2$$

综合上述不同商品和异质劳动相交换的关系，我们可以得到广义价值的实体，即经过分工和商品交换关系调整后的劳动时间，而不同商品的价值量确定如下：

$$\begin{cases} V_1^c = [t_{11} + t_{22}\sqrt{(\alpha_1 \alpha_2)/(\beta_1 \beta_2)}]/2 \\ V_2^c = [t_{22} + t_{11}\sqrt{(\beta_1 \beta_2)/(\alpha_1 \alpha_2)}]/2 \end{cases} \quad （11.7）$$

比较静态分析

在不变分工体系中，就商品相交换的价值关系而言，商品的价值取决于商品的社会平均相对需求强度。在给定参数取值范围内和其他条件不变的情况下，当某种产品在社会范围内的平均需求强度（$\sqrt{\alpha_1\alpha_2}$ 或 $\sqrt{\beta_1\beta_2}$）提高时，由于另外一种产品的平均需求强度（$\sqrt{\beta_1\beta_2}$ 或 $\sqrt{\alpha_1\alpha_2}$）同时相对下降，因此，该种产品所能换取的其他产品的能力增强，产品的广义价值相对增加。

就异质劳动相交换而言，在给定参数取值范围内和其他条件不变的情况下，当某种劳动的产品在社会范围内的平均需求强度（$\sqrt{\alpha_1\alpha_2}$ 或 $\sqrt{\beta_1\beta_2}$）提高时，一定量该种劳动能够换取更多的其他劳动。当某种劳动的综合生产力（$\sqrt{t_{11}t_{11}}^{-1}$ 或 $\sqrt{t_{22}t_{22}}^{-1}$）提高时，由于另外一种劳动的综合生产力（$\sqrt{t_{22}t_{22}}^{-1}$ 或 $\sqrt{t_{11}t_{11}}^{-1}$）同时相对下降，因此，一定量该种劳动能够换取更多的其他劳动。

混合分工体系中的均衡交换比例及价值决定

在 2×2 的混合分工体系中，假定劳动者 1 仅能生产产品 1，即 $t_{11}^{-1} > 0$，而 $t_{12}^{-1} = 0$；劳动者 2 可以生产产品 1 和产品 2，即 $t_{22}^{-1} > 0$，$t_{21}^{-1} > 0$。其他假定与可变分工体系保持一致。

自给自足时的效用

在自给自足状态下，双方利用 T_1、T_2 的资源投入量所能获得的最大效用分别为：

$$U_1^A = \alpha_1 \frac{T_1}{t_{11}}, \quad U_2^A = \alpha_2 \frac{T_2}{t_{21}}$$

与可变分工体系和不变分工体系相一致，我们假定劳动者 2 在自给自足条件下选择生产产品 1 而不是产品 2，即 $U_2^A = \alpha_2 \frac{T_2}{t_{21}} > \beta_2 \frac{T_2}{t_{22}}$，也即 $\frac{\alpha_2}{\beta_2} > \frac{t_{21}}{t_{22}}$。

分工交换条件下的效用

分工双方利用 T_1、T_2 的资源投入量进行生产，并互相交换所能得到的最大效用分别为：

$$U_1^E = \beta_1 \frac{T_1}{t_{11}} R_{2/1}, \quad U_2^E = \alpha_2 \frac{T_2}{t_{22}} \frac{1}{R_{2/1}}$$

根据比较利益大于零的条件，必须满足：

条件（1）：$U_1^E > U_1^A$，即 $\beta_1 \frac{T_1}{t_{11}} R_{2/1} > \alpha_1 \frac{T_1}{t_{11}}$

条件（2）：$U_2^E > U_2^A$，即 $\alpha_2 \frac{T_2}{t_{22} R_{2/1}} > \alpha_2 \frac{T_2}{t_{21}}$

以上条件（1）、（2）同时满足的情形只存在于 $R_{2/1} > \frac{\alpha_1}{\beta_1}$ 且 $\frac{t_{21}}{t_{22}} > R_{2/1}$，

即 $\frac{t_{21}}{t_{22}} > \frac{\alpha_1}{\beta_1}$。结合劳动者 2 的需求和技术条件，假定 $\frac{\alpha_2}{\beta_2} > \frac{t_{21}}{t_{22}}$，我们可

以得到 $\frac{\alpha_2 \beta_1}{\beta_2 \alpha_1} > 1$，即双方同时必须满足偏好性比较优势。

在混合分工体系下，劳动者 2 还必须满足从分工和交换中获得的效用高于生产劳动者 1 生产范围之外的产品（产品 2）所获得的效用，

否则，劳动者 2 亦不会选择加入分工和交换关系：

$$U_2^E = \alpha_2 \frac{T_2}{t_{22}} \frac{1}{R_{2/1}} = \alpha_2 \frac{T_1}{t_{11}} > \beta_2 \frac{T_2}{t_{22}} \quad ①$$

均衡交换比例及广义价值的确定

根据比较利益率均等原则，将混合分工体系中 U_1^A、U_2^A、U_1^E、U_2^E 的表达式代入式（11.1），商品交换关系确定如下：

$$R_{2/1} = \sqrt{\frac{\alpha_1 t_{21}}{\beta_1 t_{22}}} \quad ② \tag{11.8}$$

$$\frac{T_2}{T_1} = R_{2/1} \frac{t_{22}}{t_{11}} = \sqrt{\frac{\alpha_1 t_{21} t_{22}}{\beta_1 t_{11} t_{11}}} \tag{11.9}$$

可变分工体系下的交换比例仅仅由技术条件决定，不变分工体系下的交换比例仅仅由需求特征决定，而混合分工体系下的交换比例则与某类劳动者的技术条件和另一类劳动者的需求条件相关。

同样，混合分工体系下不同商品的单位价值量（V_1^c，V_2^c）之间的关系可以由等价交换原则表示为：

$$\frac{x_2}{x_1} = \frac{V_1^c}{V_2^c} = \sqrt{\frac{\alpha_1 t_{21}}{\beta_1 t_{22}}}$$

混合分工体系下不同商品的价值量确定如下：

---

① 这一条件可在劳动者 2 的技术和需求特征假定以及劳动者 2 比较利益为正的条件下得到自动满足。

② 经过检验，$R_{2/1}$ 的取值与混合分工体系下所有的假定或者需要满足的经济条件相容：（1）$\frac{\alpha_2}{\beta_2} \geqslant \frac{t_{21}}{t_{22}}$；（2）$R_{2/1} \geqslant \frac{\alpha_1}{\beta_1}$ 且 $\frac{t_{21}}{t_{22}} \geqslant R_{2/1}$。

$$\begin{cases} V_1^c = t_{11}[1+(t_{22}/t_{11})\sqrt{(\alpha_1 t_{21})/(\beta_1 t_{22})}]/2 \\ V_2^c = t_{22}[1+(t_{11}/t_{22})\sqrt{(\beta_1 t_{22})/(\alpha_1 t_{21})}]/2 \end{cases} \quad (11.10)$$

比较静态分析

在混合分工体系中，就商品交换的价值关系而言，商品的价值取决于经济体中生产能力单一的劳动者对商品的需求强度和生产能力宽泛的劳动者的技术特征。在给定参数取值范围内和其他条件不变的情况下，当生产能力单一的劳动者对某种商品的相对需求强度（α_1/β_1或β_1/α_1）提高时，由于其对另一种商品的需求强度（β_1/α_1或α_1/β_1）同时相对下降，因此，该种商品所能换取的其他产品的能力提高，商品的广义价值相对增加。

就异质劳动相交换而言，在给定参数取值范围内和其他条件不变的情况下，当生产能力单一的劳动者对某种商品的相对需求强度（α_1/β_1或β_1/α_1）提高时，一定量该种劳动能够换取更多的其他劳动。当某种劳动的综合生产力 $[\ (\sqrt{t_{11}t_{11}})^{-\frac{1}{2}}$或$(\sqrt{t_{21}t_{22}})^{-\frac{1}{2}}]$ 提高时，由于另外一种劳动的综合生产力 $[\ (\sqrt{t_{21}t_{22}})^{-\frac{1}{2}}$或$(\sqrt{t_{11}t_{11}})^{-\frac{1}{2}}]$ 同时相对下降，因此，一定量该种劳动能够换取更多的其他劳动。

三种分工体系下广义价值模型的比较

如前所述，在专业化分工的历史进程中，为了更多地获取专业化分工带来的比较利益，劳动者不断地进行着劳动技能的专门化与全面化之间的权衡取舍：前者的不断深化意味着相互依赖性的增强和独立自主性的减弱；而劳动技能的全面化则意味着相互依赖性的减弱和独立自主性的增强。下面我们对三种分工体系进行比较分析。

为方便起见，我们对经济体的各种参数进行了统一设定。一方面，我们假定同时作为消费者的劳动者更加偏好对方具有比较优势的产品（即偏好性比较优势）；这一假定是基于这样的经济事实，即随着专业化分工的不断深化，一些生产部门的目的不是消费本部门的专业化产品，而是交换其他部门的专业化产品，这反映了生产部门之间的依赖性不断增强。另一方面，在可变分工体系中，技术性比较优势即劳动异质性成为分工和交换的原因；而在不变分工和混合分工体系中，为保证生产能力单一的劳动者在分工和交换过程中的公平和自由，我们假定劳动者在退出分工交换关系时仍然可以部分地满足自身需求，即分工的"独立性原则"；该原则实际上保证了劳动者拥有退出分工交换关系的权利而不至于处于被强制分工的状态。

另外，为了保证分工和交换关系得以成立，我们还确定了双方参与分工交换关系的基本激励条件，即比较利益不能为负。

对上述假定和参数设定进行综合分析之后，在三种体系中劳动者的需求特征和技术特征彼此保持一致的情况下，我们可以得出保证三种分工体系成立的共同条件：

$$\frac{\alpha_2}{\beta_2} > \frac{t_{21}}{t_{22}} > \frac{t_{11}}{t_{12}} > \frac{\alpha_1}{\beta_1}, \quad 即 \frac{\alpha_2\beta_1}{\beta_2\alpha_1} > \frac{t_{21}t_{12}}{t_{22}t_{11}} > 1 \quad （11.11）$$

商品交换与价值的关系

综上所述，可变分工 v、不变分工 c 与混合分工 m 三种体系的商品均衡交换比例分别为：

$$R_{2/1}^v = \frac{x_2}{x_1} = \frac{V_1^c}{V_2^c} = \sqrt{\frac{t_{11}t_{21}}{t_{12}t_{22}}}$$

$$R_{2/1}^c = \frac{x_2}{x_1} = \frac{V_1^c}{V_2^c} = \sqrt{\frac{\alpha_1\alpha_2}{\beta_1\beta_2}}$$

$$R_{2/1}^m = \frac{x_2}{x_1} = \frac{V_1^c}{V_2^c} = \sqrt{\frac{\alpha_1 t_{21}}{\beta_1 t_{22}}}$$

在上述式（11.11）给定的参数关系下，$R_{2/1}^v > R_{2/1}^m$，$R_{2/1}^c > R_{2/1}^m$。即对劳动者 1 或者部门 1 而言，由于其在混合分工体系中的生产能力较为单一而具有较弱的独立自主性，同时在更大程度上依赖于分工和交换关系，因此，该部门的产品换取其他部门产品的能力较可变分工和不变分工体系中的更弱，该部门产品的广义价值也较低。反之，拥有宽泛生产能力部门的产品的广义价值则相对地高于其他分工体系。

异质劳动的折算

在给定两类劳动者的专业化生产力 t_{11}^{-1}、t_{22}^{-1} 的情况下，异质劳动折算比例 T_2/T_1 与产品价值关系 $R_{2/1}$ 成正比。因此，相对于可变分工和不变分工体系，混合分工体系下生产能力单一的劳动者的劳动换取其他劳动的能力较差，而拥有宽泛生产能力的劳动者的劳动换取其他劳动的能力则较强。

经济意义

（1）相对生产力的变化导致专业化分工方向的改变和产业结构的调整。在现实经济生活中，可变分工体系随处可见。随着劳动者自身知识的积累、技术的变迁以及多种要素组合的出现，劳动者个人、企业、产业部门以及国家在生产不同产品上的能力或者绝对生产力不断提高，其相对生产力也随之改变。由于相对生产力的变化直接与分工方向相关联，劳动者职业流动、企业和行业的经营范围变动（企业战略重组、跨领域经营、市场开拓、产业升级等）以及国家在国际分工中的战略转变几乎每时每刻都在发生。

（2）相对于固定分工的劳动者，可变分工劳动者处于更有利的地位。固定地从事某种生产活动的劳动者在现实生活中也是存在的，这既可能是由劳动者自身禀赋或者自然条件决定的，也可能是分工不断深化的结果，即分工可能会造成劳动者生产能力的片面化和单一化。然而更有可能的是别的劳动者或生产部门的新技术和新产品的出现导致该种劳动者或生产部门出现了竞争劣势，即相对于可变分工，混合分工更多的是一种追求竞争优势的结果。作为对劳动者（或部门、国家）的竞争优势或者经济自主性的正向激励或反馈，该种劳动者的产品在混合分工体系下的相对价值则更高，其劳动折算能力更强，这便是上述不同分工体系下的价值关系所体现的经济意义。

政策意义

（1）分工交换关系中的经济主体不仅应该关注分工所带来的相互

依赖性和互惠性，也应该关注自身的自给自足能力，即在分工和交换关系中的经济主体不能一味地强化自身的比较优势，还应弱化自身的比较劣势。

（2）就一个国家而言，不能仅仅考虑比较优势，而应该建立相对完整的产业体系和工业门类。

分工体系与广义价值决定的方法论

从特殊到一般的认识论

至此，我们分析了不同分工体系下的广义价值决定。李仁君教授曾认为，广义价值论与狭义价值论（即劳动价值论）的区别在于所适用的分工体系不同：广义价值论仅仅适用于可变分工体系；而狭义价值论则适用于不变分工体系。（李仁君，2004）果真如此，广义价值论也就不能称为广义价值论了。事实上，狭义价值论之所以为"狭义"，是因为其立论的基础是劳动的同质性而非不变分工体系，而广义价值论则是以更为一般的劳动异质性为前提的，其结论更具有普遍的适用性。

这里再一次印证了马克思这段话的科学性："最一般的抽象总只是产生在最丰富的具体发展的地方，在那里，一种东西为许多东西所共有，为一切所共有。这样一来，它就不再只是在特殊形式上才能加以思考了。"（马克思、恩格斯，1979，第42页）也只有当我们发现，原来通行于可变分工体系中的价值决定原理，同样通行于不变分工体系中，从而机会成本和比较利益（率）概念不再只是可变分工体系中所采取的特殊形式，而同样是不变分工体系中所采取的形式时，价值的最一般形式，即真正的广义价值才能抽象出来。

劳动价值论的有效性或适用性

（1）无论在可变分工体系中还是在不变分工体系或混合分工体系中，劳动价值论只是广义价值论的一个特例，即只有当综合生产力的差别系数等于 1 时，劳动价值论才是成立的，或者说，广义价值归结为劳动价值；而在一般情况下，即当综合生产力判别式不等于 1 时，劳动价值论就无效了，由均等的比较利益率决定的广义价值会完全偏离劳动耗费。

（2）在不变分工体系中，两种商品的交换比例（相对价值）完全取决于两种商品的社会平均偏好系数（平均需求强度），而与各自耗费的劳动不相干；在混合分工体系中，两种商品的交换比例（相对价值）既取决于分工方向可变的生产者相对生产力的水平，又取决于分工方向不可变的生产者的相对偏好强度。在这两种分工体系中，劳动价值论完全不适用，价值决定遵循的是广义价值论原则。

广义价值论的普遍适用性

（1）三种分工体系下的价值决定本质上是一致的。

（2）如果我们把比较优势理解为不仅包括技术性比较优势，而且包括偏好性比较优势，那么比较利益既产生于技术性比较优势，也产生于偏好性比较优势；这样，即使在不变分工条件下（不存在技术性比较优势）或没有生产的纯交换领域中，经济主体仍然可以借助于彼此的偏好性比较优势（或边际替代率的差别）通过交换获得比较利益，并能够根据比较利益率均等的原则达成均衡的交换比例。

（3）无论是可变分工体系还是不变分工体系抑或是混合分工体系，其价值都是根据比较利益率相等的原则确定的。由此我们可以得出结论：无论是对于可变分工体系还是不变分工体系抑或是混合分工体系，广义价值论都是适用的。

（4）广义价值即价值一般：它作为调节价格运动的一般规律，存在于任何社会的商品生产和商品交换中，只不过在不同的历史条件下，广义价值规律借以实现的特殊形式不同。

（5）广义价值实体是根据比较利益率均等的分配原则和比较生产力与价值量正相关原则并通过公平竞争折算的社会平均劳动时间，而比较生产力是由劳动、资本、土地、技术、管理等多种因素决定的。

（6）价值特殊：在所有的生产力都表现为劳动生产力的社会历史条件下，广义价值采取广义劳动价值形式；在所有的生产力都表现为资本生产力的社会历史条件下，广义价值表现为广义生产价格；在存在土地所有权和土地经营权垄断的条件下，广义价值表现为广义足够价格。

（7）价值个别：当综合生产力比值不等于1时，广义劳动价值、广义生产价格和广义足够价格分别采取相对劳动价值、相对生产价格和相对足够价格的形式；当综合生产力比值等于1时，广义劳动价值、广义生产价格和广义足够价格分别采取绝对劳动价值、绝对生产价格和绝对足够价格的形式。只有在这种个别条件下，商品的价值才是如同传统劳动价值论所主张的由商品生产中的绝对劳动耗费所决定。以上价值一般、特殊和个别的关系如图 11-1 所示。

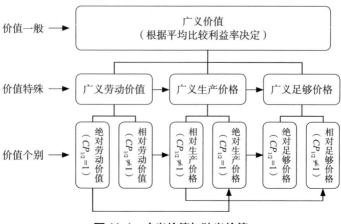

图 11-1　广义价值与狭义价值

第十二章
从两部门模型向多部门模型的扩展

本书第九章和第十章运用机会成本和比较利益概念，基于比较利益率相等的假设，构建了两部门广义价值论模型，将分工、交换、价值决定和价值分配统一在了一个分析框架之中。本章使用了两种方式将这一模型从两部门扩展为多部门。首先，本章使用几何平均的方式引入合成机会成本、社会平均比较利益率概念，基于这些概念将广义价值论模型从两部门扩展为多部门，并给出多部门模型下相对生产力、均衡交换比率、产品价值等概念的表达式；在此基础上，证明了当部门数量从两个变为多个时，多部门模型的相对生产力系数、均衡交换比例等变量的表达式与两部门模型是一致的，是两部门模型的一种合乎逻辑的扩展。其次，本章基于消费-生产者两阶段决策分析框架（蔡继明，江永基，2013），将社会平均比较利益率以算术平均的方式表示，构建了一个基于广义价值理论的多部门一般均衡模型；在此基础上，使用佩龙-弗罗宾尼斯等数学定理证明了均衡的存在性、唯一性和稳定性。

多部门比较优势的选择

多部门相对生产力的界定

在多个部门的分工与交换体系中，首先需要界定相对生产力这一概念。当部门数量变为 N 时，相对生产力不能再简单地在两种产品之间进行比较了，任一部门任一产品的相对生产力都需要和其他 $n-1$ 种产品进行比较才能确定。为此，我们将这 $n-1$ 种产品定义为一种合成产品，并将这一合成产品的综合生产力作为被比较的产品的机会成本，用公式表达为：

$$h_{ij} = \left[\prod_{s \neq j} q_{is}\right]^{\frac{1}{n-1}} = \left[\prod_{s \neq j} \frac{1}{t_{is}}\right]^{\frac{1}{n-1}} (i, j = 1, 2, \ldots, n) \qquad (12.1)$$

在式（12.1）中，h_{ij} 表示部门 i 生产产品 j 的机会成本，这一机会成本由部门 i 对于其他产品的生产力 $q_{is}(s \neq j)$ 的几何平均构成。由于假设部门 i 可以生产 n 种产品，这种"其他产品"有 $n-1$ 个。对部门 i 而言，生产产品 s 的社会平均劳动时间 t_{is} 是生产力 q_{is} 的倒数，所以机会成本 h_{ij} 也可以用社会平均劳动时间来表示。

对于生产力矩阵中每一个绝对生产力 $q_{ij}(i, j=1, 2, \cdots, n)$，我们都能以这种方式得到一个对应的以合成产品表示的机会成本 $h_{ij}(i, j=1, 2, \cdots, n)$，由此可以构建一个以合成产品构成的机会成本矩阵，用字母 H 表示，其表达式为：

$$H = (h_{ij})_{n \times n} = \begin{bmatrix} h_{11} & h_{12} & \ldots & h_{1n} \\ h_{21} & h_{22} & \ldots & h_{2n} \\ \ldots & \ldots & \ldots & \ldots \\ h_{n1} & h_{n2} & \ldots & h_{nn} \end{bmatrix} \qquad (12.2)$$

在得到机会成本的表达式之后，我们就可以界定多部门相对生产力概念了。根据两部门模型的定义，"相对生产力（relative productivity/RP）是指同一生产者在不同产品上的绝对生产力之比"（见第九章"相对生产力与比较优势"的相关内容）。多部门模型继续以 RP 来表示相对生产力，但是分母不采用绝对生产力，而是使用合成产品表示的机会成本，即对某一部门的具体产品而言，其相对生产力是该产品的绝对生产力与其对应的合成产品（表示机会成本）之比。

以部门 i 为例，其生产的产品 i 的相对生产力使用 RP_{ii} 来表示，其中第一个下标 i 表示部门 i，第二个下标 i 表示产品 i。根据这一定义，部门 j（$j=1, 2, \cdots, n$）在第 i 种产品上的相对生产力为 RP_{ji}，RP_{ii} 和 RP_{ji} 的表达式分别为：

$$RP_{ii} = \frac{q_{ii}}{h_{ii}} = \frac{1}{t_{ii}}\left[\prod_{s \neq i} t_{is}\right]^{\frac{1}{n-1}}, \quad RP_{ji} = \frac{q_{ji}}{h_{ji}} = \frac{1}{t_{ji}}\left[\prod_{s \neq i} t_{js}\right]^{\frac{1}{n-1}} \qquad （12.3）$$

多部门相对生产力系数的确定

由于相对生产力只是一个相对量，仅有这一比值并不能确定分工的方向。对两部门模型而言，一个部门相对生产力的高低，是通过和另一个部门的相对生产力的比较来判定的，这一比较的值被定义为相对生产力系数，见式（9.5）。对于多部门模型，两个部门的相对生产力系数需要以生产同一种产品的相对生产力之比来确定，对部门 i 和部门 j 来说，两个部门生产产品 i 的相对生产力系数被定义为 RP_{ii} 和 RP_{ji} 之比，用公式表达为：

$$RP_{ii/ji} = \frac{RP_{ii}}{RP_{ji}}$$

将式（12.3）代入上式可得：

$$RP_{ii/ji} = \frac{RP_{ii}}{RP_{ji}} = \frac{q_{ii}h_{ji}}{q_{ji}h_{ii}} = \frac{\dfrac{1}{t_{ii}}\left[\prod_{s\neq i} t_{is}\right]^{\frac{1}{n-1}}}{\dfrac{1}{t_{ji}}\left[\prod_{s\neq i} t_{js}\right]^{\frac{1}{n-1}}} = \frac{t_{ji}}{t_{ii}}\left[\prod_{s\neq i}\frac{t_{is}}{t_{js}}\right]^{\frac{1}{n-1}} = \frac{q_{ii}}{q_{ji}}\left[\prod_{s\neq i}\frac{q_{js}}{q_{is}}\right]^{\frac{1}{n-1}}$$

$$（12.4）$$

式（12.4）的比值可能出现三种情况。

（1）如果 $RP_{ii/ji} = 1$，这说明部门 i 和部门 j 在产品 i 上的绝对生产力差别程度与其以合成产品表示的机会成本的差别程度相等。也就是说，q_{ii} 相对于 h_{ii} 的生产力与 q_{ji} 相对于 h_{ji} 的生产力相等，双方在产品 i 的生产上均无比较优势。

（2）如果 $RP_{ii/ji} > 1$，这说明 q_{ii} 相对于 h_{ii} 的生产力大于 q_{ji} 相对于 h_{ji} 的生产力。也就是说，相对于部门 j，部门 i 在产品 i 的生产上具有比较优势。

需要注意的是，与两部门模型不同，$RP_{ii/ji} > 1$ 的条件仅能确定部门 j 不会生产产品 i，而不能判断部门 i 是否生产产品 i，这是因为部门 i 还需要与部门 j 之外的其他部门做比较。当且仅当部门 i 与所有的 $n-1$ 个其他部门进行比较，并且 $RP_{ii/si} > 1 (s \neq i)$ 均成立时，才可以认为部门 i 在产品 i 的生产上具有比较优势，这也是多部门模型与两部门模型的差异之一。

（3）如果 $RP_{ii/ij} < 1$，类比 $RP_{ii/ij} > 1$ 的情况，那么此时仅能确定部门 i 在产品 i 的生产上不具有比较优势，而不能确定部门 j 是否会生产产品 i。

另外需要注意的是，式（12.4）并非一个公式。由于每个部门都需要与其他（$n-1$）个部门进行比较，所以这一公式共有 $n(n-1)$ 个。另外，由于 $RP_{ii/ji} = 1/RP_{ji/ii}$，需要单独计算的公式有 $\dfrac{n(n-1)}{2}$ 个。

标准生产力矩阵

我们从对相对生产力系数三种情况的讨论中可以看出，对于一个多部门模型，其生产力系数矩阵可能存在多种情况，其中两种情况在进行多部门模型分析时需要排除或者处理：（1）某些部门之间可能不存在比较优势，由于这一情况导致无法进行分工和交换，因此需要排除；（2）某个部门具有比较优势，但是其具有比较优势的产品与其部门所在系数矩阵的行并不一致，比如部门 3 的比较优势产品为产品 1。此时虽然满足分工和交换的条件，但是会为多部门的分析带来复杂性，这一复杂性可以通过技术手段简化。为了分析方便，我们在这一部分引入"标准生产力矩阵"的概念来处理这两种情况。标准生产力矩阵指的是根据式（12.4）的判定，部门 i 恰好在产品 i 的生产上具有比较优势的矩阵，这一部分至后文的"多部门模型与两部门模型的比较"的分析均基于生产力矩阵为标准生产力矩阵。

在 N 部门中，如果一个生产力矩阵符合 $RP_{ii/ji} > 1$，那么这个生产力矩阵就是标准生产力矩阵；如果一个生产力矩阵经过行的对调以后能符合 $RP_{ii/ji} > 1$，那么，这个生产力矩阵就可以转化为标准生产力矩阵。对于一个给定的生产力矩阵，我们可以根据式（12.4），通过逐轮筛选的方法来判定能否将其转换成标准生产力矩阵。筛选方法如下：

第 1 轮，首先计算 $RP_{ii/ji}$，如果相对生产力系数 $RP_{ii/ji}=1$，也就是两个部门之间不存在比较优势，那么不能将其转化为标准生产力矩阵。如果相对生产力系数 $RP_{ii/ji}>1$，此时部门 i 相对于部门 j 在产品 i 上具有比较优势，那么可以暂时保持生产力矩阵行的不变；如果相对生产力系数 $RP_{ii/ji}<1$，那么需要交换生产力矩阵的第 i 行和第 j 行。

这一过程可能需要迭代多次，进而确定可以作为标准生产力矩阵的第 1 行到第 n 行。以三部门为例，如果其生产力矩阵为 Q_1，根据以上筛选方法，可以得到标准生产力矩阵 Q_2：

$$Q_1 = \begin{bmatrix} 2 & 3 & 4 \\ 1 & 2 & 4 \\ 2 & 1 & 3 \end{bmatrix} \Rightarrow Q_2 = \begin{bmatrix} 2 & 1 & 3 \\ 2 & 3 & 4 \\ 1 & 2 & 4 \end{bmatrix} \quad (12.5)$$

多部门均衡交换比例的确定

确定多部门模型的均衡交换比例首先需要给出多部门比较利益率的定义。由于在多部门模型中，每个部门的具体商品都对应 $n-1$ 个机会成本，而且每个部门都需要与其他 $n-1$ 个部门进行交换，采用不同的机会成本和不同的比较利益率加总方式，都会得到对应的比较利益率的定义，因此确定多部门的比较利益率需要同时定义一个具体部门单次交换的比较利益率和 $n-1$ 次交换所获得的总的比较利益率。下面分别加以讨论。

单次交换所获得的比较利益率

在两部门模型中，比较利益率等于生产者自己生产所换得的产品必须耗费的时间，减去为换取该产品所需要耗费的时间，并用这一差额除以为换取该产品所耗费的时间，见式（9.8）。参照此定义，给出多部门单次交换所获得的比较利益率的定义。

假设部门 i 的比较优势为生产产品 i，部门 j 的比较优势为生产产品 j。当部门 i 与部门 j 发生交换时，部门 i 获得的比较利益率为：部门 i 自己生产所换得的产品 j 必须耗费的时间，减去为换取产品 j 所需要耗费的时间，并用这一差额除以为换取产品 j 所耗费的时间。

根据这一定义，第 i 部门与第 s 部门、第 j 部门与第 s 部门相交换所获得的比较利益率分别为：

$$CB'_{is} = \frac{x_s t_{is} - x_i t_{ii}}{x_i t_{ii}}; \quad CB'_{js} = \frac{x_s t_{js} - x_j t_{jj}}{x_j t_{jj}} \qquad （12.6）$$

部门总的比较利益率

基于单次交换的均衡比较利益率，这里使用每个部门与其他 $n-1$ 个部门交换所获得的单次比较利益率的几何平均来表示部门总的比较利益率。具体的定义是，首先给单次交换的比较利益率加上 1，然后取 $n-1$ 次交换的比较利益率的几何平均，并使用这一几何平均值减去 1 来代表部门总的比较利益率。由于单次交换所获得的比较利益率为正值，因此加上 1 之后为大于 1 的值，又因为对这一值取几何平均依然大于 1，所以减去 1 得到的部门总的比较利益率依然为正值。

对部门 i 来说，与所有其他 $n-1$ 个部门相交换的比较利益率的几何平均为：

$$\overline{CB'_{is}} = \left[\prod_{s \neq i} CB'_{is} + 1 \right]^{\frac{1}{n-1}} - 1 \qquad （12.7）$$

任意两个部门 i 和 j 的比较利益率均等可以表示为：

$$\overline{CB'_i} = \overline{CB'_{is}} = \left[\prod_{s \neq i} CB'_{is} + 1 \right]^{\frac{1}{n-1}} - 1 = \overline{CB'_j} = \left[\prod_{s \neq j} CB'_{js} + 1 \right]^{\frac{1}{n-1}} - 1 \ （12.8）$$

均衡交换比例

为了获得均衡交换比例，我们需要对式（12.8）进行简化。由于部门 i 与部门 s 交换所得到的比较利益率为：

$$CB'_{is} = \frac{x_s t_{is} - x_i t_{ii}}{x_i t_{ii}} = \frac{x_s t_{is}}{x_i t_{ii}} - 1$$

所以：

$$CB'_{is} + 1 = \frac{x_s t_{is}}{x_i t_{ii}}$$

由此可以将式（12.7）化简为：

$$\overline{CB'_{is}} = \left[\prod_{s \neq i} \frac{x_s t_{is}}{x_i t_{ii}} \right]^{\frac{1}{n-1}} - 1$$

对应的式（12.8）可以化简为：

$$\overline{CB'_i} = \overline{CB'_j} \Rightarrow \left[\prod_{s \neq i} \frac{x_s t_{is}}{x_i t_{ii}} \right]^{\frac{1}{n-1}} - 1 = \left[\prod_{s \neq i} \frac{x_s t_{js}}{x_j t_{jj}} \right]^{\frac{1}{n-1}} - 1$$

由于左右两侧都包含"-1"项，且第一项（$\left[\prod_{s\neq i}\dfrac{x_s t_{is}}{x_i t_{ii}}\right]^{\frac{1}{n-1}}$ 和

$\left[\prod_{s\neq i}\dfrac{x_s t_{js}}{x_j t_{jj}}\right]^{\frac{1}{n-1}}$ ）的幂项均为 $1/(n-1)$，因此上式可以等价为：

$$\prod_{s\neq i}\frac{x_s t_{is}}{x_i t_{ii}}=\prod_{s\neq j}\frac{x_s t_{js}}{x_j t_{jj}} \tag{12.9}$$

即通过式（12.9）所得到的均衡交换比例，与比较利益率均等式（12.8）对应的均衡交换比例是相同的。下面对式（12.9）进行变形：

由于 $s=i$ 时：

$$\frac{x_s t_{is}}{x_i t_{ii}}\big|_{s=i}=\frac{x_i t_{ii}}{x_i t_{ii}}=1$$

由此可得：

$$\prod_{s\neq i}\frac{x_s t_{is}}{x_i t_{ii}}=\prod_{s=1}^{n}\frac{x_s t_{is}}{x_i t_{ii}}$$

$s=j$ 时，同样有：

$$\frac{x_s t_{js}}{x_j t_{jj}}\big|_{s=i}=\frac{x_j t_{jj}}{x_j t_{jj}}\Rightarrow\prod_{s\neq i}\frac{x_s t_{is}}{x_i t_{ii}}=\prod_{s=1}^{n}\frac{x_s t_{is}}{x_i t_{ii}}$$

因此式（12.9）等价为：

$$\prod_{s=1}^{n}\frac{x_s t_{is}}{x_i t_{ii}}=\prod_{s=1}^{n}\frac{x_s t_{js}}{x_j t_{jj}}$$

继续变形，通过左右两侧交叉相乘，将 $x_i t_{ii}$ 项和 $x_j t_{jj}$ 项集中到公式的左侧，可得：

$$\prod_{s=1}^{n}\frac{x_i t_{ii}}{x_j t_{jj}}=\prod_{s=1}^{n}\frac{x_s t_{is}}{x_s t_{js}}$$

由于左侧是 n 个 $\dfrac{x_i t_{ii}}{x_j t_{jj}}$ 连乘，右侧的分子分母均有 x_s 项，可以消去，因此我们可以对上式进一步变换：

$$(\frac{x_i t_{ii}}{x_j t_{jj}})^n = \prod_{s=1}^{n} \frac{t_{is}}{t_{js}}$$

由此可得多部门均衡交换比例为：

$$\frac{x_i}{x_j} = \left[\prod_{s=1}^{n} \frac{t_{is}}{t_{js}} \right]^{\frac{1}{n}} \frac{t_{jj}}{t_{ii}} = \left[\prod_{s=1}^{n} \frac{q_{js}}{q_{is}} \right]^{\frac{1}{n}} \frac{q_{ii}}{q_{jj}} \qquad （12.10）$$

多部门社会平均比较利益率

多部门社会平均比较利益率表达式

根据前文的均衡的交换比例公式推导过程，在满足这一交换比例时，各个部门之间的比较利益率是相等的，这里将这一比较利益率命名为多部门社会平均比较利益率。不失一般性，下面使用部门 i 的比较利益率来表示这一均等的比较利益率，根据式（12.7），我们可以得到多部门社会平均的比较利益率的表达式：

$$\overline{CB'} = \left[\prod_{j \neq i} \left(\frac{x_j t_{ij}}{x_i t_{ii}} \right) \right]^{\frac{1}{n-1}} - 1 = \left[\prod_{j \neq i} \left(\frac{x_j q_{ii}}{x_i q_{ij}} \right) \right]^{\frac{1}{n-1}} - 1 \qquad （12.11）$$

式（12.11）中含有均衡交换比例（$\dfrac{x_j}{x_i}$）这一内生变量，需要进行恒等变换。

首先，将 $\overline{CB'}$ 中的第一项，也就是 $\left[\prod_{j \neq i} \left(\dfrac{x_j q_{ii}}{x_i q_{ij}} \right) \right]^{\frac{1}{n-1}}$ 设为 A，将均衡

交换比例公式（12.10）带入 A 可得：

$$A=\left[\prod_{j\neq i}\left(\frac{x_j q_{ii}}{x_i q_{ij}}\right)\right]^{\frac{1}{n-1}}=\left[\prod_{j\neq i}\left[\prod_{s=1}^{n}\frac{q_{is}}{q_{js}}\right]^{\frac{1}{n}}\frac{q_{jj}}{q_{ii}}\frac{q_{ii}}{q_{ij}}\right]^{\frac{1}{n-1}}$$

$$=\left[\prod_{j\neq i}\left[\prod_{s=1}^{n}\frac{q_{is}}{q_{js}}\right]^{\frac{1}{n}}\frac{q_{jj}}{q_{ij}}\right]^{\frac{1}{n-1}}$$

由于 $j=i$ 时：

$$\left[\prod_{s=1}^{n}\frac{q_{is}}{q_{js}}\right]^{\frac{1}{n}}\frac{q_{jj}}{q_{ij}}=\left[\prod_{s=1}^{n}\frac{q_{is}}{q_{is}}\right]^{\frac{1}{n}}\frac{q_{ii}}{q_{ii}}=1$$

因此：

$$A=\left[\prod_{j=1}^{n}\left[\prod_{s=1}^{n}\frac{q_{is}}{q_{js}}\right]^{\frac{1}{n}}\frac{q_{jj}}{q_{ij}}\right]^{\frac{1}{n-1}}\qquad（12.12）$$

进一步对 A 进行恒等变换，首先改变一下式（12.12）的表达形式：

$$A=\left[\prod_{j=1}^{n}\left[\prod_{s=1}^{n}\frac{q_{is}}{q_{js}}\right]^{\frac{1}{n}}\frac{q_{jj}}{q_{ij}}\right]^{\frac{1}{n-1}}=\left[\prod_{j=1}^{n}\frac{\left(\prod_{s=1}^{n}q_{is}\right)^{\frac{1}{n}}}{\left(\prod_{s=1}^{n}q_{js}\right)^{\frac{1}{n}}}\frac{q_{jj}}{q_{ij}}\right]^{\frac{1}{n-1}}$$

根据合成产品机会成本的表达式（12.1），可知 $h_{jj}=\left(\prod_{j\neq s}q_{sj}\right)^{\frac{1}{n-1}}$。

这里将 A 表达式的中括号中 $\dfrac{\left(\prod_{s=1}^{n}q_{is}\right)^{\frac{1}{n}}}{\left(\prod_{s=1}^{n}q_{js}\right)^{\frac{1}{n}}}$ 的分母，也就是 $\left(\prod_{s=1}^{n}q_{js}\right)^{\frac{1}{n}}$ 设为

B，并对其单独进行恒等变换：

$$B = \left(\prod_{s=1}^{n} q_{js} \right)^{\frac{1}{n}} = \left(\prod_{s \neq j} q_{js} \right)^{\frac{1}{n}} (q_{jj})^{\frac{1}{n}}$$

由于 $\dfrac{1}{n} = \dfrac{1}{n-1} \times \dfrac{n-1}{n}$，因此：

$$B = \left(\prod_{s \neq j} q_{js} \right)^{\frac{1}{n-1} \times \frac{n-1}{n}} (q_{jj})^{\frac{1}{n}}$$

将 $h_{jj} = \left(\prod_{j \neq s} q_{sj} \right)^{\frac{1}{n-1}}$ 代入可得：

$$B = \left(h_{jj} \right)^{\frac{n-1}{n}} \left(q_{jj} \right)^{\frac{1}{n}}$$

将 B 这一表达式整体代入式（12.12），可以得到 A 的新表达式：

$$A = \left[\prod_{j=1}^{n} \frac{\left(\prod_{s=1}^{n} q_{is} \right)^{\frac{1}{n}}}{\left(h_{jj} \right)^{\frac{n-1}{n}} \left(q_{jj} \right)^{\frac{1}{n}}} \frac{q_{jj}}{q_{ij}} \right]^{\frac{1}{n-1}}$$

继续进行恒等变换：

$$A = \left[\prod_{j=1}^{n} \frac{\left(\prod_{s=1}^{n} q_{is} \right)^{\frac{1}{n}} \left(q_{jj} \right)^{\frac{n-1}{n}}}{\left(h_{jj} \right)^{\frac{n-1}{n}} q_{ij}} \right]^{\frac{1}{n-1}} = \left[\prod_{j=1}^{n} \frac{\left(\prod_{s=1}^{n} q_{is} \right)^{\frac{1}{n}}}{q_{ij}} \right]^{\frac{1}{n-1}} \left[\prod_{j=1}^{n} \frac{\left(q_{jj} \right)^{\frac{n-1}{n}}}{\left(h_{jj} \right)^{\frac{n-1}{n}}} \right]^{\frac{1}{n-1}}$$

即将 A 拆分为了两项相乘的形式：

$$A = \left[\prod_{j=1}^{n} \frac{\left(\prod_{s=1}^{n} q_{is} \right)^{\frac{1}{n}}}{q_{ij}} \right]^{\frac{1}{n-1}} \left[\prod_{j=1}^{n} \frac{\left(q_{jj} \right)^{\frac{n-1}{n}}}{\left(h_{jj} \right)^{\frac{n-1}{n}}} \right]^{\frac{1}{n-1}} \tag{12.13}$$

这里设式（12.13）相乘的两项分别为 C 和 D，也就是 $A = CD$，C 和 D 的表达式分别为：

$$C = \left[\prod_{j=1}^{n} \frac{\left(\prod_{s=1}^{n} q_{is} \right)^{\frac{1}{n}}}{q_{ij}} \right]^{\frac{1}{n-1}}$$

$$D = \left[\prod_{j=1}^{n} \frac{\left(q_{jj} \right)^{\frac{n}{n-1}}}{\left(h_{jj} \right)^{\frac{n-1}{n}}} \right]^{\frac{1}{n-1}}$$

首先对 C 这一项进行恒等变换：

$$C = \left[\prod_{j=1}^{n} \frac{\left(\prod_{s=1}^{n} q_{is} \right)^{\frac{1}{n}}}{q_{ij}} \right]^{\frac{1}{n-1}} = \left[\frac{\prod_{j=1}^{n} \left(\prod_{s=1}^{n} q_{is} \right)^{\frac{1}{n}}}{\prod_{j=1}^{n} q_{ij}} \right]^{\frac{1}{n-1}}$$

这里需要注意的是，C 中括号中的分子项 $\prod_{j=1}^{n} \left(\prod_{s=1}^{n} q_{is} \right)^{\frac{1}{n}}$，由于连乘的项目 $\left(\prod_{s=1}^{n} q_{is} \right)^{\frac{1}{n}}$ 没有角标 j，因此这一连乘退化为 n 项 $\left(\prod_{s=1}^{n} q_{is} \right)^{\frac{1}{n}}$ 直接相乘：

$$C = \left[\frac{\left(\prod_{s=1}^{n} q_{is} \right)^{\frac{1}{n} \times n}}{\prod_{j=1}^{n} q_{ij}} \right]^{\frac{1}{n-1}} = \left[\frac{\prod_{s=1}^{n} q_{is}}{\prod_{j=1}^{n} q_{ij}} \right]^{\frac{1}{n-1}}$$

继续关注中括号中的项目，因为无论是分子项 $\prod_{s=1}^{n} q_{is}$，还是分母项 $\prod_{j=1}^{n} q_{ij}$，其表达式均为 $q_{i1} \times q_{i2} \times \cdots \times q_{in}$，也就是说 $\prod_{s=1}^{n} q_{is} = \prod_{j=1}^{n} q_{ij}$，分子分母相等，所以 $C = 1$。

对 D 式进行恒等变换：

$$D = \left[\prod_{j=1}^{n} \frac{\left(q_{jj} \right)^{\frac{n-1}{n}}}{\left(h_{jj} \right)^{\frac{n-1}{n}}} \right]^{\frac{1}{n-1}} = \left[\prod_{j=1}^{n} \frac{q_{jj}}{h_{jj}} \right]^{\frac{n-1}{n} \times \frac{1}{n-1}} = \left[\prod_{j=1}^{n} \frac{q_{jj}}{h_{jj}} \right]^{\frac{1}{n}}$$

所以式（12.13）可以变换为：

$$A = CD = D = \left[\prod_{j=1}^{n} \frac{q_{jj}}{h_{jj}}\right]^{\frac{1}{n}}$$

将这一表达式带回多部门社会平均比较利益率的表达式（12.11）中可得：

$$\overline{CB'} = A - 1 = \left[\prod_{j=1}^{n} \frac{q_{jj}}{h_{jj}}\right]^{\frac{1}{n}} - 1 \qquad （12.14）$$

我们通过分析可以看到，经过一系列的恒等变换，社会平均比较利益率变成了一种简洁的表达形式。这一表达形式［式（12.14）］中仅存在两类变量，即部门的比较优势产品的生产力 q_{jj} 和比较优势产品生产对应的机会成本 h_{jj}。关于这一表达形式的具体含义，后文会结合两部门的平均比较利益率表达式进行说明。

数值举例

下面以式（12.5）中的三部门标准生产力矩阵为例，对多部门平均比较利益率进行数值举例。根据式（12.5），标准生产力矩阵为：

$$\begin{bmatrix} 2 & 1 & 3 \\ 2 & 3 & 4 \\ 1 & 2 & 4 \end{bmatrix}$$

首先计算均衡的交换比例，此时 $n=3$，根据式（12.10），均衡的交换比例的表达式可以表示为：

$$\frac{x_j}{x_i} = \left[\prod_{s=1}^{3} \frac{q_{is}}{q_{js}}\right]^{\frac{1}{n}} \frac{q_{jj}}{q_{ii}} = \left[\frac{q_{i1} q_{i2} q_{i3}}{q_{j1} q_{j2} q_{j3}}\right]^{\frac{1}{3}} \frac{q_{jj}}{q_{ii}}$$

将标准生产力矩阵中的参数代入，可分别得到均衡交换比例：

$$\frac{x_2}{x_1} = \frac{P_1}{P_2} = \left[\frac{q_{11}q_{12}q_{13}}{q_{21}q_{22}q_{23}}\right]^{\frac{1}{3}}\frac{q_{22}}{q_{11}} = \left(\frac{6}{24}\right)^{\frac{1}{3}}\frac{3}{2} \approx 0.945$$

$$\frac{x_3}{x_1} = \frac{P_1}{P_3} = \left[\frac{q_{11}q_{12}q_{13}}{q_{31}q_{32}q_{33}}\right]^{\frac{1}{3}}\frac{q_{33}}{q_{11}} = \left(\frac{6}{8}\right)^{\frac{1}{3}}\frac{4}{2} \approx 1.817$$

$$\frac{x_3}{x_2} = \frac{P_2}{P_3} = \left[\frac{q_{21}q_{22}q_{23}}{q_{31}q_{32}q_{33}}\right]^{\frac{1}{3}}\frac{q_{33}}{q_{22}} = \left(\frac{24}{8}\right)^{\frac{1}{3}}\frac{4}{3} \approx 1.923$$

继续考察均衡交换比例是否满足传递性：

$$\frac{P_1}{P_2} \times \frac{P_2}{P_3} = 0.945 \times 1.923 = 1.817 = \frac{P_1}{P_3}$$

$$\frac{P_1}{P_3} \times \frac{P_3}{P_2} = 1.817 \times 1/1.923 = 0.945 = \frac{P_1}{P_2}$$

我们可以看出，根据式（12.10）求得的均衡交换比例符合传递性的条件。

将均衡交换比例和技术参数代入多部门比较利益率公式（12.8），同样有 $n=3$，可得：

$$CB_1^{'} = \left[\prod_{s\neq i}\left(CB_{is}^{'}+1\right)\right]^{\frac{1}{n-1}} - 1 = \left[\prod_{s\neq i}\left(\frac{x_2 t_{12}}{x_1 t_{11}}\right)\left(\frac{x_3 t_{13}}{x_1 t_{11}}\right)\right]^{\frac{1}{3-1}} - 1 \approx 1.513 - 1 = 0.513$$

$$CB_2^{'} = \left[\prod_{s\neq i}\left(CB_{is}^{'}+1\right)\right]^{\frac{1}{n-1}} - 1 = \left[\prod_{s\neq i}\left(\frac{x_1 t_{21}}{x_2 t_{22}}\right)\left(\frac{x_3 t_{23}}{x_2 t_{22}}\right)\right]^{\frac{1}{3-1}} - 1 \approx 1.513 - 1 = 0.513$$

$$CB_3^{'} = \left[\prod_{s\neq i}\left(CB_{is}^{'}+1\right)\right]^{\frac{1}{n-1}} - 1 = \left[\prod_{s\neq i}\left(\frac{x_1 t_{31}}{x_3 t_{33}}\right)\left(\frac{x_2 t_{32}}{x_3 t_{33}}\right)\right]^{\frac{1}{3-1}} - 1 \approx 1.513 - 1 = 0.513$$

我们可以看到，三个部门的比较利益率相等，其值都约为 0.513。

现在考察这一方式计算的比较利益率，与多部门社会平均比较利益率公式得到的值是否相等。根据式（12.14），将参数条件代入，所得到的社会平均比较利益率为：

$$\overline{CB'} = \prod_{i=1}^{n} \left[\frac{q_{11}q_{22}q_{33}}{h_{11}h_{22}h_{33}} \right]^{\frac{1}{3}} - 1 = \left(\frac{2 \times 3 \times 4}{\sqrt{1 \times 3} \times \sqrt{2 \times 4} \times \sqrt{1 \times 2}} \right)^{\frac{1}{3}} - 1 \approx 1.513 - 1 = 0.513$$

即各部门的比较利益率与全社会平均比较利益率相等，均为 0.513。

我们通过三部门模型的数值举例可以看出，由本章推导出的均衡交换比例公式得到的均衡交换比例满足传递性，而均衡时的各部门比较利益率相等，且等于社会平均比较利益率。由此可以引出广义价值论的客观物质基础：无论是两部门两种产品的均衡交换比例还是多部门多种产品的均衡交换比例，也无论是两部门平均比较利益率还是多部门平均比较利益率，这些公式或定理，虽然最初都是以比较利益率均等为主观假设前提，但最终都表现为绝对生产力、相对生产力、综合生产力、比较生产力等概念之间的关系。这说明广义价值论把比较利益率均等作为等价交换的基础不仅符合逻辑一致性原则，而且有其生产要素和技术禀赋的客观物质基础。

多部门商品价值的确定

单位商品价值量决定

根据第十章中两部门单位商品价值量决定的假设，我们在多部门时依然采取参与交换的商品价值总量等于耗费的劳动总量这一假定。设商品 i 的价值为 V_i^c，根据等价交换的原则，在均衡条件下等式两边商品的价值量相等，用公式表示为：

$$V_i^c x_i = V_j^c x_j \qquad （12.15）$$

已知生产 x_i 单位的商品 i 所需要耗费的劳动量为 t_{ii}，则商品价值总量等于耗费的劳动总量，如下式所示：

$$\sum_{i=1}^{n} V_i^c x_i = \sum_{i=1}^{n} x_i t_{ii} \qquad （12.16）$$

下面对式（12.16）进行恒等变换，根据式（12.15），均衡时式（12.16）的左侧的每一项均相等，即 $\sum_{i=1}^{n} V_i^c x_i = V_1^c x_1 + V_2^c x_2 + \cdots + V_n^c x_n = V_i^c x_i + V_i^c x_i + \cdots + V_i^c x_i$，所以式（12.16）左侧可以化为：

$$\sum_{i=1}^{n} V_i^c x_i = n V_i^c x_i$$

式（12.16）等价于：

$$n V_i^c x_i = \sum_{j=1}^{n} x_j t_{jj} \Rightarrow V_i^c = \frac{1}{n} \sum_{j=1}^{n} \frac{x_j}{x_i} t_{jj} \qquad （12.17）$$

将均衡交换比例公式（12.10）代入式（12.17）得：

$$V_i^c = \frac{1}{n} \sum_{j=1}^{n} \left[\prod_{s=1}^{n} \frac{t_{js}}{t_{is}} \right]^{\frac{1}{n}} t_{ii} \qquad （12.18）$$

这里引入平均比较生产力（average comprehensive productivity/ACP）的概念，它等于一个部门综合生产力与 n 个部门综合生产力之比的算术平均，表示同一部门在多种商品上的劳动生产力总和的平均值。对部门 i 来说，其综合生产力为 $\left[\prod_{s=1}^{n} q_{is} \right]^{\frac{1}{n}} = \left[\prod_{s=1}^{n} \frac{1}{t_{is}} \right]^{\frac{1}{n}}$，所以部门的平均比较生产力 ACP_i 的表达式为：

$$ACP_i = \frac{1}{n} \sum_{j=1}^{n} \left[\prod_{s=1}^{n} \frac{t_{js}}{t_{is}} \right]^{\frac{1}{n}} = \frac{1}{n} \sum_{j=1}^{n} \left[\prod_{s=1}^{n} \frac{q_{is}}{q_{js}} \right]^{\frac{1}{n}} \qquad （12.19）$$

引入了 *ACP* 的概念之后，单位商品价值量就可表示为：

$$V_i^c = t_{ii} \frac{1}{n} \sum_{j=1}^{n} \left[\prod_{s=1}^{n} \frac{t_{js}}{t_{is}} \right]^{\frac{1}{n}} = t_{ii} ACP_i \qquad (12.20)$$

部门平均劳动创造的价值量

这里沿用两部门模型对这一概念的定义，即部门单位平均劳动创造的价值总量，等于单位商品价值乘以单位平均劳动的产量，用 V_i^t 来表示。我们由定义可知 $V_i^t = q_{ii} V_i^c$，由单位商品价值量的表达式（12.20）可以推导出单位平均劳动创造的价值量的表达式：

$$V_i^t = ACP_i = \frac{1}{n} \sum_{j=1}^{n} \left[\prod_{s=1}^{n} \frac{q_{is}}{q_{js}} \right]^{\frac{1}{n}} \qquad (12.21)$$

单位个别劳动创造的价值量

这里使用 V_{ijk}^t 表示生产者 k 在第 i 个部门第 j 种产品上单位劳动创造的价值量，q_{ijk} 表示该生产者对于产品 j 的劳动生产力，q_{ij}^k 表示绝对生产力差别系数，等于生产者 k 在第 i 个部门第 j 种产品上的劳动生产力与该产品的部门平均生产力之比。由于部门 i 的比较优势为产品 i（即假设 $j=i$），因此生产者 k 的单位个别劳动所创造的价值量可以表示为：

$$V_{iik}^t = q_{iik} V_i^c = \frac{q_{iik}}{q_{ii}} ACP_i = q_{ii}^k ACP_i = q_{ii}^k \frac{1}{n} \sum_{j=1}^{n} \left[\prod_{s=1}^{n} \frac{q_{is}}{q_{js}} \right]^{\frac{1}{n}} \qquad (12.22)$$

部门价值总量

部门价值总量等于部门总的劳动时间与部门平均劳动创造价值量的乘积，设部门 i 的总劳动时间为 T_i，由于部门平均劳动时间创造的价值量为 ACP_i，部门劳动价值总量 V_i 用公式表示为：

$$V_i = T_i ACP_i = T_i \frac{1}{n} \sum_{j=1}^{n} \left[\prod_{s=1}^{n} \frac{q_{is}}{q_{js}} \right]^{\frac{1}{n}} \qquad （12.23）$$

多部门模型与两部门模型的比较

关于相对生产力系数和比较优势

在两部门假定下，确定比较优势当然只能在两种产品之间，如果生产者 1 在产品 1 上具有比较优势，就意味着在产品 2 上具有比较劣势；反之，生产者 2 则在产品 1 上具有比较劣势，在产品 2 上具有比较优势。而多部门假定下，存在多个部门、多种产品都需要进行比较的情况。每一个部门的每一种产品只有与其他部门对应的产品进行比较后，才能确定是否具有比较优势。以生产者 1 为例，确定生产者 1 在产品 1 的生产上是否具有比较优势，就需要先确定部门 1 对于产品 1 的相对生产力 q_{11}/h_{11}，也就是生产者 1 在 n 种产品中，先以 q_{11} 与所有 q_{1j} 进行比较，然后再用部门 1 的这一相对生产力与其他部门对于产品 1 的相对生产力（q_{21}/h_{21}、q_{31}/h_{31}……）进行比较，这一过程只能确定部门 1 在产品 1 上是否具有比较优势。确定其他产品的比较优势同样需要重复这一过程，比如依次确定 q_{22}、q_{33}……是否为各自部门的比较优势生产力。

下面将证明，上述确定多部门比较优势所依据的准则，即多部门相对生产力系数的公式，与两部门所依据的相对生产力系数公式具有内在一致性。换句话说，当多部门模型的部门数量变为两部门时，通过多部门相对生产力系数公式（12.4）可以推导出两部门相对生产力系数公式（9.5）。

对于多部门相对生产力系数公式（12.4），当多部门变为两部门时，意味着部门数量 $n=2$，不失一般性，可以设 i 为 1，j 为 2，那么公式（12.4）可以变为：

$$RP_{ii/ji} = \frac{RP_{ii}}{RP_{ji}} = \frac{q_{ii}}{q_{ji}}\left[\prod_{s\neq i}\frac{q_{js}}{q_{is}}\right]^{\frac{1}{n-1}} = \frac{q_{11}}{q_{21}}\left[\prod_{s\neq 1}\frac{q_{2s}}{q_{1s}}\right]^{\frac{1}{2-1}} = \frac{q_{11}q_{22}}{q_{21}q_{12}}$$

即：

$$RP_{11/21} = \frac{q_{11}q_{22}}{q_{21}q_{12}} \qquad （12.24）$$

对比两部门相对生产力系数公式（9.5）：

$$RP_{1/2} = \frac{q_{11}/q_{12}}{q_{21}/q_{22}} = \frac{q_{11}q_{22}}{q_{21}q_{12}}$$

我们可以看出，式（12.24）和式（9.5）的右侧相同，均为 $\frac{q_{11}q_{22}}{q_{21}q_{12}}$。换句话说，通过多部门相对生产力系数公式，我们可以得到两部门比较生产力系数公式。这也证明了对于比较生产力系数的概念，多部门模型和两部门模型具有一致性。

另外，当多部门变为两部门时，多部门的相对生产力也可以转化为两部门的相对生产力（式9.4）。同样，令 $n=2$，且设 i 为 1，j 为 2，根据式（12.3）可得：

$$RP_{ii} = RP_{11} = \frac{q_{11}}{h_{11}} = \frac{q_{11}}{\left[\prod_{s\neq 1} q_{1s}\right]^{\frac{1}{2-1}}} = \frac{q_{11}}{q_{12}}$$

$$RP_{jj} = RP_{22} = \frac{q_{22}}{h_{22}} = \frac{q_{22}}{\left[\prod_{s\neq 2} q_{2s}\right]^{\frac{1}{2-1}}} = \frac{q_{22}}{q_{21}}$$

与两部门模型相对生产力系数公式（9.5）一致，在两部门模型中，$RP_{11} = RP_1$、$RP_{22} = RP_2$，即多部门模型和相对生产力系数与两部门模型也具有一致性。

关于均衡交换比例

我们继续证明，多部门模型得到的均衡交换比例和两部门均衡交换比例的一致性，即我们由多部门均衡交换比例公式（12.10），可以得到两部门均衡交换比例公式（9.13）。首先，根据公式（12.10），当多部门变为两部门时，意味着 $n=2$，同样将 i 设为 1，j 设为 2，可得：

$$R_{j/i} = \left[\prod_{s=1}^{n} \frac{q_{is}}{q_{js}}\right]^{\frac{1}{n}} \frac{q_{jj}}{q_{ii}} = \left[\prod_{s=1}^{2} \frac{q_{1s}}{q_{2s}}\right]^{\frac{1}{2}} \frac{q_{22}}{q_{11}} = \sqrt{\frac{q_{11}q_{12}}{q_{21}q_{22}}} \frac{q_{22}}{q_{11}} \qquad （12.25）$$

对于两部门模型，对均衡交换比例公式（9.13）进行恒等变换：

$$R_{2/1} = \frac{x_2}{x_1} = \sqrt{\frac{t_{21}t_{11}}{t_{22}t_{12}}} = \sqrt{\frac{q_{12}q_{22}}{q_{11}q_{21}}} = \sqrt{\frac{q_{11}q_{12}}{q_{21}q_{22}}} \frac{q_{22}}{q_{11}}$$

我们可以发现，式（12.25）与式（9.13）的右侧相同，均为 $\sqrt{\frac{q_{11}q_{12}}{q_{21}q_{22}}} \frac{q_{22}}{q_{11}}$，这也就证明了通过多部门模型的均衡交换比例可以得到

两部门模型的均衡交换比例。

此外，均衡交换比例公式（12.25）也具有特殊的经济学含义，因为第一项为 $\sqrt{\dfrac{q_{11}q_{12}}{q_{21}q_{22}}}$，为同一部门两种产品的综合生产力之比，而第二项 $\dfrac{q_{22}}{q_{11}}$ 为比较优势产品的绝对生产力之比。这表明，两种产品的均衡交换比例与两种产品的综合生产力系数即比较生产力正相关，与各自的绝对生产力负相关。这样，均衡交换价值定理与价值定理就高度一致了。

关于平均比较利益率

对于两部门模型，其均等的比较利益率公式为式（9.16），其表达式如下：

$$CB_{1=2}^{'} = \frac{x_2 q_{11}}{x_1 q_{12}} - 1 = \sqrt{\frac{q_{12}q_{22}}{q_{11}q_{21}}}\frac{q_{11}}{q_{12}} - 1 = \sqrt{\frac{q_{11}q_{22}}{q_{12}q_{21}}} - 1 = \sqrt{RP_{1/2}} - 1$$

这也是两部门时社会平均的比较利益率。

这里将 $\dfrac{q_{11}q_{22}}{q_{12}q_{21}}$ 定义为相对生产力系数，这一系数代表两个部门比较优势产品的生产力的乘积 $q_{11}q_{22}$ 与两个部门比较劣势产品的生产力的乘积 $q_{12}q_{21}$ 之比。此时，式（9.16）可以解释为，两部门平均比较利益率取决于两部门相对生产力系数的开方。而在专业化分工交换体系中，一个部门会选择生产具有比较优势的产品，此时所生产的机会成本，也就是所放弃的用同量资源能够生产的比较劣势产品，两者之比即为比较优势产品的生产力和比较劣势产品的生产力之比。如果将比较劣势产品生产力的几何平均 $\sqrt{q_{12}q_{21}}$ 作为社会综合机会成本，又因为$\sqrt{q_{11}q_{22}}$是比较优势产品综合生产力，那么两部门平均的比较利益率，可以解释为两部门比较优势产品的社会综合生产力与社会综合机会成本的比率再减去 1。

根据前文的定义，在多部门模型中，第 i 个部门生产第 i 种产品的机会成本是用该部门的其他 $n-1$ 种产品生产力的几何平均所表示的，如式（12.1）所示。部门 i（$i=1$，2，$\cdots$，n）在第 i 种产品上的相对生产力为 RP_{ii}，部门 j（$j=1$，2，$\cdots$，n）在第 i 种产品上的相对生产力为 RP_{ji}，如式（12.3）所示。

此时，多部门社会统一的平均比较利益率即（12.14）是前述两部门平均比较利益率即式（9.16）的逻辑扩展。当多部门时，社会平均比较利益率等于多部门比较优势产品的社会综合生产力与社会综合机会成本的比率再减去 1。

$$CB'_{1=2} = \sqrt{RP_{1/2}} - 1 \Rightarrow \overline{CB'} = \left[\prod_{j=1}^{n} \frac{q_{jj}}{h_{jj}} \right]^{\frac{1}{n}} - 1$$

此外，我们可以证明式（12.14）能够回归为式（9.16）。证明过程如下，当多部门简化为两部门时，意味着 $n=2$，同样将 i 设为 1，j 设为 2，此时：

$$\overline{CB'} = \left[\prod_{j=1}^{n} \frac{q_{jj}}{h_{jj}} \right]^{\frac{1}{n}} - 1 = \left[\prod_{j=1}^{2} \frac{q_{jj}}{h_{jj}} \right]^{\frac{1}{2}} - 1 = \sqrt{\frac{q_{11}q_{22}}{q_{12}q_{21}}} - 1 = CB'_{1=2}$$

这说明无论是两部门还是多部门的平均比较利益率公式，都表达了通过分工交换，社会在各部门（各种产品的生产）中都选择了具有比较优势的技术和生产者，由此得到的社会综合生产力（所有比较优势生产力的几何平均）自然会高于全部机会成本（所放弃的各种生产力的几何平均），两者的比例大于 1，对应的社会平均比较利益率也是正的值。

关于平均比较生产力和价值尺度

第 i 部门平均比较生产力公式（12.19）是根据单位商品价值量公式（12.16）得到的，通过均衡交换比例公式（12.10）代入单位商品价值量公式，引出了平均比较生产力公式。在得到均衡交换比例公式时，我们预先假定了部门 i 不与自身发生交换，也就是限定了 i，j，s=1，2，…，n；$i \neq j$。而在引入价值量决定公式时，我们没有限定 $i \neq j$，即没有排除部门自身的交换，这是因为在定义单位商品价值量的时候，选择了以交换的商品价值与所耗费的劳动时间相等的方式，这一方式实质上是一种标准化。基于这一方式得到式（12.15），其展开后，两侧都会包含 x_i 项，所以在对式（12.15）进行恒等变换而把公式左侧的移到右侧时，式（12.16）右侧的 x_j/x_i 中自然包括 $i=j$ 的项，这也是在引入单位商品价值量公式（12.18）时没有 $i \neq j$ 的限制的原因。下面将证明，多部门模型中单位商品价值量公式（12.16）可以化约为两部门单位商品价值量公式。

对于多部门单位商品价值量公式（12.18），当部门数为 2 时，意味着 n=2，继续假设 i=1，j=2，对于部门 i 的单位商品价值有：

$$V_i^c = t_{ii} \frac{1}{n} \sum_{j=1}^{n} \left[\prod_{s=1}^{n} \frac{t_{js}}{t_{is}} \right]^{\frac{1}{n}} = t_{ii} \frac{1}{2} \sum_{j=1}^{2} \left[\prod_{s=1}^{2} \frac{t_{js}}{t_{is}} \right]^{\frac{1}{2}}$$

根据上式计算部门 1 的单位商品价值 V_1^c，将 i=1 代入可得：

$$V_1^c = t_{11} \frac{1}{2}\left[\left(\frac{t_{11}t_{12}}{t_{11}t_{12}}\right)^{\frac{1}{2}} + \left(\frac{t_{21}t_{22}}{t_{11}t_{12}}\right)^{\frac{1}{2}}\right] = t_{11}\frac{1}{2}\left(1 + \sqrt{\frac{t_{21}t_{22}}{t_{11}t_{12}}}\right) \quad （12.26）$$

同理，我们可以求得部门 2 的单位商品价值 V_2^c：

$$V_2^c = t_{22}\frac{1}{2}\left(1 + \sqrt{\frac{t_{11}t_{12}}{t_{21}t_{22}}}\right) \quad （12.27）$$

对比两部门单位商品价值量公式（10.4），我们可以看出式（12.26）和式（12.27）与式（10.4）相同，即证明了多部门单位商品价值量公式可以化约为两部门单位商品价值量公式。由于两部门时的单位商品价值量公式也可以转化为比较生产力（CP）的形式［具体见公式（10.6）］，根据多部门比较生产力公式得到的两部门平均比较生产力（ACP）公式为：

$$\left\{\begin{array}{l} ACP_1 = \dfrac{1}{2}(1 + \sqrt{\dfrac{t_{21}t_{22}}{t_{11}t_{12}}}) = \dfrac{1}{2}(1 + \sqrt{\dfrac{q_{11}q_{12}}{q_{21}q_{22}}}) = \dfrac{1}{2}(1 + \dfrac{cp_1}{cp_2}) \\[4mm] ACP_2 = \dfrac{1}{2}(1 + \sqrt{\dfrac{t_{11}t_{12}}{t_{21}t_{22}}}) = \dfrac{1}{2}(1 + \sqrt{\dfrac{q_{21}q_{22}}{q_{11}q_{12}}}) = \dfrac{1}{2}(1 + \dfrac{cp_2}{cp_1}) \end{array}\right\}$$

由此式（12.26）与式（12.27）可以表示为：

$$V_1^c = t_{11}ACP_1$$
$$V_2^c = t_{22}ACP_2$$

也就是说，两部门单位商品价值量也可以以平均比较生产力的形式表示。由此得出一个既适用于多部门也适用于两部门的平均比较生产力定义：一个部门的平均比较生产力就是该部门的综合生产力与各部门综合生产力比值的算术平均。这是对两部门模型中比较生产力概念的扩展。

由此，两部门模型的价值决定公式可重新表述如下。

在两部门模型中，单位商品价值量公式（10.6）就可表示为：

$$V_1^c = t_{11} ACP_1 , \quad V_2^c = t_{22} ACP_2$$

在两部门模型中，部门单位平均劳动所折算的价值量公式（10.8）可以表示为：

$$V_1^t = ACP_1 , \quad V_2^t = ACP_2$$

在两部门模型中，个别生产者单位劳动折算的价值量公式（10.7）可以表示为：

$$V_{1k}^t = q_{11}^k ACP_1 , \quad V_{2k}^t = q_{22}^k ACP_2$$

两部门商品部门总量公式（10.9）可以表示为：

$$V_1 = T_1 ACP_1 , \quad V_2 = T_2 ACP_2$$

小结

为了将第九章和第十章所构建的广义价值论两部门模型扩展为多部门模型，本章首先使用几何平均的方式界定了多部门模型时的机会成本、相对生产力、社会平均比较利益率等核心概念；在这些概念的基础上，得出了多部门的均衡交换比例、社会平均比较利益率、单位商品价值量的表达形式，并引入了平均比较生产力的概念。本章还证明，在部门数由多个变为两个时，通过这一多部门模型可以得到两部门模型，此时不仅多部门的机会成本、相对生产力、社会平均比较利益率等核心概念的表达式可以推导出两部门模型的表达式，而且由多部门模型得到的均衡交换比例、社会平均比较利益率、单位商品价值量的表达式都与两部门模型一致。这不仅证明了多部门模型是在保持两部门模型的核心假设、定义与性质基础上的扩展，也是两部门模型更为一般化的表达形式。

竞争性均衡的存在性、唯一性和稳定性

在以上两部门广义价值论模型扩展到多部门的基础上，我们进一步论证基于广义价值论的一般均衡的存在性、唯一性和稳定性。

多部门一般均衡模型的设定

消费-生产者的个体行为

下面将蔡继明、江永基（2013）的理论背景和假设推广至多部门。假定一个封闭的市场经济系统中，存在总人数为 $\bar{N}$ 的消费-生产者，即每个人既是商品的生产者也是商品的消费者，可生产和消费的商品有 m 种（$m > 2$），称为商品 j，$j \in \{1, 2, \cdots, m\}$；每个消费-生产者都必须依序考虑两项决策——使个人产值最大的生产决策以及使个人效用最大的消费决策；依据各自的生产及消费决策，消费-生产者可分为不同类型，同一类型的消费-生产者具有相同的生产和消费行为。令经济系统中有 q 种类型的消费-生产者，类型 i 的消费-生产者（简称为消费-生产者 i）人数为 N_i，$i \in \{1, 2, \cdots, q\}$，并且 N_i 是大于零的实数连续统（continuum）。

（1）消费-生产者 i 的生产决策：消费-生产者 i 在资源禀赋有限的基础上，选择最大化的个人产值。为了简化，这里假设单一劳动要素，无论何种消费-生产者都具有相同劳动禀赋 $\bar{l}$ 单位；假设消费-生产者 i 在商品 j 上的劳动投入量为 l_{ij}，借由 $f_{ij}(\cdot)$ 的生产技术可获得 x_{ij}^p

的产量，其单位价值为 v_j，因此产值 $Q_i = \sum\limits_{j=1}^{m} v_j x_{ij}^p$。这里设定 $f_{ij}(\cdot)$ 为二次连续可微函数，$f_{ij}(0) = 0$，一阶导数 $f'_{ij}(\cdot) > 0$。对单一的消费-生产者而言，价值是个体决策的外生变量，由系统中的市场整体行为决定，意即消费-生产者是价值的接受者。因此，消费-生产者 i 的生产决策为：

选择 $\{l_{ij} \mid l_{ij} \geqslant 0, j = 1, 2, \cdots, m\}$，使得：

$$\text{Max } Q_i = \sum_{j=1}^{m} v_j x_{ij}^p$$

$$s.t. \quad x_{ij}^p = f_{ij}(l_{ij})$$

$$\sum_{j=1}^{m} l_{ij} \leqslant \overline{l}$$

由此决策可以解得 l_{ij} 为 $(v_1, v_2, \cdots, v_m) \equiv v$ 和 $\overline{l}$ 的函数，记作 $l_{ij}(v, \overline{l})$，从而 $x_{ij}^p(v, \overline{l})$，$j \in \{1, 2, \cdots, m\}$，并且 Q_i 为 v 和 $\overline{l}$ 的函数，记作 $Q_i(v, \overline{l})$。需要说明的是，这里消费-生产者有可能专业化生产某一种商品，也可能不完全专业化生产若干种商品，或者完全非专业化生产所有商品，究竟是何种情况，取决于生产函数的设定。这一部分内容遵循杨小凯、黄有光（1999），杨小凯（2003）等对专业化经济的设定，追加了二阶导数 $f''_{ij}(l_{ij}) \geqslant 0$ 的假设，仅考虑消费-生产者进行专业化生产的情形，因此，每种类型的消费-生产者只生产一种商品，消费-生产者的类型数与商品的种类数相同（$q = m$）。为了简化，我们具体地将生产函数设定为：$f_{ij}(l_{ij}) = \beta_{ij} l_{ij}^{a_{ij}}$，$\beta_{ij} > 0$，$a_{ij} \geqslant 1$，并且不失一般性地假设消费-生产者 i 生产第 i 种商品，因此个人产值就变成：

$$Q_i = v_i x_{ii}^p = v_i \beta_{ii} \overline{l}^{\,a_{ii}} \tag{12.28}$$

（2）消费-生产者 i 的消费决策：消费-生产者 i 以第一阶段

所获得的个人产值进行消费选择，来最大化其个体效用。假设消费-生产者 i 的效用 U_i 是各种商品消费量 x_{ij}^c 的柯布-道格拉斯（Cobb–Douglas）函数，并且所有类型的消费-生产者对同样商品的偏好程度都是一致的，从而体现偏好程度的函数幂次为 $\alpha_j > 0$ 且 $\sum_{j=1}^{m} \alpha_j = 1$。因此，消费-生产者 i 的消费决策可以表示为：

选择 $\{x_{ij}^c \mid x_{ij}^c \geqslant 0, j = 1, 2, \cdots, m\}$，使得：

$$\text{Max } U_i = \prod_{j=1}^{m} (x_{ij}^c)^{\alpha_j}$$

$$s.t. \ \sum_{j=1}^{m} v_j x_{ij}^c \leqslant Q_i$$

将式（12.28）代入上述规划并解得：

$$x_{ij}^c = \frac{\alpha_j v_i \beta_{ii} \bar{l}^{\,a_{ii}}}{v_j}, \ j = 1, 2, \cdots, m \qquad （12.29）$$

对某一特定的消费-生产者 i 来讲，自身所生产商品的自给消费量 $x_{ii}^c = \alpha_i \beta_{ii} \bar{l}^{\,a_{ii}}$，从而对市场的供给量为 $x_{ii}^s = (1-\alpha_i) \beta_{ii} \bar{l}^{\,a_{ii}}$，而对自己所不生产的商品 j 的需求量 $x_{ij}^d = x_{ij}^c = \frac{\alpha_j v_i \beta_{ii} \bar{l}^{\,a_{ii}}}{v_j}$。为了数学表达的简洁，这里将消费-生产者 i 对自身产品的消费量视为对自身产品的需求，即 $x_{ii}^d = x_{ii}^c = \alpha_i \beta_{ii} \bar{l}^{\,a_{ii}}$；另外，以 $M \equiv \{1, 2, \cdots, m\}$ 来简化符号表达。

消费-生产者的整体行为

与个体行为的设定相似，本部分内容在整体行为上基本沿用了蔡继明、江永基（2013）关于市场系统的若干假设：商品的市场总供求相等，部门劳动力总量等于一国的总人数，以及商品的价值总量等于社会总劳动时间。并且，我们重新定义适合于多部门情况的比较利益率均等原则。

（1）市场出清：市场出清条件要求各种商品的市场总供给必须等于市场总需求。在商品 i 的市场上，消费-生产者 i 对商品 i 的总供给必须等于市场上消费-生产者对商品 i 的总需求：

$$N_i x_{ii}^s = \sum_{j \in M} N_j x_{ji}^d$$

将式（12.29）代入可得：

$$v_i N_i \beta_{ii} \overline{l}^{a_{ii}} = \sum_{j \in M} \alpha_i N_j v_j \beta_{jj} \overline{l}^{a_{jj}} \qquad （12.30）$$

系统中共有 m 种商品，由此构成了一个 m 条方程式的方程组，然而根据瓦尔拉斯法则（Walras's Law），这个系统至多只能有 $m-1$ 条方程式线性独立。令这 $m-1$ 条方程式线性独立，由式（12.30）可解得任一商品 j 与商品 i 的相对价值：

$$\frac{v_j}{v_i} = \frac{\alpha_j}{\alpha_i} \frac{N_i}{N_j} \frac{\beta_{ii} \overline{l}^{a_{ii}}}{\beta_{jj} \overline{l}^{a_{jj}}} \qquad （12.31）$$

（2）人口约束：在一个封闭经济中，生产部门劳动力的总量，即所有类型的消费-生产者的加总，等于经济系统中的总人数：

$$\sum_{i \in M} N_i = \overline{N}$$

（3）多部门比较利益率均等原则：依循蔡继明、江永基（2013）的设定，令 x_{ij}^{oc} 为消费-生产者 i 为换取单位商品 j 而付出的"机会成本"①，其等于生产-消费者 i 为生产与单位商品 j 相交换的商品 i 而投

---

① 这里的机会成本加了引号，原因是对多部门模型而言，无法确定和哪个部门交换会产生最大的成本，所以并不严格符合机会成本定义。这里为了和两部门模型对应，所以继续采用了"机会成本"的名称。

入的资源所能生产的商品 j 的数量。这里以两部门模型为例具体说明机会成本的定义：部门 1 为了交换 y 单位部门 2 生产的商品 2，需要 x 单位的商品 1，部门 1 生产 x 单位商品 1 所使用的要素投入量为 l_{1x}，部门 1 使用 l_{1x} 单位的要素可以生产商品 2 的数量，就是部门 1 为了交换 y 单位商品 2 所付出的机会成本，对于部门 2 亦然。

所贩售的本部门商品中所使用的劳动量再透过自身生产技术所生产出来其他商品的量，用数学式表示即为：

$$x_{ij}^{oc} \equiv f_{ij}(f_{ii}^{-1}(\frac{v_j x_{ij}^d}{v_i})), \ i,j \in M$$

利用之前显函数形式的生产函数设定，并代入式（12.29）可得：

$$x_{ij}^{oc} = \beta_{ij} \alpha_j^{a_{ii}} \overline{l}^{\frac{a_{ij}}{a_{ij}}}, \ i,j \in M \qquad （12.32）$$

然而，与上文不同的是，由于此处所涉及的生产和交换的商品部门不单是原来框架的两部门而是多部门的情形，本章的"部门总的比较利益率"中，将多部门平均比较利益率定义为几何平均的形式。下面我们以算术平均的方式，使用某部门与所有与其进行商品交换的其他部门的比较利益率总和的平均数定义多部门平均比较利益率，用公式表示为：

$$\frac{1}{m-1}\sum_{j\in M}\frac{x_{ij}^d - x_{ij}^{oc}}{x_{ij}^d} = 1 - \frac{1}{m-1}\sum_{j\in M}\frac{\beta_{ij}}{\beta_{ii}}\alpha_j^{a_{ij}-1}\overline{l}^{a_{ij}-a_{ii}}\frac{v_j}{v_i}$$

为简化表述，令 $A_{ij} \equiv \frac{\beta_{ij}}{\beta_{ii}}\alpha_j^{a_{ij}-1}\overline{l}^{a_{ij}-a_{ii}}\frac{v_j}{v_i}$，因此，平均比较利益率相等即要求：

$$\sum_{j\in M}A_{1j}\frac{v_j}{v_1} = \sum_{j\in M}A_{2j}\frac{v_j}{v_2} = \cdots = \sum_{j\in M}A_{mj}\frac{v_j}{v_m} \qquad （12.33）$$

经济系统的一般均衡

整个经济系统有各商品价值（v_1, v_2, $\cdots$, v_m）和各部门劳动力配置（N_1, N_2, $\cdots$, N_m）等 $2m$ 个待解变量，而系统中正好具有 $2m$ 个线性独立的方程。其中，市场出清条件提供 $m-1$ 个方程，人口约束条件和社会总价值条件各提供一个方程，而另外的 $m-1$ 个方程由平均比较利益率均等原则提供。我们再通过式（12.29）得系统中各商品配置（$\{x^c_{ij}\}_{i,\ j=1,\ \cdots,\ m}$，$\{x^p_{ii}\}_{i=1,\ \cdots,\ m}$），各商品价值、各部门劳动力配置和各商品配置构成此经济系统的均衡。

下面证明这个均衡的诸性质。

均衡的存在性和唯一性

斯塔尔（1997）认为："传统上均衡考虑的主要问题包含：存在性——研究在何种条件下描绘市场出清的方程组存有解；唯一性——使市场能够出清的价格是否只有一组或者存有多组（或有限组）解；稳定性——在出现超额需求时提高产品价格而出现超额供给时降低价格的价格形成机制是否会收敛到市场出清价格。"除此之外，均衡当然还考虑其他问题，例如布赖恩特（2010）所归纳的最适性、参数对均衡的比较静态以及是否与实证相一致等。不过，在诸如格林、马宗达（1975），布卢姆（1979），盖勒、赖德（1989）以及文德纳（2004）等学者所著的传统经济学著作中，均衡诸性质中探讨最多、最重要的依然是存在性、唯一性和稳定性问题。下文首先证明上述由消费-生产者的个体行为和整体行为所构建的系统均衡是否具有存在性和唯一性。

命题 1：存在一组支撑此经济系统均衡的价值向量、劳动力配置及商品配置，即均衡存在。价值向量和劳动力配置除了在尺度上（标量乘法意义下）可缩放之外，其值唯一，其经济含义为商品间的相对价值和部门间的相对劳动力是不变的。

证明：

根据式（12.33），令：

$$\sum_{j \in M} A_{1j} \frac{v_j}{v_1} = \sum_{j \in M} A_{2j} \frac{v_j}{v_2} = \cdots = \sum_{j \in M} A_{mj} \frac{v_j}{v_m} = \lambda$$

则：

$$\sum_{j \in M} A_{1j} v_j = \lambda v_1$$

$$\sum_{j \in M} A_{2j} v_j = \lambda v_2$$

$$\cdots$$

$$\sum_{j \in M} A_{mj} v_j = \lambda v_m$$

（12.34）

式（12.34）可化为矩阵形式：

$$\begin{pmatrix} A_{11} & A_{12} & \cdots & A_{1m} \\ A_{21} & A_{22} & \cdots & A_{2m} \\ \vdots & \vdots & \ddots & \vdots \\ A_{m1} & A_{m2} & \cdots & A_{mm} \end{pmatrix} \begin{pmatrix} v_1 \\ v_2 \\ \vdots \\ v_m \end{pmatrix} = \lambda \begin{pmatrix} v_1 \\ v_2 \\ \vdots \\ v_m \end{pmatrix}$$

（12.35）

$$\text{令} \quad A \equiv \begin{pmatrix} A_{11} & A_{12} & \cdots & A_{1m} \\ A_{21} & A_{22} & \cdots & A_{2m} \\ \vdots & \vdots & \ddots & \vdots \\ A_{m1} & A_{m2} & \cdots & A_{mm} \end{pmatrix}, \quad v \equiv \begin{pmatrix} v_1 \\ v_2 \\ \vdots \\ v_m \end{pmatrix}$$

则式（12.35）变成：

$$Av = \lambda v$$

（12.36）

由此可知 λ 是矩阵 A 的特征值，而 v 为矩阵 A 的特征向量。

以下引入不可分解矩阵的概念。不可分解矩阵是用其相反的概念，即可分解矩阵来定义的。对于 $n \times n$ 的矩阵 $A = (a_{ij})$，如果存在一个集合 $\{1,2,3,\cdots,n\}$ 的真子集 J，使得对于这一真子集 J，有：$a_{ij} = 0 \ (i \in J, j \notin J)$，那么矩阵 A 称为可分解矩阵；反之，称为不可分解矩阵（Nikaido H.，1968，第 105 页）。下面说明式（12.36）对应的矩阵 A 为非负不可分解矩阵。

因为矩阵 A 中的元素 $a_{ij} > 0$，所以 A 为非负矩阵。如果 A 是可分解方阵，那么对于指标集 $\{1,2,3,\cdots,n\}$ 的某一个真子集 A，存在 $a_{ij} = 0 (i \in J, j \notin J)$。但这与 $a_{ij} > 0$ 矛盾，所以矩阵 A 是非负不可分解方阵。

下面引用佩龙-弗罗宾尼斯定理（Perron，1907；Frobenius，1912）：

定理 1（佩龙-弗罗宾尼斯定理）：对 $n \times n$ 的矩阵 $A = (a_{j,i})$ 而言，若矩阵中的所有元素 $a_{ij} \geqslant 0$，且矩阵 A 为不可分解矩阵，矩阵的谱半径为 $\rho(A)$，则以下性质成立：

（1）矩阵 A 有一个正的特征根 $\lambda^* = \rho(A)$，且 λ^* 是所有特征根中范数最大的特征根；

（2）特征根 λ^* 的代数重数和几何重数均为 1，又被称为佩龙-弗罗宾斯根；

（3）矩阵 $A = (a_{ij})$ 中任意一个元素 a_{ij} 增加时，特征根 λ^* 的值都会增加；

（4）存在一个和 λ^* 对应的特征向量 v^*，v^* 中的所有元素均为正值；

（5）除了 v^* 在尺度上的缩放，如 rv^*，$r > 0$ 之外，此正的特征根唯一。

因为特征向量 $v=(v_1, v_2, \cdots, v_n)'$ 是经济体系的价值向量，而矩阵 A 满足非负不可分解方阵的条件。根据佩龙-弗罗宾尼斯定理，存在正的价值向量 v，并且这一向量除了可以进行尺度上的缩放外（价值向量的一般性质），其值唯一。

由于 v 是存在且唯一的，我们可知商品配置向量（$\{x_{ij}^c\}_{i, j=1, \cdots, m}$，$\{x_{ii}^p\}_{i=1, \cdots, m}$）和劳动力配置向量（$N_1, N_2, \cdots, N_m$）皆与价值向量一一对应，因此也皆是存在且唯一的。也因此，这个经济系统的均衡是存在且唯一的。命题 1 证毕。

均衡的稳定性

与存在性和唯一性的静态特性不同，稳定性是均衡的动态性质，需要描述、刻画变量时间路径的动态调整方程。这里假定价值向量以 $v(t+1)=Av(t)$ 的形式进行迭代。由于商品配置和劳动力配置皆与价值向量一一对应，因此只要价值向量满足稳定性，则系统的均衡亦满足稳定性。一般而言，稳定性要求给定任意一个初始的价值向量 $v(0)$。随着时间的递移，$v(t)$ 趋于均衡的价值向量 v^*，并且 $\lim\limits_{t\to\infty} v(t)=v^*$ [①]。

命题 2：此经济系统的均衡是稳定的。

证明：首先引用一个相关的定理。

定理 2（Nikaido H., 1968，第 110 页）：矩阵 A 为非负的不可

---

① 这个定义在数学上一般称为"渐近稳定"（asymptotically stable），请参见 Takayama（1985，第 307 页）或者 Takayama（1993，第 335 页），然而在经济理论上则直接称为"稳定"。本文的稳定采用的是经济学的一般说法。

分解方阵，设 $\lambda = \lambda(A)$ 为其最大的正特征根，那么有：

（1）当且仅当存在一个正的整数 k 时，使得 $A^k > 0$ 时，$\lim\limits_{t \to \infty}(A/\lambda)^t$ 的极限存在；

（2）当 $t \to \infty$ 时，$(A/\lambda)^t$ 收敛，收敛的极限是一个矩阵。极限矩阵的每一列都是矩阵 A 的正的列特征向量，而每一行都是矩阵 A 的行特征向量；且均是与 λ 对应的特征向量。

我们借由定理 2 可以证明，式（12.36）对应的矩阵 A 为稳定矩阵。原因是在矩阵 A 中，所有的元素大于 0，即 $A > 0$，存在正整数 1 使得矩阵 A 为稳定矩阵。

作为定理 2 的应用（Nikaido H.，1968，第 112 页），当矩阵 A 为稳定矩阵时，对于 $v\,(t+1) = Av\,(t)$ 这一过程，给定 v 的一个初值 $v\,(0)$，当 $t \to \infty$ 时，$v\,(t)$ 会趋向于一个稳定的值，而这一稳定的值就是矩阵 A 唯一的正特征根 λ^* 对应的特征向量，因此价值向量 v 满足稳定性。此外，如先前所述，商品配置和劳动力配置皆与价值向量一一对应，从而系统的均衡满足稳定性。命题 2 证毕。

数值分析

下面以三部门（商品 x_1、x_2、x_3）为例，根据第十一章所分析的分工体系，分别考虑可变分工体系和不变分工体系下的生产交换模型。由于价值向量与商品配置和劳动力配置一一对应，我们只分析价值向量便可推得后两种配置。

1. 可变分工体系

为了简化分析，令任一类型的消费-生产者对所有商品的消费偏好皆相同，即$\alpha_1 = \alpha_2 = \alpha_3 = 1/3$（在线性模型下，矩阵$A$系数中没有这一参数，可以为任意合理值）；而在生产技术方面，由于可变分工体系要求线性的生产函数，消费–生产者i对商品j的生产函数可表示为：

$$f_{ij}(l) = \beta_{ij}l，\quad \beta_{ij} > 0，\quad i, j = 1, 2, 3$$

消费–生产者个体的劳动禀赋$\bar{l}$为4（在线性模型下，矩阵A系数中没有这一参数，可以为任意合理值）；部门1、部门2、部门3在商品x_1、x_2、x_3上的技术系数（绝对生产能力）分别为5、4、2，2、6、4，3、2、5，分工结果是部门i专业化生产产品i，对应的技术参数即生产系数矩阵如下：

$$\begin{pmatrix} \beta_{11} & \beta_{21} & \beta_{31} \\ \beta_{12} & \beta_{22} & \beta_{32} \\ \beta_{13} & \beta_{23} & \beta_{33} \end{pmatrix} = \begin{pmatrix} 5 & 4 & 2 \\ 2 & 6 & 4 \\ 3 & 2 & 5 \end{pmatrix}$$

将劳动禀赋$\bar{l} = 4$代入以价值为特征向量的矩阵：

$$A = (A_{ij})，\quad A_{ij} = \frac{\beta_{ij}}{\beta_{ii}}，\quad i, j = 1, 2, 3$$

则：

$$A = \begin{pmatrix} 1 & \dfrac{4}{5} & \dfrac{2}{5} \\ \dfrac{1}{3} & 1 & \dfrac{2}{3} \\ \dfrac{3}{5} & \dfrac{2}{5} & 1 \end{pmatrix}$$

通过数值求解，矩阵A有三个特征值，取小数点后两位，分别为：

$$\lambda_1 = 2.06, \quad \lambda_2 = 0.47 + 0.27i, \quad \lambda_3 = 0.47 - 0.27i$$

对应的特征向量，取小数点后三位，分别为：

$$v_1 = \begin{pmatrix} 0.623 \\ 0.547 \\ 0.559 \end{pmatrix}, \quad v_2 = \begin{pmatrix} 0.643 \\ -0.297 + 0.451i \\ 0.269 - 0.475i \end{pmatrix}, \quad v_3 = \begin{pmatrix} 0.643 \\ -0.292 - 0.451i \\ 0.269 + 0.475i \end{pmatrix}$$

我们从特征值和特征向量中可以看出，矩阵 A 有一个实特征值 λ_1 和一对共轭的复特征值 λ_2、λ_3，且 λ_1 是正的范数最大的特征值（λ_2、λ_3 的范数约等于 0.54），因此，对应的最大的正特征根为 $\lambda_1 = 2.06$，价值比为：

$$v_1 : v_2 : v_3 = 0.623 : 0.547 : 0.559$$

部门 1 商品价值最高，部门 3 次之，部门 2 最低。由此得出的平均比较利益率为 0.4696。

对结果的说明：

（1）部门 1 和部门 3 比，各自产品的生产商品的绝对生产力一致，但是部门 1 的综合生产力比部门 3 高，所以其价值更高。

（2）部门 1 和部门 2 比，两者在其他商品的生产能力上一致，但是部门 2 在自身生产商品的生产能力上较高，所以部门 2 的产品价值相对部门 1 低。

（3）部门 2 和部门 3 相比，部门 2 的价值更低，可能是因为自身商品生产能力占了主要因素。

2. 不变分工体系

现考虑三部门的不变分工体系。由于不变分工体系要求非线性生产函数的设定，这里仍采用简单指数形式的生产函数。假定消费-生产者 i 在商品 j 上的生产技术为：

$$f_{ij}(l) = l^{a_{ij}}, \quad a_{ij} > 1, \quad i, j = 1, 2, 3$$

其中的幂次同上例的生产系数：

$$\begin{pmatrix} a_{11} & a_{21} & a_{31} \\ a_{12} & a_{22} & a_{32} \\ a_{13} & a_{23} & a_{33} \end{pmatrix} = \begin{pmatrix} 5 & 4 & 2 \\ 2 & 6 & 4 \\ 3 & 2 & 5 \end{pmatrix}$$

其余参数设定也与上例一致。代入 $A = (A_{ij})$，$A_{ij} = \alpha_j^{\frac{(a_{ij}-1)}{a_{ii}}} \bar{l}^{\,a_{ij}-a_{ii}}$，$i, j = 1, 2, 3$ 后，可得：

$$A = \begin{pmatrix} 1 & 0.3114 & 0.0302 \\ 0.0081 & 1 & 0.0901 \\ 0.0970 & 0.0302 & 1 \end{pmatrix}$$

通过数值求解，所求的特征根也是一个正的实根和两个互为共轭的复根。这里只给出最大的正特征根 $\lambda^* = 0.16$，价值之比为：

$$v_1 : v_2 : v_3 = 0.772 : 0.343 : 0.535$$

由此得出的平均比较利益率为 0.9204。

在这里，商品 1 的相对价值仍然是最高的，商品 3 其次，商品 2 最低，排序与线性模型相同。但是由于指数生产函数是规模报酬递增的生产函数，虽然技术参数与线性生产函数相同，但是在同等资源投入时（前提是 $l > 1$ 时），其边际产出高于线性生产函数（线性生产函数的规模报酬不变），因此体现在相对价值上，三种商品的相对价值差距更大。如果商品 2 的价值为 1，那么在线性模型下，三种商品的价值比为 $1.14 : 1 : 1.02$，而非线性模型为 $2.25 : 1 : 1.56$。

3. 稳定性的数值分析

这里的参数设置同可变分工模型，不失一般性，假设初始的各商品价值均相同，即价值向量 $v(0) = (1, 1, 1)^T$，进行 30 步的迭代，主要结果见表 12-1。

我们从表 12-1 中可以看出，如果以商品 2 的价值为参照，那么

表 12-1 稳定性数值模拟结果简表

	$v(1)$	$v(2)$	$v(3)$	$v(4)$	$v(5)$	$v(10)$	$v(20)$	$v(30)$
v_1	1.2	1.2	1.301	1.376	1.454	1.959	3.533	6.375
v_2	1	1.067	1.147	1.198	1.285	1.719	3.101	5.595
v_3	1	1.12	1.147	1.239	1.305	1.755	3.168	5.716
价值比 ($v_2 = 1$ 时)	1.2 : 1 : 1	1.125 : 1 : 1.050	1.135 : 1 : 1	1.148 : 1 : 1.034	1.132 : 1 : 1.016	1.139 : 1 : 1.021	1.139 : 1 : 1.022	1.139 : 1 : 1.022

商品 1 的相对价值先上升，后下降至均衡价值。而商品 3 的价值经历了上升、下降和再上升的过程，逐渐趋于稳定。从第 20 步开始，小数点后第 3 位已经保持稳定，如果仅取小数点后三位，其值就已经与均衡价值向量的值相等。这一例子直观地说明了均衡的稳定性。

总结：各种均衡理论的比较

上文利用消费-生产者两阶段决策方法，根据比较利益率均等原则建立了一个基于广义价值论的多部门一般均衡模型，并利用佩龙-弗罗宾尼斯定理等数学分析工具，严格证明了比较利益率均等原则下均衡的存在性、唯一性和稳定性，并且以数值分析作为例证。下面将基于广义价值论的一般均衡模型与阿罗-德布鲁一般均衡模型和斯拉法体系进行简要的比较。

比较阿罗-德布鲁一般均衡模型

虽然瓦尔拉斯是一般均衡（General equilibrium）理论的先驱，但是系统的一般均衡存在性证明直到 20 世纪 50 年代才由麦肯齐（McKenzie，1954，第 147—161 页；1959，第 54—71 页）、阿罗和德布鲁（Arrow.；Debreu，1954，第 265—290 页）完成，所以这一均衡被称为麦肯齐-阿罗-德布鲁一般均衡，一般称为阿罗-德布鲁均衡。

阿罗-德布鲁一般均衡模型较为成熟，由于要求的条件较为宽泛，已经成为新古典经济学基本的分析框架之一；还衍生出了 CGE 和 DSGE 等分析模型，其可以基于现实经济的数据进行研究。对比如下：（1）阿罗-德布鲁一般均衡对消费者偏好的假设相对弱，在广义价值论一般均衡模型中，消费者的偏好函数为显性的柯布-道格拉斯形式；（2）阿罗-德布鲁一般均衡假设生产函数满足规模报酬递减，这一设定无法分析分工问题，广义价值论一般均衡模型则设定生产函数规模报酬非递减，这一设定可以将分工、交换同时纳入分析；（3）阿罗-德布鲁一般均衡同样不考虑机会成本；（4）阿罗-德布鲁一般均衡不要求生产要素被生产者持有，而广义价值论一般均衡模型假定要素所有权与使用权合一。

综上所述，阿罗-德布鲁一般均衡并没有考虑机会成本，而且由于存在生产函数的假设，分工问题也并不在其分析范围之内。广义价值理论尚处于发展之中，均衡需要的假设条件相对严格，这些假设都限制了模型的应用范围，比如目前还不能分析要素所有者和使用者相分离的情况。但是模型将分工、交换、机会成本和分配纳入了统一的分析框架，这也使广义价值理论所得到的均衡价格与贸易可行的价格区间保持一致。

比较斯拉法体系

斯拉法（1963）使用冯·诺伊曼和里昂惕夫的分析框架，并继承了李嘉图使用不变价值尺度的概念研究分配问题的传统，构建了独树一帜的斯拉法一般均衡分析体系。斯拉法证明了在他的联合生产方程中，存在且唯一存在一种标准商品（标准体系）[①]，以这一标准商品度量，工资率和利润率之间满足线性关系。

基于广义价值论的一般均衡模型与斯拉法体系有以下区别：

---

① 以标准商品作为价值的度量单位时，产出的价值不随工资率和利润率的变化而变化。

（1）斯拉法体系建立在固定比例生产函数基础之上，这一生产函数的要素投入保持固定的比例，广义价值论一般均衡模型假设生产函数是连续的；（2）斯拉法模型中没有需求和机会成本的概念，而广义价值论一般均衡模型则引入了需求和机会成本；（3）分工和交换在斯拉法体系中被视为外生给定的，这些因素在广义价值论一般均衡模型中被作为内生的；（4）斯拉法模型中要素所有者和使用者是分离的，广义价值论一般均衡模型目前分析的是要素所有者与使用者不分离的情况。

这些区别决定了两种理论的分析范围有所不同，斯拉法理论分析了由固定比例的生产函数构成的生产体系中，以标准商品作为计价物时，工资率和利润率变化对分配影响的问题。需求和机会成本等因素均不在斯拉法体系之中，只是其分析的外生因素。而广义价值论一般均衡模型在生产函数为单要素连续生产函数时，将机会成本和需求纳入统一的分析框架，分析分工、分配与价值决定的问题。

现将几种均衡理论的特点列表如下：

表 12-2　各种均衡理论的比较

	阿罗-德布鲁模型	斯拉法模型	广义价值论模型
理论背景	瓦尔拉斯 一般均衡	李嘉图 不变价值尺度	广义价值论 （比较利益率相等）
偏好假设	偏好凸函数	没有引入偏好	C-D 偏好
技术假设	规模报酬 不变或递减	固定比例 生产函数	规模报酬 不变或递增
完全竞争	是	是	是
市场出清	是	是	是
是否考虑 机会成本	否	否	是
经验应用	以 CGE 等 方式呈现	分析利润率和 工资率	不同生产者（企业、部门或国家）生产力之比较、复杂劳动与简单劳动折算、贸易利益分配

研究不足

目前建立的广义价值论均衡的性质尚依赖于效用函数的具体形式即柯布-道格拉斯形式，同时假定生产要素所有者和使用者为一体即单要素（劳动）生产函数。上述假设让一般均衡的存在性、唯一性和稳定性得到有效证明，但模型的分析范围受到了限制。如何在保证均衡性质的基础上，去放宽这些假设条件，建立更为一般化的一般均衡模型，以拓展理论的应用范围，是未来的研究方向之一。

本模型的其他很多设定，如利润最大化、效用最大化、市场出清等，与新古典一般均衡相同。幂函数的生产函数设定则来源于新兴古典的内生比较优势的概念。因此，这一模型和传统的一般均衡模型有同样的局限，这一模型对现实的刻画是否合理，同样存有疑问。

我们的目的仅是从理论上建立"部门间劳动力按比较利益率均等原则进行配置"的假说，并给予严格的数学支撑，从而为广义价值论的基本核心命题奠定坚实严谨的理论基础。作为理论研究的自然拓展，下一步当然就是均衡的帕累托最优性，即均衡与福利经济学两大定理之间的关系；另一个方向则是实证应用方面，利用经验数据对这个比较利益率均等原则进行现实检验；这两点也是未来的研究方向。

第四篇

从计划经济体制改革到市场经济体制确立

导论

从本篇开始，本书将用三篇内容分别从资源配置方式、收入分配制度以及所有制结构三个方面探讨我国基本经济制度的属性及其演变。

我国自 1956 年"三大改造"完成后，就形成了以单一公有制、单一按劳分配和计划经济为基本制度特征的社会主义经济体制，在这一经济体制大体运行了 30 年之后，也就是在 20 世纪 80 年代，我国全面进入改革开放时期，最先面临改革的是传统计划经济体制。本书有关我国基本经济制度的分析，也就从计划经济体制向市场经济体制的转型篇开始。

本篇包括第十三至十六章。

第十三章首先讨论资源配置方式或经济运行体制选择的理论基础和经验证据，以期揭示为什么在中华人民共和国成立后社会生产力发展水平还很低的 30 年中，我们实行了中央高度集权的计划经济体制，而在生产力水平有了很大提高后我们又用市场经济逐步取代了计划经济，从而否定了以生产力水平落后解释市场经济存在原因的陈说。

第十四章和第十五章依次考察了我国计划经济体制向市场经济体制转轨的过程，这既是我国资源由计划配置向市场配置转变的过程，也是政府和学界对我国社会主义基本经济制度的认识不断深化的过程。

第十六章进一步讨论在我国社会主义市场经济体制下，市场与政府作用的定位和协调，并在借鉴发达市场经济体成功经验的基础上，提出进一步完善社会主义市场经济体制的方向。

第十三章
经济体制选择的理论基础和经验证据

发轫于 20 世纪 80 年代的中国的改革开放，首先是从改革计划经济体制、引入市场调节机制开始的。本篇所讨论的经济体制也主要是围绕资源配置的两种方式——计划经济和市场经济——展开的。本章首先阐明为什么要进行资源配置市场化取向的改革，市场经济存在的客观必然性是什么，未来市场经济的命运是什么，以期为后续三章的分析奠定一个理论基础。

我国推行市场化取向改革的理论依据是什么

我国市场化取向的改革已经推进了 40 余年，应该说，公开反对市场化取向改革的观点，自 1992 年中共十四大明确提出构建社会主义市场经济体制的目标后，已经很少看到了，[①] 然而对于我国为什么

---

① "计划经济不只是管理国民经济的方式和手段，它首先是社会主义经济的本质属性和特征，是社会主义经济制度即社会主义生产关系中的重要方面。"（卫兴华，1986）"计划经济是社会主义的一个基本特征，它与市场经济是根本对立的。社会主义社会不可能实行市场经济而只能实行计划经济，这是社会主义经济的本质决定的。"（胡乃武、袁振宇，1989）

要从计划经济体制转向市场经济体制，市场经济存在的原因是什么，我们先后选择计划经济体制和市场经济体制的理论依据是什么，学术界至今并没有提出逻辑一致的论证，普遍流行的一种观点即所谓"生产力落后论"。①

这种理论认为，"理想的"社会主义在本质上应该是计划经济（或产品经济——与计划经济同义），只是由于现实的社会主义不是在马克思所设想的高度发达的资本主义商品经济（或市场经济——二者是同义语）的基础上产生的，而是在半殖民地半封建社会的废墟上建立起来的，其落后的生产力水平意味着还不具备全面实行计划经济的条件，因此，至少在社会主义初级阶段，还必须利用市场经济发展社会生产力。（何伟，1979、1980；刘明夫，1979）② 对于这种认识，我们至少可提出如下两点质疑。

第一，既然我国目前因生产力水平还比较低而不能实行计划经济，那为什么在新中国成立后的前30年，基本上实行的是计划经济，而到了20世纪80年代才开始提倡和大力发展商品经济？我国20世

---

① 《中共中央关于经济体制改革的决定》（1984）指出：社会主义社会在生产资料公有制的基础上实行计划经济，可以避免资本主义社会生产的无政府状态和周期性危机，使生产符合不断满足人民日益增长的物质文化生活需要的目的，这是社会主义经济优越于资本主义经济的根本标志之一。

② 中共十三大报告（1987）进一步指出："生产力的落后，决定了在生产关系方面，发展社会主义公有制所必需的生产社会化程度还很低，商品经济和国内市场很不发达，自然经济和半自然经济占相当比重，社会主义经济制度还不成熟不完善……我们今天仍然远没有超出社会主义初级阶段……必须以公有制为主体，大力发展有计划的商品经济。""生产力落后论"与"社会主义初级阶段论"互为表里，既可以用来解释社会主义商品经济或市场经济存在的原因，也可以作为发展非公经济和保护私有财产的依据。

纪 50—70 年代的生产力水平不是比现在更低吗？

第二，从横向进行比较，就在我国全面推行计划经济的同时，欧美国家却在大力推进市场经济，而生产力水平究竟孰高孰低，难道不也是显而易见的吗？

之所以产生以上难以解释的矛盾，是因为上述观点实际上并没有突破马克思主义经典作家关于未来社会的设想或规定，其只不过把消灭商品货币关系的任务不得已地向后推迟了一个历史阶段。

看来，要阐明为什么要选择市场经济体制并实现由计划经济向市场经济的转变，必须首先说明市场经济产生的条件。

个人劳动与社会劳动的矛盾是市场经济存在的原因

在马克思经济学中，市场经济被称作商品经济，其存在的条件是社会分工和私有制。社会分工使劳动者彼此交换自己的劳动产品成为必要，从而构成商品经济存在的必要条件，而私有制则使彼此独立、互不依赖的私人劳动的产品以商品来交换，从而成为商品经济产生的根本原因。对于这种认识的真理性，直到人们发现公有制经济中同样存在着商品生产和商品交换时，才产生了怀疑，因为如果商品经济既存在于私有制条件下，又存在于公有制条件下，那么商品经济的产生一定不是由于私有制，而是由于另外某种更为一般的原因。

我们认为，商品经济产生的根本原因是个人劳动与社会劳动的矛盾。所谓个人劳动与社会劳动的矛盾，是指处于社会分工体系中的劳动者的个人劳动本来都具有一定的社会性，即他们所生产的不是为自身消费的使用价值，而是为社会（他人）消费的使用价值。但是，只要彼此的劳动产品不能无偿取用，其使用价值的社会属性即在质和量上是否符合社会需要在生产之前和生产过程中就不能事先确定，这种个人劳动就只具有间接的社会性，而不直接等同于社会劳动。正是由于个人劳动与社会劳动的这一矛盾，个人劳动要转化为社会劳动，就必须通过交换并借助于价值形式来实现，因此劳动产品必然转化为商品。[①]

个人劳动与社会劳动的矛盾由以下三个因素决定。

劳动者经济利益的独立性

劳动者的个人利益是普遍存在的，这一方面是由于劳动者个人生存和发展的需要是无限的，而个人和社会所能提供的满足需要的手段是有限的，大多数物品都具有竞争性，一个特定的物品被某个人消费后，就不能再被另一个人消费；另一方面是由于劳动力的所有权通常是属于个人的，它作为劳动者谋生的手段，除非以一定的报酬作为交换条件，否则，劳动者是不会随意将自己的劳动力交给别人支配和使用的。（王学文，1959；薛暮桥，1979，第101页；刘国光、赵人伟，1979）

当然，除了上述两方面的原因外，生产资料的私人占有也是决定

---

① 生产商品的劳动实际上具有双重二重性：具体劳动和抽象劳动是一般劳动的二重性，私人劳动与社会劳动是一般劳动二重性在商品生产中的特殊表现形式；一般劳动的二重性是生产商品的劳动二重性的物质内容，是任何生产劳动都具有的自然属性；生产商品的劳动二重性则是一般劳动二重性的社会形式，构成商品经济的基本矛盾。

其所有者（包括个体劳动者）个人利益的重要因素，即使在实行集体所有制的条件下，不同集体的成员之间也会由于不同集体占有的生产资料的差别而产生利益上的差别。（何炼成，1978）

正是由于劳动者的个人利益，彼此的劳动产品才不能无偿取用，而必须以等量劳动相交换的形式互相转让，这也就使彼此的个人劳动具有了间接社会性：一方面，同一部门内不同劳动者的个别劳动要折算成部门平均劳动（即所谓第一种含义的社会必要劳动）；另一方面，各部门的劳动总量要得到社会的全部承认，必须与社会总劳动中为满足特定的需要按比例应投入各部门的劳动量（即所谓第二种含义的社会必要劳动）相一致。（白拓方，1979）

劳动的异质性

劳动的异质性是指生产不同使用价值的劳动都是以不同形式支出的具体劳动，它们具有不同的复杂程度。虽然从理论上说，少量的复杂劳动等于多量的简单劳动，或者说，比较复杂的劳动是自乘的或多倍的简单劳动，但实际上，不同复杂程度的劳动是不同的具体劳动，它们在量上是不能直接进行比较和折算的。比如，一个工程师的劳动显然比一个泥瓦工的劳动要复杂，但我们很难确定前者究竟比后者复杂多少，因为工程师的劳动和泥瓦工的劳动都是在一定的具体形态下进行的不同性质的有用劳动，而不同质的东西不能在量上通约。

既然如此，前述以等量劳动为基础的交换，就不能直接采用劳动的自然尺度即劳动时间作为计量单位，而必须通过迂回曲折的途径才能实现。正如马克思指出的"各种劳动化为当作它们的计量单位的简单劳动的不同比例，是在生产者背后由社会过程决定的，因而在他们看来，似乎是由习惯确定的"。（马克思、恩格斯，1972，第58页）

这里所说的"社会过程"，就是生产者之间的自由竞争、自由交换的市场过程。通过生产者之间或买者与卖者之间的自由竞争，交换双方都会对各自产品的费用与效用做出比较，从而形成双方都接受的交换比例或交换价值，这种交换价值的长期均衡值，就是所谓的价值，它实际上反映的是具有不同复杂程度的异质劳动的折算结果即无差别的一般人类劳动。这样，前述的等量劳动相交换就采取了等价交换的形式，异质的个人劳动则借助于价值形式转化为一般人类劳动并实现其社会性。

分工体系的复杂性

在以分工交换为基础的社会化大生产中，两大部类和各分部类以及各个部门的生产都不能孤立地进行，每一种产出都作为投入直接或间接地进入其他产品的生产，而每一种产品自身的生产都直接或间接地由其他各种产品作为生产要素参与其中。所以，对这种社会化大生产来说，再生产的物质技术条件要求两大部类及各分部类之间的交换必须保持一定的数量比例。如果这种物质技术上的比例关系不能得到满足，社会再生产就不能正常进行。

对于这样一个复杂的经济体系，从理论上求解并非没有可能（如新古典经济学家对一般均衡模型的构建），但在实践中若靠一个统一的计划来安排整个社会的生产，则是不可能的。正如英国经济学家亚历克·诺夫（1989）所指出的，企图把千百万人的非常分散的需要结合在一个全面的计划之内，无论是现在还是将来都是不可能的。一位苏联作家曾露骨地讽刺说："数学家们做过计算，要拟订一份仅乌克兰一地历时一年的准确而完整的物资供应计划，就需要全世界的人工作 1 000 万年。"（O. 安东诺夫，1965，第 23 页）苏联当时有 1 200 万可辨认的不同产品和将近 5 万个工业单位。要做出全面的计划，就必须首先把计划指标和计划对象大大地简化，同时要假定计划部门能做出完全正确的预见和事先了解。但这一切都是与消费者和生产者的选择自由内在地不一致的。所以，安东诺夫认为，计划永远不会完全取代市场而单一地发挥作用。

总之，由于劳动者（或生产单位）独立的经济利益的存在，由于劳动的异质性以及生产结构的复杂性和需求结构的多样性，处于社会分工体系中的个别劳动只具有间接的社会性。这种个人劳动与社会劳动的矛盾使劳动产品必须作为商品来交换，从而使个人劳动借助于价值形式和市场机制实现为社会劳动。这就是商品经济或市场经济产生和存在的一般原因。

细心的读者一定会发现，在以上全部分析中，生产资料私有制仅仅是作为决定劳动者（或生产单位）经济利益的一个充分条件，而远非商品经济赖以产生的必要条件来论述的。这种认识虽然与马克思的有关论断相矛盾，但符合马克思所揭示的从特殊到一般、从具体到抽象的认识规律。马克思曾经指出："最一般的抽象总只是产生在最丰富的具体发展的地方，在那里，一种东西为许多东西所共有，为一切所共有。这样一来，它就不再只是在特殊形式上才能加以思考了。"（马克思、恩格斯，1979，第 42 页）显然，既然商品经济为私有制社会和公有制社会所共有，那么，我们就不能只在私有制这种特殊形式上来考察它了，而应该撇开所有制上的具体差别，来抽象地考察商品经济存在的一般原因。上述"个人劳动与社会劳动的矛盾"作为最一般的抽象，就是这种考察的结果。不管社会主义经济制度与资本主义相比发生了什么变化，只要还存在着"个人劳动与社会劳动的矛盾"，就会存在市场经济，市场经济存在与否与所有制（特别是私有制）没有必然的联系。

从斯拉法体系看市场机制的必要性

本书第八章曾经详细介绍了斯拉法价值论。这里仅以斯拉法的三个数字模型说明用市场机制配置资源的必要性。

斯拉法维持生存的两部门模型

以斯拉法维持生存的模型（即马克思语境中的简单再生产模型）为例，假定有小麦和铁两个生产部门，每个部门的投入品和产出品如下所示：

I. 280 夸特小麦 +12 吨铁→ 400 夸特小麦

II. 120 夸特小麦 +8 吨铁→ 20 吨铁

由于在一定的技术条件下，生产 100 夸特小麦必须投入 70 夸特小麦（作为种子和口粮）和 3 吨铁（作为生产工具），而生产 10 吨铁本身需要耗费 4 吨铁和 60 夸特小麦，因此，一方面如果社会要生产 400 夸特小麦，就必须同时生产 20 吨铁（其中 12 吨铁为小麦的生产资料，8 吨铁作为铁的生产资料），同样地，如果社会要生产 20 吨铁，就必须同时生产 400 夸特小麦（其中 120 夸特小麦用于铁的生产，280 夸特小麦用于小麦自身的生产）；另一方面，两个部门只有按照 10 夸特小麦对 1 吨铁的比例相互交换自己的产品，它们各自耗费的生产要素才能在实物形态上得到补偿，简单再生产才能够维持。任何其他的交换比例都会使简单再生产的条件遭到破坏，从而使整个体系不复存在。（斯拉法，1963，第 9—10 页）

斯拉法维持生存的三部门模型

当生产扩大到三个部门时，其生产结构为：

I. 240 夸特小麦 +12 吨铁 +18 只猪→450 夸特小麦

II. 90 夸特小麦 +6 吨铁 +12 只猪→21 吨铁

III. 120 夸特小麦 +3 吨铁 +30 只猪→60 只猪

这时，保证生产全部更新的交换比例：10 夸特小麦 =1 吨铁 =2 只猪。在这里，与两部门体系不同，生产任何一对产品彼此使用的数量，在价值上已不再是必然相等了，生产的更新只能通过三角贸易来完成〔在我们所举的例子中，至少要通过 4 次交换才能完成：（1）第 I 部门用 150 夸特小麦换取第 III 部门的 30 只猪；（2）第 III 部门再用多余的 30 夸特小麦换取第 II 部门的 3 吨铁；（3）第 I 部门用 60 夸特小麦换取第 II 部门的 6 吨铁；（4）第 I 部门再用富余的 12 只猪换

取第 II 部门的 6 吨铁]。（斯拉法，1963，第 10 页）

斯拉法具有剩余的三部门模型

以上仅仅是由两部门扩展到三部门，情况就比较复杂了，若扩展到 n 部门经济，特别是扩展到具有剩余的生产，情况就更加复杂了。这时整个经济体系不仅生产 n 种商品，而且每种商品的生产又都需要使用 n 种商品，交换价值的决定要取决于剩余如何在 n 个部门之间分配，而剩余的分配或利润率的决定，又必须在交换价值决定之后。这里至少需要 n 个独立方程，来决定 $n-1$ 个交换比例和利润率。（斯拉法，1963，第 12 页）

以上我们还只是假定在第一种情况下，社会若生产 400 夸特小麦，就必须同时生产 20 吨铁，但没有说明为什么社会只生产 400 夸特而不是 300 夸特或 500 夸特小麦。由于社会的资源是有限的，在社会全部资源中，用于小麦生产的资源多了，用于其他物品生产的资源就少了，因此，社会必须在各种用途之间做出选择，以决定生产什么和生产多少。显然，这种选择和决策必须以消费者的需求为依据。而由于消费者的需求是多种多样的，是随着收入水平、文化水平以及年龄、性别、民族、社会习惯和兴趣的变化而不断变化的，社会很难对需求的种类和数量做出全面而准确的统计和测算，因此，生产什么和生产多少就不能由计划决定，而主要应该由生产者根据消费者的需求及其变化自主地决定。这就要求劳动产品作为商品进入市场，通过买卖双方讨价还价而确定其市场价格，并以此作为实现资源最佳配置的指示器或杠杆。

基于广义价值论的资源配置方式

广义价值论本身就是一个关于分工交换一般规律的理论。根据模型由抽象到具体、由简单到复杂的推演，借以实现的市场机制也会由简单的物物交换发展为以货币为媒介的商品流通。

两部门模型与物物交换

即使在两部门广义价值模型中，两个（类）不同的消费-生产者或部门各自比较优势专业化分工方向的选择、同类生产者或部门单位平均成本的形成、均等的比较利益率和均衡交换比例的确定，无疑也都必须通过彼此讨价还价的市场竞争才能实现。

恩格斯在描述中世纪的农村时指出，"中世纪的农民相当准确地知道，要制造他换来的物品，需要多少劳动时间。村里的铁匠和车匠就在他眼前干活；裁缝和鞋匠也是这样，在我少年时代，裁缝和鞋匠们还挨家挨户地来到我们莱茵地区的农民家里，把各家自备的原料做成衣服和鞋子。农民和卖东西给他的人本身都是劳动者，交换的物品也是他们各人自己的产品。他们在生产这些产品时耗费了什么呢？劳动，并且只是劳动。他们为补偿工具、为生产和加工原料而花费的，只是他们自己的劳动力"。（马克思、恩格斯，1974，第1016页）

当商品交换扩展到城乡之间时，农民的产品和城市手工业者的产品之间的交换也是如此。"起初，这种交换是在没有商人作媒介的情况下，在城市的集日里直接进行的。农民就在集市上卖出买进。在那里，不仅农民知道手工业者的劳动条件，而且手工业者也知道农民的劳动条件。因为手工业者自己在某种程度上也还是一个农民，他不仅有菜园和果园，而且往往还有一小块土地，一两头母牛、猪、家禽等等。因此，中世纪的人能够按照原料、辅助材料、劳动时间而相当精确地互相计算出生产费用——至少就日常用品来说是这样"。（马克思、恩格斯，1974，第1017页）在这种简单的物物交换的情境下，不同的消费-生产者彼此用于交换的产品的绝对劳动耗费和机会成本以及彼此通过交换获得的比较利益率或许大体上还是可以直接估算和进行比较的。[①]

多部门模型与商品流通

一旦我们将两部门模型扩展到 n 部门模型，由直接的物物交换过渡到以货币为媒介的商品流通，无论是具有多种产品生产能力的单个生产者其比较优势产品的确定，还是各部门均等的比较利益率，抑或是作为不同部门具体劳动折算尺度的社会平均比较生产力，都不可能直接估算出。尽管我们可以建立相关的理论模型，诸如第三篇各章所推导的 n 部门均衡价格模型、统一的比较利益率等，但在现实经济生活中，这些经济变量只能通过市场竞争、讨价还价以及各种生产要素在不同行业领域内的自由流动才能实现。

正如恩格斯所指出的，"对于那些需要较长劳动时间、劳动又为

[①] 对照阅读恩格斯原文的读者会发现，这里虽然大段地引用了恩格斯的描述，但这里所遵循的等价交换原则并非恩格斯所主张的等量劳动相交换，而是比较利益率均等原则。其实，只要把恩格斯仅仅就农民彼此间绝对成本（单位产品劳动耗费）的度量所说的，换成对彼此间绝对成本和机会成本的比较就可以了。

不规则的间歇所中断、劳动所得的产量也不确定的产品来说，例如对于谷物或牲畜来说，这个劳动量又怎样——即使只是间接地、相对地——计算呢？而且不会算的人怎样计算呢？显然，只有通过一个漫长的、往往是在暗中不断摸索、经过曲折才逐渐接近的过程，而且在这个过程中也象在别处一样，人们只有吃一堑才能够长一智"。（马克思、恩格斯，1974，第1017页）而在这个过程中，"最重要和最关键的进步，是向金属货币的过渡……从实践的观点来看，货币已经成了决定性的价值尺度；而且，进入交易的商品种类越是繁多，越是来自遥远的地方，因而生产这些商品所必需的劳动时间越是难以核对，情况就越是这样。此外，货币本身最初多半来自外地；即使本地出产贵金属，农民和手工业者一方面仍然无法近似地估计出花费在贵金属上的劳动，另一方面，对他们来说，由于习惯于用货币进行计算，关于劳动是价值尺度这种属性的意识已经变得十分模糊；货币在人民大众的观念中开始代表绝对价值了"。（马克思、恩格斯，1974，第1018页）恩格斯精彩的描述，从另一个方面生动具体地表明，公平而有效的分工交换关系和资源配置，只有借助于市场机制才能实现。

在引入不同分工体系以及要素所有权与使用权两权分离的情况下，资源的配置以及比较利益的分配就更加依赖市场机制才能实现了。这个问题我们将在第五篇讨论分配制度时再进一步分析。

计划经济存在的条件

以上我们关于市场经济产生和存在原因的分析，从相反的角度看，也同样适用于计划经济。道理很简单，既然个人劳动的间接社会性是市场经济产生的原因，那么，个人劳动的直接社会性或个人劳动与社会劳动的直接统一自然也就成为实行计划经济的依据。

例如，在家庭经济中，由于家庭成员的个人利益与家庭利益是一致的（这以亲缘关系为纽带），因此，虽然分工和异质劳动是存在的，但商品生产和商品交换是不存在的，整个家庭的生产是可以按计划进行的。

在集体经济如改革前的农村生产队中，虽然集体成员的个人利益与集体利益并不完全一致，彼此之间也有分工，但是，由于这种分工非常简单，全部生产活动都是在一个相对狭小的空间内进行的，而且对同一个劳动者来说，通常可以在不同的具体劳动形式上不断转换，这样，复杂劳动与简单劳动的折算相对地比较容易进行，因此，彼此的劳动（产品）交换，不必经过迂回曲折的过程，也就是说，不必采取等价交换的形式。

至于我国农村中分田单干的农户，他们如同前述恩格斯所提及的中世纪的农民，虽然都有各自独立的经济利益，从而要求按照等量劳动相交换的原则交换彼此的产品，但由于他们相当准确地知道，要制造他换来的物品需要多少劳动时间，这一方面是因为村里的铁匠、车匠、木匠和裁缝就在他们眼前干活儿，另一方面是因为他们自己也大都具有从事类似工作的经验，因此，这种等劳交换也不必采取等价交换的形式，预先的计划生产（订购订做）可能是更为有效的形式。

总之，在个人利益与集体或社会利益完全一致的地方，在社会分工、生产结构和需求结构都比较简单的条件下，在某种突发事件（如战争和灾害）危及整体利益时，计划经济可能是比市场经济更有效的资源配置方式。

体制选择的经验证据

由于个人劳动与社会劳动的直接同一和截然对立是两种极端的情况，通常的社会经济结构处于这两者之间，而且这对立的两极往往根据一定的条件而相互转化，因此，纯粹的计划经济和纯粹的市场经济是不存在的或者是极少见的，更多的情况是两种体制的混合（可能以其中的一种为主）或相互转化。

我国计划经济体制形成的历史原因

下面我们就来具体说明社会主义条件下仍然存在着市场经济的原因，那么，为什么公有制的生产方式最初建立时没有采取市场经济的形态，而是采取计划经济的形态？

实行计划经济模式是实现赶超式经济发展战略的需要

社会主义公有制一般是在落后的经济基础上建立起来的，社会主义生产方式建立后都面临着尽快实现工业化以摆脱落后面貌的经济发展任务。而实行计划经济模式，运用指令性计划和直接的行政调节，由国家直接控制积累和消费的比例，并通过非均衡的价格结构获取实现工业化所必需的积累资金，可以在短期内建立起比较完整的工业体系和国民经济体系，从而有助于实现赶超式经济发展战略目标。单纯地依靠市场自发调节，虽然也能逐步实现工业化，但这需要一个较长的过程。

实行计划经济模式是为了避免整个社会经济活动陷入无政府状态

社会主义公有制刚刚建立时，以生产资料私有制为基础的利益关系被打破了，而以劳动者双重所有权为基础的利益关系还没明晰化。劳动者之间的私人利益暂时被共同利益掩盖，而企业也不具有自身独立的经济利益。在这种情况下，整个社会的生产和交换也只能由统一的中央计划来调节，否则，整个经济活动就会陷入无序状态。

简单的经济活动易于经济计划的组织实施

由于在社会主义初级阶段，社会分工还不够发达，社会需求的结构也比较简单，生产什么和生产多少比较容易由计划部门做出安排，因此这表明公有制经济在社会主义初级阶段采取计划经济模式，不仅有其客观必然性，也有其现实的可能性。

计划经济体制向市场经济体制转变的客观必然性

随着工业化过程的基本实现，非均衡倾斜式的经济发展就要转变为均衡的经济发展，外延型或粗放型扩大再生产就要转变为内涵型或集约型扩大再生产。一方面，随着经济的发展，劳动者的个人利益也要求在更大程度上得到满足，等量劳动领取等量报酬的意识逐渐强化，与此相应，企业自身的利益也在不断增强；另一方面，随着社会分工越来越发达，社会需求结构也越来越复杂，对微观经济活动的计划调节越来越困难，在这种情况下，公有制计划经济必然会逐渐转化为市场经济，这里涉及计划调节与市场调节之间的关系及其演变趋势。

一般来说，在社会主义初级阶段即前述公有制计划经济模式中，由于以上分析的各种原因，无论是宏观经济活动还是微观经济活动都主要是由计划调节的，市场调节只是起辅助的作用，其作用范围通常只限于部分消费品的交换。随着公有制计划经济向市场经济的转化，计划调节的范围将主要限于宏观经济活动，计划调节的形式将由指令性为主转变为指导性为主，由直接的行政调节为主转变为间接的宏观调控为主。与此相应地，市场调节的范围将会逐步扩大，除少数关系国计民生的基本产品和公共物品外，所有微观的经济活动都将由市场来调节。社会主义市场经济越发达，上述趋势就会越明显地呈现出来。

从微观的角度看，上述转化使计划调节的作用减少了，但从宏观的角度看，其使计划调节的作用加强了。马克思主义经典作家所说的未来社会有计划、按比例发展，显然只适用于宏观经济的运行，至于微观经济活动，在社会分工越来越复杂的情况下，只能由市场来调节。

第十四章
从单一计划经济到计划经济为主、市场调节为辅

马克思主义经典作家所设想的未来社会有三个基本经济特征。这就是公有制、计划经济和按劳分配。三者之间有着内在的必然的联系：其中公有制是计划经济和按劳分配的基础，计划经济是公有制的运行方式，按劳分配是公有制的实现形式。苏联、东欧和中国的社会主义基本经济制度，最初都是以马克思主义经典作家的上述构想为蓝本建立起来的，但随后大都根据各国的国情和国际环境的变化进行了不同程度的改革。而相对于公有制和按劳分配，计划经济作为经济运行的方式，其基本经济制度的属性相对弱些，因此也就成为各社会主义国家经济体制改革的切入点。本章首先分析我国传统计划经济体制产生的根源，然后依次分析其在消费品和生产资料价格形成中是如何逐步引入市场调节机制的。

传统计划经济体制产生的根源

我国从 1953 年实施第一个国民经济五年计划开始，逐步建立起

了中央高度集权的计划经济体制。这种高度集权的计划经济体制的建立，一是囿于传统理论的束缚，二是受苏联模式的影响，三是赶超模式和战略的需要。

传统思维定式：计划经济＝社会主义，市场经济＝资本主义

马克思主义经典作家认为，一旦生产资料由全社会共同占有，私人劳动和社会劳动的矛盾就不复存在，劳动者的个人劳动从一开始就具有直接的社会性，商品经济就会消亡，整个社会的生产就会在全社会范围内有组织、有计划地进行。所以，在马克思主义经典作家看来，计划经济作为市场经济的替代物，无疑是社会主义经济制度的又一个基本特征。

马克思指出，在一个集体的、以共同占有生产资料为基础的社会里，生产者并不交换自己的产品；耗费在产品生产上的劳动，在这里也不表现为这些产品的价值，不表现为它们所具有的某种物的属性，因为这时和资本主义社会相反，个人的劳动不再经过迂回曲折的道路，而是直接地作为总劳动的构成部分存在着。（马克思、恩格斯，1963，第20页）

而在新中国成立初期，对马克思主义经典作家论述的僵化、教条的理解普遍存在，人们认为只有完全的计划经济才是社会主义，任何妄图采用市场经济体制的做法都是资本主义复辟的标志，是不可接受的做法。（杨顺羽，1992）在这样的思想背景下，"计划经济等于社会主义、市场经济等于资本主义"的传统观点自然形成了。

斯大林模式的影响

由于中国革命和中国共产党是在苏联共产党和共产国际的影响和指导下发生、发展和取得成功的，因此，斯大林模式对中国计划经济体制的建立产生了重要影响。

斯大林（1951）在《苏联社会主义经济问题》中认为，他审定的、由苏联科学院经济研究所编写的《政治经济学教科书》总结了社会主义经济建设的"共同规律"，苏联科学院经济研究所编写的《政治经济学教科书》"是给予世界各国年轻共产党人的好礼物"，"由于外国大多数共产党的马克思主义发展的水平不够，这样的教科书也会给予这些国家的非年轻的共产党员干部很大的好处"（斯大林，1979，574页）；"不容置疑，对于一切具有人数相当多的中小生产者阶级的资本主义国家，这条发展道路是使社会主义获得胜利的唯一可能的和适当的道路"。（斯大林，1979，548页）斯大林俨然以社会主义国家集团的沙皇自居，自命为社会主义阵营的全权主人和最高裁判（陆南泉，2007），将自己的主观意志强加在各个社会主义国家身上。斯大林的高度集中计划经济模式主导了所有社会主义国家的经济体制，这集中体现在一个著名的口号上——"计划就是法律"。（李宗禹等，1999）中国20世纪50年代建立的计划经济体制，正是斯大林模式的一个翻版。

赶超模式和战略的需要

1949年，经过多年战争，中央政府为全国经济社会发展创造了较为稳定的政治环境。但是，新中国面临着内忧外患的困扰。在内部，战乱持续了很多年，国共内战、抗日战争、解放战争等十几年的持续战争时间，耗尽了国家生产存量，人民生产生活难以保障，全国各地百废待兴。在外部，朝鲜、越南等国急需援助，大量劳动力远走参军。在这样的情况下，我国急需寻找一条以工业化为主的，能够快速发展经济、增强综合国力的道路。

我国在并未完全摆脱资本主义国家战争威胁且以资本主义为中心的国际社会对我国普遍持观望态度的背景下，对资本主义国家经济及发展体制产生了强烈的不信任感。同时，正值世界两大经济体美国、苏联采取不同经济体制形成两极格局，苏联发展势头良好，而美国正遭遇经济波动低谷。因此，当时很多经济学家都把苏联经济的快速发展归因于统一的计划经济体制，认为其是社会主义制度优越性的体现，这种集中力量办大事的计划经济体制自然成为我国快速实现工业化、建立强大国防、缩小与资本主义国家经济发展差距的不二选择。

计划经济体制的成效和弊端

计划经济体制的成效

我国社会主义计划经济的发展采取"集中力量办大事"的快速积累方法，计划经济可确保所有资源都能持续运用，不会受到经济周期波动的影响。如停产、失业问题都不会发生，而长期性的基建投资更不会因受市场因素的影响而停止。计划经济的实质是依靠政权力量强行压低消费，成为工业化资本积累源泉。我国在 28 年内走完了西方资本原始积累 200 年的道路。（杨帆，2008）实际上，计划经济时期的积累率高达 30%，在排除了经济波动因素以后，有效年经济增长率至少超过 10%，7 年扩大一倍，28 年 GDP 扩大 8 倍以上。截至 20 世纪 80 年代初，30 年不到的时间，我国建立了全面和完善的工业和教育体系，实现了大规模群体脱盲，实现了初步国家工业化。（刘洋，2014）

计划经济体制的弊端

从现实生产上看，此阶段主要存在供需不匹配、生产效率低下等问题。

一是供需不匹配。计划经济下的资源均由国家调配，价格机制和体系无法反映资源稀缺性，从而导致生产和消费无法同频，国家所有资源都由政府决定，私人不掌握生产资料。此外，国家指导性意见和以此为导向的特殊价格补贴，导致部分企业仅希望从国家得到更多补贴和资源，而并非希望生产品能够变现，从而造成了严重的生产性浪费。而这种生产、消费的供需不匹配将会导致部分产品的产能过剩和另一部分产品的产能短缺。短缺通常会引发黑市的产生，进一步对国家的计划经济造成极大的危害。

二是生产效率低下。经济的政治化使经济管理者减少对经济生产的关注。社会主义计划经济的一个根本特征是国家对经济的高度垄断，由此形成了经济对政治的直接从属性。（任晓伟，2009）在这种经济政治化的支配下，企业管理者们把更多的精力投入政治性活动，如培植政治关系等，更有甚者为更改政治性生产计划、产品构成而不择手段，或把生产压力转移到下级，而不是发扬市场经济活动应有的敏感性、风险性和创新性。对生产的关注越少，生产效率就越低下。因此，如供需、产品质量等的问题囿于现行经济体制无法得到市场解决，从而存在制度风险。而灰色地带出现"黑市"等，也是对计划经济中存在问题的一种非计划经济市场反叛。

三是计划经济降低私人竞争从而降低产品品质。由于计划经济生产不强调私人参与，而在于国家计划，就会减少私人竞争，造成产品质量低。价格计划也意味着生产者不能在生产方式不变的前提下有效提高效率。此外，由于减少生产能在国家资源与卖出产品间形成监管空档，部分商家对国有资产进行囤积，隐藏生产能力，进一步又导致了下游供给的厂房、土地、机器设备、原材料等生产性消费严重不足。

在这种情况下，计划经济体系逐渐开始松动，我国开始进行经济体制的新探索。

计划经济体制改革的理论准备

关于社会主义条件下商品经济存在原因的讨论

在马克思主义政治经济学中，市场经济也被称作商品经济，私有制是商品经济产生的根本原因，市场经济或商品经济根本不能存在于社会主义经济中。受此观点影响，早期社会主义国家都完全将市场排斥于社会主义经济之外。我国在20世纪80年代前实行计划经济体制的理论依据是个人劳动的直接社会性或个人劳动与社会劳动直接统一。新中国成立之初，社会分工、生产结构和需求结构都处于较为简单的条件，我国面临着国内外多方面的压力，此时实行计划经济比市场经济更为有效。一旦社会分工、生产结构和需求结构复杂化，实行计划经济的理论基础就不那么牢固了。部分中国学者也对我国经济体制进行了反思，认为计划与市场是资源配置的两种方式，市场调节与政府调节在社会主义经济中是并存的，市场调节经济，政府调节市场。（厉以宁，1988，1992）一些学者认识到商品经济产生的根本原因，是个人劳动与社会劳动的矛盾。个人劳动与社会劳动的矛盾由以下三个因素决定：（1）劳动者经济利益的独立性；（2）劳动的异质性即简单劳动与复杂劳动不能简单折算；（3）分工体系的复杂性。（谷书堂，1979；厉以宁，1986）因此，只要还存在"个人劳动与社会劳动的矛盾"，就会存在市场经济，公有制条件下也可以存在市场经济。

20 世纪 30 年代苏联农业集体化完成后，苏联经济学家就对"社会主义经济中是否可以存在市场经济／商品经济"进行了讨论。斯大林在晚年承认，社会主义社会中也存在商品生产和商品交换，价格规律也在社会主义社会中起一定作用。部分苏联经济学家也认识到，产品价格应当符合价值，而任何国家都不能正确计算各类产品的价值，因此市场经济的价值规律对于公有制经济也十分重要。计划经济体制缺乏对微观经营个体的激励机制，导致国有企业效率低下。苏联经济学家毕尔曼（1955）提出在宏观上国家运用财政中的货币监督（包含货币制裁与货币奖励）来实现节约制度，以其作为企业长期的经营管理方法，其中，以一定比例的利润提成作为奖励基金来激发企业的生产兴趣。这些改革措施在一定程度上使斯大林高度集中的计划经济体制有所松动。毕尔曼（1955）的译文发表在中国社会科学院经济研究所主办的《经济研究》上，对中国经济学家和政策制定者突破斯大林范式计划经济体制产生了一定的影响。

毛泽东（1956）在《论十大关系》中指出斯大林的苏联体制的弊病，主要在于管得太多，统得过死，权力过分集中于中央，以致只有中央的积极性，而损害了地方政府、生产单位和劳动者个人的积极性，这是中国经济种种弊端的根源。毛泽东开出的处方是，必须加以改革，放权让利，调动积极性。在国家、工厂、合作社和生产者个人的关系上，要兼顾国家、集体和个人三方面的利益。也就是说，为了改变这种局面，国家要赋予工厂和其他生产单位一个与统一性相联系的独立性，以便发展得更加生动活泼。于是，毛泽东发动了向地方政府放权让利的行政性分权改革。这是中国第一次对斯大林模式显示出独立性的批判，但由于行政性分权依然是在计划经济体制的框架里进行的，因此毛泽东最终还是倒在斯大林模式的泥潭里。

早在前改革时期，中国杰出的马克思主义经济学家顾准、薛暮桥、孙冶方等人就反思了当时的国有企业中的微观经营管理、国有企业所处的宏观运营环境以及二者之间的内在联系，探索性地提出将价值规律引入并改进计划经济体制。顾准（1957）从社会主义再生产的持续进行需要经济核算，需要以货币作为分配工具和核算工具，推导出国有企业不能不成为独立的经济核算单位，并且设想了自主程度不等的企业经营形式，提出从全社会核算转向"以每个企业为单位进行核算"。这里的核算实际上指的是企业的自主经营，也就是对国有企业进行放权让利。薛暮桥（1959）从市场和货币关系入手，论证了国有企业之间的交换部分地包含商品交换的性质，认为正是由于这一点，企业必须考虑自身的物质利益，劳动在交换中必须得到补偿；他甚至提出，国有企业在不违反国家计划、经济制度的条件下，要适应市场需要。孙冶方（1961）认识到所有权与经营权的分离是国有企业的自然属性，"在全民所有制之下，占有、使用和支配权是一个主体，而所有权是另一个主体。国家机构和组织，只是根据它们的活动目的和财产的用途对固定的国家财产行使占有、使用和支配之权。而这些财产的所有者是国家"。（孙冶方，1979，第139页）但同时国有企业只是传统计划经济体制中的"工序"或"车间"，"生产什么，生产多少；你供应我什么，我供应你什么，都是统一规定的。这种关系，就如一个车间内不同的工序或同一个企业内不同的车间一样"。（孙冶方，1979，第176页）他认为所有权与经营权的分离是事实，也应当成为事实；而且，他还认为两权分离同社会主义国家所有制是完全一致的。基于此，孙冶方（1961）主张对企业应当实行"大权独揽，小权分散"的管理模式，并提出以资金价值量作为划分大权和小权的标准，即扩大再生产与简单再生产的界限是划分企业和国家职权的依据。属于扩大再生产范围以内的事，是国家"大权"；属于简单再生产范围以内的事，是企业自主的"小权"，国家多加干涉就会管"死"。因此，国家应当扩大企业的自主权，对企业放权让利。

关于价格改革方案的争论

计划经济进行过程中出现了如通货膨胀、市场混乱等问题，经济学家注意到了这些问题并试图探究其原因和改善方式，因此开始了对中国经济体制与价格改革的思考。对于是否放开市场价格，众多学者持有不同观点。

一派学者主张开放价格，引入市场机制，以作为价格改革的一部分。陈云率先提出的计划经济与市场调节结合的观点，对突破传统的单一计划体制具有重大意义，成为改革起步和最初方案设计的依据。在这一阶段，众多学者也持有相似的意见。胡乔木在《按照经济规律办事，加快实现四个现代化》一文中提出，计划也要尊重价值规律。（胡乔木，1978）徐景安在"价值规律问题讨论会"上提出生产计划应结合国家计划和企业自决计划、物资销售应结合计划贸易和自由贸易、产品价格应结合计划价格和市场价格。徐景安的理论提出了一个整体计划和市场结合的生产、销售、价格体系。（徐景安，1979）之后，汪祥春进一步提出，价格改革除了价格结构改革外，还应该包括价格管理体制改革。而只有放权给企业，才能激励企业和市场进行价格管理体制改革，国家应把大部分商品的定价权移交给企业，而企业定价权的扩大又对其生产产生激励。（汪祥春，1981）刘国光提出计划经济为主不等于指令性计划为主。随着买方市场的逐步形成和价格的合理化，要逐步缩小指令性计划的范围，扩大指导性计划的范围，文中提出了对计划经济的反思。（刘国光，1982）

张纯音（1979）率先使用"价格双轨制"对不同价格进行描述。她提出："同一种粮食长期存在的两种不同的收购价格不好，价格的双轨制必然带来行政上的麻烦。解决的办法是把偏低的统购价按超购价调高，使两种收购价格统一起来。"虽然这并不是完全意义上的"价格双轨制"定义，但也提出了价格双轨的雏形。后来，楼继伟、周小川等人用模型等方式计算和指导市场参与下达成供需平衡的条件情况。（楼继伟、周小川，1984）张维迎等人提出了"双轨制"概念，其已经包含后期普遍承认的计划和市场，成为后期价格改革的指导思想之一。（张维迎，1985）

另一派学者主张仍保留计划经济，采用计划价格进行市场运转。他们认为，市场面临的混乱是过分强调商品与货币关系引起的，并非计划经济出现了巨大问题，以至于要把市场经济与计划经济相提并论。有学者提出"必须加强集中统一"，"最后的落脚点是中央集中统一"等论断，且公开批评社会主义经济是商品经济的观点。他们认为，1979—1980年，国民经济调整计划受到冲击，是过分削弱了、动摇了计划经济，过多提倡市场经济所致。（肖冬连，2004）

上述理论表明，随着工业化和经济的发展，社会分工越来越发达，社会需求结构也越来越复杂，对微观经济活动的计划调节越来越困难，在这种情况下，市场经济比计划经济更有效，公有制计划经济必然会逐渐转化为市场经济。我国既不能只重视计划调节而不重视市场调节，也不能把市场调节排除在计划经济之外，市场经济与公有制并不冲突，市场也必须参与到我国经济调节的过程中。

消费品计划定价和市场定价的双轨制

消费品定价双轨制定义及历史背景

价格双轨制是指同种商品国家统一定价和市场调节价并存的价格管理制度。它因同时实行计划调节和市场调节两种运行机制而形成。（何盛明，1990）我国首先进行消费品价格双轨制的改革。

我国经济和价格体系在进行到双轨制之前也存在着多次变化。在新中国成立前，我国就存在着自然产生的贸易体系，即以小农经济为主，进行自由生产和交易。但是，在长期战争的背景下，消费品供需不平衡，缺乏市场管理和规范的交易体系带来的是恶性通货膨胀和市场混乱。

新中国成立后，为解决恶性通胀、市场混乱的问题，中央财政经济委员会成立，简称"中财委"，以抛售实物平抑物价、依靠国有贸易公司、控制国有经济的生产支出等计划手段，有效遏制了通胀的继续发展。此为计划经济的初步探索，之后，随着经济、财政、生产水平的稳定，以国有经济为主要手段的经济发展道路经验的积累，政府开始着手比对苏联东欧模式，建立计划经济体系。截至1951年，计划商品数量达到161种，政府统一规划计划商品价格。（赵尔烈，1992）同时，政府加快对商品收购渠道、管理方式的探索，如1953年发布《关于建立计划机构的通知》，通过中共中央《关于实行粮食的计划收购与计划供应的决议》，逐步建立我国计划经济的商品调拨和定价制度。在实践中，对农业、手工业和资本主义工商业的社会主义改造，完成了计划经济这一经济基础的建立。从此，以价格固定、商品调拨、统一分配为特征的计划经济在全国全面展开，市场经济规模剧烈缩小，计划经济成为绝对主流。但是，在计划经济实施期间，急于求成的"大跃进"时期给广大群众带来了巨大的生产压力，加之三年严重困难带来的粮食匮乏，当时的中国出现了通胀和物资匮乏。当时的价格体系存在两个突出问题：一是管理体制僵化，价格不能灵活地反映市场变化；二是价格结构扭曲。（何建章，1981）1952—1977年，机械工业的全员劳动生产率提高了近3倍，化学工业提高了4倍，而煤炭工业只提高了12%，但其价格还保持在"一五"时期的水平。（杨继绳，1998）这样压低部分要素价格的做法，导致了扭曲的价格体系的出现，也扭曲了价格的经济评价功能，抑制

了对社会生产和资源配置的调节功能，生产者的积极性降低，从而造成了产业结构和产品结构的不平衡。（任兴洲，2008）

此次经济困难让中央意识到了完全的计划经济在实际生产生活中实施的困难，计划无法真正完全替代市场作用。为弥补这一漏洞，同时解决恶性通胀给人民生活带来的消费品缺乏的问题，中央对计划经济开始了一系列基于我国国情的调整。比如，1961年，中财委陈云等人提出：实行生活必需品的定量配给，定量配给的商品价格不上涨。同时，针对部分人有钱却买不到东西的情况，在全国逐步放开高价糖果、糕点等消费品的销售。计划定量部分平价限供和非定量部分高价稳定需求的双轨价格政策取得了巨大的成功。大量货币回笼，缓解了市场供应压力。（董志凯，2015）陈云同志针对同一产品设计了平价和高价双轨的价格政策，虽然本质上不是计划与市场双轨价格，但实际上同样是为了解决市场供求平衡问题的一种初步探索。这一计划的成果加速了价格双轨制。

消费品价格双轨制是价格改革"开幕式"。1978年12月，中共十一届三中全会决定进行经济体制改革。会议指出，应重视价值规律的作用，依据价值规律进行经济体制规划。在消费品价格改革方面，会议表明，要大幅度提高农副产品收购价，在降低成本的基础上降低农用生产资料的出厂价和销售价。粮食统购价从1979年夏粮上市的时候起提高20%，超购部分在这个基础上再加价50%，对油、棉、生猪等各类农副产品的收购价都相应提高，并实行30%左右的超购加价，从而在全部农产品收购上实行基数和超购计划价格双轨制。这表明，中共中央在调整不合理的价格体系方面迈出了重要一步。在此背景下，1979年6月，五届全国人大二次会议通过的《政府工作报告》指出，中国应当逐步建立计划调节和市场调节相结合的体制，以计划调节为主，同时充分重视市场调节的作用，即"调放结合、以调为主"。这一表述，为中国在一定限度内放开价格创造了政策环境。此后，我国逐步开放、提高了一系列消费品价格，自1980年起至1990年左右，国家陆续开放三类农副产品价格，提高烟酒价格，提高棉纺织品价格，开放猪肉、蔬菜购买，开放手表、自行车、洗衣机购买，开放烟酒、照相机、皮鞋等购买。（高铁生，1992）我们可以看到，我国消费品价格双轨制的改革从必要食品肉、蛋、奶，逐步发展至提高生活质量的娱乐消费。前期解决一定的现实问题后，改革内容不断扩充，范围不断扩大，从而侧面说明消费品价格改革确实产生了实在的作用。

消费品价格双轨制的正效应

消费品价格改革是我国在双轨制制度中探索的"排头兵"、"试验田"，其"调放结合、以调为主"的成效将直接影响我国后期完全的价格改革的走向。作为解决国家供需问题的一种手段，消费品价格双轨制具有很大的正面效应，但也在实践中暴露了些许问题。

一是农业增产。消费品价格双轨制刺激和辅助了一直存在的农村土地承包责任制。在农业价格上调的环境下，农业生产激励大大提高，人们"吃大锅饭"的时代结束了，农村劳动力解放了，国家转而进入多劳多得的发展阶段。因此，农业生产效率的提高使粮食产量激增。1978—1984年，我国粮食、棉花、油料总产量分别增长33.6%、188.8%和128.2%，农业总产值增长118%。（许经勇，2018）同时，国家提高了粮食收购价格，农民人均年收入迅速增长。1978—1984年，农村居民人均纯收入从 133.6 元上升至 355.3 元，平均增幅高达16.17%。（吴丰华，2018）

二是农民增收。中国的消费品价格改革是从调整农产品收购价格开始的。1979 年夏收以后，中国大幅度地提高了 18 种主要农产品的收购价格，收购牌价平均提高 22.1%。收购价包括粮、油、棉超购加价部分在内，平均提价 25.7%，其中粮食提高 30.5%，油脂油料提高 38.7%，棉花提高 25%。之后，中国又陆续提高了烟叶、糖料等经济作物的收购价格。由于粮食统购和超购价格的提高，仅 1979 年一年，全国农民大约增加收入 40 亿元，平均每人增加收入 5 元。（赵发生，1988）1979—1981 年，农副产品价格共提高 38.5%，加之议价范围扩大，农民由此增收 204 亿元。据统计，20 世纪 80 年代农民增加的收入，60% 来自价格调放，40% 来自增产。（苏星，1999）

三是改善供需匹配。在消费品价格改革期间，我国紧贴供需，对许多消费品价格进行了或涨或跌的调整，利用价格调整供需不匹配问题。如棉纺织品、涤棉布、烟酒等价格都针对供需情况进行了多次调整。1981 年，我国降低涤棉布价格，涤棉咔叽、涤棉细布、中长纤维织物等各档涤棉布的零售价格平均降低了 13%。1983 年起再次降低化纤制品价格，适当提高棉纺织品价格，棉布同涤棉布的价格比从原来的 1∶2.4 缩小到 1∶1.4，这对促进生产、扩大销量起了有益的作用。此外，我国针对烟酒供应不足的情况，适当提高了部分烟酒价格。但部分烟酒提价幅度过大，随着供求情况的变化，价格又适当降低。（成致平，2002）同时，国务院还决定降低手表、闹钟、布胶鞋、照相胶卷、电风扇、彩电等工业消费品的价格。这些政策措施，对发展生产、改善供应、回笼货币、增加收入起了较好的作用。

消费品价格双轨制的负效应

同时，消费品"调放结合、以调为主"的价格改革方式也带来了一些弊病。

一是国家补贴让财政支出增加。为保障群众生产生活的基本需要，我国在价格改革中不应使肉、蛋、奶等必需品价格在短时间内差异过大，而应使其保持在相对稳定的物价水平上。但由于物价水平上升，主要副食品及其加工品平均提价 30%，物价水平补贴成为价格改革中普遍使用的手段。物价总局经过调查研究，计算出每月每个职工及其家属需增加 4.2 元的开支。为此，1979 年 7 月，李先念主持国务院会议讨论调价方案时，确定给每个职工每月增加工资 5 元，同时给纯牧业地区的职工补贴 8 元。（苏星，1999）但是，过多的补贴让国家财政系统不堪重负。国家只能承担部分补贴，而不能照单全收。原本，原材料的提价能够使国家增加部分收入，用以增加收入、弥补价格补贴的支出，但实际上，提价带来的增收往往在生产、经营环节中分散到个体、单位手中，国家能得到的只是其中一部分，远小于价格补贴的支出。因此，价格补贴给国家带来了沉重的负担。

数据显示，1978 年以来，价格补贴的支出增长迅速，占财政收入的比重越来越大。财政补贴分小口径、中口径和大口径统计。1978 年小口径价格补贴只有 95.11 亿元，占财政收入的 3.5%。到 1986 年，数额为 389.26 亿元，占财政收入的 20.04%。其中粮油、棉花、肉禽蛋菜等主要农副产品价格补贴为 284.42 亿元，农业生产资料补贴为

1.88 亿元，工业品价格补贴为 16.55 亿元，外贸进口五种商品的亏损补贴为 13.78 亿元，职工物价补贴为 72.63 亿元。而 1986 年外贸出口亏损补贴为 156 亿元。这样，1986 年中口径财政价格补贴为 545.26 亿元，占财政收入的 28.07%。1986 年财政负担的房租补贴为 129.31 亿元，职工交通费补贴为 28.91 亿元，职工洗理费补贴为 42 亿元，大口径财政价格补贴为 745.48 亿元，占财政收入的 38.38%（云志平，1988），补贴数额巨大，已达到财政运转临界点。

二是争抢物资抬高了物价水平，带来了通胀。市场上抬价争购紧俏农副产品，随意扩大议购议销商品范围，以及变相涨价、擅自提高商品价格和服务收费标准的现象普遍存在。数据显示，由于农副产品议价和超购加价收购的数量增多，1983 年农副产品收购价格总指数比上一年提高 4.4%。全年零售物价总指数比上一年上升 1.5%，分城乡看，城市零售物价上升 1.9%，农村上升 1.2%。全年职工生活费用价格指数比上一年上升 2%，消费品零售价格上升 1.9%，服务项目价格上升 2.9%。（王家，2008）

生产资料价格的双轨制改革

关于生产资料价格改革的争论

生产资料价格双轨制并非某个经济学家的看法，而是众多思想发生碰撞而产生的理论融合结果，其中包括价格改革中的"调派"和"放派"之间的争论和调和。

"调派"主张在逐步加入市场经济的过程中，一定要谨慎、稳重，仍以计划经济为主体，逐渐加入市场因素。调派认为，在以计划经济为主的大环境下，突然放开价格控制并不现实，市场发育和调节需要较为漫长的过程，在市场未完备的情况下贸然进行计划经济和市场经济的结合，反而会使市场混乱而非均衡，难以达到优化的目的。"调派"又分为"小调"和"大调"两类。国务院价格研究中心的田源等人支持大步调整，提出必须对目前已严重扭曲的价格体系进行大步调整，并进行了大量的测算和方案的比较。周小川、楼继伟、李剑阁等人提出用小步快调的方法，即加快调整频率、降低单次调整幅度的办法，不断校正价格体系，既可以减少价格改革过程中的震动，又可以逐步逼近市场均衡价格。（华生，2005）代表性的文章包括楼继伟、周小川的《论我国价格体系改革方向及其有关的模型方法》等。

"放派"主张重视和促进市场在价格改革中的作用，强调应一步或分步放开现有的价格控制体系，实行市场供求指导形成的价格体系。（华生，2005）"放派"代表张维迎著有《关于价格改革中以"放"为主的思路》等，阐明对于价格改革应发挥市场价格作用的观点。（郭树清，1985）生产资料包括劳动资料和劳动对象。生产资料作为商品，同任何一种商品一样，具有使用价值和价值，主要经过商品流通过程进入生产消费。生产资料价格双轨制即为某种生产资料同时存在计划价格与市场价格。

在改革初期，我国价格改革主要以小商品、农产品等的市场价格开放，而对于重要的工业品和生产资料，则采用计划调取（包括超计划加速）的方式推进。（华生等，2020）但是，实践表明，生产资料的价格失调严重，主要表现在基础能源和原材料计划价格极低，供给不足而需求旺盛，导致整个价格体系严重扭曲。为解决生产资料的供需及价格结构性问题，1982年9月中共十二大报告正式阐述了"计划经济为主、市场调节为辅"的思想。以此为指导，我国开始实行"计划价格为主，自由价格为辅"的改革，以调整不合理的计划价格为重点，对计划价格体制做某些探索性的小破小改。1984年9月，浙江莫干山召开了一次经济工作者理论研讨会，即莫干山会议，众多经济学家提出了自己的思考和方案。会议的最终报告《价格改革的两种思路》，分别是"调放结合、以调为主"和"调放结合、先放后调"两种思路。

1984年12月，中共中央书记处批复同意《国务院物价小组关于1985年价格改革方案的汇报提纲》，国家物价局、国家物资局根据国务院的指示，于1985年1月发出了《关于放开工业品生产资料超产自销产品价格的通知》；1985年4月12日，国家物价局局长成致平在电视讲话中公布了1985年的价格改革方案，指出1985年价格改革的基本方针是调放结合，小步前进。就是调整价格与放活价格相结合，走小步子，稳步前进。（王学庆，杨娟，2008）至此，莫干山会议提出的"调放结合"的思路被采纳。在调放结合过程中，计划内外两种价格普遍合法化，在某种意义上可以看作价格双轨制的实施开端。

在价格改革逐渐广泛而深化的时期，生产资料由过去仅仅依靠国家物资管理部分专营的情况，转变为流通领域中还存在工业自销、乡镇企业自营、商业部门兼营、集体所有制企业经营和工业企业之间的协作调剂等多渠道流通。在体制领域，生产、调拨、工业的计划体制也转变为计划内调拨与计划外市场调节结合。在价格领域，国家不再完全计划和控制生产资料的价格，而是采取计划价格和市场价格并存

的"双轨制"。(华生，2008)

具体来看，生产资料由计划经济"单轨"向计划、市场"双轨"演变的过程，主要可分为三个阶段。第一阶段，1979—1983年，仍以计划为主，生产流通处于市场价格初步形成阶段，大部分生产资料仍使用计划价格收购、调拨，部分可根据需求在国家规定涨幅内进行溢价或降价；在超出计划部分，也有少量品种参与市场价格波动，实行"价格双轨制"制度。第二阶段，1984—1985年，市场经济所占份额提高，计划商品范围缩小，且更多计划商品被允许有一定程度的价格浮动。此时，生产资料市场不断完善和发育，市场经济比重进一步扩大。第三阶段，1986—1989年，生产资料由计划价格确定的部分持续缩小，价格体系受市场影响达到历史高峰。数据表示，到1987年，钢材实行计划定价的销售比重为78.4%，非计划定价的销售比重为21.6%；电力的计划和非计划销售比重为82.74%和17.26%；煤炭为80%和20%；石油为83.43%和16.57%；化工原料为63.84%和36.16%；有色金属为67.46%和32.54%。(成致平，1998)到1989年，"生产资料价格双轨制"几乎覆盖了所有生产资料流通领域。

生产资料价格双轨制的提出，意味着价格改革思路的转换，即从先前的以"调"为主转变为"调放结合、以放为主"。从1984年开始，以国家允许的生产资料价格"双轨制"为开端，同一产品的价格"调"、"放"同时进行的新模式出现了。形成双轨制价格体系是中国经济改革中的一次探索，是走向市场经济，让市场调节充分发挥作用的大胆尝试。

生产资料价格双轨制的正效应

价格双轨制在推行初期，展示出了强烈的正效应。价格双轨制就是实行计划、市场两种价格。一种生产资料存在两种价格体系，显然要带来一些扭曲，但从整体上来看，它便于逐步地过渡到市场经济，换言之，价格双轨制为中国带来了"帕累托改进"，即在没有伤及任何人利益的前提下改善了多数人的状况。

生产资料价格双轨制是价格双轨制进入正式发展的重要阶段，推动了价格形成机制从计划经济到市场经济的第一步转换。在农产品价格改革取得重大进展后，我国价格双轨制逐步拓展到工业生产资料领域。

一是刺激短线商品超计划生产。在价格双轨制下，企业通过生产短线商品，低价生产、高价卖出，赚利差，短线计划的超计划生产能获得更高的利润。因此，自生产资料价格双轨制制度实行以来，我国生产力水平得到了一定程度的提高，尤其以短线商品的超计划生产为主。这样的超计划生产又在一定程度上改善了商品供给严重不足的现象。而供给不足又反过来促进了生产，不断往复逐渐使供需向均衡方向靠拢。当然，哪怕双轨制深化时期，仍存在大量供给不足的现象，但对比计划经济有一定程度上的缓解。

二是促进地方工业发展。价格双轨制促进了改革开放时期地方的工业发展，其中乡镇工业发展最为迅速。由于乡镇产品、原材料贸易一般并未被纳入计划商品，而是依靠乡镇周边交易、贸易市场进行，当时生产资料供应缺口较大，国家计划供应部分首先保证社会主义国有大中型企业的需要。至于一些小型企业和乡镇企业原材料的需要，则主要求助于市场。因此在改革前，这些乡镇工业产品极难获得正规贸易机会，在夹缝中生存。而价格改革后，因采用计划和市场两种价格，乡镇工业产品得到了市场买入、卖出的良好发展机会，它们从双轨制中以"市场"价格购入原材料等必需品，又把产品通过市场卖出。双轨制为其注入了新的获利和动力，因此，乡镇工业在此阶段发展迅速。（杨圣明，1991）

生产资料价格双轨制的负效应

生产资料价格双轨制在发展过程中，对工业生产起到了一定的促进作用，但是，在双轨制发展后期，该制度不科学、不经济的一面逐渐展现，在实践中出现了一系列问题。而这些问题也带来了后期价格改革持续，为价格从双轨制并轨为单轨制做了铺垫。

一是计划市场双轨制使计划部分遭遇冲击。由于双轨制的特殊性，生产企业同时具有计划和市场两部分生产指标，而市场部分利润较高，计划部分政治意味较浓，因此，生产企业为盈利更多，想方设法减少计划而增加市场生产，即使有计划生产任务，也往往先完成市场部分产量。在此背景下，国有计划分配的产量完成度逐步下降，国家分配的资产和资源更多流向市场实现盈利，而非生产计划产品。原物资部数据显示，国家计划分配的物质占全部消费量比重越来越低。1985 年钢材分配计划的订货率为 96%，1989 年为 88%，1990 年降为不足 80%。1985 年 5 种有色金属分配计划的订货率为 91%，1988 年降为 87%，其中铜、铝的订货率均不足 80%，铅不足 60%。1987 年合同兑现率分别为钢材 98%，铜 99%，木材 94%，水泥 99%。到了

1989 年就分别降为钢材 91%，铜 94%，木材 84%，水泥 94%，两年内下降 5~10 个百分点。（成致平，2018）这是市场带给计划经济的巨大冲击。人们在发现市场利润的巨大诱惑后，计划、市场指导的生产资料的生产比例逐渐改变。

二是计划、市场利差滋生腐败。在计划经济时期，重要物资均由国家与计划进行统一调拨和分配，按计划价格进行结算，企业的利润属于国家而不属于企业。而在价格双轨制制度下，企业拥有了一定自主性，在计划完成后，多余部分可以在市场中按照协议价格自行出售。而同一种商品，往往市场价格要超过计划价格许多，促使一批以营利为目的的经济主体迅速崛起。因此，把低价生产物资放入自由市场进行交易，往往能获得暴利。但是，经济发展所需的物资和资金此时仍由政府控制，许多生产要素仍由国家配置。其结果是，市场经济的初始形态与原有体制交织在一起，市场机制和行政机制同时影响经济生活。市场竞争与行政干预之间明显的经济差距导致从权力到金钱的交易，助长了腐败的快速增长和扩张。为获得"权力"以增加物资的调配指标、追求利润而从事倒买倒卖的事情屡见不鲜。因此，这样计划、市场的巨大利差为以权谋私、行贿受贿、贪污腐化提供了温床，对社会风气建设产生了不良影响。

三是市场价格飙升。在计划、市场利差背景下，企业力求推动市场价格上涨，加之生产资料供求矛盾始终存在，供应价一直处于上升状态。如铝等生产资料，1987 年 12 月份全国平均价为 7 123 元 / 吨，比年初上升 13.1%，比 1986 年上升 15.4%，至 1988 年价格为 1.1 万 ~1.3 万元 / 吨，比 1987 年上升 70% 以上。再如，1988 年底比 1987 年同期，燃料动力上涨 29.5%，化工产品上涨 43.6%，建材上涨

23.6%，有色金属上涨 49%，黑色金属上涨 25.3%，再加上限价又一度抑制了部分短缺生产资料的生产，反而推动了价格上涨。（王先庆，1991）再以长春市 22 户机械工业企业为例，1985 年上半年奖金和福利基金比去年同期增加 77 万元，增长 62%，其中有 68 万元是没靠价格因素轻易到手的。这部分资金占增长部分的 75%。长春市起重机厂仅此一项就多得奖金和福利基金 22 万元。（余瑛瑞，1985）因此，在此背景下，企业存在投机取巧、拉高价格的趋势。

四是对企业自身建设产生阻碍作用。价格双轨制带来的巨大利差，不仅给某些个人带来了巨额利润，也给了某些企业利用规则空隙的机会。在此背景下，企业经济效应在很大程度上与国家补贴的获取、与以更低价格购入并以更高价格卖出直接挂钩，反而与精细经营管理、提升产品品质、做好宣传营销等企业经营手段相关性下降，企业也越发浮躁，妨碍了经营管理水平、产品质量程度的提升。据统计，重点钢铁企业 1985 年 1—9 月按议价销售超产钢材而增加利润 5.4 亿元，占企业增加利润总额的 41%。（国家统计局工交物资司，1986）可见，一些企业存在着经营管理不善、产品质量不高、实际经济效益不好的问题，但在利润虚增的掩盖下，这些矛盾无法被正视。

价格双轨制存在很多弊端。一方面，双轨制类似于同一条道路上同时实施可以靠左行驶和靠右行驶的双重规则，这必然会导致撞车和混乱。另一方面，双轨价格的并存必然会助长计划内外的倒买倒卖和权力寻租现象，造成腐败蔓延。但是双轨制的实施是当时中国经济形势下所产生的一个必然结果，它的存在有一定的合理性。虽然我们在其实施过程中付出了不小的代价，但这种代价是转型过程所必需的，制度的变革往往是一个痛苦的过程。

第十五章
从有计划的商品经济到
社会主义市场经济体制确立

中国的经济体制改革是从改革计划经济体制开始的。上一章我们回顾了从传统的中央集权的计划经济体制向"计划经济为主、市场调节为辅"的体制过渡，本章进一步分析从"有计划的商品经济"到"计划经济与市场调节相结合"再到社会主义市场经济体制的转变。

有计划的商品经济的提出

思想和理论准备

"有计划的商品经济"这一命题将计划变成了形容词，而将商品经济变成了主词，相对于"计划经济为主、市场调节为辅"的改革模式，是对传统社会主义经济体制的更大挑战。这一方面得益于中共十一届三中全会对"两个凡是"的否定和倡导思想解放。另一方面，老一辈马克思主义经济学家孙冶方（1979）的《社会主义经济的若干理论问题》与薛暮桥（1979）的《中国社会主义经济问题研究》的发表，东欧主张经济改革的经济学家，如波兰的布鲁斯、捷克的锡克、匈牙利的科尔奈等，他们的著作和思想被大量引进，这些都为我国的市场化改革做了思想和理论准备。

刘国光、赵人伟（1979）论证了社会主义经济中计划与市场之间的关系：既不是互相排斥，也不是外在的原因所产生的一种形式上的凑合，而是由社会主义的本质所决定的一种内在的有机的结合。确保国民经济各部门、各地区的协调发展，维护整个社会公共利益和正确处理各方面的物质利益关系，都必须在利用市场机制的同时，加强国家计划的调节。这一论点对澄清当时社会主义经济中计划与市场的混乱认识起了重要的作用。

董辅礽（1979，1980）指出，由于全民所有制采取国家所有制的形式，国家行政组织与国有企业之间的关系不是经济交往的关系，而是行政上的隶属关系，是命令和服从的关系。因此，国家行政组织对待企业犹如对待下级行政组织一样，直接指挥企业的一切经济活动。企业领导人作为国家政权的代表行使权力，他们直接对企业所属的国家政权机关负责。他认为，经济体制改革的实质是改革全民所有制的国家所有制形式，经济体制改革的核心问题是使企业成为相对独立的经济核算主体。

蒋一苇（1980）指出，在传统计划经济体制下，权力由中央高度集中，对企业经营及其内部管理都直接做出规定，全国被组成一个单一的经济组织，国家在这一组织中作为上层机构，直接指挥其直属的分支机构（企业和其他经济组织）。这是以国家作为经济组织的基本单位，进行内部的统一管理，统一核算。他将 1978 年改革前的中央集权模式的国有企业定位为"国家本位"，将行政性放权于地方的国有企业定位为"地方本位"，总之，它们都是"政府本位"。因此，国家应当以企业为基本的经济单位，通过统一领导和监督，实行独立经营、独立核算，转向"企业本位"的管理体制。

东京大学的小宫隆太郎教授通过比较中日两国市场机制与企业作用的本质性差别发现：中国国有企业服从计划经济体制的要求，就宏观而言，政府俨然是一个大工厂，而企业不过是这个工厂下的一个车间、班组的生产单位，不是本来意义上的企业，中国改革的基本课题是创立真正的企业。（小宫隆太郎，1986，第358—359页）这些意见为我国经济体制的市场化改革和国有企业的现代企业制度建设提供了有益的借鉴。

从计划经济为主、市场调节为辅向有计划的商品经济转化

我国经济改革从农村开始，在农村推广家庭联产承包责任制，极大地提高了农民生产积极性，促进了我国农业生产的发展。城市的改革进程相对缓慢，城市经济体制中严重妨碍生产力发展的种种弊端还没有从根本上消除。我国计划经济体制严重压抑了企业生产积极性，政府对企业的过度管控也造成了企业效率低下。同时，我国对各类产品价格的控制使产品价格与价值严重偏离，影响国计民生。

为此，中共中央在1984年十二届三中全会上提出，我国实行的是有计划的商品经济，要"建立自觉运用价值规律的计划体制，发展社会主义商品经济"[①]。中共中央认为，我国计划体制不可动摇，但要

---

① 中共中央关于经济体制改革的决定，https://www.gov.cn/govweb/test/2008-06/...t_1028140.htm。

实行"统一性与灵活性相结合"的计划体制。我国国情复杂、人口众多，经济文化发展很不平衡，且这种状况很难在短时期内改变，要进行经济建设，就必须大力发展商品生产和商品交换，实行有计划的商品经济。[1]

中共中央指出，我国有计划的商品经济与完全由市场调节的市场经济并不等同，主要有以下三大特征：第一，部分农副产品、日用小商品和服务修理行业的劳务活动完全由市场调节，其他行业仍保留相当程度的计划调节；第二，运用指令性计划和指导性计划对经济进行调节；第三，指导性计划主要依靠运用经济杠杆的作用来实现，指令性计划也必须运用价值规律。因此，我国有计划的商品经济并不代表市场调节在国民经济中起主导作用，计划经济仍是调节国民经济的主要方式，"对关系国计民生的重要产品中需要由国家调拨分配的部分，对关系全局的重大经济活动，实行指令性计划；对其他大量产品和经济活动，根据不同情况，分别实行指导性计划或完全由市场调节"。

1987 年，中共十三大确认，我国仍处在社会主义初级阶段，所面临的主要矛盾是人民日益增长的物质文化需要同落后的社会生产之间的矛盾。要解决主要矛盾，就需要发展商品经济，解放发展生产力。我国必须以公有制为主体，大力发展有计划的商品经济，"商品经济的充分发展，是社会经济发展不可逾越的阶段，是实现生产社会化、现代化的必不可少的基本条件"。

总体来看，有计划的商品经济的提出是我国市场化改革的重要一环，打破了计划经济同商品经济对立的传统观念，为后续市场化改革

---

[1]　著名经济学家马洪在《经济研究》1984 年第 12 期上发表论文《关于社会主义制度下我国商品经济的再探讨》，为商品经济翻案。

奠定了基础。

有计划的商品经济体制取得的成绩和存在的问题

我国自 1984 年实行有计划的商品经济以来，重点对城市企业（大部分是国有企业）进行了改革。一是增强了国有企业自主权，在服从国家计划和管理的前提下，企业有权选择灵活多样的经营方式，有权安排自己的产供销活动等；国有企业真正成为相对独立的经济实体，成为自主经营、自负盈亏的社会主义商品生产者和经营者。二是实行政企责任分开、简政放权，将国有企业的所有权、经营权分离，鼓励国有企业之间进行竞争，正确发挥政府机构管理经济的职能。根据部分学者对 20 世纪 80 年代国有企业生产率的估算，在整个 20 世纪 80 年代，国有企业全要素生产率平均每年以 4.3% 的速度上升，1983—1987 年，全要素生产率的增长速度甚至达到 4.6%，国有企业活力得到一定的激发。（"国有企业改革与效率"课题组，1992）放松对企业的控制，增加其生产自主权，有效地释放了国有企业提高生产率的潜力。

我国价格体系改革取得了初步成效。1984 年以来，我国偏低的主要商品价格有所提高，多数商品价格都已经放开，大部分商品的价格已经可以体现供求关系与商品价值，比较符合价值规律。（薛暮桥，1991）同时，主要消费品的供给也逐渐放开，人民生活需求得到一定的满足，生活质量和水平全面提高。

1984 年以来，我国对外开放水平显著提升。1984—1989 年，我国实际使用外资金额从 14.2 亿美元增加至 33.92 亿美元，新设立外商投资企业数量从 1 856 家增加至 5 779 家（见表 15-1）；进出口货物金额从 535.49 亿美元增加至 1 116.78 亿美元，出口货物金额从 261.39 亿美元增加至 525.38 亿美元，进口货物金额从 271.4 亿美元增加至 591.4 亿美元（见表 15-2）。以上数据都说明了这一时期我国对外开放水平有了显著提高，这与我国的有计划的商品经济改革有极大关系。

表 15-1　1984—1989 年外商在华投资状况

年份	实际使用外资金额（亿美元）	实际使用外资金额同比（%）	新设立外商投资企业（家）	数量同比（%）
1989	33.92	6.2	5 779	-2.79
1988	31.94	38.03	5 945	166.23
1987	23.14	3.12	2 233	49.07
1986	22.44	14.72	1 498	-51.25
1985	19.56	37.75	3 073	65.57
1984	14.2	54.35	1 856	294.89

数据来源：中华人民共和国商务部商务数据中心，http://data.mofcom.gov.cn。

表 15-2　1984—1989 年中国货物进出口年度统计

年份	进出口（亿美元）		出口（亿美元）		进口（亿美元）	
	金额	同比（%）	金额	同比（%）	金额	同比（%）
1989	1 116.78	8.7	525.38	10.6	591.4	7
1988	1 027.84	24.4	475.16	20.5	552.68	27.9
1987	826.53	11.9	394.37	27.5	432.16	0.7
1986	738.46	6.1	309.42	13.1	429.04	1.5
1985	696.02	30	273.5	4.6	422.52	54.1
1984	535.49	22.8	261.39	17.6	274.1	28.1

数据来源：中华人民共和国商务部商务数据中心，http://data.mofcom.gov.cn。

但我国有计划的商品经济体制改革也存在极大不足。从总体上看，改革并没有从根本上破除对计划经济的崇拜，商品经济仅作为计划的补充，计划仍是我国资源配置的主要手段。这种有限度的改革只是在计划经济体制上的修修补补，无法从根本上解决我国经济出现的问题。

此时期的国有企业改革并未触及问题根本，国家仍然为国有企业兜底，国有企业并没有进入市场竞争，也没有建立国有企业的破产、退出机制，国有企业竞争力和生产效率提升极为有限。1981—1989年，国有企业销售利润大幅下降，"工资／福利增长侵蚀利润"或"利息增长侵蚀利润"的现象出现了。（"国有企业改革与效率"课题组，1992）

价格体系改革也存在较多问题。首先，国家仍对部分农产品实行保护价格或支持价格政策，违背价值规律制定保护价格，使国内外农产品价格出现了倒挂现象，抬升了农产品下游企业的生产成本。其次，1988年的价格闯关造成严重的通货膨胀和提款抢购风潮，价格改革被迫搁置。最后，价格改革并没有打破政府对部分生产要素（如土地）的垄断，要素市场存在严重的价格扭曲。

在对外开放方面，我国国有企业仍然享有特殊地位，依靠与政府的关系垄断各大行业，这导致外资企业进入中国后并不能获得与国有企业同等的市场竞争地位，无法在中国市场进行公平竞争；另外，部分地方官员为了政绩和GDP盲目引进外资，给予外资企业大量优惠，压缩了本地企业的发展空间，也不利于市场公平竞争。因此，中国有计划的商品经济改革并没有创造一个真正公平竞争的市场环境。

计划经济与市场调节相结合

计划经济与市场调节相结合的理论准备

自 20 世纪 80 年代改革开放以来，越来越多的中国学者认同了市场参与调节对我国经济改革的重要作用，但仍有部分中国学者秉持计划优于市场的观点，认为只要中国公有制经济在国民经济中占主体，就需要采取"计划经济为主、市场调节为辅"的调控方式。

以卫兴华为首的一批中国学者认同有计划的商品经济，但反对在进行市场化改革的同时削弱或否定计划经济，坚持认为"计划经济是社会主义经济的本质特征"，也是"发挥社会主义经济优越性的重要基础"，商品经济与市场经济并不等同，社会主义国家发展商品经济、让市场参与调节并不代表要实行市场经济。（卫兴华，1990；卫兴华、黄泰岩，1992）

主张市场化改革的何建章、王积业、吴凯泰（1980）指出，计划经济与市场调节相结合，并不是简单的板块式结合（A 部门进行计划调节，B 部门进行市场调节）；而是计划与市场有机结合，计划的实现必须以价值规律为前提，计划与市场在国民经济运行中都是按商品经济客观规律来调节经济。厉以宁（1988）指出，计划经济与市场调节相结合只是我国经济体制改革的一个中间阶段，不仅不会限制市场的作用，而且会将市场经济规律贯彻于国民经济之中，最终达成一个"大社会、小政府"的经济调控格局。厉以宁（1992）进而指出，计划和市场是资源配置的两种手段，并没有优劣之分。

可见，要深化经济体制改革，还需要不断解放思想，打破对计划的崇拜，将计划和市场看作资源配置的手段，而不是从意识形态角度对市场进行否定。

计划经济与市场调节相结合的提出

在1987年中共十三大进一步肯定了有计划的商品经济之后，为了进一步推进市场化取向的改革，邓小平批评了将社会主义与市场对立起来的观点："为什么一谈市场就说是资本主义，只有计划才是社会主义呢？计划与市场都是方法嘛。只要对发展生产力有好处，就可以利用。"（邓小平，1993，第203页）

1990年，全国人大七届三次会议正式提出，我国"经济体制改革的主要目标，是适应社会主义有计划商品经济的发展，逐步建立计划经济与市场调节相结合的管理体制和经济运行机制"[①]，强调我国社会主义经济是以公有制为基础的有计划商品经济，实行计划经济同发展商品经济不是彼此排斥而是相互统一的，既要发挥计划经济的优越性，又要发挥市场调节的积极作用。

计划经济与市场调节相结合，实质上将市场摆到了与计划同等重要的地位，一改此前"计划经济为主、市场调节为辅"的经济调控方式，进一步打破对计划经济的崇拜。我国"计划经济与市场调节相结合"的改革进一步解放了思想，提升了市场在资源配置中的地位，为我国社会主义市场经济体制的建立打下了坚实的基础。

[①] 1990年国务院政府工作报告：为我国政治经济和社会的进一步稳定发展而奋斗，https://www.gov.cn/premier/2006-02/16/content_200883.htm。

计划经济与市场调节相结合的模式存在的问题

1989 年以来，我国进一步深化国有企业改革，坚持完善和发展企业承包经营责任制，使承包制在继续发挥鼓励机制的同时，加强约束机制，避免国有资产流失，增强国有企业活力。1993 年，我国出台《公司法》，从法律层面对国有企业改革进行引导，加强国有企业制度建设，建立现代企业制度。同时，我国还积极推动国有企业的退出、重组、合并，淘汰效益不佳的国有企业，以减轻负担；对国有企业进行联合、合并，通过组建企业集团实现强强联合，增强国有企业竞争力。国有企业内部也积极进行调整，通过大规模裁员、引入现代企业管理制度等措施降低成本、提高效率。一大批国有企业起死回生。我国政府也积极引导国有企业通过股票市场进行融资，鼓励银行为国有企业提供贷款支持。

中国城市经济体制改革也取得了辉煌成就。1980 年，我国创办经济特区，允许经济特区自主管理，从而减少了行政控制，让市场在特区经济中发挥重要作用；1984 年，开放沿海港口城市；1985 年，建立沿海经济开放区，改革范围进一步扩展，沿海城市的市场化改革进程十分迅速；1990 年，开放上海浦东；1992 年，开放沿江及内陆和沿边地区，全国各个城市都得到了长足发展。中央给予地方更多自主权，从而减少对地方经济的直接干预，使市场在地方资源配置中发挥更大的作用，解放各大城市的生产率，促进城市的市场化进程。

计划经济与市场调节相结合的改革使我国对外开放水平不断提高，对外开放取得突出成就。1986 年，我国出台《中华人民共和国外资企业法》，相较于 1979 年颁布的《中华人民共和国中外合资经营企业法》，此法律允许外商在中国设立外资企业，极大地激发了外商投资的信心。此外，我国各大城市逐渐对外开放，各大沿海城市不断优化营商环境，缩短审批流程，从而提升了我国利用外资的水平。1989 年以后，外商在华投资增长迅速，由 1989 年的 33.92 亿美元增长至 1994 年的 337.67 亿美元，增长近 9 倍（见表 15-3）。这体现出我国计划经济与市场调节相结合的改革极具成效，促进了我国对外开放。

表 15-3　1989—1994 年外商在华投资状况

年份	实际使用外资金额（亿美元）	实际使用外资金额同比（%）	新设立外商投资企业（家）	数量同比（%）
1994	337.67	22.72	47 549	−43.01
1993	275.15	149.95	83 437	71.1
1992	110.08	152.13	48 764	275.74
1991	43.66	25.21	12 978	78.44
1990	34.87	2.8	7 273	25.85
1989	33.92	6.2	5 779	−2.79

数据来源：中华人民共和国商务部，http://data.mofcom.gov.cn/lywz/inmr.shtml。

计划经济与市场调节相结合的模式也存在很多问题。从总体上看，改革强调计划与市场的结合，计划在资源配置中仍然起着相当重要的作用，改革并没有从根本上打破对计划的崇拜。商品经济仅作为计划的补充，计划仍是我国资源配置的主要手段。计划经济与市场调节相结合的改革并不充分，政府在资源配置中起了相当重要的作用，从而未能形成"大市场、小政府"的经济调控格局。

在这一时期，我国国有企业改革存在三大重要问题。首先，国有企业仍然享有特殊优待。政府虽然减少了对国有企业的直接控制，但国有企业的领导大多由政府任命，国有企业仍能获得政府支持。国有企业享有股票市场的优先上市权，部分效益不佳的国有企业通过优先上市获取资金，挤占了民营企业的上市资格；国有企业能优先获得银行巨额贷款，即使无法按时还款也能获得银行源源不断的资金支持。其次，部分国有企业在改革中借合并、混合所有制改革之名侵吞民营资本。部分国有企业借改革之名强行入股民营企业，借用国家权力对民营企业进行侵占，以民营资金弥补国有企业的空缺，严重扰乱了市场竞争秩序。最后，国有企业的退出、内部改革造成了大批员工下岗。20 世纪 90 年代，诸多效益不良的国企破产、重组，大量国企员工失业，当时市场又无法提供等量的就业岗位，这让许多家庭受到了毁灭性打击，当时甚至出现了下岗工人集体自杀的恶性事件。

我国城市经济体制改革一定程度上造成了地区贫富分化。最先进行改革的沿海城市的经济发展迅速，市场化程度迅速提高；反观内陆地区，城市经济体制改革十分滞后，市场化进程也相对缓慢，经济发展速度较慢，与沿海地区差距较为明显。

1989 年之后，中国对外开放水平有了显著提高，但仍然存在一些不足。中国各地政府官员为了提振本地经济，不惜一切引进外资。部分地方政府无底线地给予外资优惠条件，让外资企业在市场竞争中处于优势地位。中国民营企业不仅在资金、技术上落后于外资企业，而且无法获得政策倾斜，这使得中国民营企业的发展举步维艰，大量行业被外资企业垄断。此外，部分国有企业也被外资企业以低价吞并，国有资产流失情况严重。

社会主义市场经济体制的确立

邓小平南方谈话及其影响

在中共十四大召开之前，仍有不少学者认为计划经济是社会主义经济的本质特征，对国家计划有无所不知、无所不懂、无所不能的幻想。这部分学者认为，在后续的经济体制改革中，计划要与市场起到同等作用，甚至计划要在资源配置中起主导作用，他们建议用"有计划的社会主义市场经济"或者"社会主义的有计划市场经济"来体现计划在后续经济体制改革中的重要地位。

1991年12月25日，苏联解体。这对中国的改革开放产生了重要影响。中国保守派认为市场经济等于资本主义，改革开放就是引进和发展资本主义，和平演变的主要危险来自经济领域，如果继续发展市场经济，那么中国很可能会步苏联后尘。由此，中国在意识形态领域又开展了姓"资"还是姓"社"问题的讨论，改革开放面临复杂的国际国内形势，社会主义市场经济发展面临巨大的困难和压力。

1992年1月18日—2月21日，中国改革开放的总设计师邓小平先后赴武昌、深圳、珠海和上海视察，沿途发表了一系列重要讲话，即"邓小平南方谈话"。邓小平指出，改革是解放生产力，"要从根本上改变束缚生产力发展的经济体制，建立起充满生机和活力的社会主义经济体制"，"计划多一点儿还是市场多一点儿，不是社会主义与资本主义的本质区别。计划经济不等于社会主义，资本主义也有计划；市场经济不等于资本主义，社会主义也有市场，计划和市场都是经济手段"。

邓小平南方谈话肯定了我国 1978 年改革开放以来取得的成果，批评将计划等同于社会主义、市场等同于资本主义的传统思维模式，为我国社会主义市场经济体制的建立奠定了思想基础。

中国经济体制目标的最终确立

中共十四大报告（1992）充分肯定了邓小平南方谈话，将社会主义市场经济体制确定为改革的目标模式。报告指出："经济体制改革的目标，是在坚持公有制和按劳分配为主体、其他经济成分和分配方式为补充的基础上，建立和完善社会主义市场经济体制。"[①]

自 1978 年中共十一届三中全会以来，我国不断推进经济体制改革，逐渐由计划经济为主、市场调节为辅发展到有计划的商品经济，在有计划的商品经济的基础上进一步提出计划经济与市场调节相结合，直至中共十四大最终确立了社会主义市场经济体制的目标。这昭示着我国经济体制将发生根本的变革。

建立社会主义市场经济体制，就是要使市场对资源配置起基础性作用，通过价格杠杆和竞争机制优化资源配置，促使企业优胜劣汰，同时必须加强和改善国家对经济的宏观调控，运用好经济政策、经济法规、计划指导和必要的行政管理，引导市场健康发展。社会主义市场经济体制允许多种经济成分共同发展，国有企业、集体企业和其他企业都进入市场，通过平等竞争发挥国有企业的主导作用。为此，中共十四届三中全会通过了《中共中央关于建立社会主义市场经济体制

---

① 江泽民在中国共产党第十四次全国代表大会上的报告，https://www.gov.cn/govweb/test/2008-07/04/content_1035850.htm。

若干问题的决定》（1993），其对社会主义市场经济发展做出了总体规划，是我国在 20 世纪 90 年代进行经济体制改革的行动纲领。[①]

建立社会主义市场经济体制，既是我国经济社会发展的要求，也是理论认知深化的必然结果。（于光远，1992）马克思主义认为"生产力决定生产关系"，面对不同时期的生产力状况，我国经济体制也必然要进行相应的调整。新中国成立初期，我国生产力较为落后，当时采用计划经济体制能集中力量进行重点建设，对社会主义发展起了积极作用；但改革开放以来，我国生产力发展极其迅速，计划经济体制已经不能适应新的生产力发展需要，经济体制必须进行全面改革。（魏礼群，1992）计划经济体制运行成本极高，资源配置效率又极低，计划经济并不适合社会化大生产和社会分工的实现。

社会主义市场经济体制与资本主义市场经济体制在资源配置上没有显著区别，但在所有制基础上有较大差异。社会主义市场经济体制以公有制包括全民所有制和集体所有制经济为主体，多种经济成分共同发展；以市场机制作为资源配置基本方式，通过平等竞争发挥国有企业主导作用；在分配制度上以按劳分配为主体，其他分配形式为补充，兼顾效率与公平；发挥政府科学宏观调控的作用，弥补市场失灵。（祝国华，1992）同时，建立社会主义市场经济体制，并不代表完全排斥计划手段的作用，政府需要运用经济政策、经济法规、财政政策、货币政策对市场经济进行宏观调控，将两种配置资源的手段结合，才

---

① 1992—1993 年，以吴敬琏为负责人的"中国经济改革的整体设计"课题组提出了《对近中期经济体制改革的一个整体性设计》，以及财政税收、金融、外汇管理、国有企业、社会保障和市场体系等方面改革的方案，这为中共十四届三中全会制定《中共中央关于建立社会主义市场经济体制若干问题的决定》提供了重要参考。参见吴敬琏、周小川、荣敬本等（1996）。

能更好地体现社会主义市场经济体制的优越性。（魏礼群，1992）

建立社会主义市场经济体制是理论上的重大突破。历史证明，市场经济是调节经济运行、推动经济发展的有效机制，市场并不与意识形态绑定，只是一种配置资源的手段。我国社会主义市场经济体制的建立需要进行更加深入的改革：第一，应深化国有企业改革，建立现代企业制度；第二，应当建立主要由市场决定价格的形成机制；第三，要建立公平竞争的现代市场体系，贯彻竞争中性原则；第四，要转变政府职能，建立科学有效的宏观调控体系，减少政府对微观经济的过度干预；第五，要建立适应市场经济运行的劳动分配制度和社会保障体系。（祝国华，1992；魏礼群，1992；王钧，1992）

市场在资源配置中起决定性作用

自中共十七大（2007）确定市场在资源配置中的基础性作用之后，中共十八届三中全会（2013）又进一步提出"使市场在资源配置中起决定性作用"，强调要"紧紧围绕使市场在资源配置中起决定性作用深化经济体制改革，坚持和完善基本经济制度，加快完善现代市场体系、宏观调控体系、开放型经济体系"[①]。

市场决定资源配置是市场经济的一般规律，市场经济本质上就是市场决定资源配置的经济。完善社会主义市场经济体制必须遵循市场经济的一般规律，完善市场体系，减少政府对微观经济的干预，让市场在资源配置中起决定性作用。因此，发展社会主义市场经济，要发

---

① 中共中央关于全面深化改革若干重大问题的决定，http://www.npc.gov.cn/zgrdw/npc/xinzhuanti/xxgcsbjszqhjs/2013-11/27/content_1814720.htm。

挥市场在资源配置中的决定性作用，也要发挥政府"有形的手"的作用。政府只有进行科学的宏观调控，进行有效治理，才能更好地发挥社会主义市场经济体制的优势。

我国社会主义市场经济体制的确立与完善让中国经济发展取得了一系列重要成就。从总体上看，我国 GDP 从 1992 年的 23 938 亿元增长至 2020 年的 1 015 986 亿元，增长了 40 多倍，创造了经济发展的奇迹。

国有企业改革取得重大进展。中共十四大以来，我国持续深化国有企业改革，推动政企分离，减少政府对国有企业的直接干预，将国有企业所有权与经营权分离，在国有企业中建立现代企业制度，推进国有企业合并、重组，做大、做强国有资本。2021 年 1—10 月，我国国有企业营业总收入为 603 860 亿元，利润总额为 38 250.4 亿元，中石油、中石化等国企更是位居世界 500 强企业前列，成为我国国民经济的重要支柱。

政府职能不断优化。1992 年以来，我国政府逐渐减少对国民经济的直接干预，采用财政、货币政策而非行政命令对宏观经济进行调控。中共十七大以来，我国政府简政放权，向服务型政府转变，建立负面清单制度，简化行政审批流程，从而进一步增强了市场活力，营造出更公平的市场竞争环境。

自中共十四大以来，我国对外开放水平也不断提升。实际使用外资金额从 1992 年的 110.08 亿美元增至 2020 年的 1 443.7 亿美元，增长超过 10 倍；货物进出口贸易额从 1992 年的 1 655.25 亿美元增至 2020 年的 46 470.63 亿美元，增长了约 27 倍，我国成为世界第一大贸易国。

社会主义市场经济体制的发展和完善

经过 40 余年市场化取向的改革，我国已经由高度集权的中央计划经济体制转变为社会主义市场经济体制。认识到我国资源配置的市场化程度还不够高，对我们进一步发展和完善社会主义市场经济体制具有十分重要的意义。

我国市场化程度的测定

市场化程度是对一个国家或地区市场经济自由度的描述。中国的市场化是指我国从计划经济体制向中国特色社会主义市场经济体制的转型，不仅仅是经济方面的变革，而是一系列经济、社会、法律乃至政治体制的变革的综合。（樊纲、王小鲁，2003）

国际上对市场化程度的测量与经济自由度直接挂钩。早在 20 世纪 70 年代就已经有了对市场化程度的测量指标[1]。20 世纪 90 年代，美国制定了 EFI（经济自由度指数）[2]，各大经济体的市场化程度有了较为权威的指数，以进行衡量。

中国国内对市场化程度的研究起步较晚。1993 年，卢中原和

---

[1] 1972 年起，加拿大弗雷泽研究所每年发布《世界经济自由度报告》，对世界主要经济体的市场化程度（经济自由度）进行测量。2002 年后，采用政府规模，法律结构与产权保护，资金流通，贸易自由度以及信贷劳工和商业规管等五个指标测量经济自由度水平。

[2] 美国传统基金会 1995 年及以后每年出版《经济自由度指数》（EFI），2007 年后该指数采用商业自由、贸易自由、财政自由、货币自由、投资自由、融资自由、财产权利、劳动自由、免受腐败的自由、政府规模等十个指标测度经济自由度水平。

胡鞍钢首次对中国市场化程度进行测量，选用"投资市场化指数"、"价格市场化指数"、"生产市场化指数"和"商业市场化指数"作为测度基础，加权后计算出 1992 年中国市场化指数为 63.23。（卢中原、胡鞍钢，1993）1996 年，国家计委从"商品市场化程度"和"生产要素市场化程度"两个维度出发建立总体经济市场化程度衡量体系，最终得出 1996 年我国经济市场化程度已达 65%，接近准市场经济国家的结论。（国家计委市场与价格研究所课题组，1996）此后，中国多位学者采取了多种指标对中国经济市场化程度进行测量：顾海兵（1997）从"劳动力市场化程度""资金市场化程度""生产市场化程度""价格市场化程度"四方面入手对中国整体市场化程度进行描述；樊纲、王小鲁（2003）则构建起包括"政府与市场关系""非国有经济发展""产品市场发育程度""要素市场发育程度""市场中介组织发育和法律制度环境"五大方面 25 项指标的分地区市场化程度测算体系；曾学文（2010）则从"政府行为规范化""经济主体自由化""生产要素市场化""贸易环境公平化""金融参数合理化"五个方面设计了 33 个分指标，用于描述中国市场化程度，2008 年底中国市场化程度达到 76.4%。王小鲁等人完成的《中国分省份市场化指数报告（2021)》指出，国内各地区市场化发展不平衡，东部地区市场化遥遥领先，中部改善速度高于东部，西部改善缓慢，东北部有所退步；我国 2019 年市场化总指数为 5.81（以 2016 年为基期），市场化进程趋缓，详见表 15-4 和图 15-1。

表 15-4　中国四大地区市场化指数近期变化

地区	2016	2019
全国	5.69	5.81
东部	6.91	7.12
中部	5.93	6.17
西部	4.6	4.65
东北部	5.48	5.33

数据来源：王小鲁等，《中国分省份市场化指数报告（2021）》。

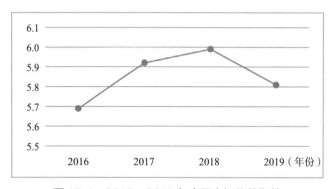

图 15-1　2016—2019 年中国市场化总指数

数据来源：王小鲁等，《中国分省份市场化指数报告（2021）》

　　无论是采用国际指数还是国内测度，中国市场化程度并不乐观，美国等数十个国家并不承认中国的市场经济地位。而且，近年来，中国国内的市场化改革受到了一定阻碍，市场化进程总体趋缓。

竞争中性是确保市场化程度不断提高的关键

　　竞争中性概念最初是在 1993 年澳大利亚的经济改革中提出的，旨在实现国有企业与其他竞争主体平等竞争，要求政府在市场竞争中保持中性。[1] 时至今日，竞争中性已经不再聚焦于国有企业，而是要求规范政府对市场的干预，不只对国企和民企保持中性，也要对外资企业等其他市场竞争主体保持中性态度。

竞争中性理论有着深远的理论渊源。早在 17、18 世纪，经济理论中就已经有竞争中性的萌芽。斯密在《国富论》中就主张限制政府职能，反对政府偏袒某些企业的做法，确立了在经济学范畴中对各竞争主体同等对待的理念。（斯密，1974，第 384—385 页）新自由主义更是将政府干预视为经济低效的主要原因，反对政府对市场的干预，将市场看作不受干涉的自然力量。（兰德雷斯、柯南德尔，2014）20世纪 30 年代经济大危机后，主要资本主义国家奉行凯恩斯主义，但20 世纪 70 年代出现了滞胀，而政府过度干预被认为是滞胀的根源。在新自由主义的影响下，发达国家收缩政府作用，将大量国有企业私有化，为国际贸易和资本的流通提供便利。（萨拉蒙，2016）

政府与市场并存且市场需要制度保障是竞争中性理论产生的根源。古典经济学家斯密和新自由主义经济学家兰德雷斯、柯南德尔虽主张自由竞争，但也承认政府需要对市场自由制度进行维护。政府过度干预市场和完全自由放任都是不可行的，必须把握好两者之间的平衡。（米德，2015）约翰·穆勒认为，政府和市场必须同时存在，政府可以为促进公共利益对市场进行强制干预，但不能采取强制性的法令对市场进行控制。（穆勒，1991）萨缪尔森和诺德豪斯则将市场经济中政府的职能进行了归纳：一是促进竞争以提高市场经济的效率；

---

[1] 20 世纪 90 年代，澳大利亚在其《竞争原则协定》中提出"竞争中性"概念。后来，经济合作与发展组织（OECD）将"竞争中性"的含义进一步拓展。（高尚全，2019）

二是通过财政和税收进行再分配，促进社会公平；三是运用财政和货币政策实现国民经济平稳运行。（萨缪尔森、诺德豪斯，2012）在诺德豪斯提出的现代政治-经济模型中，政府作为一个非理性决策者，其经济政策并不是公平的，很容易受到局部利益的影响。斯诺登、霍华德认为，并不能将政府看作一个理性的主体，政府做出的决策很可能是非理性的，政府经济行为是一个平衡各方利益的行为。（斯诺登、霍华德，2019）因此必须要用竞争中性约束政府的经济作用，避免政府对市场的干预产生消极影响；政府也需要在竞争中性原则下建立兼顾公平与效率的市场制度，以保障市场经济的有效运行。（斯蒂格利茨，1998）

竞争中性对不同类别市场主体公平竞争的重要意义

当今世界，绝大多数国家都普遍实行混合经济形态，都存在民营经济、国有经济、混合经济等多类型市场主体。不同市场主体之间的冲突已经成为影响市场经济正常运行的重大问题，只有不同市场主体之间展开充分公平的竞争，才能促进市场经济良性发展。19世纪，美国进入垄断阶段，政府对市场的管制软弱无力，大企业垄断市场，既不承担相应的社会责任，也使得市场竞争减小甚至消失，经济效率降低，不易于市场经济良好运行。（斯坦纳，2015）西方学者认为，政府可以在某些行业或领域引入国有企业，以获得对该领域的经济控制权，达到更高的效率目标。（奥格斯，2008）在关系国家安全的行业、垄断行业、私人资本无力进入的行业，设立国有企业有利于促进公平竞争。（刘戒骄，2016）当今西方发达国家一般根据立法建立国有企业，而很少将国有企业作为政府部门的附属机构，其经营领域和权力由立法机构决定。这在很大程度上维护了竞争中性原则，避免国有企业获得在市场经济中的优势竞争地位。（刘戒骄，2019）因此，面对当今世界市场众多主体的相互竞争，各国政府需要从保护自由竞争向促进公平竞争转型，从而维护竞争中性原则，促进市场经济公平有效运行。

竞争中性在国际贸易领域的实践

竞争中性原则的实践起源于早期贸易投资协定。早期贸易投资协定中的国民待遇原则实际上就体现了竞争中性，如《北美自由贸易协定》的第十二章《跨境服务贸易》明确提出"每一协定成员国应像对待本国的服务提供者一样对待另一协定成员国的服务提供者"。澳大利亚国内经济改革更是贯彻了竞争中性原则，《竞争原则协定》中明确政府在所有企业的商业竞争中保持中性，旨在约束政府对市场竞争的歧视性干预，防止国有企业因为政府资源倾斜在市场竞争中获得优势地位。（张占江，2015）随着经济全球化的不断深入，竞争中性原则对国际贸易的影响越来越重要。在国际经济交往中，各国政府不能通过市场干预给予某些市场主体竞争优势地位（如政府对国有企业的补贴），需要坚守竞争中性原则，平等地对待本国与其他国家的各类市场主体。（刘戒骄，2019）中国–东盟自由贸易区《投资协议》中第四条、第五条明确规定，"各方在其境内，应当给予另一方投资者及其投资，在管理、经营、运营、维护、使用、销售、清算或此类投资其他形式的处置方面，不低于其在同等条件下给予其本国投资者及其投资的待遇""各缔约方……应当给予另一缔约方投资者及其相关投资，不低于其在同等条件下给予任何其他缔约方或第三国投资者及 / 或其投资的待遇"。这实际上就从根本上为各缔约国的各类市场主体提供了平等的地位。在这一条件下，各国才能达成深入的经济合作。时至今日，竞争中性原则已经成为绝大多数国家经济交往的共识性原则，政府必须保证在国际经济交往中秉持竞争中性原则，这样才能更好地引入外资、对外投资，让对外开放达到新高度。

竞争中性与中国市场化程度的关系

竞争中性与中国市场化程度息息相关，中国竞争中性的缺失是中国市场化程度偏低且不被国际认可的重要原因。

早在 20 世纪，就已经有学者意识到中国市场中竞争中性的缺失对中国市场化改革的巨大影响。董辅礽（1998）提出，"社会主义市场经济 = 社会主义 + 市场经济 = 社会公平 + 市场效率"，认为对各种所有制平等对待有利于提升市场效率。著名中国经济研究学者罗斯基（1993）指出，中国市场中性的缺失使得中国经济效益与经济效率并不一致，不能将高效益视作高效率。进入 21 世纪以来，越来越多的中国经济学家意识到了竞争中性对中国市场化改革的意义。林毅夫等学者认为，中国目前经济改革的一个重要问题是国有企业效率低下的问题，解决这一问题就要建立竞争中性的公平市场环境。现代市场经济体制是一个基于理性法治的、陌生人之间的合作社会秩序，这就要求微观个体现代经济组织解决委托-代理问题。而竞争中性的公平市场环境是现代经济组织的前提条件。竞争中性的公平市场环境能够产生关于经济组织的经营绩效的充分信息，从而解决作为委托人的所有者与作为代理人的经营者之间的信息不对称、激励不相容和责任不对称的问题，使得经济组织的所有者得以有效地监督、考核经营者的行为，并创造出所有者和经营者激励相容的现代经济组织管理制度。（林毅夫、蔡昉、李周，2014）钱颖一（2018）也提出"竞争中性原则是市场经济体制的灵魂。没有竞争中性，就没有好的市场经济，而只有坏的市场经济"；白重恩（2015，2016，2018）认为，自中国改革开放以来，政府对某些企业的扶持让中国市场长时间处于竞争中性欠缺的状态，特权特惠制已经成为中国市场化改革的阻碍。高尚全（2019）针对社会上出现的一些否定、怀疑民营经济的言论，强调如果没有所有制中性原则，竞争中性原则很难落到实处，因此，建议把所有制中性也作为重要原则，形成系统性的"两个中性"原则。

中国政府已经意识到了竞争中性的重要性，以及不能以中国国情特殊为由对竞争中性原则进行否定。中共十八大提出"毫不动摇鼓励、支持、引导非公有制经济发展，保证各种所有制经济依法平等使用生产要素、公平参与市场竞争、同等受到法律保护"[①]；中共十八届三中全会提出"国家保护各种所有制经济产权和合法利益……坚持权利平等、机会平等、规则平等，废除对非公有制经济各种形式的不合理规定，消除各种隐性壁垒……激发非公有制经济活力和创造力"[②]；中共十八届四中全会提出"健全以公平为核心原则的产权保护制度，加强

---

① 以"两个毫不动摇"促进我国经济高质量发展，http://www.qstheory.cn/dukan/hqwg/2019-12/09/c_1125323210.htm。

② 中共中央关于全面深化改革若干重大问题的决定，http://www.npc.gov.cn/zgrdw/npc/xinzhuanti/xxgcsbjszqhjs/2013-11/27/content_1814720.htm。

对各种所有制经济组织和自然人财产权的保护，清理有违公平的法律法规条款"[①]；习近平总书记 2018 年 11 月在民营企业座谈会上高度肯定了民营经济的作用，指出公有制经济、非公有制经济应该相辅相成、相得益彰，而不是相互排斥、相互抵消[②]。党的各大会议都强调公有制经济和非公有制经济在市场竞争中的平等地位，逐渐落实竞争中性原则。

中国政府也在不断采取措施落实竞争中性原则。2018 年 10 月，中国人民银行行长易纲表示要以竞争中性原则对待国有企业；2018 年底，中央经济工作会议提出"公平竞争的制度环境"和"公平竞争原则"；2019 年 3 月 5 日，李克强总理在《政府工作报告》中指出，"公平竞争是市场经济的核心，公正监管是公平竞争的保障。改革完善公平竞争审查和公正监管制度，加快清理妨碍统一市场和公平竞争的各种规定和做法"[③]；2019 年 3 月 25 日，李克强总理会见出席中国发展高层论坛 2019 年年会的境外代表，李克强指出，"中国开放的大门会越开越大……以法律手段更好保护外商投资，按照竞争中性原则一视同仁，公平地对待所有外商投资"，加快清理修改相关法规制度，对妨碍公平竞争、束缚民营企业发展、有违内外资一视同仁的政策措施要完全改废[④]。2021 年 11 月 18 日，国家反垄断局成立，这标志着

---

① 中共中央关于全面推进依法治国若干重大问题的决定，http://cpc.people.com.cn/n/2014/1029/c64387-25927606.html。

② 习近平：在民营企业座谈会上的讲话，https://www.gov.cn/xinwen/2018-11/01/content_5336616.htm。

③ 2019 年政府工作报告，https://www.gov.cn/premier/2019-03/16/content_5374314.htm。

④ 李克强会见出席中国发展高层论坛 2019 年年会的境外代表并座谈，https://www.gov.cn/guowuyuan/2019-03/25/content_5376703.htm。

中国反垄断进入新阶段，有望进一步健全中国反垄断执法的体制机制，提升反垄断执法工作的统一性，有利于推动中国市场向竞争中性转变。

尽管中国自改革开放以来在竞争中性的理论、实践方面都已经有了巨大进展，但中国市场仍然不是一个完全竞争中性的市场。2016年，中国本该在 WTO（世界贸易组织）自动获得市场经济地位，但美国、欧盟拒绝承认中国的市场经济地位。2017 年 10 月，美国商务部根据美国《关税法》裁定中国为非市场经济国家，并于 2018 年 11 月中旬向 WTO 提交决定：拒绝中国获得市场经济地位。自 2016 年起，中国一直在 WTO 进行争诉。2019 年，WTO 临时裁定中国败诉，即中国无法获得市场经济地位，而中国在 15 日暂停期限后并未重新争诉，形同放弃了本国的市场经济地位。放弃市场经济地位意味着他国可以利用"替代国定价"法来对中国采取加征关税等反倾销手段，对中国的国际贸易是一次严重的打击。

第十六章
市场与政府作用的定位

《中共中央关于全面深化改革若干重大问题的决定》指出，经济体制改革的"核心问题是处理好政府与市场的关系，使市场在资源配置中起决定性作用和更好发挥政府的作用"。市场与政府正如两只"看不见的手"与"看得见的手"，正确发挥各自的作用，找到各自的定位和边界，形成有机统一、相互补充、相互协调、相互促进的格局，对全面深化改革、推动社会主义市场经济健康有序发展具有重大意义。本章将系统地介绍市场与政府各自的作用及其历史演进，并比较西方发达市场经济体中政府的定位，为发展中国特色社会主义市场经济，明确哪些事情交给市场，哪些事情交给政府，遇到矛盾二者如何协调，提供经验和借鉴。

市场经济本来就是市场决定资源配置的经济

市场配置资源的有效性

斯密（1776）在《国富论》中提出了"看不见的手"的著名论

断。以斯密为代表的古典经济学派主张建立自由放任的市场经济，强调价格机制这只"看不见的手"会优化资源配置，提高市场效率。斯密认为，每个"经济人"从利己的动机出发，在"看不见的手"的调节作用下，通过完美的市场竞争，使个人利益和社会利益达到最大化，从而向着有效率和均衡发展的自然趋势扩展。在斯密看来，效率来源于社会分工，而分工的程度取决于市场范围，所以市场是实现资源配置的有效机制。

新古典经济学家基于特定的分析方法和假设论证了市场配置资源的有效性。在分析方法上，他们从达尔文进化论中得到连续原理，从数学微积分中得到边际分析方法，从物理力学中得到均衡分析方法。（周小亮，2001）在模型构建上，市场的有效性以一系列的基础假设为前提，包括偏好、资源和技术给定、理性人假设、信息完全假设、市场出清假设等。在新古典经济学中，市场达到均衡时即实现有效资源配置。市场均衡分为局部均衡和一般均衡。局部均衡理论由英国经济学家阿尔弗雷德·马歇尔（Alfred Marshall）于 1920 年创立。与局部均衡相对，一般均衡理论由法国经济学家里昂·瓦尔拉斯（Léon Walras）于 1874 年在《纯粹经济学要义》中首次提出。瓦尔拉斯认为，各种商品和劳务的供求数量和价格是相互联系的，一种商品的变化会引起其他商品的变化。只有当一切市场都处于均衡状态时，个别市场才能处于均衡状态。一般均衡理论后来经过帕累托、希克斯、萨缪尔森、阿罗、德布鲁等人的改进和发展，证明了在一定条件下，完全竞争模型可以实现帕累托最优，即任何竞争均衡都是帕累托最优状态。在帕累托最优状态下，社会资源得到了最优配置。

市场决定资源配置的具体表现

发达市场经济表现为完善的市场体系和健全的市场机制。完善的市场体系要求一切带有稀缺性的物品的供给和需求都被纳入市场调节的范围，不仅有发达的商品和劳务市场，而且有种类齐全的生产要素市场以及资本市场等；健全的市场机制要求各个市场的价格机制非常灵敏，价格能够比较准确地反映供求变化，市场信息及时、准确而经济，几乎没有价格扭曲。这两方面保证了市场经济配置资源的效率。

目前中国的一些资源还没有实现市场化配置。就产品市场来说，金融、电信、能源、交通等领域还存在着比较严重的垄断，在很多领域，民营资本还不能自由进入。更为重要的是要素市场还不够健全，劳动力的流动还受到城乡二元户籍制度的限制，资本的市场化程度还不够高。中共十八届三中全会也只是提出要构建城乡统一的建设用地市场，而且只允许农村集体经营性建设用地在符合规划和用途管制的条件下进入市场，至于农村宅基地的抵押担保和出租转让的试点还没有展开。

根据有关研究报告，早在 2003 年中国经济市场化程度就达到了73.8%，超过市场经济临界水平（60%），中国经济自由度指数已超过许多被欧美承认为市场经济国家的转型国家或发展中国家的经济自由度指数。然而，截至 2012 年，世界上只有 150 多个国家和地区承认我国的市场经济地位，156 个 WTO 成员中只有 97 个承认。根据中国加入 WTO 的商榷结果，所有 WTO 成员将不能晚于 2016 年承认中国市场经济地位。也就是说，到 2016 年中国的市场经济地位会自动获得承认。但 2017 年 10 月，美国裁定中国为非市场经济国家，其六条理由为：（1）汇率操纵；（2）户籍制度对劳动力流动构成阻碍，扭曲劳动力市场；（3）对外投资管制；（4）对生产资料的所有权控制；（5）政府在资源配置中起着重要作用；（6）法律是政府管理的工具，并不独立。

市场经济存在的缺陷：市场失灵

市场失灵（Market Failure）一词是美国经济学家弗朗西斯·巴托（Francis Bator，1958）在《市场失灵的剖析》一文中首次提出的。所谓"市场失灵"是指，至少在配置理论中，或多或少被理想化的价格-市场体系无法维持"理想的"活动或停止"不理想的"活动。

在第二次世界大战之前，经济学中并没有关于市场失灵的准确定义。法国经济学家萨伊 1803 年在《政治经济学概论》第三篇中讨论的集体消费实际上触及了公共物品。英国经济学家约翰·斯图亚特·穆勒 1848 年在《政治经济学原理》中提出了有关公共物品、外部性等问题，这标志着经济学家开始意识到市场失灵问题。（梅德玛，2014，第 41 页）而真正的市场失灵理论的产生得益于边际革命和福利经济学的发展（刘辉，1999）：一方面，19 世纪 70 年代威廉姆·斯坦利·杰文斯、里昂·瓦尔拉斯、卡尔·门格尔运用边际效用理论和一般均衡方法奠定了微观经济学的基础，为后来人们全面认识市场经济存在的缺陷准备了工具，爱德华·哈斯丁·张伯伦、琼·罗宾逊在此基础上，开始研究垄断这一市场失灵现象；另一方面，以庇古为代表的福利经济学确立了资源最优配置和社会福利最大化的标准，从而为市场失灵的评价寻找到了具体的标准。

市场失灵是指市场机制不能正常发挥调节作用，造成资源配置低效率，其主要表现有以下几种：

一是不完全竞争，指买者或卖者能够左右一种商品的价格，如存在垄断；

二是外部性，指企业或个人向市场之外的其他人所强加的成本或效益，如污染；

三是公共品，指具有非竞争性和非排他性的物品或劳务，如国防；

四是信息不对称，指交易中的各方拥有的信息不同，如二手车交易。

市场经济体制下的政府作用

政府对宏观经济的调控

长期以来，自由放任的古典经济学思想在西方经济学界一直占据主导地位。然而面对资本主义经济的周期性波动和危机，尤其是20世纪30年代出现的经济大萧条，人们逐渐开始怀疑仅靠市场能否自动调节好经济，开始反思市场经济存在的缺陷。

凯恩斯主义

约翰·梅纳德·凯恩斯于1936年出版的《就业、利息和货币通论》，颠覆了市场机制宏观有效的固有看法，提出市场自发活动将导致有效需求不足从而导致失业和萧条，必须通过政府干预进行纠正。与此相应，市场失灵理论则从微观层面揭示了市场机制的固有缺陷。由于不完全竞争、信息不对称以及外部性普遍存在于现实经济活动之中，因此市场机制难以自发实现均衡和帕累托最优，应由政府实行产业管制和反垄断政策，提供信息公开机制，供给公共物品，也就是说，即使是微观领域也必须由政府加以干预。这些内容不仅构成了新古典综合派的理论框架，也成为凯恩斯主义理论及政策实践的基础。新古典综合派的代表人物保罗·萨缪尔森曾明确指出市场存在的缺陷，政府应当干预经济，调节收入分配、运用货币财政政策等措施来调控经济周期，促进经济增长。（萨缪尔森等，2012，第512页）

罗斯福新政以政策实践的形式表明了凯恩斯主义的有效性。第二次世界大战后，市场存在失灵因而需要政府干预经济的思想深入人心。从20世纪50年代开始，西方资本主义国家纷纷奉行国家干预政策，凯恩斯主义经济学在西方取得统治地位。

新自由主义经济学

前文提到，以凯恩斯主义理论为指导，西方资本主义国家在不同领域内不同程度地加强了政府对经济的干预，由此迎来了第二次世界大战后资本主义20~30年的持续繁荣。但是从20世纪70年代开始，西方资本主义国家出现了低增长、高通胀的"滞胀"现象，凯恩斯理论受到了人们的质疑，面临着前所未有的挑战。在此种背景下，货币学派、理性预期学派等新自由主义经济学流派纷纷涌现出来。

20世纪60年代在美国兴起的货币学派维护自由市场经济，笃信最为理想的经济制度应遵循自由市场的古老法则，因而成为经济学中自由放任思想的不遗余力的鼓吹者和捍卫者。货币学派的代表人物米尔顿·弗里德曼（Milton Friedman，1963）认为，经济体系之所以不稳，是因为货币受到扰乱。因此，货币最重要，货币是支配产量、就业和物价变量的唯一重要因素。除此之外，政府不需要干预私人经济，应让市场机制完全、充分地发挥作用，只要充分发挥市场机制的作用，经济体系本身是可以稳定的。

20 世纪 70 年代从货币学派分化出来的理性预期学派认为，人是理性的，总在追求个人利益的最大化。由于经济变量的未来情况事关自己的选择和利益，人们会充分利用一切可用的、可得的信息，按照自己的知识和经验，对经济变量的未来情况做出预期。在理性预期的作用下，市场机制能确保充分就业均衡，政府干预经济的政策要么归于无效，要么加剧经济波动，是不必要的，因此，古典式的结论出现了：国家不会比个人或企业做得更好，自由市场竞争机制仍然是经济发展的最好机制。这一学派的代表人物是芝加哥大学教授罗伯特·卢卡斯（Robert E. Lucas，1976），他以理性行为和理性预期假设为前提和基础，用货币周期模型论证和说明了经济波动的原因，并得出了凯恩斯主义政策无效、无须政府干预经济的结论，他强调经济政策的稳定性和连续性，从而在宏观经济学领域内引发了一场理性预期革命。

新凯恩斯主义经济学

20 世纪 80 年代以来，新凯恩斯主义对新自由主义经济学的批评不绝于耳。新凯恩斯主义寻求市场与政府的最佳结合，在市场失灵下进行"适度"政府干预。新凯恩斯主义的隐含合同论和市场非出清假设都指出，在市场失灵的条件下，政府应对经济进行适当干预，让企业成为市场的经济主体；新凯恩斯主义的需求非对称理论认为，在较完善的市场机制下，生产什么、生产多少决定于消费者的货币"选票"，消费者偏好形成的购买决策指明了社会资源的用途，成为引导生产者进行决策的基本信号，如何生产取决于不同生产者之间的竞争。凯恩斯主义利用效率工资制、失业留滞论解释了政府的效率问题和激励机制问题，分清了政府的权力和能力，提高了政府的管理效率，将竞争机制引进政府，从而改变了政府和市场分工不清、政府过度干预经济的现象。

总之，在完全市场经济中，无论是在资源配置中起决定性作用的产品市场还是任何其他要素市场，都不是万能的，也不是完美无缺的。不完全竞争、信息不对称以及外部性等因素的存在都会导致市场失灵，而在市场这只"看不见的手"失灵的情况下，政府这只"看得见的手"就需要加以矫正。但政府对微观经济活动的介入，只限于弥补市场的缺陷，校正市场的偏差，而不是改变市场配置资源的决定性作用。（蔡继明等，2014）

政府对市场失灵的校正

发达国家：正面的

西方发达国家的政府对垄断这一市场失灵的校正有着100多年的历史。美国1890年通过的第一部反托拉斯法即《谢尔曼法》，与1914年颁布的《克莱顿法》和《联邦贸易委员会法》，构成美国反托拉斯法的基本法规。美国通过法律的强制性作用排除各种对竞争机制作用的干扰，保护市场主体参与市场竞争的权利，维护竞争的市场结构，保护消费者的合法权益。反垄断法通过实现有效竞争来弥补市场机制本身的缺陷。100多年来，美国出现了不少反垄断裁决的重大经典案例，比如洛克菲勒家族的"石油帝国"因垄断市场，在1911年被肢解为30多个独立石油公司；曾垄断美国电话市场的美国电报电话公司在1984年被分离成一个继承母公司名称的电报电话公司和7个地区性电话公司。

我国的情况：正面的

2019年我国煤炭消费比重达到58%，碳排放总量占全球的比重达到29%，人均碳排放量比世界平均水平高46%。2020年9月，习近平主席在第75届联合国大会上提出我国2030年前碳达峰、2060年前碳中和目标。碳排放具有负外部性，中国政府推出碳定价政策助力实现碳达峰、碳中和。碳定价政策是解决气候变化经济影响负外部性、校正市场失灵的一种手段，改变将排放空间视为公共物品的传统认知，赋予二氧化碳排放量以市场属性，刺激技术创新和市场创新，给经济增长注入新的低碳动力。碳定价主要有"碳税"和"碳交易机制"两种形式，前者是政府通过税收直接确定碳价格，以弥补碳的市场价格缺失；后者是创造一个交易市场，在政策设定的排放总量限制下由参与市场的交易主体形成价格。我国自2013年起在7个试点省市探索碳交易机制。2021年7月，中国碳排放权交易市场正式开市，将2 000多家电力企业纳入首批排控企业名单，预计范围逐步扩大至钢铁、建材、有色、化工、石化、煤炭等重点排放行业，未来将成为全球管理规模最大的碳市场。

政府不是万能的：政府失灵

发达国家：负面的

政府不是万能的。在力图弥补市场失灵的过程中，政府干预行为本身的局限性导致另一种非市场失灵——政府失灵，即政府采取的立法司法、行政管理及经济等各种手段，在实施过程中出现各种事与愿违的问题和结果，如干预不足或干预过度等，并最终不可避免地导致经济效率和社会福利的损失。二战后，凯恩斯主义政府干预政策在西方盛行多年，带来了政府规模膨胀过度、巨额财政赤字、寻租、交易成本增大、社会经济效率低下等问题。20 世纪 70 年代西方国家的滞胀是政府失灵的典型现象。

西方一些发达国家的政府官员和市场主体之间存在利益团体，使政府那只"看得见的手"超出了校正市场失灵的边界，操纵着货币、财政和监管政策。美国政客在竞选前会接受来自企业、工会和商人的捐助，上任后自然会在不同程度上满足这些私人利益诉求，比如使本应增加公共资源投资的政策变成了减税政策，本该振兴实体经济创造更多就业的政策变成了金融业的放松管制。政策的制定受到了外界干扰，使资源得不到正确配置，政府也没有真正发挥校正市场失灵的作用。

我国的情况：负面的

中国政府在资源配置中发挥了极为重要的作用，集中体现在价格控制制度和主导金融市场上。中国政府保留了很大的自由裁量权，广泛运用国家和地方政府政策法规体系，以明确规定或其他方式对其认为必要的或战略性的商品价格施加高度控制。价格控制制度的特点是，国家和地方的价格控制法规形成了广泛的网络，国家发改委在制定产业政策的同时，在制定价格方面发挥着突出作用。

以农作物价格为例，中国政府十分重视粮食安全，其对粮食作物的价格的控制较为严格。中国于2004年出台了以最低收购价为核心的粮食托市政策，2004年仅制定了稻谷最低收购价，在2006年又将小麦纳入最低收购价范围中，在此后的数年中，大豆、棉花等经济作物也被纳入托市政策中。（贺伟，2010）粮食托市政策虽然在一定程度上提高了农民收入，也保障了中国的粮食生产，但扭曲了粮食的真实市场价格，国内外市场粮食价格出现倒挂现象，企业粮食收购价居高不下严重影响了产业链下游加工业的发展。（詹琳、蒋和平，2015）我国粮食产业链下游加工业更倾向于购买国外低价粮食，以其作为原料，中国粮食进口量也快速攀升，谷物进口年均增长率高达55.8%，出现了政府高价收国外粮食，国内粮食却无人问津的现象。2014年，国务院宣布进行粮食目标价格制度改革，以新疆棉花、大豆进行改革试点。目标价格制度是指由政府设定农产品的目标价格，当市场价格高于目标价格时，补贴低收入者；当市场价格低于目标价格时，按差价补贴生产者。这实质上还是政府对粮食市场的强行干预，未能从根本上解决粮食真实市场价格扭曲的问题。中国政府设定和影响要素投入价格的能力导致整个经济的成本和价格扭曲，资源严重错配，完全破坏了市场竞争中性原则。

中国政府也通过主导金融市场干预资源配置。从风险定价和资源分配角度来看，金融部门仍然存在根本性的扭曲。对利率动态的分析表明，利率仍然与政府公布的"参考利率"密切相关，因此尚未确定市场。软预算约束、非公平定价、隐性政府担保和政府政策指令直接或间接地扭曲了正规银行业、银行间市场、债券市场和"影子银行"市场。

中国在 1979—1984 年恢复和建立了中国农业银行、中国建设银行、中国投资银行、中国工商银行四大国有银行；1985 年后中国又组建了一批股份制商业银行，如交通银行等全国性、区域性商业银行。改革开放初期，中国股票发行规模不断增加，中国对股票、债券市场进行改革，股票市场飞速发展。然而，中国的金融市场改革主要是在政府的主导下进行的，在改革中出现了许多弊端。首先，中国银行业的集中度非常高，四大国有银行占据了大部分存贷款业务和银行资产，中小银行数量较少。国有银行的高层都是由中央政府直接委派，国有银行更多考虑的是政府命令、政府目标而非金融目标。中央政府对国有企业实行了"拨改贷"改革，由财政拨款转为银行贷款，因此国有银行主要为国有企业服务，为国有企业兜底。（林毅夫、李志赟，2005）中国华融（央企）发布 2020 年财报，亏损超过 1 000 亿元。即使亏损如此高昂，众多国有银行依旧为华融提供贷款，为华融兜底，避免其破产。中国的股票市场也受到中国政府的严格控制。中国股票市场发展的初衷是为国有企业改革、融资创造条件，直到今天，中国股市中很大部分的企业都是国企。政府推动国有企业上市，在股票市场获取资金，而中小民营企业却很难满足上市条件，无法通过股市融资。中国政府对金融市场的操纵使得大量资金流向国有企业，国有企业获得了极大的优势地位。这违背了竞争中性原则，不利于民营企业、外资企业与国有企业公平竞争。

中国经济可以简单分类为：国有经济与民营经济。二者的一个重要制度性歧视就是金融资源上的分配。在民营经济和国有经济两部门形态下，民营部门的发展依赖较高的生产率和投资回报率，从而导致国有部门的劳动力不断向民营部门移动，而国有部门对应的是一个廉价便利的融资渠道，它在融资方面的优势可以弥补其在生产率方面的不足，这造就了在相当长的时间内民营经济和国有经济并存的局面。民营经济因为其产权结构更能提高经济效率，所以有着更高的生产率。但是它面对的是一个很难进入的融资市场——这个市场是被国有银行控制的。这种资源配置上的制度歧视使得由于具有较高的生产率和投资回报率，民营经济渐进扩张；因为扩张只能依靠民营部门资本的自我积累，所以速度较缓。与此同时，伴随着民营经济的资本扩张，逐渐市场化的劳动力市场把更多的劳动力资源配置到民营经济部门。资本和劳动在民营经济部门同时增加，这确保了投资回报率不会出现下降。而随着民营经济比重的上升，整个经济的投资回报率事实上会呈现上升的态势。同时，由于国有企业在融资方面的"比较优势"，民营经济会逐渐向劳动密集型产业转移，而国有企业慢慢向资本密集型产业集中。（Song，Storesletten and Zilibotti，2010）

发达市场经济体中的政府定位：经验和借鉴

美国模式

人们一般认为美国有典型的自由市场经济体制，其又称为消费者导向型市场经济，但其实美国政府一直在国家的经济活动中扮演着十分重要的角色。

20 世纪 30 年代经济大萧条，美国政府开始干预经济。罗斯福当选总统后，推出一系列新政振兴经济，抛弃了传统的自由放任主义：通过《全国工业复兴法》防止盲目竞争引起的生产过剩；通过《农业调整法》减少农产品产量，提高价格，同时规定农产品的最低价；通过《紧急银行法》对银行采取个别审查，颁发许可证等。大萧条之后，美国政府开始对经济进行全面的宏观调控。

20 世纪 90 年代至今，美国政府通过产业计划干预市场，扶持新兴产业，保持美国企业的领先地位。1993 年，克林顿政府推出"国家信息基础设施"（National Information Infrastructure）战略，以发展信息产业；2008 年全球金融危机后，奥巴马政府发布《重振美国制造业框架》《美国创新战略》等。特朗普在 2016 年当选总统后，同样延续了这些政策。

从整体上讲，美国政府的定位包括制定经济政策、征税、提供社会保障（救济、福利、保险等），促进社会公平、提供公共产品及管理，以及国防、外交、治安等各个方面。政府并不直接从事经济工作，不介入民营企业的具体事务。

德国模式

第二次世界大战后，联邦德国作为战败国，为了重振经济，建立了社会市场经济模式，这一模式使联邦德国经济迅速恢复并持续发展。20 世纪 90 年代初，民主德国与联邦德国统一，德国经济陷入困境，社会市场经济模式面临考验。但是随着对这一模式的调整和改革，统一后的德国历经 10 年左右的短暂困难时期，重新进入了健康发展的轨道。不仅如此，在 2008 年全球金融危机发生后，其他西方国家纷纷遭受重创，德国模式却表现出了较强的稳健性。

德国的社会市场经济模式以市场竞争为基础，政府进行必要调节，并以社会公平为保障。其一，德国政府注重保护竞争、充分发挥市场机制的作用。从 1957 年开始，联邦德国相继通过了《反限制竞争法》《反不正当竞争法》等一系列法律，对规范竞争、维护公平起到了至关重要的作用。其二，德国政府有适当的干预。在德国的社会市场经济中，市场在资源配置中处于核心地位，但这并不是说，德国政府就对市场放任自流，而是在市场失灵的领域进行了适当的干预。其三，德国政府构建社会保障，实现社会公正。为了建立和完善社会保障制度，德国陆续出台了一系列法律，从而形成了完备的法律体系。德国的社会保障体系包括社会保险体系、社会救济体系、社会收入再分配以及劳动保护等，其内容涵盖社会的各个方面以及社会中的每一个人。

日本模式

第二次世界大战后，日本经济高速增长并赶超欧美，日本曾经是亚洲第一经济体、世界第二经济体，创造了"日本奇迹"。但从 20 世纪 90 年代初"泡沫经济"的崩溃一直到今天，日本经济增长乏力、国际地位下降，走入了"失去的 20 年"。中国和日本同处东亚，在经济模式和发展战略的选择上都有相似之处，全面认识日本市场经济模式对于发展中国特色社会主义市场经济具有借鉴意义。

从市场和政府关系来看，日本是典型的政府主导型市场经济体制。政府主导型的市场经济主要表现为社会经济以私有制企业为基础，政府在经济生活中既要维护市场机制的基础性作用，又要通过强有力的行政指导和产业政策引导资源的合理配置。日本强调市场调节与计划调节的相互配合，以及充分发挥二者在资源配置中的优势。企业制定日常经营策略主要还是以市场为导向；而在与国计民生相关的领域则更倾向于计划的调节，这样有利于在市场失灵的情况下弥补市场的缺陷。

日本行政指导的主要方式是政府和企业之间的官民协调恳谈。在协调恳谈会中，政府虽然不会强制性地让企业按照政府的意图做出决策，但是，政府官员往往会在企业的贷款、补助、津贴、进出口许可、税收特权、项目批准等方面给企业施加压力。为了获得优惠条件和便利，企业一般都会服从政府的这种行政指导。

既要发挥市场决定性作用，也要更好地发挥政府作用

哪些事情交给市场去做

要发挥好市场决定性作用，需要解决政府"越位"的问题。"越位"指的是政府干了不该干的，管了不该管的，对市场干预过多或干预无效，阻碍市场机制作用的正常发挥，造成社会资源配置的低效率和严重浪费。解决"越位"问题就需要厘清哪些事情需要交给市场去做。

首先，生产什么、如何生产、为谁生产要交给市场。生产什么商品和劳务取决于消费者在每天购买决策中的货币选票；如何生产取决

于不同生产者的竞争；为谁生产主要取决于生产要素市场上的供给与需求。（萨缪尔森等，2012，第36—37页）相互依存的供给和需求所形成的错综复杂的网络，借助市场机制编织在一起，以解决生产什么、如何生产、为谁生产的问题，让市场有效配置资源的作用发挥出来。

其次，初次分配要按各种生产要素贡献分配。中共十六大报告提出，初次分配注重效率。中共十八大首次提出，要完善劳动、资本、技术、管理等要素按贡献参与分配的初次分配机制。只有按生产要素的贡献进行分配，允许和鼓励资本、技术等生产要素参与收益分配，并承认根据非劳动生产要素的贡献所获得的利润、利息、股息等收入是合理的，而不再简单地把它们斥为剥削收入，才能够调动劳动者的积极性，调动非劳动要素所有者的积极性，从而有助于促进资本积累、技术进步和企业家阶层的形成，做到人尽其才，物尽其用，地尽其力。只有这样，资源配置的效率和社会生产力才能提高。（蔡继明，2004）

最后，市场主体按照政府负面清单自由进入、自由退出。没有自由进入和退出，就不可能产生有效的市场定价机制，进而就不可能形成资源的有效配置。《市场准入负面清单（2018年版）》的发布，标志着我国全面实施市场准入负面清单制度。清单主体包括"禁止准入类"和"许可准入类"两大类。这一制度有利于发挥市场在资源配置中的决定性作用，从而激发市场主体活力，对各类市场主体一视同仁，实现规则平等、权利平等、机会平等。负面清单制度仍存在很多不足之处，需要进一步完善退出机制。一些国有企业长期处于亏损状态，但由于政府干预无法退出市场，能进不能出，市场经济存在动态失衡。

哪些事情交给政府去做

更好地发挥政府的作用，需要解决政府"缺位"的问题。"缺位"指的是政府该管的没有管、管了的没管好、监管不到位，主要表现在市场经济秩序不健全、竞争规则不完备、对产权保护不够、在收入分配政策上不够公平等。党的十八届三中全会《中共中央关于全面深化改革若干重大问题的决定》指出："政府的职责和作用主要是保持宏观经济稳定，加强和优化公共服务，保障公平竞争，加强市场监管，维护市场秩序，推动可持续发展，促进共同富裕，弥补市场失灵。"

平等保护各类产权是更好地发挥政府作用的重要内容。保护产权需要两方面的政府作用：一是有效的行政管理体制，二是完善的法律和司法制度。落实这两点才能切实平等地保护各类产权，进而充分发挥产权的激励功能、约束功能、资源配置功能，激发市场主体的活力和创新能力，提高资源配置的效率，推动可持续发展。

政府要在再分配中发挥好关键作用，促进共同富裕。在国民收入结构中，居民收入相对于财政收入、企业收入，比重仍然偏低。二次分配可以加大税收、社保、转移支付等调节力度，把政府职能缺位的民生短板通过再分配补上。

遇到矛盾，政府与市场如何协调

萨缪尔森指出，"市场和政府这两个部分都是必不可缺的，没有政府和没有市场的经济都是一个巴掌拍不响的经济"。没有市场机制的作用就会出现经济结构僵化、资源利用效率低等现象，经济发展就没有活力；没有政府的干预和调节，经济发展就会出现动荡，甚至爆发经济危机。因此，政府与市场之间并不是非此即彼的关系，二者的最佳结合点是协调均衡。政府与市场的矛盾有两种，都有和都没有。第一种情况是，市场和政府出现真空。比如传统产业无法通过市场竞争获得足够多的资源，发展乏力且政府把供求全交给市场来调节；这时需要政府协调，补上市场的真空。第二种情况是，市场和政府出现重叠。这时政府需要收手，让市场发挥作用。